Richard Riegler

Das Tier im Spiegel der Sprache

Ein Beitrag zur vergleichenden Bedeutungslehre

Verlag
der
Wissenschaften

Richard Riegler

Das Tier im Spiegel der Sprache

Ein Beitrag zur vergleichenden Bedeutungslehre

ISBN/EAN: 9783957003195

Auflage: 1

Erscheinungsjahr: 2015

Erscheinungsort: Norderstedt, Deutschland

Hergestellt in Europa, USA, Kanada, Australien, Japan
Verlag der Wissenschaften in Hansebooks GmbH, Norderstedt

Das Tier

im

Spiegel der Sprache.

Ein Beitrag
zur vergleichenden Bedeutungslehre

von

Richard Riegler,
Professor.

Dresden und **Leipzig, 1907.**

C. A. Kochs Verlagsbuchhandlung

(H. Ehlers).

Vorwort.

Im Jahre 1878 erschien im Verlage von Adolf Marcus in
Bonn ein Werk mit dem Titel: Die Metaphern, Studien über
den Geist der modernen Sprachen von Friedrich Brinkmann.
Dieses großangelegte Werk, das eine vergleichende Metaphorologie der modernen Sprachen hätte werden sollen, ist leider
Torso geblieben. Es liegt nur der erste Band vor, der die
Tierbilder der Sprache behandelt, jedoch mit Beschränkung
auf die Haustiere, unter die Brinkmann auch den Pfau, den
Schwan und die Biene einreiht. Das Buch, obwohl für ein
größeres Publikum bestimmt, hat über fachwissenschaftliche
Kreise hinaus trotz seiner Gediegenheit und allgemeinen Ver-
ständlichkeit keine Verbreitung gefunden, wohl hauptsächlich
infolge seines fragmentarischen Charakters. In der folgenden
Abhandlung soll nun der Versuch gemacht werden, eine Art
Ergänzung zu dem Buche zu liefern, indem die übrigen Tiernamen, insofern sie semasiologisch und phraseologisch von
besonderem Interesse sind, in den Kreis der Betrachtung
gezogen werden.*) Hierbei sei von vornherein bemerkt, daß
vorliegende Untersuchung nicht auf derselben breiten Basis
wie das Brinkmannsche Werk angelegt ist. Auf ein kon-
sequentes Zitieren von Belegstellen aus Schriftstellern wurde
verzichtet. Was die Darstellung hierdurch an Breite einbüßt,
gewinnt sie an Übersichtlichkeit, die man bei Brinkmann
manchmal vermißt.

Was die Theorie der Metapher betrifft, so sei auf die
einleitenden Kapitel bei Brinkmann verwiesen, der den Gegen-

---

*) Auffallenderweise liefern Tiernamen wie „Reh", „Hirsch", „Geier"
nur spärliches Material, was ihr Fehlen in dieser Studie erklärt.

stand in erschöpfender Weise behandelt. Nur auf ein Moment, das Brinkmann unberücksichtigt gelassen hat, möchte ich aufmerksam machen. Es ist dies der Einfluß der Fabeldichtung auf die Metaphernbildung. Es gibt nämlich eine Anzahl Metaphern, die unmittelbar auf allgemein bekannte Fabeln zurückgehen, wie z. B. Eselstritt, Wolf im Schafskleid, Löwenanteil, frz. *c'est la corneille d'Ésope*, ein Beweis, daß die Fabel eine sehr populäre Literaturgattung ist. Dabei darf nicht übersehen werden, daß ein aus dem Altertum übernommener Grundstock von Fabeln Gemeingut aller Kulturvölker geworden ist. Vor allem wurde diese Literaturgattung von den Franzosen und Deutschen kultiviert — es sei hier nur französischerseits an Lafontaine und Florian, deutscherseits an Hagedorn, Gleim und Lessing erinnert. Wie beliebt das Tierepos im Mittelalter war, beweist die Verdrängung des frz. *goupil* durch *renard*, den Namen des Fuchses im Epos.

Ich habe es mir bei meiner Arbeit zum Prinzip gemacht, mich auf das Wesentliche zu beschränken. Vollständigkeit wurde nicht angestrebt. So wurden z. B. *termini technici*, von denen manche auf Tiermetaphern beruhen — man denke an die verschiedenen Bestandteile von Maschinen und Instrumenten — nur in Ausnahmsfällen berücksichtigt; denn diese Bezeichnungen haben lediglich für den Fachmann ein Interesse, während der Laie ihnen völlig verständnislos gegenübersteht. Ebenso wurden Benennungen von seltenen Tieren und Pflanzen ausgeschlossen, da solche Wörter meist gelehrtes Fabrikat und daher linguistisch belanglos sind. Von Sprichwörtern, die ihrem Wesen nach meist auch auf Metaphern beruhen, wurden nur die gebräuchlichsten aufgenommen. Bei der Erklärung von Metaphern und metaphorischen Redensarten war ich bemüht, mich an das reale Substrat der Sprache zu halten und Phantastereien, zu denen der Gegenstand an und für sich verleiten konnte, zu vermeiden. Selbstverständlich werde ich Ergänzungen, namentlich dialektischer Natur, wie überhaupt Verbesserungsvorschläge, zu denen sich die Herren Fachkollegen veranlaßt fühlen sollten, mit Freuden entgegennehmen und bei einer etwaigen Neuauflage berücksichtigen.

Für Etymologien wurden als einzig zuverlässig die Wörter-

bücher von Kluge, Kluge-Lutz, Skeat und Körting benutzt.
Auf die Anführung von etymologischen Zwischenstufen wurde,
als nicht dem Zwecke dieser Arbeit entsprechend, im allgemeinen verzichtet. Auf interessante Fälle von Bedeutungswandel, die gerade bei Tiernamen nicht selten sind, wurde
besonders aufmerksam gemacht. Was die Zusammenstellung
der Sprachen betrifft, die für diese Untersuchung das Material
lieferten, so wurden im Anschlusse an Brinkmann von modernen
Kultursprachen das Deutsche, Englische, Italienische, Spanische
und Französische, von den alten Sprachen gelegentlich das
Lateinische berücksichtigt.*) Das Altgriechische wurde als
zu fern liegend nur in seltenen Fällen zur Vergleichung herangezogen. Hingegen wurde das Deutsche minder stiefmütterlich
behandelt als bei Brinkmann. Dialekte fanden Berücksichti-
gung, soweit es die spärlich fließenden Quellen ermöglichten.

Ich verhehle mir nicht, daß meine Untersuchung —
wenigstens scheinbar — an wissenschaftlichem Werte ge-
wonnen hätte, wenn ich mich im Gegensatze zu Brinkmann
auf ein einheitliches Sprachgebiet, z. B. ausschließlich auf die
romanischen Sprachen beschränkt hätte.**) Aber abgesehen
davon, daß es naturgemäß ist, wenn man bei vergleichenden
Untersuchungen semasiologischer Natur die Muttersprache zur
Basis nimmt, vertragen derartige Arbeiten, bei denen man
vom Begriffe und nicht vom Worte auszugehen pflegt, ein
Hinübergreifen auf ein fremdes Sprachgebiet sehr gut, ja sie
gewinnen dabei, während z. B. eine syntaktische Arbeit, die
die Erscheinungen der englischen Syntax mit denen der
italienischen, spanischen usw. vergleichen würde, vom wissenschaftlichen Standpunkte aus ein Unding wäre.

Wie nahe sich in semasiologischer Hinsicht oft zwei verschiedenen Sprachgebieten angehörige Sprachen berühren, dafür möge ein Beispiel statt vieler angeführt werden. Die

---

*) Auf das Portugiesische wurde nur ausnahmsweise hingewiesen, da
es sich in semasiologischer Beziehung meist mit dem Spanischen deckt.

**) Ein Muster einer derartigen strengwissenschaftlichen Untersuchung
ist die als erstes Beiheft der Zeitschrift f. roman. Philologie, 1905, er-
schienene Arbeit von Lazare Sainéan: La création métaphorique en français
et en roman. Images tirées du monde des animaux domestiques: Le chat,
avec un appendice sur la fouine, le singe et les strigiens.

Bezeichnung ‚Affe‘ für Rausch ist gemeinsam dem Italienischen, Spanischen, Deutschen und in gewissen Redensarten auch dem Englischen, fremd ist sie dagegen dem Französischen. So sehen wir, wie in diesem Falle die südromanischen Sprachen mit den germanischen, nicht aber mit der Schwestersprache übereinstimmen.

Ferner sei darauf hingewiesen, daß Untersuchungen über Tiermetaphern der Völkerpsychologie einen nicht unwesentlichen Dienst erweisen, indem nämlich aus der metaphorischen und phraseologischen Verwertung von Tiernamen sich ein Schluß ziehen läßt auf das gemütliche Verhältnis des Menschen zum Tiere. Da sich diese Studie auf einem Gebiete bewegt, woselbst Tierbiologie und Folklore mit der Linguistik in engste Berührung kommen, so dürften die Vertreter der erstgenannten Wissenschaften in diesen Blättern gleichfalls manches finden, was sie interessiert.

Schließlich spreche ich an dieser Stelle meinem verehrten Lehrer, Hofrat S c h u c h a r d t in Graz, meinen wärmsten Dank aus für die wertvollen, den Wiedehopf und den Schmetterling betreffenden Bemerkungen, die er mir brieflich zukommen ließ. Ferner bin ich meinem lieben Freunde und Kollegen Prof. A d r i a n A c h i t s c h sehr erkenntlich dafür, daß er sich nicht die Mühe verdrießen ließ, meine Arbeit vom Standpunkte des Naturhistorikers nachzuprüfen. Auch den Herren Herausgeber und Verleger danke ich herzlichst für ihre Winke und Ratschläge.

P o l a , im Juni 1907.

Der Verfasser.

Inhaltsverzeichnis.

Quellen.

Andresen, Über deutsche Volksetymologie, 5. Aufl., 1889.
Behaghel, Die deutsche Sprache, 3. Aufl., 1904.
Bergmann, Die sprachliche Anschauung und Ausdrucksweise der Franzosen, 1906.
Besses, Diccionario de Argot Español (ohne Jahreszahl).
Borchardt-Wustmann, Die sprichwörtlichen Redensarten im deutschen Volksmunde, 5. Aufl., 1895.
Branky, Eulennamen. Separatabdruck aus Mitteilungen des ornithologischen Vereins in Wien, XVI. Jahrg.
Brehms Tierleben, 3. Aufl., 1897.
Brewer, Dictionary of Phrase and Fable (ohne Jahreszahl).
Brinkmann, Die Metaphern, 1878.
Büchmann, Geflügelte Worte, 22. Aufl., 1905.
Diccionario de la Lengua Castellana por la Real Academia Española (ohne Jahreszahl).
Georges, Lat.-deutsches Wörterbuch, 1880.
Giglioli, Avifauna italica, 1886.
Jakob und Wilhelm Grimm, Deutsches Wörterbuch.
Grundriß der romanischen Philologie. Herausgegeben von Gröber, I. Bd., 2. Aufl., 1904—06.
Hatzfeld, Darmesteter et Thomas, Dictionnaire général de la langue française, 1890 ff.
Heeger, Tiere im pfälzischen Volksmunde, 1. Teil 1902, 2. Teil 1903.
Hehn-Schrader, Kulturpflanzen und Haustiere, 1902.
Heintze, Die deutschen Familiennamen, 2. Aufl., 1903.
Höfer, Die Volksnamen der Vögel in Niederösterreich, 1894.
Kluge, Deutsche Studentensprache, 1895.
Kluge, Etymologisches Wörterbuch der deutschen Sprache, 1905.
Kluge and Lutz, English Etymology, 1898.
Kolloff, Die sagenhafte und symbolische Tiergeschichte des Mittelalters in Raumers histor. Taschenbuch, 1867.
Körting, Lateinisch-romanisches Wörterbuch, 2. Aufl., 1901.
Kressner, Über die Tierbücher des Mittelalters in Herrigs Archiv 55.
Mannhardt, Germanische Mythen, 1858.
Meyer-Lübke, Italienische Grammatik, 1890.
Michaelis, Novo Diccionario da Lingua Portugueza e Allemã, 1905.

Morgenrot, Zum Bedeutungswandel im Französischen in Zeitschrift für franz. Sprache und Literatur, vol. 15.

Muret, Encyklopädisches englisch-deutsches und deutsch-englisches Wörterbuch, 1891.

Naumann, Naturgeschichte der Vögel Mitteleuropas (ohne Jahreszahl).

Nyrop, Das Leben der Wörter, übersetzt von Vogt, 1903.

Paul, Deutsches Wörterbuch, 1897.

Petrocchi, Novo Dizionario Universale della Lingua Italiana, 1887.

Reinsberg-Düringsfeld, Sprichwörter der germanischen und romanischen Sprachen, 1872—75, 2 Bde.

Richter, Deutsche Redensarten, 2. Aufl. (ohne Jahreszahl).

Rigutini-Bulle, Neues ital.-deutsches und deutsch-ital. Wörterbuch, 1900.

Rolland, Faune populaire de la France, 1877 ff.

Rozan, Les animaux dans les proverbes, 2 Bde., (ohne Jahreszahl).

Sachs, Encyklopädisches Wörterbuch der französischen und deutschen Sprache, 1. Teil, 1905.

Sachs, Zusammenhang von Mensch und Tier in der Sprache im XVI. Jahrgang des Neuphil. Zentralblatts.

Sainéan, La création métaphorique en français et en roman (Beiheft der Zeitschrift für romanische Philologie, 1905).

Sanders, Deutsches Wörterbuch, 1884.

Scheil, Die Tierwelt in Luthers Bildersprache, 1897.

Schuchardt, Romanisches und Keltisches, 1886.

Sébillot, Le Folklore de France, III. Bd., 1904.

Seiler, Die Entwicklung der deutschen Kultur im Spiegel des deutschen Lehnworts, 1. Teil, 2. Aufl. 1905, 2. Teil, 1900.

Skeat, Etymological dictionary of the English language, 1894.

Tollhausen, Neues span.-deutsches und deutsch-span. Wörterbuch, 3. Aufl., 1897.

Villatte, Parisismen, 1890.

Waag, Bedeutungsentwicklung unseres Wortschatzes, 1901.

Winteler, Naturlaute und Sprache, 1892.

Zauner, Die romanischen Namen der Körperteile, 1903.

Zell, Ist das Tier unvernünftig? 5. Aufl. (ohne Jahreszahl).

Zell, Tierfabeln und andere Irrtümer in der Tierkunde, 2. Aufl. (ohne Jahreszahl).

Zell, Streifzüge durch die Tierwelt, 2. Aufl. (ohne Jahreszahl).

Außerdem wurden aus Fachzeitschriften verschiedene Notizen benutzt, deren Verfasser an Ort und Stelle genannt sind.

Der Affe.*)

Deutsch **Affe** (mhd. *affe*, ahd. *affo*) ist verwandt mit
engl. *ape*, das im Altengl. *apa* lautet. Die romanischen Bezeichnungen gehen teils auf lat. *simia* zurück, wie ital. *scimmia*,
span. *jimia*, frz. *singe*, teils sind sie, wie Schuchardt (Zeitschr.
f. roman. Philologie, XV, pag. 96) nachweist, volksetymologische
Umbildungen von türkisch *maimun*, wie ital. *monna*, angeglichen an *mea domina*, span. *mona, mono*, altfranz. *mone*, wovon engl. *monkey*. Hierher gehört auch das im 16. Jahrhundert
von oberdeutschen Schriftstellern gebrauchte tautologische
Munaffe. Im Ital. ist neben *scimmia* — *monna* hat in der
modernen Sprache nur die übertragene Bedeutung „Rausch"
— auch *bertuccia* üblich, welches Wort das Diminutiv
von *Berta* ist, also eigentlich die „kleine Berta" bedeutet.
(Vgl. Sainéan, Création métaph., pag. 90, 5.) Im Franz. ist
für das Affenweibchen auch *guenon* üblich, das, wenn man
die Ableitung aus ahd. *winja* „Freundin" gelten läßt, ein
semasiologisches Seitenstück zu ital. *monna* = *mea domina*
bildet. (Vgl. jedoch Sainéan, Création métaph., pag. 90, 4).
Ursprünglich bedeutete das Wort „Meerkatze", bezeichnete
also eine bestimmte Affenart und gelangte erst durch Begriffserweiterung zur jetzigen Bedeutung. Auf ganz dieselbe
Weise hat span. *mico* die spezielle Bedeutung „Meerkatze" zu
der allgemeinen von „Affe" erweitert. Interessant ist, daß
auch die Slovenen unser deutsches „Meerkatze" für „Affe"
gebrauchen. Dieser Bedeutungswandel erklärt sich wohl dar-

---

*) Die einzelnen Tiere werden in der von der Naturgeschichte be-
obachteten Reihenfolge besprochen.

aus, daß die Meerkatze als bekannteste Affenart zum Repräsentanten der ganzen Gattung wurde. Die ital. Bezeichnung für „Meerkatze", *mammone*, geht auf das oben zitierte türkische *maimun* zurück, ist also ursprünglich ein Synonym von *monna*. Meistens begegnet es in Verbindung mit *gatto* = *gattomammone*, was wörtlich „Katzenaffe" bedeutet, mit Anspielung auf das entfernt katzenartige Aussehen dieser Affenart. Im deutschen „Meerkatze" erklärt sich „Meer" aus der überseeischen Herkunft des Tieres. (Vgl. Meerschwein.)

Daß der Affe als das dem Menschen nächstverwandte Tier in der Phraseologie eine hervorragende Rolle spielen mußte, ist ohne weiteres einleuchtend. Zunächst erscheint er dem Menschen als Karikatur seiner selbst; er fungiert daher in den meisten Sprachen als Symbol der Häßlichkeit wie auch das Wort „Affe" mit Vorliebe als Schimpfwort gebraucht wird. Schon im Lateinischen gilt *simia* als kräftiges Scheltwort. Was die modernen Sprachen betrifft, so ist diese Verwendung hauptsächlich dem Deutschen und Italienischen geläufig.

Nicht als Schimpfwort, sondern als scherzhafte Bezeichnung ist das Wort aufzufassen, wenn es, wie im Franz., von der Frau dem Manne gegenüber oder vom Lehrling in bezug auf den Meister gebraucht wird. Dagegen dient es im Deutschen zur Verstärkung in pejorativem Sinne in Ausdrücken wie Affenschande, Affenvolk usw. Von einem häßlichen Menschen sagt man im Deutschen, er sehe aus wie ein Affe. Ebenso heißt es im Ital.: *Pare una bertuccia*, und *bertuccione* wird ohne weiteres in der Bedeutung „häßlicher Mensch" gebraucht. Analog sagt der Franzose: *Il est laid comme un singe*, er ist häßlich wie ein Affe, und ein häßliches Weib nennt er gern *guenon* oder *guenuche* „Affenweibchen". Daher auch das Sprichwort: *Pour épouser un singe, il faut être guenon*, um einen Affen zu heiraten, muß man eine Äffin sein, was unserem deutschen „Gleich und gleich gesellt sich gern" entspricht. (Vgl. auch Sainéan, Création métaph., pag. 92, 7.) Gleichfalls auf das Äußere des Affen bezieht sich die französische Redensart: *être fourni d'argent comme un singe de queue*, mit Geld versehen sein wie ein Affe mit dem Schwanz, d. h. keinen Heller Geld haben. Es ist hier jedenfalls eine bestimmte Art von Affen gemeint, nämlich der türkische Affe

oder Magot, der in Algier sehr häufig ist und tatsächlich nicht
eine Spur von Schwanz hat. An eine ähnliche Affenart spielt
an engl. *monkey-coat* „Affenrock" als Bezeichnung eines Rockes
mit kurzen Schößen. Hingegen bezieht sich auf den geschwänzten Affen, der bekanntlich in der neuen Welt zu
Hause ist, das englische höchst originelle Sprichwort: *The
higher the ape goes, the more he shows his tail.* Das analoge
deutsche, bzw. franz. Sprichwort klingt etwas kräftiger: J e
h ö h e r d a ß d e r A f f e s t e i g t, j e m e h r e r s e i n e n
H i n t e r n z e i g t, *Plus le singe s'élève, plus il montre son
derrière pelé.*

Eine reiche Blüte von Metaphern hat in den meisten
Kultursprachen der dem Affen eigentümliche Nachahmungstrieb gezeitigt. Zunächst im Deutschen: Wenn man z. B.
behauptet, die Deutschen wären im 17. Jahrhundert d i e
A f f e n d e r F r a n z o s e n gewesen, so will man damit sagen,
daß sie französisches Wesen sklavisch nachahmten. Daher
auch das Adjektiv ä f f i s c h und das Verbum n a c h ä f f e n für
„ohne Verstand nachahmen". Genau so werden auch im Engl.
ape und *to ape* gebraucht. Dieselbe metaphorische Bedeutung
hat auch das ital. *scimmia*. Analog dazu wurde die Redensart
far la scimmia a qd., wörtl. „jemd. den Affen machen", gebildet,
wofür man auch kurz *scimmiottare* sagt. Davon sind wieder
scimmiottata und *scimmiotattura* „Nachäfferei" gebildet. Auch
das Franz. hat sich diese Metapher nicht entgehen lassen,
wie die Wörter *singeur* „Nachäffer", *singer* „nachäffen", *sin-
gerie* „Nachäfferei" beweisen. Charakteristisch für die ge-
spreizte Ausdrucksweise der *précieuses* ist es, daß sie den Spiegel
singe de la nature „den Affen der Natur" nannten. Was das
Span. betrifft, so kann *mona*, *mono* gleichfalls in der Bedeutung
„Nachäffer" gebraucht werden. (Vgl. auch Sainéan, Création
métaph., pag. 92, 7.)

Mit dem Nachahmungstrieb des Affen hängt auch seine
Sucht zusammen, sich zu schmücken und herauszuputzen, weswegen namentlich im Deutschen, Englischen und Spanischen
auf geckenhafte und eingebildete Personen gern der Name
dieses Tieres angewendet wird. Im Deutschen findet sich in
diesem Sinne häufig das Kompositum „Zieraffe". Berlinerisch
nennt man einen Stutzer einen l a c k i e r t e n A f f e n. Folger

1*

des Sprichwort, das auf die genannte Charaktereigenschaft des
Affen Bezug nimmt, findet sich in allen Kultursprachen: Deutsch:
Affen bleiben Affen, wenn man sie auch in Seide und Sammet
kleidet. Engl.: *An ape's an ape, a varlet a varlet, though they*
be clad in silk and skarlet. Ital.: *La scimmia è sempre scimmia,*
anche vestita di seta. Span.: *Aunque la mona se vista de seda,*
mona se queda. Franz.: *Le singe, fût-il vêtu de pourpre, reste*
toujours singe.

In seinem Wesen zeigt der Affe ein merkwürdiges Ge-
misch von Bosheit und Dummheit. Je nachdem nun der eine
oder der andere Charakterzug als vorherrschend betrachtet
wird, erscheint der Affe in der Sprache bald als der Foppende,
bald als der Gefoppte. Auf der Auffassung des Affen als
boshaften Tieres beruht im Deutschen der Ausdruck ä f f e n
für „zum Besten haben" und einen boshaften Menschen nennt
man wohl auch einen „boshaften Affen". Ebenso sagt der
Franzose: *Il est malin comme un singe* und *payer qn. en monnaie*
de singe, jemd. mit Affengeld bezahlen, d. h. mit Grimassen
und Sprüngen, dann figürl. mit schönen Worten, also gar nicht
bezahlen. Diese Redensart, die sich auch im Engl. findet: *to*
pay in monkey's money, beruht auf einer Anspielung an einen
alten Brauch, dem zufolge in Frankreich die Gaukler kein
Wegegeld zu zahlen brauchten, wenn sie sich vor dem Zöllner
mit ihren Affen produzierten. (Vgl. Rozan, Les animaux dans
les proverbes, I pag. 336 ff.) Semasiologisch bemerkenswert
ist, daß im Span. *mono* „Affe" geradezu für „Fratzenschneiden"
gebraucht wird. Hierher gehört auch die ital. Redensart *dar*
la berta sowie *berteggiare* „verspotten". (Vgl. Sainéan, Création
métaph., pag. 92, 6.) Daß die von einem Tier ausgeübte Tätigkeit oder das Resultat derselben metonymisch nach dem Tiere
benannt wird, ist nicht allzu selten. (Vgl. lat. *cuniculus* „Kaninchen" und „unterirdischer Gang".)

Dieselbe Auffassung des Affen zeigt sich auch in der frz.
Redensart: *être un âne parmi les singes*, ein Esel unter den
Affen, d. h. die Zielscheibe des Spottes sein. Als foppendes
Tier erscheint der Affe auch in der engl. Redensart: *to hold*
on by somebody's monkey-tail, sich an jemandes Affenschwanz
anhalten, d. h. jemd. eine Aufschneiderei aufs Wort glauben.
Daher *to be monkey-led*, von einem Affen geführt, d. h. geäfft.

werden. *Monkey-tail* wird mit wortspielender Anlehnung an *tale* „Geschichte" auch selbständig für „lügenhafte Geschichte, Aufschneiderei" gebraucht.*)

Nicht minder originell sind die Metaphern und Redensarten, in denen der Affe als das dumme, gefoppte Tier erscheint. So heißt im Ital. *bertucciata* „eine von einem Affen vollführte Tat" geradezu „Dummheit" und im Engl. bedeutet *god's ape* „Gottes Affe" soviel als „Dummkopf". *I make him my ape*, ich mache ihn zu meinem Affen, sagt der Engländer von einem, den er zum Narren hält. Ein Analogon hierzu bietet im Span. die Redensart *hacer mico*, einen Affen machen, d. h. zu einem Stelldichein nicht kommen, wobei der vergeblich Wartende mit einem gefoppten Affen verglichen wird. (Anders erklärt die Redensart Sainéan, Création métaph. pag. 92, 6.) Auch sagt der Spanier, wenn ihm unvermutet ein Schimpf zugefügt wird, über den er so verblüfft ist, daß er nichts zu antworten weiß: *Me quedé hecho una mona*, ich stand da wie ein Affe. Wörtl.: Ich ward zu einem Affen gemacht. (Vgl. auch Sainéan, Créat. métaph., pag. 92, 7.) Daher auch *corrido como una mona*, beschämt wie ein Affe. Diese Redensart erklärt auch den metonymischen Gebrauch von *mono* in der Bedeutung „Debüt eines Schauspielers". Sehr häufig endet das erste Auftreten eines Mimen mit einem Fiasko und der unglückliche Debütant steht wie ein *mono corrido*, ein beschämter Affe, vor dem Publikum. Hierher gehört auch aus dem Engl. der Ausdruck *monkey's allowance*, des Affen Lohn, d. h. mehr Schläge als Lohn, was sich auf den vom Gaukler herumgezeigten Affen bezieht, der sehr häufig für seine Kunststücke, wenn sie nicht nach Wunsch seines Herrn ausfallen, statt Lohn Schläge erntet.

Daß im Deutschen „Affe" geradezu als Synonym von „Narr" gebraucht wird, ergibt sich aus der Redensart: jemd. **am Affenseil führen**, wofür man häufiger sagt: jemd. **am Narrenseil führen**. Ebenso sagt man: **einen Affen an jemd. gefressen haben** für: **einen Narren an**

---

*) Hierher gehört auch aus dem älteren Engl. die Redensart *to put an ape into one's hoodcap*, jemd. einen Affen in die Kapuze setzen, im Sinne von „foppen". (Vgl. diesbezüglich auch pag. 7 die Redensarten mit *monkey*).

jemd. gefressen haben. Nach Borchardt-Wustmann ist
diese Redensart, die soviel bedeutet als „jemd.
abgöttisch lieben" so zu erklären, daß man nach der seinerzeit im Volke
herrschenden Auffassung einen albernen Menschen von dem
Tiere wie von einem Dämon besessen glaubte.

Als dummes Tier erscheint der Affe auch in dem Ausdruck A f f e n l i e b e, womit man eine törichte Liebe meint. Man
gebraucht das Wort namentlich von der abgöttischen Liebe
der Eltern zu ihren Kindern, die diesen oft zum Verderben
gereicht. (Vgl. das ital. Sprichwort *A ogni scimmia piacciono
i suoi scimmiotti*, jedem Affen gefallen seine Äffchen.) Nach
einem alten Volksglauben drückt nämlich das Affenweibchen
seine Jungen manchmal vor Liebe zu Tode.

Möglicherweise jedoch ist der Ursprung dieser Metapher
in einer alten Tiersage, die sich in den Tierbüchern des Mittelalters verzeichnet findet, zu suchen. (Vgl. Kressner, Über die
Tierbücher des Mittelalters, Herrigs Archiv 55, S. 241 ff.) Es
wird dort nämlich erzählt, daß das Affenweibchen, wenn es
verfolgt wird, sein Lieblingsjunges in die Arme, die übrigen
aber auf den Rücken nimmt. Im Augenblick der höchsten
Bedrängnis wirft nun die Äffin, um schneller laufen zu können,
das in den Armen befindliche Junge weg und rettet sich mit
den minder geliebten, die sie auf dem Rücken trägt.

Beiläufig sei hier erwähnt, daß man im älteren Engl. von
alten Jungfern sagte, daß sie Affen zur Hölle führen: *they lead
apes in hell*, welche Redensart übrigens auch im Deutschen belegt
ist. Offenbar findet sie ihre Erklärung in einem alten Volksglauben, nach welchem die alten Jungfern im jenseitigen
Leben für ihre Kinderlosigkeit eben dadurch bestraft werden,
daß sie junge Affen in die Hölle führen müssen.

Als reizbares, leicht in Wut geratendes Tier erscheint
der Affe im Ital., bzw. Franz. in der Redensart: *dire il pater-
nostro* oder *l'orazion della bertuccia, dire la patenôtre du singe*,
das Affenvaterunser oder Affengebet aufsagen, d. h. Ver-
wünschungen zwischen den Zähnen murmeln, wobei an den
zähnefletschenden Affen gedacht wird. (Vgl. Sainéan, Créat.
métaph., pag. 91, 6). Im Engl. hat dieselbe Redensart: *to say an
ape's paternoster* allerdings eine andere Bedeutung, nämlich
„vor Kälte zittern". Geradezu als Synonym von Zorn wird

monkey im engl. Slang gebraucht, wo man von einem, der in
Zorn gerät, sagt, er wecke seinen Affen auf: *he gets up his
monkey*, was übrigens zur mittelalterlichen Vorstellung stimmt,
daß die betreffende Person vom Tiere gleichsam besessen ist.
Analog sagt man, um einen Zornigen zu beschwichtigen:
take the monkey off your back, nimm den Affen von deinem
Rücken herunter, wobei an den Gaukler gedacht werden
kann, der den Affen auf den Schultern trägt, wie ja auch in
der deutschen Soldatensprache der Tornister als „Affe" bezeichnet wird. Nach Brewer (Dictionary of Phrase and Fable,
pag. 587) ist in diesen Redensarten der Affe geradezu Symbol
des Teufels. Ebendaselbst wird auch daran erinnert, daß in
alten Gemälden der Teufel nicht selten als Affe mit ver-
renkten Gliedmaßen auf den Schultern einer Person hockend
dargestellt wird. Da *monkey* sich in obigen Redensarten
häufig mit dem Zusatz *black* „schwarz" findet, so dürfte Brewer
wohl das Richtige getroffen haben. Gleichfalls als eine Anspielung auf den reizbaren Charakter des Affen zu betrachten
ist die Redensart *estar de monos* „schmollen", hauptsächlich
gebraucht mit Bezug auf Liebende. (Vgl. portug. *mono*
„mürrisch"). Daß der Affe eben infolge seines zornmütigen
Wesens als gefährliches Tier erscheint, erhellt aus der ital.
Redensart: *darsi alle bertucce*, sich den Affen ergeben, d. h.
in Verzweiflung geraten. (Vgl. Sainéan, Création métaph., 90, 6.)
Nach der dieser Redensart zugrunde liegenden Auffassung ist
als verloren zu betrachten, wer den Affen in die Hände gerät.
  Erscheint der Affe in den bisher besprochenen Metaphern
und Redensarten als ein dem Menschen durchaus antipathisches Tier, so mangelt es doch auch nicht an solchen, in
denen der Affe mehr von seiner komischen Seite betrachtet
wird. Fordert doch das Tier, namentlich in seiner Jugend,
durch die außerordentliche Lebhaftigkeit seiner Bewegungen
— daher **affenartige Geschwindigkeit**, franz. *prestesse
de singe* — sowie die unbezwingliche Komik seiner Grimassen
zum Vergleich mit kleinen, schalkhaften Kindern geradezu
heraus. Die Sprache hat sich diesen Zug auch nicht entgehen lassen. Im Deutschen und Französischen wird Äffchen,
bzw. *petit singe* sehr häufig kleinen Kindern gegenüber als
Kosewort gebraucht. Einen tadelnden Sinn hat jedoch das

Wort Grasaffe, wobei nach Sanders das Gras infolge seiner
grünen Farbe als Symbol des Unreifen erscheint. Auch im
Engl. wird *monkey* auf Kinder angewendet; allerdings erfährt
das Wort häufig eine Bedeutungsänderung in malam partem,
indem es im Sinne von „Range" gebraucht wird.

So bezeichnet man sehr häufig ein allzu lärmendes Kind
als *troublesome young monkey*, einen lästigen jungen Affen.
Monkey-tricks sind „kindische Possen" und *to monkey* bedeutet
geradezu „Possen treiben". Im Franz. erscheint der gestiefelte
Affe, *le singe botté*, ein Pendant zum *chat botté*, als Symbol des
Faxenmachers. Im Ital. ist der übliche Ausdruck für „Schalk,
Schelm" *monello* (das Diminutiv von *mona* für *monna*), das
genau so wie das engl. *monkey* eine pejorative Bedeutungsänderung erfahren hat und für „Gassenjunge" gebraucht werden
kann. Hierher zu ziehen ist auch aus dem Span. das Adjektiv
mono, das in semasiologischer Hinsicht interessant ist, da
es die ursprüngliche, der Etymologie entsprechende Bedeutung
„zum Lachen reizend, spaßhaft" zu der von „fein, hübsch"
entwickelt hat. Der Bedeutungsübergang ist nicht schwer zu
finden. Hübsch ist eben das, was ein wohlgefälliges Lächeln
erweckt. (Vgl. auch Sainéan, Création métaph., pag. 92, 7).

Allen hier behandelten Sprachen mit Ausnahme des Franz.
gemeinsam ist die Bezeichnung des Rausches mit „Affe". So
sagt man im Deutschen von einem Betrunkenen: Er hat
einen Affen. Im Ital. heißt es: *Ha pigliato la bertuccia, la
monna*, er hat den Affen gekriegt, oder auch: *È cotto come
una monna*, er ist betrunken (wörtlich.: gekocht; vgl. franz.
la cuite „Rausch") wie eine Affe. Im Span. heißt es analog:
Ha cogido una mona. Für den Affen kann im Span. aber auch
der Wolf (*lobo*) oder der Fuchs (*zorra*) eintreten, während
man im Ital. für *bertuccia* oder *monna* auch Bär (*orso*) sagen
kann. Übrigens wird im Span. *mona* metonymisch auch auf
den Betrunkenen selbst angewendet. Daß im Span. die Metapher gar nicht mehr gefühlt wird, beweist die Redensart:
dormir la mona, seinen Rausch ausschlafen.

In semasiologischer Hinsicht besonders bemerkenswert
ist der Gebrauch von *monkey* im engl. Matrosenslang, so z. B.
in der Redensart *to suck the monkey*, den Affen saugen, d. h.
sich hinter dem Rücken der Vorgesetzten betrinken, wobei

das Getränke metonymisch nach der von ihm hervorgebrachten Wirkung benannt wird. Ja, das Wort wird sogar
auf das Gefäß, welches das berauschende Getränk enthält,
übertragen, indem nämlich das Glas, worin den Matrosen ihre
Portion Grog gereicht wird, *monkey* genannt wird. (Metonymie
2. Potenz nach Brinkmannscher Terminologie.) Die Erklärung
einer so vielen Sprachen gemeinsamen Metapher kann nicht
schwer fallen. Der übermäßige Genuß alkoholischer Getränke
erweckt eben die im Menschen schlummernden tierischen
Instinkte — spricht man doch im Deutschen von „viehischer
Betrunkenheit". Daß nun von allen Tieren vorzugsweise der
Affe als Symbol der Trunkenheit erscheint, ist nicht zu verwundern, wenn man bedenkt, daß der Betrunkene durch die
Lebhaftigkeit seiner Gesten, seine Neigung zu allerhand Possen
und nicht zuletzt durch gesteigerte Reizbarkeit und daraus
resultierende Streitlust unwillkürlich an den Affen erinnert.
Sainéan erklärt die Metapher aus der Vorliebe der Affen für
den Alkohol; allein diese Eigentümlichkeit der Vierhänder
kann nicht als allgemein bekannt vorausgesetzt werden, die
Erklärung ist daher als gekünstelt abzuweisen. Zu unserer
Auffassung stimmt auch die deutsche Redensart s e i n e m
A f f e n Z u c k e r g e b e n, die man auf Betrunkene anwendet,
bei denen sich der Rausch in ausgelassener Lustigkeit äußert.
Der „Affe" wird durch den erhaltenen Zucker eben fröhlich
gestimmt.

Daß der Affe in sexueller Beziehung ähnlich dem Bocke
ein übles Renommee genießt, beweisen ital. *micco*, span. *mico*
als Bezeichnung für einen wollüstigen Menschen sowie das
franz. *guenon*, das geradezu die Bedeutung von *„meretrix"*
annehmen kann. Diese Metapher mag wohl auf dem Umstand beruhen, daß der Affe gewisse Körperteile, die bei
anderen Tieren dem Blicke entzogen sind, unverhüllt zur
Schau trägt. Hierher gehört auch der Gebrauch von *monna*
für *cunnus* im Ital., womit sich im Altfranz. *quine* „Affe" als
Bezeichnung des männlichen Gliedes vergleichen läßt.

Zuletzt sei noch auf ein Wort hingewiesen, das in seiner
modernen Form allerdings scheinbar nichts mit dem Affen zu
tun hat. Es ist nämlich das merkwürdige S c h l a r a f f e, mit
Betonung auf der zweiten Silbe. Die Etymologie des Wortes

weist auf ein mhd. Schluraffe, dessen erster Bestandteil *slur* ist, das „Faulenzerei, faule Person" bedeutet. „Schlaraffe" wäre demnach ein fauler Affe und war in älterer Zeit als Schimpfwort für üppig lebende, gedankenlose Müßiggänger sehr gebräuchlich. Zu dieser Auffassung des Affen als faulen Tieres paßt vortrefflich das span. Sprichwort: *Eso se quiere la mona, piñoncitos mondados*, das würde dem Affen schmecken, geschälte Piniennüsse, welches Sprichwort auf Personen angewendet wird, die ohne Mühe einen Preis erringen wollen, und an die Tauben erinnert, die den Bewohnern des Schlaraffenlandes gebraten in den Mund fliegen.

Eine ähnliche Bildung wie Schlaraffe ist Maulaffe, in welchem Worte der zweite Bestandteil allerdings noch deutlich in seiner ursprünglichen Bedeutung gefühlt wird. Sanders' Erklärung, wonach Maulaffe, das „Gaffer" bedeutet, aus „Maul offen" entstanden sein soll, ist wohl zurückzuweisen. (Auf Sanders stützt sich auch Richter, Deutsche Redensarten, pag. 120.) Wird doch im Span. *monote*, ein Pejorativum von *mono*, ganz in dem Sinne unseres Maulaffen gebraucht. Im Wörterbuch der spanischen Akademie wird das Wort definiert als *„persona que parece no oir, ver ni entender y está fijo en un punto como un hito"*. (Vgl. berlinerisch affen für „gaffen"). Die Erklärung der Metapher liegt auf der Hand. Das Offenhalten des Mundes gibt dem Gesichte einen geistlosen, beinahe tierischen Ausdruck und die Bezugnahme auf den Affen lag um so näher, als dieses Wort in den verschiedensten Zusammensetzungen als Schimpfwort beliebt war. So finden wir im älteren Deutsch Rotzaffe, Gähnaffe, Teigaffe, letzteres als Schimpfwort für den Bäcker. Das Wort „Maulaffe" bezeichnete offenbar zunächst den Gaffer, also eine Person, und wurde dann metonymisch auf den Zustand des Gaffens selbst übertragen, wie erhellt aus der Redensart „Maulaffen feilhalten" im Sinne von „gaffen". Man vergleiche damit das span. *mona*, das umgekehrt zunächst den Zustand der Betrunkenheit und dann die in diesem Zustand befindliche Person bezeichnet. (Etwas anders erklärt die Redensart Borchardt-Wustmann, Sprichwörtliche Redensarten, pag. 320).

Die Fledermaus.

Die metaphorische Verwendung dieses Tiernamens bietet kein besonderes Interesse, wohl aber ist es in semasiologischer Hinsicht interessant, die Bezeichnungen dieses Tieres in den verschiedenen Sprachen miteinander zu vergleichen. Was zunächst die deutsche Bezeichnung F l e d e r m a u s betrifft, so geht dieselbe auf ein ahd. *flëdarmûs* zurück und bedeutet soviel als „Flattermaus" mit Beziehung auf das nächtliche Umherflattern. Hierher zu ziehen ist auch das im älteren Englisch belegte *flittermouse*. Zur Benennung „Maus" berechtigt der mausähnliche Körper des Tieres. Hierzu stimmen auch span. *murcielago* und frz. *chauve-souris*. *Murcielago*, daneben auch *murciegalo*, beruht auf lat. *mus caeculus*, heißt also „blinde Maus". Das lichtscheue Wesen des Tieres, das nur am Abend und in der Nacht umherfliegt, während des Tages aber sich verborgen hält, hat im Volke den Aberglauben gezeitigt, daß es blind sei, wie ja beim Landvolk auch der Maulwurf für blind gilt. *Chauve-souris* bedeutet „kahle Maus"; es bezieht sich diese Bezeichnung auf die nackte Flughaut, die den Körper halbkreisförmig umgibt. Gleichfalls nach dieser Flughaut und zwar nach ihrem lederartigen Aussehen ist das Tier im Westfälischen benannt, wo es *leerspecht*, d. i. Lederspecht heißt. Die Einreihung des Tieres unter die Vögel ist nicht zu verwundern, für das Volk ist eben alles Vogel, was fliegt. (Vgl. auch die ital.-dialektischen Bezeichnungen *uccello di notte* „Nachtvogel" und *papilio de nocte* „Nachtschmetterling"). Mit *leerspecht* läßt sich der dänische Name der Fledermaus *läderlapp* „Lederlappen" vergleichen. (Siehe Nyrop, Das Leben der Wörter, übersetzt von Vogt, pag. 167). Die italienisch-schriftsprachliche Bezeichnung der Fledermaus ist *pipistrello*, in welchem Wort das lat. *vespertilio* (von *vesper* „Abend") enthalten ist. Es ist ohne weiteres klar, daß diese Benennung, die sich auch im Spanischen findet (*pipistrelo*), sich auf das abendliche, bzw. nächtliche Umhertreiben des Tieres bezieht. (Vgl. hiermit den griechischen Namen der Fledermaus = νυκτερίς von νύξ „Nacht"). Interessant ist das englische Wort für Fledermaus, *bat*, das im Mittelenglischen

backe lautet und zweifelsohne zu germ. *bakon* „Speck" zu ziehen
ist. Wie konnte aber die Fledermaus zum Speck in Beziehung
gesetzt werden? Hier liefert abermals ein Volksglaube die
Erklärung. Da sich nämlich die Fledermäuse gern in Rauch-
fängen aufhalten, so schloß man daraus auf ihre Vorliebe für
geräuchertes Fleisch und Speck, während uns die Naturgeschichte ausdrücklich lehrt, daß derartige Leckerbissen die
Fledermäuse kalt lassen. Zu dem engl. *bat* stimmt übrigens
das in der Pfalz gebräuchliche S p e c k m a u s. Merkwürdig
ist, daß in demselben Dialekt der Ausdruck „Fledermaus"
wohl vorkommt, aber für „Schmetterling" gebraucht wird. Ausnahmsweise möge auch die dänische Bezeichnung des Tieres
hierher gezogen werden, da sie ein besonderes semasiologisches
Interesse bietet. *Aftenbakke* (*aften* = Abend) erinnert nämlich
einerseits an lat. *vespertilio*, andrerseits an engl. *bat*, deutsch-
dialektisch Speckmaus.

Was nun die paar Metaphern, die die Fledermaus der
Sprache geliefert hat, betrifft, so ist zunächst als auf die äußere
Gestalt des Tieres bezüglich anzuführen das ital. *pipistrello*
als Bezeichnung eines Mantels mit Pelerine, der im Deutschen
den Namen „Havelock" führt und tatsächlich eine gewisse
Ähnlichkeit mit der ausgespannten Flughaut der Fledermaus
nicht verleugnen kann. Daß die originelle Erscheinung dieses
Tieres auf die Phantasie des Volkes einen besondern Eindruck
macht, beweist eine Art Maskentracht, die das Äußere des
Tieres zu kopieren sucht und auf Maskenbällen sehr beliebt
ist. Da das Erscheinen der Fledermaus zufolge ihres unheim-
lichen Aussehens und ihrer merkwürdigen Gewohnheit, den
Leuten in die Haare zu fahren, meist eine unangenehme Empfindung hervorruft, so bezeichnet die deutsche Studentensprache
des 17. Jahrhunderts die Mahnzettel treffend als p a p i e r n e
F l e d e r m ä u s e. (Vgl. Kluge, Deutsche Studentensprache,
pag. 52.) Anspielend auf die nackte Flughaut, der die
Fledermaus im Franz. ihren Namen verdankt, gebraucht man
im Deutschen die Redensart: k a h l w i e e i n e F l e d e r m a u s.

Auf den Volksglauben, daß die Fledermaus des Gesichtssinns beraubt sei, worauf übrigens, wie gezeigt wurde,
die Benennung des Tieres im Span. beruht, bezieht sich die
englische Redensart *as blind as a bat*. Als Zeitwort fungiert

bat in der im amerikanischen Engl. üblichen Redensart *to
bat the eyes*, wörtl.; es mit den Augen machen wie eine Fledermaus, d. h. blinzeln, in welcher Wendung unser Tier zwar
nicht als blind, wohl aber als lichtscheu erscheint, was
seinem wirklichen Wesen entspricht. In analoger Weise gebraucht man auch im Deutschen „Fledermaus" gern von
lichtscheuen Personen und im Ital. sagt man mit Erweiterung
des Begriffes von einem, der ein menschenscheues Leben führt:
È un pipistrello. Auf die abendlichen, bzw. nächtlichen Beute-
züge des Tieres spielt an im Span. die Bezeichnung *murciglero*
oder *murcigallero* für einen Dieb, der die Dämmerungsstunden
benützt, um sicherer seinem Handwerk nachgehen zu können.
So wird auch im engl. Cant eine gewisse Art von Damen, die
ihr Gewerbe vorzugsweise in den Abendstunden ausüben, mit
„*bats*" bezeichnet.

Schließlich wird im Deutschen der Name der Fledermaus
ähnlich wie das simplex, Maus, zur Bezeichnung des Geringfügigen, Wertlosen gebraucht und tritt in dieser Eigenschaft
dann gern als Verstärkung zu einer Negation. So sagt man z. B.
im Deutschen: Ich acht' es keine Fledermaus, d. h.: Ich
lege der Sache durchaus keine Wichtigkeit bei. Häufiger gebraucht man allerdings in diesem Sinne den Ausdruck „Pfifferling".

Der Maulwurf.

Was die Etymologie von „Maulwurf" anlangt, so ist der
zweite Bestandteil des Wortes ohne weiteres klar; „Maul"
aber ist hier nicht die vulgäre Bezeichnung von Mund, sondern
eine volksetymologische Umbildung von mhd. *molt* „Erde". *Molt-
worf*, die Bezeichnung des Tieres im Mittelhochdeutschen, bedeutet: das die Erde aufwerfende Tier, wozu wir im Portu-
giesischen *escava-terra* „Erdgräber" (neben *toupeira*) ein Analogon finden. Neben Maulwurf kommt in Dialekten auch noch
Moltwurm, Maulwurm und Maulwolf vor. Zur mhd.
Bezeichnung stimmt die mittelenglische *moldwerp*, davon dann
in verkürzter Form das neuenglische *mole*.

Ein älteres Wort für Maulwurf ist Scher, mhd. *schër*,
und mit verdeutlichender Zusammensetzung Schermaus.

Das Wort Scher gehört zur Wurzel *skër* in „scheren" und bedeutet also „Kratzer, Scharrer".

Die romanischen Bezeichnungen für Maulwurf gehen
auf lat. *talpa* zurück: ital. *talpa*, wozu in *topo* „Maus"
eine Doublette vorliegt, span. *topo*, franz. *taupe*. Daß das
Volk ähnliche Tiere verwechselt, ist keine auffallende Erscheinung, denn alle Sprachen bieten uns dafür Belege, wohl
aber ist zu verwundern, daß im Italienischen der gerade in
Italien seltene Maulwurf sprachlich als Repräsentant der so
häufig. vorkommenden Maus erscheint.   Umgekehrt wird,
worauf schon oben hingewiesen wurde, im Deutschen für Maulwurf gelegentlich S c h e r m a u s gebraucht.

Bezüglich des Maulwurfs zeigen die verschiedenen Sprachen
eine auffallende Übereinstimmung der Metaphernbildung. Der
Umstand, daß die Augen dieses Tieres ganz im Pelze versteckt sind, hat den Aberglauben gezeitigt, das Tier sei überhaupt blind.   Wahr ist allerdings, daß beim Maulwurfe der
Gesichtssinn infolge seines unterirdischen Daseins nicht besonders entwickelt ist. *Mole-eyed* „maulwurfäugig" ist dem
Engländer gleichbedeutend mit „kurzsichtig" oder „blind".
Ebenso sagt der Franzose von einem Ganz- oder Halbblinden:
Il ne voit pas plus clair qu'une taupe. Auch das Wort *taupe*
selbst wird ebenso wie *talpa* im Ital. (vgl. auch *cieco come
una talpa*) und *topo* im Span. im oben angedeuteten Sinne
gebraucht.

Mit dem Begriff der Kurzsichtigkeit hängt naturgemäß
der der Unbeholfenheit zusammen, daher bedeutet im Span.
topo einen ungeschickten Menschen, der über alles stolpert,
und als Adjektiv geradezu „stolpernd". Indem von der körperlichen Unbeholfenheit auf die geistige geschlossen wird, kann
das Wort im Span. sowohl wie auch im Ital. — seltener im
Deutschen — auf einen beschränkten Menschen angewendet
werden.

Ein span. Provinzialismus, der sich auf Venezuela beschränkt, ist *topocho*, das „untersetzt" bedeutet, mit Anspielung
auf die gedrungene Gestalt des Maulwurfs. Das franz. *noir
comme une taupe*, schwarz wie ein Maulwurf, hat keine Analoga
in den übrigen Sprachen. (Vgl. auch Rolland, Faune pop. I,
pag. 11, 14.)

Zahlreich sind, namentlich im Franz., die Metaphern, die sich auf die so charakteristische, von der anderer Tiere völlig abweichende Lebensweise des Maulwurfes beziehen, der bekanntlich des Tags unter der Erde lebt, wo er mit bewundernswerter Technik ausgedehnte Gänge gräbt. (Vgl. franz. *taupin* als Spitzname der Kandidaten der polytechnischen Hochschule). Wenn der Engländer *mole* als Verbum gebraucht, so bezeichnet er damit die vom Maulwurf hauptsächlich ausgeübte Tätigkeit, nämlich das Wühlen in der Erde. Im Deutschen bezeichnet man allenfalls im geheimen agitatorisch tätige Personen als „Maulwürfe". Im Franz. sagt man von einem zurückgezogen lebenden Menschen: *Il est sous terre comme une taupe*, er lebt unter der Erde wie ein Maulwurf, wie dem leichtlebigen Franzosen der Maulwurf überhaupt das Symbol eines Duckmäusers ist. Von einem, der sein Geld vergräbt, heißt es: *il fait la taupe*, er macht es wie der Maulwurf. Treffend ist die vulgäre Bezeichnung des Friedhofs als *royaume des taupes*, Königreich der Maulwürfe. Im Volksmund werden die Pioniere *taupes de rempart* oder *taupins* genannt; ebenso heißen sie in der deutschen Soldatensprache „Maulwürfe". Auch hat das Franz. von *taupe* ein Zeitwort gebildet, nämlich *tauper*, das zunächst die Bedeutung von „arbeiten" hat, dann aber mit Anlehnung an *taupe*, „Duckmäuser", „duckmäuserisch leben" bedeutet. Keinen tadelnden Sinn hat das Adjektiv *taupinier*, das man im Deutschen mit „häuslich" wiedergeben könnte.

Die unterirdische Tätigkeit des Maulwurfs macht sich oberirdisch bekanntlich durch Erdhaufen bemerkbar, die der Franzose *taupinières* nennt, welches Wort auch zur verächtlichen Bezeichnung von kleinen Hügeln dient. Durch dieses Aufwerfen der Erde richtet der Maulwurf namentlich in Gärten Schaden an, weswegen im Franz. *servir comme une taupe dans un pré,**) nützen wie ein Maulwurf auf einer Wiese, geradezu „schädlich sein" bedeutet. Daß der Maulwurf als schädliches Tier eifrig verfolgt wird, darf nicht wundernehmen. Es gibt auf dem Lande sogar Leute, die die Jagd nach diesen Tieren als Spezialität betreiben. Da es jedoch

---

*) Es sollte wohl richtiger heißen *comme dans un jardin*. Vgl. hierüber Brehm, Tierleben (Neuausgabe) II, pag. 381.

bei der hervorragenden Intelligenz des Maulwurfs nicht leicht
ist, ihm beizukommen, so ist zu dieser Art von Jagd eine
nicht geringe Dosis von Schlauheit erforderlich. Man sagt
daher im Franz. von einem geriebenen Kerl geradezu: *C'est
un preneur de taupes*, das ist ein Maulwurfsfänger. Der Maul-
wurfsjäger muß ferner, um das Tier nicht zu verscheuchen,
leise und vorsichtig auftreten, weswegen im Franz. *marcher
comme un preneur de taupes* „leise auftreten" bedeutet. Auch
wird *taupier = preneur de taupes* im Sinne von „Duckmäuser"
gebraucht.

Der Igel.

Die romanischen Bezeichnungen für Igel gehen mit Ausnahme des ital. *spinoso* oder *porco spino*, das eigentlich „Stachel-
schwein" bedeutet, auf lat. *ericeus* zurück: ital. *riccio*, span.
erizo, frz. *hérisson*. Auch engl. *urchin* ist romanisch, da es dem
Altfrz. entlehnt ist. Das ältere germanische Wort *hedgehog*
bedeutet wörtlich „Heckenschwein", womit sich das in deutschen Dialekten vorkommende Z a u n i g e l vergleichen läßt.
Urchin und *hedgehog* verdrängten das altengl. *igl*, wogegen
sich das Wort im Deutschen als lebenskräftig erwies.
. Was nun die metaphorische Verwendung des Wortes betrifft, so ist allen genannten Sprachen die Auffassung des
Igels als stacheligen Tieres gemeinsam, wie ja der Italiener
neben *riccio* auch *porco spino* oder *spinoso* gebraucht. Wenn
sich der Igel zusammenrollt, so sieht er tatsächlich einer
stacheligen Kugel täuschend ähnlich, weswegen die Sprache
stachelige Gegenstände ohne weiteres mit „Igel" bezeichnet.
So wird im Deutschen und Engl. sowie in den romanischen
Sprachen der Name des Tieres für Stachelfruchtpflanzen
und zwar namentlich zur Bezeichnung der stacheligen Schale
der Kastanie gebraucht. Im Franz. und Span. werden auch
die Eisenspitzen, die man auf Mauern anbringt, um das Er-
klettern derselben zu erschweren „*hérissons*", resp. „*erizos*" genannt. Auch auf andere Tiere, die mit dem Igel eine gewisse
Ähnlichkeit haben, wurde das Wort übertragen. Der S e e -
i g e l findet seine Analoga in engl. *sea-urchin*, ital. *riccio di
mare*, span. *erizo de mar*. Ob frz. *oursin* auf *ericeus* zurück-

geht, ist nicht ausgemacht; jedenfalls ist das Wort volksetymologisch an *ours* „Bär" angeglichen. Man vergleiche damit frz. *hérissonne*, deutsch B ä r e n r a u p e. Das Span. und
Franz. weisen auch verbale Weiterbildungen auf: *erizarse, se
hérisser* „sich emporsträuben", von Haaren gebraucht. Daher
auch span. *erizado* „borstig".

Mit dem Stachligen ist der Begriff des Krausen verwandt, daher ital. *riccio* „gekraust, lockig" und als Substantiv
geradezu „Locke", davon wieder als Metapher zweiten Grades
die Bedeutung „geringelter Hobelspan". Mit Bezug auf die
gekräuselten Schamhaare bezeichnete man im Deutsch des
16. Jahrhunderts den weiblichen Geschlechtsteil als „Igel" und
für den Beischlaf wurde der Ausdruck d e n I g e l s t e c h e n
gebraucht.

Ohne weiteres einleuchtend ist die metaphorische Verwendung des Wortes auf moralischem Gebiete. Von dem Bilde
des seine Stacheln als Schutzwaffe gebrauchenden Igels hergenommen ist der Gebrauch des Wortes für einen brummigen,
unzugänglichen Menschen. Hierin stimmen das Deutsche,
Ital., Franz. und Span. überein. Im selben Sinne kann *hérisson*
im Franz. auch adjektivisch gebraucht werden. So spricht
man z. B. von einer *humeur hérissonne*, einer „igelmäßigen" Laune.
Demgemäß sagt der Spanier auch von einem, der böse wird:
se eriza, der Franzose: *il se hérisse*. — Eine auffallende Ab-
weichung zeigt nur das Englische. Dem Volke mag der Igel
infolge seiner Fähigkeit, sich in eine Kugel gleichsam zu verwandeln, leicht als ein spukhaftes Wesen erscheinen, das den
Menschen foppt und ihn mit seinen Stacheln bedroht; daher
im älteren Engl. *urchin* zunächst „Kobold", dann aber auch
„ein neckisches Kind" und als Adjektiv „neckisch, boshaft"
bedeutet. (Vgl. die Fabel vom Igel und dem Maulwurf). Die
Bedeutungsspaltung in bonam et malam partem entspricht
völlig der Vorstellung des Volkes von den Kobolden, die sich
dem Menschen bald freundlich, bald feindlich gesinnt zeigen.

Einer besonderen Erklärung bedarf der Ausdruck S c h w e i n -
i g e l, womit man einen unreinlichen, bzw. unflätigen Menschen
bezeichnet. Das Wort ist ein interessantes Beispiel für Volksetymologie. Es ist nämlich aus ursprünglichem „Schweinnickel"
entstanden, das übrigens auch noch gebraucht wird. Nickel

ist Koseform von Nikolaus und wurde wie viele andere Eigennamen (vgl. Stoffel, Rüpel, Hansel) zum Gattungsnamen. Es
findet sich namentlich in Zusammensetzungen wie Zornnickel,
Pumpernickel, Nickelmann. (Vgl. Waag, Bedeutungsentwicklung unseres Wortschatzes, pag. 160.) Die Umdeutung zu
„Schweinigel" konnte um so leichter geschehen, als der Igel
tatsächlich infolge des ihm anhaftenden unangenehmen Geruches im Rufe eines unreinlichen Tieres steht. Die ursprüngliche Bedeutung des Wortes ist Igel mit einer Schweins-
schnauze. Die ältere Naturgeschichte teilte die Igel nach der
Schnauzenform in Hundsigel und Schweinigel. Möglicherweise
ist auch die Redensart h u r e n w i e e i n I g e l hierherzustellen.
(Vgl. „Schwein" als tadelnde Bezeichnung für einen unzüch-
tigen Menschen.) Von Schweinigel wurde ein Abstraktum
S c h w e i n i g e l e i gebildet.

Rätselhaft erscheint auf den ersten Blick die Redensart
s a u f e n w i e e i n I g e l, denn die Tierbiologie weiß nichts
von einer besonderen Durstigkeit des Igels. Den Schlüssel zu
dieser Redensart finden wir im älteren Deutsch, wo man von
einem stets Durstigen sagte, e r h a b e e i n e n I g e l i m L e i b e,
was eine Nachbildung folgenden franz. Scherzwortes ist: *Il a
un hérisson dans le ventre; s'il ne boit, il pique* d. h. er hat einen
Igel im Bauch. Trinkt er nicht, so sticht er. (Vgl. auch:
ein „stechender" Durst.)

Der Luchs.

Das deutsche L u c h s, das schon im Ahd. *luhs* lautete,
wahrscheinlich zur Wurzel *luh* in L i c h t gehörig — man
denke an die leuchtenden Augen des Tieres — ist stammverwandt mit griechisch λύγξ, das als Lehnwort ins Lateinische
aufgenommen wurde. Auf dieses lat. *lynx* gehen zurück ital.,
span. *lince*, frz., engl. *lynx*. Doch ist in den romanischen Sprachen
neben dieser gelehrten auch eine volkstümliche Bezeichnung
üblich, nämlich ital. *lupo cerviero*, frz. *loup-cervier*, daneben auch
chat-cervier. Diese Benennung des Tieres als „Hirschwolf"
bezieht sich auf die Lieblingsbeute des Luchses, den Hirsch.
Hiermit läßt sich der in der Schweiz übliche Name des Tieres,

Tierwolf, vergleichen, wobei „Tier" die in der Sprache der Jäger übliche Bezeichnung der Hirschkuh ist. Treffender ist die frz. Bezeichnung *chat-cervier* „Hirschkatze", da der Luchs ins Katzengeschlecht gehört und somit kein Verwandter des Wolfes ist. Auf ein von *lynx* gebildetes *lyncea* gehen zurück ital. *lonza*, frz. mit mißverstandenem Anlaut *l'once*, mit welchem Worte nicht der Luchs, wohl aber ein ihm nahe verwandtes Raubtier, nämlich der Jaguar, bezeichnet wird. Auch ins Deutsche ist das Wort eingedrungen, und zwar in der Form Unze.

Was nun die Rolle betrifft, die der Luchs in der Phraseologie spielt, so ist es zunächst sein scharfes Gesicht, das eine metaphorische Verwertung erfahren hat. Glaubte man doch früher, der Luchs könne mit seinen funkelnden Augen durch eine Mauer hindurchsehen. Und zwar zeigen hierin sämtliche Kultursprachen eine auffallende Übereinstimmung. So sagt man im Deutschen von einer scharfäugigen Person, sie habe Luchsaugen. Ebenso gebraucht man im Engl. *lynx's eyes*, im Ital. *occhi di lince*, auch *occhi lincei* oder *vista di lince*, im Span. *ojos de lince* oder, indem *lince* adjektivisch gebraucht erscheint, *ojos linces*. Analog sagt man im Franz. von einem, der gute Augen besitzt: *Il a des yeux de lynx*, was, auf die abstrakte Begriffssphäre übertragen, auch bedeuten kann: Er durchschaut die Pläne anderer. Als Symbol der Scharfäugigkeit wird der Luchs häufig in Gegensatz gebracht zum Maulwurf, dem Sinnbild der Blindheit. So sagt man z. B. im Franz. von einem, der wohl die Fehler der anderen, seine eigenen aber nicht bemerkt: *Il est lynx envers ses pareils et taupe envers soi*, er ist Luchs gegen seine Nächsten und Maulwurf gegen sich. Auch im Span. findet sich dieses Sprichwort. Im Deutschen wird „Luchs" überhaupt verwendet zur Bezeichnung eines scharf aufpassenden Menschen, wohl auch mit Beziehung auf die Gewohnheit des Tieres, von einem Baumast aus auf das vorbeiziehende Wild zu lauern, weswegen luchsen soviel als „lauern, aufpassen" bedeutet.

Wie einerseits häufig Kurzsichtigkeit oder Blindheit als Symbol geistiger Blindheit erscheint — es sei z. B. an den Maulwurf erinnert — so gilt andererseits ein scharfes Auge oft als Sinnbild eines scharfen Verstandes. Daher im Deutschen

2*

„Luchs" nicht bloß Bezeichnung einer scharfäugigen, sondern auch einer schlauen Person sein kann. An diesen Gebrauch von „Luchs" knüpfen an die Zeitwörter abluchsen und beluchsen. Das erstere bedeutet: jemd. auf schlaue Weise etwas abschwindeln, das zweite ist ohne weiteres ein Synonym von „begaunern". Auch kann das einfache „luchsen", transitiv gebraucht, den Sinn von „stibitzen" annehmen. Der Italiener scheint dem Luchs gleichfalls besondere Intelligenz zuzuschreiben, wenigstens spricht dafür der Name der bedeutendsten Akademie der Wissenschaften in Italien: *Accademia dei Lincei*, (*linceo* ist ein von *lince* abgeleitetes, hier substantivisch gebrauchtes Adjektiv).

Nur dem Franz. eigentümlich ist der Gebrauch von Luchs (*loup-cervier*) als Bezeichnung für einen Wucherer. Zweifelsohne denkt der Franzose dabei an die Art und Weise, wie der Luchs sein Opfer zu Falle bringt. Wie alle katzenartigen Raubtiere springt er dem Tiere auf den Rücken und, indem er sich mit seinen Tatzen eingräbt, beißt er dem Opfer die Halsschlagader durch und läßt erst los, wenn das Tier tot zusammenbricht. So gibt auch der Wucherer sein Opfer erst frei, wenn es pekuniär vollkommen ruiniert ist. Schließlich sei noch erwähnt, daß Goethe in seinem Faust den Mephisto gelegentlich mit dem Titel „Höllenluchs" beehrt. Der Vergleich ist treffend. Der Teufel belauert nach christlicher Vorstellung sein Opfer ganz nach Art des Luchses und wie dieser läßt er die einmal erfaßte Beute nicht mehr los. Übrigens spielt der Luchs in germanischen Mythen eine gewisse Rolle, indem z. B. Riesen sich gern in Luchsgestalt zu verwandeln pflegen.

Der Löwe.

Die romanischen Namen für dieses Tier: ital. *leone*, span. *león*, frz. *lion* gehen sämtlich auf lat. *leo* zurück. Engl. *lion* ist Entlehnung aus dem Französischen. Das deutsche L ö w e *)

---

*) Der Familienname „Löwe" beruht in den meisten Fällen auf Umdeutung von „Lewy".

beruht auf ahd. *lêwo*, *lewo*, und dieses geht gleich den romanischen Bezeichnungen auf lat. *leo* zurück. Neben Löwe kommt übrigens auch die Form L e u vor, die jedoch im Neuhochdeutschen nur in poetischer Sprache verwendet wird. (Vgl. Seiler, Die Entwicklung der deutschen Kultur im Spiegel des deutschen Lehnworts, II pag. 65.)

Obwohl exotischen Ursprungs, ist der Löwe in Europa so bekannt geworden, daß er in Sprache und Literatur nahezu wie ein einheimisches Tier behandelt wird. Häufig ist sein Bild auch als Wappen, als Wirtshausschild, für Orden und Münzen verwendet worden. (Über seine Rolle in der Heraldik vgl. Sachs, Zusammenhang von Mensch und Tier, Neuphil. Zentralbl. 1903, pag. 134.) Sogar auf Bettvorlegern erscheint er, wofür man im Deutschen die scherzhafte Bezeichnung g e - z ä h m t e r L ö w e gebraucht. Die Ausnahmsstellung, die er als „König der Tiere" in der Auffassung der Völker einnimmt, spiegelt sich in der Sprache wieder. Bei allen Völkern erscheint er als Symbol der Kühnheit und Kraft und dem entspricht auch die metaphorische Verwertung, die sein Name in den verschiedenen Sprachen findet.

So auffallend des Löwen äußere Erscheinung auch ist, so beziehen sich doch nur wenig Metaphern auf dieselbe. Es wäre im Deutschen höchstens L ö w e n m ä h n e zu erwähnen, womit man meist ironisch überlanges Haupthaar bezeichnet. Auf der Farbe des Felles beruht span. *leonado*, das demnach „schmutziggelb, fahl" bedeutet. Die Klaue des Löwen wird metaphorisch verwendet in dem franz. Sprichwort *A l'ongle on connaît le lion*, an der Klaue erkennt man den Löwen (lat. *ex ungue leonem*), d. h. der kleinste Zug genügt, um einen großen Mann erkennen zu lassen. Dieses Sprichwort, das sich auch im Ital. (*dall' ugne si conosce il leone*) und im Engl. (*you may know the lion by his claw*) findet, ist klassischen Ursprungs. Lucian erzählt nämlich von Phidias, er sei im stande gewesen, genau die Größe eines Löwen anzugeben, sobald er dessen Klauen besehen habe. (Vgl. Rozan, Les animaux dans les proverbes, pag. 231 ff.) Der Löwe ist das starke Tier κατ' ἐξοχήν: daher im Deutschen der Ausdruck l ö w e n s t a r k. Desgleichen bezeichnet man im Ital. hervorragende Stärke mit *forza leonina* und wenn der Italiener von *febbre da leoni* „Löwen-

fieber" spricht, so meint er damit einen hohen Grad von
Fieber, wie ja auch die Namen anderer starker Tiere, wie
Bär und Pferd, in ähnlicher Weise verwendet werden. So
sagt man im Ital. auch *febbre da cavalli* für *febbre da leoni.*
Der metaphorische Gebrauch von L ö w e n a n t e i l beruht
auf einer allen Literaturen geläufigen Fabel. Es ist dies die
Fabel von dem Löwen, der mit dem Fuchs und dem Esel auf
die Jagd zieht und den mit der Teilung der Beute beauftragten Esel zerreißt, da dieser wider sein Erwarten die Beute
in drei gleiche Teile geteilt. Der Fuchs, dem hierauf das
Geschäft des Teilens aufgetragen wird, weist schlauerweise
dem Löwen den größeren Teil zu und antwortet auf dessen
Frage, warum er anders teile als der Esel, mit den Worten:
„Das Unglück des Esels hat mich gelehrt, was ein Schwächerer
dem Mächtigeren schuldig ist." Wenn man übrigens von
jemand sagt, er habe den „Löwenanteil" erhalten, so meint
man damit nicht immer, er habe als Stärkerer sich wider-
rechtlich ein Plus angeeignet, sondern man will nur sagen, es
sei ihm aus diesem oder jenem Grunde der größere, bzw. größte
Teil zugefallen. Die Metapher hat demnach eine Bedeutungserweiterung erfahren und wird in diesem Sinne auch in den
übrigen Kultursprachen gebraucht, so z. B. im Engl.: *the lion's
share,* im Ital.: *la parte del leone,* im Span.: *la parte leonina.*
Enger an den Sinn der Fabel schließt sich an das frz. *maxime
léonine* und das span. *máxima leonina,* was man frei mit
„Löwenmoral" wiedergeben könnte und womit auf die Ant-
wort des Fuchses in der Fabel angespielt wird. Im Span.
kommt auch *contrato leonino* „Löwenvertrag" vor, womit
man einen Vertrag meint, bei welchem der Schwächere den
Kürzeren zieht.

Der Löwe ist aber nicht bloß Symbol der Stärke, sondern
auch des Mutes, mit der Nebenvorstellung des Großmutes
dem Besiegten gegenüber. Mut ist ja meistens nur die
moralische Folge physischer Überlegenheit. Schon im Lat.
bezeichnete man mit *leo* einen kühnen, herzhaften Mann. An
diese Auffassung haben sich sämtliche moderne Kultursprachen
angeschlossen. So sagt man im Deutschen von tapferen
Kriegern: s i e k ä m p f e n w i e L ö w e n, und auch den übrigen
Kultursprachen ist diese Redensart nicht fremd (z. B. ital.

combattere da leoni). Ein beherzter Mann wird auch ein löwenherziger Mann genannt und König Richard von England, der tollkühne Kreuzfahrer, wurde infolge seiner mannigfachen Heldentaten vom Volke mit dem Beinamen *lion-heart* „Löwenherz" ausgezeichnet. (Vgl. auch *lionhearted* „löwenherzig".) Einem Bramarbas, der mit den Taten seines zweifelhaften Mutes prahlen will, ruft der Italiener zu: *Non fare il leone!* tue nicht, als wärst du ein. Löwe! während der Spanier von einem eisenfresserischen Aufschneider sagt, er schlage dem Löwen die Kinnbacken ein (*desquijarar leones*), was als das non plus ultra der Kühnheit gilt. Wenn im Londoner Slang der Hase „*lion*" genannt wird, so beruht diese Bezeichnung auf Ironie, die die Dinge nach ihrem Gegenteil zu benennen pflegt, wie ja tatsächlich der Hase als Symbol der Feigheit das Gegenspiel des Löwen ist. Daher sagt auch der Italiener *cuore di coniglio e pelle di leone*, Kaninchenherz und Löwenfell, von einem trotz seiner Körperstärke feigen Menschen. Ebenso wird der Hirsch dem Löwen gegenübergestellt in den ital. Sprichwörtern: *I cervi non comandano ai leoni*, die Hirsche haben den Löwen nichts zu befehlen, d. h. der Schwache soll nicht über den Starken herrschen, und *Val più un leone a capo di cento cervi che un cervo a capo di cento leoni*, ein Löwe an der Spitze von hundert Hirschen ist mehr wert als ein Hirsch an der Spitze von hundert Löwen, d. h. im Kriege kommt es hauptsächlich auf die Tüchtigkeit des Führers an. Hierher zu ziehen ist auch das engl. Sprichwort: *The lion's not half so fierce as he is painted,* der Löwe ist nicht halb so wild als er gemalt wird (vgl. span. *No es tan bravo el león como lo pintan*), was dem deutschen Sprichwort entspricht: Es wird nicht so heiß gegessen als gekocht wird. Einerseits auf die Schlauheit des Fuchses, anderseits auf die Kühnheit des Löwen bezieht sich im Engl. die sprichwörtliche Redensart *to patch a fox's tail to a lion's skin*, einen Fuchsschwanz an ein Löwenfell heften, d. h. Schlauheit mit Kühnheit vereinen, wozu im Franz. *coudre la peau du renard à celle du lion*, ein Fuchsfell an ein Löwenfell nähen, ein Analogon bildet. Man sagt auch: *Ce que lion ne peut, renard le fait*, was der Löwe nicht kann, macht der Fuchs. (Vgl. Rozan, Les animaux dans les proverbes, pag. 236 ff.) Ähnlich sagt der Italiener: *La volpe ne sa più del leone*, der Fuchs weiß mehr als der Löwe. Stärke mit Kühnheit gepaart verleiht Macht. Es erscheint der Löwe daher auch als Symbol der Macht, figuriert er doch im Tierepos und in der Tierfabel als König der Tiere. In diesem Sinne ist vom Löwen die Rede in dem engl. Sprichwort: *It's better to be head of a lizard than tail of a lion*, das sich auch im Ital. findet: *Meglio capo di lucertola che coda di leone*, besser Kopf einer Eidechse als Schwanz eines Löwen, d. h. besser ist es, in kleinen Verhältnissen der Erste als in großen der Letzte zu sein. Anstatt *capo di lucertola* heißt es auch *capo di gatto* „Kopf einer Katze". Analoga finden sich auch in anderen Kultursprachen. So im Span.: *Antes cabeza de gato (ratón) que coda de león*, im Franz.: *Mieux vaut être tête de chat que queue de lion*. Im Engl. kommt die Variante *head of a dog* „Kopf eines Hundes" für *head of a lizard* vor. Der geringgeschätzte Hund wird zum mächtigen Löwen auch in Gegensatz gebracht in dem deutschen Sprichwort: **E i n l e b e n d e r H u n d i s t b e s s e r a l s e i n t o t e r L ö w e**, d. h. besser arm und gesund als reich und krank (vgl. ital. *È meglio un cane vivo che un leone morto*, franz. *Chien en vie vaut mieux que lion mort*), ferner in der sprichwörtlichen franz. Redensart *battre le chien devant le lion*, den Hund vor dem Löwen schlagen, was unserem deutschen „den Sack schlagen und den Esel meinen" entspricht. Der Mächtige zieht den Blick der Menge auf sich, daher im Engl. der Ausdruck *lion of the day* „Löwe des Tages" für eine Modeberühmtheit, eine Person, die gewissermaßen Herrscher ist im Bereich der Mode. Diese Metapher, die auch ins Deutsche (vgl. **G e s e l l s c h a f t s l ö w e**), Franz. und Ital. eindrang, entstand im 18. Jahrhundert in London, wo der neugierigen Menge im Tower zum ersten Mal ein Löwe gezeigt wurde. Hierauf bezieht sich auch die engl. Redensart *to show the lions*, einem Fremden die Löwen, d. h. die Ortsmerkwürdigkeiten zeigen. Demnach wird *lion-hunter* „Löwenjäger" metaphorisch gebraucht für einen Menschen, der Berühmtheiten und Ortsmerkwürdigkeiten nachjagt. Bei der Häufigkeit solcher Individuen gerade unter den Engländern ist es nicht zu verwundern, daß das Englische dafür einen eigenen Ausdruck disponibel hat. Auch ein Verbum, *to lionise*, wird in derselben metaphorischen Bedeutung gebraucht und bedeutet daher entweder „jemand als Berühmtheit anstaunen" oder „die Ortsmerkwürdigkeiten in Augenschein nehmen". Bezeichnete man mit *lion* den Modehelden, so nannte man die Modedame *lioness*, was dem franz. *lionne* entspricht, welches Wort mit der Zeit eine etwas anrüchige Bedeutung bekam. (Vgl. das Drama von Augier „Les lionnes pauvres".) Auch *lionceau* „junger Löwe" wird metaphorisch gebraucht, und zwar ironisch für einen Stutzer plebejischer Herkunft, der die Manieren der feinen Welt nachzuahmen sucht.

Bei aller Sympathie, die der Löwe dem Menschen einflößt, bleibt er doch ein für ihn gefährliches Tier und es kommt auch diese Seite seines Wesens in der Sprache zum Ausdruck. Er muß sich's sogar gefallen lassen, daß die Bibel ihn als Vergleichsobjekt für den Teufel benutzt, indem sie von letzterem behauptet, daß er umhergehe wie ein brüllender Löwe. (Vgl. brüllen wie ein Löwe.) Wenn der Engländer sagen will, daß eine furchtbare Gefahr im Anzug ist, so drückt er dies gern aus mit den Worten: *A lion is in the way*, ein Löwe ist auf dem Wege (stammt aus den Sprüchen Salomonis 26, 13), und von jemand, der sich einer großen Gefahr aussetzt, sagt er: *He puts his head into the lion's mouth*, er steckt seinen Kopf in des Löwen Rachen, während im Ital. und Franz. der Wolf an Stelle des Löwen tritt. Im Deutschen wendet man eine ähnliche Redensart an, nämlich sich in die Höhle des Löwen wagen. Ihren Ursprung findet man in der 246. Fabel des Äsop. Daselbst antwortet der Fuchs dem in der Höhle krank liegenden Löwen auf dessen Frage, warum er nicht nähertrete: „Ich träte ein, wenn ich nicht die Spuren vieler Hineingehender, aber keines Hinausgehenden sähe". (Vgl. Büchmann, Gefl. Worte, pag. 411.) So nennt auch der Spanier das Spielhaus eine Löwenhöhle (*leonera*), da derjenige, der sich in ein solches Lokal wagt, den pekuniären Ruin riskiert. Dementsprechend wird der Spielhalter *leonero* genannt. Hierher zu ziehen ist ferner der Vergleich eines in heftigen Zorn geratenden Menschen mit einem wütenden Löwen, welche Metapher hauptsächlich dem Deutschen geläufig ist. Auf die Raubtiernatur des Löwen bezieht sich auch die Redensart: Wenn der Löwe Blut geleckt ha⁺

(zu ergänzen: dann will er nichts mehr anderes), d. h. hat man einmal angefangen, an einer Sache Gefallen zu finden, kann man nicht mehr von ihr lassen. Ebenso heißt es engl. *when the lion has licked blood.*

Schließlich mögen hier noch einige Tiere angeführt werden, die nach dem Löwen benannt sind. Da ist in erster Linie der Leopard zu nennen. Das griechische λεόπαρδος drang auf dem Umwege über das Lateinische in die modernen Sprachen ein: ital., span. *leopardo*, franz. *léopard*, deutsch Leopard, engl. *leopard*. Im Span. existiert übrigens eine auf volkstümliche Angleichung an *pardo* „gefärbt" beruhende Form *león pardo*, was mit Anspielung auf das scheckige Fell des Tieres „gefärbter Löwe" bedeutet. Indes ist in sämtlichen Kultursprachen auch die einfache Form üblich: ital., span. *pardo*, franz., engl. *pard*, deutsch Pardel. Ferner ist zu nennen der Seelöwe, ein durch Gesichtsbildung, Färbung des Felles und nicht zuletzt durch seine Mähne an den Löwen erinnernder Flossenfüßler; die gleiche Benennung weisen die übrigen Sprachen auf: engl. *sea-lion*, ital., span. *leon (león) marino*, frz. *lion marin*. Beim Löwenäffchen ist die Mähne das tertium comparationis: engl. *lion-monkey*, ital. *scimmia leone*, frz. *singe-lion*, span. *leoncito*, was wörtlich „kleiner Löwe" heißt. Erwähnt sei noch, daß im Span. die Riesenschlange wegen ihrer außerordentlichen Stärke und Gefährlichkeit *león* „Löwe" genannt wird. Auch Geschütze und Schiffe führten früher häufig seinen Namen und heute noch wird er in der franz. Marine als Schiffsbild gebraucht.

Der Tiger.

In etymologischer Beziehung ist von dem Namen dieses Tieres nicht viel zu sagen. Das Wort ist griechischen Ursprungs (τίγρις), also bereits im Lat. Lehnwort. Auf lat. *tigris* gehen ital., span., frz. *tigre* zurück. Engl. *tiger*, deutsch Tiger sind ihrerseits wieder dem Romanischen entlehnt.

Was in der äußeren Erscheinung des Tigers am meisten auffällt, ist sein gestreiftes Fell. Hierauf ist es jedenfalls zurückzuführen, wenn im Franz., seltener im Engl. das Wort

Tiger für einen Reitknecht oder Lakaien gebraucht wird, indem die Livree dieser Bediensteten häufig gestreift ist und so an das Tigerfell erinnert. Im engl. Slang wird gestreifter Speck mit „tiger" bezeichnet. Auch werden Tiere von ähnlicher Zeichnung nach dem Tiger benannt: Tigerhund, Tigerpferd, Tigerkatze, Tigerwolf (gestreifte Hyäne). Engl.: tiger-dog, tiger-horse etc., frz.: chien tigre, cheval tigre oder auch einfach tigre. Übrigens existieren im Span. und Franz. verbale Weiterbildungen von tigre; span. atigrar, frz. tigrer „tigerartig färben", wovon hauptsächlich die participia perfecti atigrado, resp. tigré gebräuchlich sind, denen das ital. tigrato entspricht. So wird das deutsche „Tigerhund", „Tigerpferd" etc. im Ital. mit cane tigrato, cavallo tigrato, im Span. mit perro atigrado, cavallo atigrado wiedergegeben. Das Engl. besitzt hierfür ein eigenes Adjektiv tigrine, während tigrish sich auf die weiter unten zu erörternden ethischen Eigenschaften des Tigers bezieht. Auf die Schnelligkeit des Tieres spielt an engl. tiger-footed „tigerfüßig", für welche Metapher sich in den übrigen Sprachen kein Analogon findet, es sei denn, man zöge das im Pariser Theaterargot als Bezeichnung einer angehenden Tänzerin übliche tigre hierher, wobei jedenfalls ironischer Weise die Entrechats der Tänzerin mit den Sprüngen eines Tigers verglichen werden. (Vgl. rat.)

In semasiologischer Hinsicht bemerkenswert ist tiger im amerikanischen Engl. als Bezeichnung eines Beifallsgebrülles: three cheers and a tiger, drei Vivats und ein Brüllen. Diese Metapher beruht auf einem interessanten Fall von Metonymie, indem nämlich der Name des Tieres für die von ihm hervorgebrachten Laute gesetzt wird (Ursache für Wirkung). (Vgl. in der deutschen Soldatensprache Frosch für den falschen Ton des Hornisten.) Die entgegengesetzte Erscheinung, Benennung eines Tieres nach seiner stimmlichen Betätigung, kommt viel häufiger vor. Man denke an Tiernamen wie Kuckuck, Uhu, Krähe etc.

Was nun die psychischen Eigenschaften des Tigers betrifft, so sind alle Kultursprachen darin einig, in ihm das Symbol der Grausamkeit und Blutgier zu sehen, was übrigens dem wirklichen Wesen dieses Raubtieres durchaus nicht widerspricht. So charakterisiert Geibel in seinem grandiosen Ge-

dichte „Der Tod des Tiberius" den römischen Tyrannen vortrefflich, indem er ihn den „greisen Tiger" nennt. Wenn„der
Engländer von jemandem sagt, er sei *tiger-hearted* „tigerherzig",
so meint er damit, er sei grausam. In ähnlicher Weise
spricht der Italiener von *instinti tigreschi* „tigerhaften", d. h.
grausamen Instinkten (vgl. auch *feroce come una tigre*, wild
wie ein Tiger), der Spanier von einem *corazón atigrado*, der
Franzose von einem *cœur de tigre*. Übrigens wird auch das
Feminium metaphorisch verwendet. So bezeichnet der Spanier
ein grausames Weib mit *tigra*, der Franzose mit *tigresse*.
Letzteres Wort wird hauptsächlich in ironischem Sinne von
erotischer Unnahbarkeit gebraucht, bezeichnet also eine mehr
passive Grausamkeit. Wenn der Franzose daher von einem
Weibe sagt: *Elle n'est pas tigresse*, sie ist keine Tigerin, so
meint er damit, sie sei nicht unerbittlich.

Weniger befindet sich die Sprache in Übereinstimmung
mit der Naturgeschichte, wenn sie den Tiger als Symbol der
Eifersucht verwendet. Brehm wenigstens weiß nichts von
einer besonderen Eifersucht des Tigers zu berichten. Gleichwohl sagt man im Deutschen sehr häufig: Er ist eifersüchtig wie ein Tiger. Ebenso heißt es im Franz.: *Il
est jaloux comme un tigre*. Es mag hierbei an eine Eifersucht
gedacht werden, die sich in Wutausbrüchen und Gewalttätig-
keiten äußert. Dann hätten wir es hier mit einer Metonymie
zu tun, indem die Ursache für die Wirkung gesetzt erscheint,
gleichsam: Er ist (eifersüchtig und daher) wütend wie ein
Tiger. Ganz vereinzelt ist der Gebrauch von *tiger* im Engl.
für Prahler, namentlich in Kleidung und Benehmen. Diese
Metapher beruht wohl darauf, daß der Tiger in Europa als
exotisches Tier allgemein angestaunt wird und der Prahler
ein ähnliches Aufsehen zu erregen wünscht.

Der Wolf.

Das deutsche W o l f, das schon im Ahd. so lautet, und
das engl. *wolf*, altengl. *wulf*, beruhen auf germanisch *wulfo* —.
Die romanischen Bezeichnungen dieses Tieres gehen sämtlich
auf lat. *lupus* zurück: ital. *lupo*, span. *lobo*, frz. *loup*, altfrz. *leu*,

das noch erhalten ist in der Redensart *aller à la queue leu leu*, auf die wir weiter unten zurückkommen.

. Die Metaphern, die auf physischen Eigenschaften des Wolfes beruhen, sind nicht eben zahlreich. Besonders charakteristisch ist die Gangart der Wölfe. Diese Tiere gehen nämlich eines hinter dem anderen her, worauf die frz. Redensart *aller à la queue leu leu* beruht. Dieses *leu leu* (richtiger wäre *le leu*), ein nicht mehr verstandenes Überbleibsel aus dem Altfranz., bedeutet soviel wie das moderne *du loup*. Die wörtliche Übersetzung der Redensart wäre demnach „am Wolfsschwanze gehen", was unserem deutschen „in Gänsemarsch gehen" entspricht. Hingegen nimmt eine andere franz. Redensart: *marcher à pas de loup*, im Wolfsschritt gehen, d. h. leise auftreten, Bezug auf den leisen, fast unhörbaren Tritt des Wolfes. Der **Wolfgang** wurde im Deutschen sogar zum Taufnamen. Hierher zu ziehen ist auch das ital. *loffa* oder *loffia* „crepitus ventris", das auf ein von *lupus* abgeleitetes, supponiertes *lupea* zurückgeht und unserem „Schleicher" entspricht. Ein interessantes Beispiel von Metonymie liegt vor in *saut de loup* „Wolfssprung", einem militärischen terminus technicus, mit dem man eine als Annäherungshindernis bei Feldverschanzungen dienende Grube bezeichnet, in deren Sohle man spitze Pfähle eintreibt. Die Bezeichnung *saut de loup* erklärt sich daraus, daß man in früheren Zeiten ähnliche Gruben zum Fangen von Wölfen anlegte. Im Deutschen ist dafür die Bezeichnung **Wolfsgrube** üblich. Im negativen Sinne bezieht sich auf die Farbe des Wolfes die franz. Redensart: *Il est connu comme le loup blanc*, er ist bekannt wie der weiße Wolf, d. h. jedermann kennt ihn. Ein so abnorm gefärbtes Tier würde sofort die allgemeine Aufmerksamkeit auf sich ziehen und allerorten bekannt werden. Im Deutschen sagt man ähnlich: bekannt sein wie ein roter oder bunter Hund. Es ist selbstverständlich, daß es sich bei beiden Redensarten um ein Bekanntsein in schlechtem Sinne handelt. Wenn der Spanier den Sohn eines Indianers und einer Negerin *lobo* und der Italiener den Grauschimmel *cavallo lupino* nennt, so ist das tertium comparationis gleichfalls die Farbe. Wird jedoch im Deutschen eine durch starkes Reiten oder Gehen am Gesäß hervorgerufene Entzündung „Wolf" genannt, so wird

dabei die wund gewordene Haut mit dem rauhen Felle des
Wolfes verglichen. Gleichfalls auf die Rauheit des Felles
bezieht sich im Franz. die Bezeichnung *tête de loup* „Wolfs-
kopf" für eine runde, an einem langen Stabe befestigte Bürste,
die zum Reinigen der Zimmerdecke verwendet wird. Beiläufig
sei hier erwähnt, daß im älteren Engl. *wolf's head* „Wolfs-
haupt" (Metapher und Metonymie) für einen Geächteten gebraucht wurde, dem eben jeder wie einem Wolfe den Kopf
abschlagen durfte. Für die Spaltung des harten Gaumens,
eine angeborene Mißbildung, ist im Deutschen der Ausdruck
Wolfsrachen üblich (engl. *wolf's jaw*, ital. *bocca di lupo*,
frz. *gueule-de-loup*), wohl deshalb, weil dieser Defekt die Mund-
höhle größer erscheinen läßt.

Wenn früher im Franz. eine schwarze Sammetmaske mit
loup bezeichnet wurde, so ist darin wohl nicht eine Anspielung
auf die Beschaffenheit des Wolfsfelles zu sehen, sondern es
soll vielmehr damit ausgedrückt werden, daß eine solche Maske
dem Gesichte etwas Unheimliches, Furchterregendes verleiht.

Daß der Wolf als häßliches Tier gilt, ergibt sich aus dem
Gebrauch von span. *loba* „Wölfin" für eine häßliche oder ge-
schmacklos gekleidete Frau. Dasselbe Wort wird auch auf
ein unschönes Kleidungsstück angewendet, nämlich einen langen
Leibrock ohne Ärmel, wie ihn früher Studenten trugen.

Von ungleich größerer Wichtigkeit sind die Metaphern, die
von psychischen Eigenschaften des Wolfes hergenommen sind.
Zunächst ist zu bemerken, daß alle modernen Kultursprachen in
der Auffassung vom Wesen des Wolfes eine auffallende Übereinstimmung zeigen, und zwar erscheint der Wolf durchgehends
als antipathisches Tier, während bei anderen Raubtieren,
z. B. dem Bären, die Sprache doch hier und da eine gewisse
Sympathie durchblicken läßt. Wenn wir von dem ital. *lupo
di mare*, frz. *loup de mer**) absehen, das als Bezeichnung eines
rauhen Seemanns unserem „Seebären" entspricht und daher
keinen tadelnden Sinn hat, so liegt sämtlichen auf den Wolf

---

*) In dem Frauen gegenüber als Kosewort gebrauchten *mon petit loup*
dürfte *loup* wohl nichts anderes sein als die eine Silbe des in der Kindersprache gebräuchlichen *loulou* „Herzchen, Liebchen". Die Schreibung mit
p beruht nur auf Angleichung an *loup* „Wolf".

bezüglichen Metaphern eine ungünstige Auffassung zugrunde.
Daß dem nicht immer so war und demnach in dem gemüt-
lichen Verhältnis des Menschen zu diesem Tiere ein Wandel
eingetreten ist, beweist die altgermanische Mythologie, in der
der Wolf keine durchwegs unrühmliche Rolle spielt. Als Überreste dieser alten Auffassung sind einige deutsche Taufnamen
anzuführen, in denen der Wolf geradezu als edles Tier erscheint, wie in Adolf aus Adalolf „Edelwolf", Rudolf aus
Ruodolf „Ruhmwolf". Besonders charakteristisch aber ist der
Name Wolfram, d. h. Wolfrabe, der direkt hinweist auf die
Bedeutung dieser Tiere in der altgermanischen Mythologie,
da Wolf und Rabe die unzertrennlichen Begleiter Odins waren.
Von Wolfgang war weiter oben die Rede.*) Diese Idealisierung
des Wolfes beschränkt sich jedoch auf die germanische Welt;
die alten Römer hatten trotz der Sage von Romulus und
Remus, in der dem Wolfe eine ehrenvolle Rolle zufällt, eine
mehr reale, dem wirklichen Wesen des Tieres entsprechende
Auffassung und bedachten ihn mit den wenig schmeichelhaften
Epithetis *vorax, rapax, rabiosus*. Und als Symbol der Gefräßigkeit, Raubgier und Grausamkeit erscheint er uns noch
heute.

Was zunächst die Gefräßigkeit betrifft, so finden wir
in allen Sprachen Metaphern und Redensarten, die sich darauf beziehen. Von einem gierig essenden Menschen sagt
man im Deutschen: Er frißt wie ein Wolf. Ebenso im
Engl.: *He is ravenous, greedy, hungry like a wolf,* er ist gefräßig, gierig, hungrig wie ein Wolf. Auch sagt der Engländer scherzweise: *He has a wolf in his stomach,* er hat einen
Wolf im Magen, während man im Deutschen dafür sagt: Er
hat einen Wolfsmagen oder einen Wolfshunger. (Vgl.
den franz. Spruch: *Jeune homme en sa croissance a un loup
dans sa panse.*) Geradezu als Synonym von Hunger erscheint
wolf in der Redensart *to keep the wolf from the door,* den
Wolf von der Türe fernhalten, d. h. sein Auskommen haben,
so daß man nicht Hunger zu leiden braucht. Ferner sind im

---

*) Außerdem findet sich das Wort „Wolf" in einer beträchtlichen An-
zahl aus der germanischen Zeit stammender Familiennamen (meistens
Composita), die man bei Heintze, Die deutschen Familiennamen, pag. 263 f.
verzeichnet findet.

Engl. Weiterbildungen von *wolf* vorhanden wie *wolfer* „Fresser",
wolfish „gefräßig", welche beiden Ausdrücke auch auf Säufer
angewendet werden können, womit sich im Pariser Argot
louper in der Bedeutung „saufen" vergleichen läßt. Schließlich kann *wolf* als Zeitwort gebraucht werden im Sinne von
„gierig essen". (Vgl. im „Reineke Fuchs" Frau G i e r e -
m u n d als Name der Wölfin.) Allerdings kann *to wolf* mit
Bezug auf den räuberischen Charakter des Tieres auch „aus-
plündern" bedeuten. Wenden wir uns dem Ital. zu, so finden
wir *lupo* in demselben Sinne gebraucht. Besonders zu bemerken ist, daß im Ital. das Fem. von *lupo, lupa*, ohne weiteres
für den Begriff „Heißhunger" verwendet wird, namentlich zur
Bezeichnung eines krankhaften Zustandes: *il male della lupa.*
Auch heißt es in diesem Sinne im Ital. wie im Engl. (siehe
oben) *avere una lupa in corpo*, eine Wölfin im Leibe haben.
Der Spanier gebraucht hierfür ein von *lobo* abgeleitetes *lobizno.*
Das Ital. hat sich übrigens von *lupo* ein Verbum gebildet,
nämlich *allupare*, das in der Weise gebraucht wird, daß man
z. B. sagt: *Ho una fame che allupo*, ich habe einen Hunger,
daß ich zum Wolfe werde. Auch dem Franz. ist die
Redensart *avoir une faim de loup* nicht unbekannt. (Vgl.
Rolland, Faune pop. I, pag. 116.) Als Bild unersättlicher Gier
erscheint der Wolf in dem franz. Sprichwort: *Dieu garde la
lune des loups*, Gott bewahrt den Mond vor den Wölfen, was
an den altgermanischen Mythus von den Sonne und Mond
verfolgenden Wölfen erinnert. In einer anderen Version heißt
das Sprichwort: *La lune n'a rien à craindre des loups*, der
Mond hat von den Wölfen nichts zu befürchten. (Vgl.
Rolland, Faune pop. I, pag. 123.) Im Deutschen sagt man
in ähnlichem Sinne: Gott sorgt dafür, daß die Bäume nicht in
den Himmel wachsen. Da Gier und Geiz nahe verwandte
Begriffe sind — im älteren Deutsch sind die beiden Wörter
sogar Synonyma — ist es erklärlich, daß dem Spanier der
Wolf Symbol des Geizes ist, wie erhellt aus der Redensart:
esperar del lobo carne, vom Wolfe Fleisch erhoffen, d. h. vom
Geizigen Freigebigkeit erwarten. Die mittelalterliche Symbolik
stellte die Figur des Geizes auf einem Wolfe reitend dar.

Wenn in den romanischen Sprachen ein kreisrundes Geschwür unter der Haut „Wolf" genannt wird (span., ital. *lupia*,

frz. *loupe*),*) so beruht diese Bezeichnung wohl auf dem gierigen Umsichfressen und dem gefährlichen Charakter dieses Geschwüres. Interessant ist, daß im Franz. diese Metapher wieder andere Metaphern gezeitigt hat. So bezeichnet man mit *loupe* den Knorren eines Baumes, ferner den Höcker des Kamels und schließlich ein rundes Vergrößerungsglas. In den beiden ersten Fällen ist das tertium comparationis die Anschwellung, in letzterem Falle die kreisrunde Form.

Daß im Span. *lobo* neben *mona* und *zorra* für Rausch gebraucht wird, wurde schon beim Affen erwähnt. Dieselben Redensarten wie mit *mona* und *zorra* werden demnach auch mit *lobo* gebildet. So sagt man *coger un lobo, pillar un lobo,* einen Wolf fangen, d. h. einen Rausch kriegen. Die Redensart *dormir el lobo,* den Rausch ausschlafen, beweist, daß die Metapher als solche nicht mehr gefühlt wird.

Der Wolf ist infolge seiner Raubgier ein sehr gefährliches Tier; mit Vorliebe stellt er dem Schafe nach, das ihm wegen seiner vollständigen Wehrlosigkeit eine bequeme Beute ist. (Vgl. franz. *avoir le courage du loup,* den Mut des Wolfes haben, d. h. nur Wehrlosen gegenüber mutig sein.) Auf das feindliche Verhältnis zwischen Wolf und Schaf bezieht sich eine sprichwörtliche Redensart, die sich als lateinisches Erbgut in allen romanischen Sprachen findet. Im Lat. lautet die Redensart: *ovem lupo committere,* das Schaf dem Wolfe anvertrauen, wofür man im Deutschen sagt: den Bock zum Gärtner machen (im älteren Deutsch aber auch: die Schafe dem Wolfe befehlen). Im Ital. heißt es: *dar le pecore in guardia al lupo* oder *fare il lupo pecoraio.* Span.: *encomendar las ovejas al lobo.* Franz.: *donner la brebis à garder au loup* oder wohl auch: *enfermer le loup dans la bergerie,* den Wolf im Schafstall einschließen. (Vgl. auch engl. *to give the wolf the wether to keep,* dem Wolf den Hammel zu hüten geben, wofür man jedoch häufiger sagt *to set the fox to watch the geese,* dem Fuchs die Gänse in die Hut geben). Ein anderes Sprichwort, das gleichfalls den Wolf als ein dem Schafe gefährliches Tier erscheinen läßt, heißt: Wer sich zum Schafe macht, den fressen die Wölfe. Ebenso engl.: *He that makes himself a sheep,*

---

*) Vgl. den medizinischen Terminus *lupus.*

shall be eaten by the wolf. Ital.: *Chi pecora si fa, il lupo lo mangia.* Franz.: *Qui se fait brebis, le loup le mange.* Mit Beziehung auf die Fabel von dem Wolfe, der sich in ein Schaffell hüllt, um die Lämmer leichter zu betören, nennt man einen Heuchler, der seine bösen Absichten hinter harmlosem Wesen verbirgt, e i n e n W o l f i n S c h a f s k l e i d e r n, ebenso engl.: *a wolf in sheep's clothing.* So sagt auch der Italiener von einem Heuchler: *Il lupo s'è vestito della pelle d'agnello,* der Wolf hat sich in ein Lammsfell gekleidet. Vgl. lat. *Pelle sub agnina latitat mens saepe lupina,* unter einem Lammsfell ist oft ein Wolfssinn verborgen, sowie im neuen Testament die Stelle, Matth. 7, 15: „Sehet euch vor vor den falschen Propheten, die in Schafskleidern zu euch kommen, inwendig aber sind sie reißende Wölfe". (Weitere auf das Verhältnis zwischen Wolf und Schaf bezügliche Sprichwörter findet man bei Brinkmann, Metaphern, pag. 495 ff. und bei Rozan, Les animaux dans les proverbes, I, pag. 243 ff.)

Doch auch dem Menschen kann der Wolf gefährlich werden, und zwar nach einem eigentümlichen, aus dem Altertum stammenden Aberglauben schon durch seinen bloßen Blick. Die Alten glaubten nämlich, der Anblick eines Wolfes sei verderbenbringend, und wenn er den Menschen eher sähe als dieser ihn, so verliere der Mensch die Sprache. Daher bedeutet engl. *to see a wolf,* ital. *aver veduto il lupo,* frz. *avoir vu le loup* „heiser werden, die Stimme verlieren". Die franz. Redensart wird übrigens auch im Sinne von „viel Erfahrung haben", namentlich in sexueller Beziehung, gebraucht, z. B. von einem Mädchen, das schon manche Liebschaft gehabt hat. Das plötzliche Auftauchen eines Wolfes wirkt jedenfalls beunruhigend auf das Gemüt, daher ital. *aver veduto il lupo* auch bedeuten kann „Furcht haben, blaß sein" (Metonymie: Ursache für Wirkung). Auf die Gefährlichkeit des Wolfes wird ebenfalls angespielt, wenn von jemand, der sich in einer gefährlichen Situation befindet, gesagt wird, er halte einen Wolf bei den Ohren. Dem Deutschen ist diese Redensart zwar fremd, wohl aber findet sie sich im Engl.: *to hold a wolf by the ears.* Das analoge franz. *tenir le loup par les oreilles* scheint direkt auf das lat. *lupum auribus tenere* zurückzugehen. Eine ähnliche Redensart findet sich im Span., nämlich *ver las orejas al lobo,* vom Wolf die

Ohren sehen, d. h. mit knapper Not einer Gefahr entgehen und dadurch gewitzigt werden. Hierher zu ziehen ist ferner die ital. Redensart *aver provato il morso del lupo*, den Biß des Wolfes am eigenen Leib erfahren haben, was dem deutschen „durch Schaden wird man klug" entspricht. Wenn jemand, von dem eben die Rede war, plötzlich erscheint, so sagt man, er sei gekommen wie d e r W o l f i n d e r F a b e l (*lupus in fabula*). Ebenso ital. *Il lupo è nella favola*, span. *El lobo está en la conseja*. Es ist damit die uralte, internationale Kinderfabel von dem Wolfe gemeint, der von dem Hirtenknaben mehrmals zum Scherze gerufen, plötzlich wirklich erscheint. Darauf bezieht sich auch das deutsche Sprichwort: W i r d d e r W o l f (F u c h s) g e n a n n t, s o k o m m t e r g e r a n n t. Engl. dementsprechend: *To mention the wolf's name is to see the same*, den Namen des Wolfes aussprechen und ihn sehen ist dasselbe. Ital.: *Chi ha il lupo in bocca, lo ha sulla coppa*, wer den Wolf im Munde hat, hat ihn im Nacken. Franz.: *Quand on parle du loup, on en voit la queue*, wenn man vom Wolfe spricht, sieht man seinen Schweif. Auf die oben erwähnte Fabel nimmt auch Bezug die engl. Redensart *to cry wolf*, „Wolf" rufen, d. h. blinden Lärm schlagen, sowie das ital. Sprichwort: *Non si grida al lupo, che non sia can bigio*, wenn es auch nicht immer ein Wolf ist, so ist es doch manchmal ein grauer Hund, d. h. etwas Wahres ist meistens an einem Gerücht. Auf die Fabel vom Wolf und Kranich spielt an der Ausdruck W o l f s d a n k für „Undank". In dieser Fabel wird bekanntlich erzählt, daß der Wolf dem Kranich, der ihm mit seinem langen Schnabel einen Knochen aus dem Rachen gezogen hat und dafür einen Lohn verlangt, erwidert, er könne froh sein, daß er ihm nicht den Hals abgebissen habe. Auf dieselbe Fabel zurückzuführen ist die engl. Redensart *to put his head into the wolf's mouth*, seinen Kopf in des Wolfes Rachen stecken, d. h. sich unnötigerweise einer großen Gefahr aussetzen. Analog sagt der Italiener *andare in bocca al lupo* und der Franzose *se mettre à la gueule du loup*. Der Wolfsrachen findet übrigens im Engl. und Span. auch in dem Vergleiche *as dark as a wolf's mouth*, *obscuro como boca de lobo*, finster wie eines Wolfes Rachen, metaphorische Verwendung. (Über den medizinischen Terminus „Wolfsrachen" vgl. pag. 30).

Wie gegen andere Gefahren, so suchte man sich im Mittelalter auch gegen den Wolf durch gewisse Zauberformeln zu
schützen. Daher die franz. Redensart *savoir la patenôtre du
loup*, das Wolfsvaterunser können, d. h. die Mittel wissen, wodurch sich irgend eine Gefahr beschwören läßt. (Vgl. Rozan,
Les animaux dans les proverbes, pag. 250 ff.) Geradezu als
Symbol der Gefahr erscheint der Wolf in dem franz. Sprichwort: *On fait toujours le loup plus gros qu'il n'est*, man macht
den Wolf immer größer als er ist, d. h. die Furcht läßt die
Gefahr größer erscheinen als sie in Wirklichkeit ist. (Vgl.
engl. *The lion's not half so fierce as he is painted* und span. *No
es tan bravo el león, como lo pintan*.)

Auf das rudelweise Zusammenleben der Wölfe im Winter
nimmt Bezug das deutsche Sprichwort: Mit den Wölfen
muß man heulen, das sich auch in den übrigen Kultursprachen findet. Es lautet engl.: *Who keeps company with
wolves, will learn to howl*, ital.: *Chi pratica coi lupi, impara a
urlare*, span.: *Quien con lobos anda, á aullar se enseña*, franz.:
Avec les loups il faut hurler. Im Sommer lebt der Wolf einzeln,
daher nennt der Franzose einen einsam lebenden Sonderling
loup. (Vgl. deutsch „Bär".)

Daß sich das Volk nicht darum kümmert, ob seine Sprichwörter dem wirklichen Sachverhalt entsprechen, wenn nur die
Idee klar zum Ausdrucke kommt, beweist das deutsche Sprichwort: Ein Wolf frißt den andern nicht. Es ist im
Gegenteil eine bekannte Tatsache, daß die Wölfe, wenn es
ihnen an Beute mangelt, gern ihre kranken Brüder und sogar die eigene Nachkommenschaft auffressen. Obiges Sprichwort findet sich auch in den romanischen Sprachen: Ital. *Lupo
non mangia lupo*, span. *Un lobo á otro no se muerden*, franz.
Les loups ne se mangent pas. Im Englischen tritt der Hund
an Stelle des Wolfes: *Dog does not eat dog*. (Vgl. deutsch:
Eine Krähe hackt der anderen die Augen nicht aus.) Einen
ähnlichen Sinn hat die span. Redensart: *Son lobos de una
camada*, sie sind Wölfe von einem Wurf, d. h. sie sind von
einem Schlag. Eine genauere Kenntnis der Lebensweise des
Wolfes verrät das deutsche Sprichwort: Wenn ein Wolf
den anderen frißt, ist Hungersnot im Walde, das
sich auch in den anderen Kultursprachen findet: Engl. *It's a*

hard winter, when one wolf eats another, ital. *Quando il lupo mangia il compagno, creder si deve sterile la campagna*, span. *Cuando un lobo come á otro, no hay que comer en el soto*, franz. *Il fait bien mauvais au bois, quand les loups se mangent l'un l'autre.* Auf das sich gegenseitig Vertilgen bezieht sich ferner die franz. Redensart *vivre en loup*, wie die Wölfe leben, was man von Leuten sagt, die sich gegenseitig auf jede mögliche Weise zu schaden suchen. Daneben kann die Redensart aber auch bedeuten: leben wie die Wilden. (Vgl. das horazische *homo homini lupus*.) Demgemäß nennt der Franzose ein Land, dessen Bewohner ungeschlachte Manieren haben, *pays de loup* „Wolfsland". (Vgl.Rozan,Les animaux dans les proverbes,I,p.254.)

Das hauptsächliche Vorkommen des Wolfes in nordischen Gegenden (nördliches Rußland, Schweden, Norwegen) erklärt die ital. Metapher *tempo da lupi* „Wolfswetter" sowie die franz. Redensart *il fait un froid de loup*, es herrscht eine Wolfskälte, d. h. es ist so kalt wie in den Ländern, wo Wölfe vorkommen. Der Engländer nennt daher den Januar als den kältesten Monat *wolf-month* „Wolfmonat" und im Deutschen wendet man „Wolf" auf einen verspätet eintretenden Schneefall sowie auf einen Windstoß an, der sich in einem warmen Zimmer bemerkbar macht. Hierher gehört ferner ital. *raffreddato come un lupo*, franz. *enrhumé comme un loup*, erkältet wie ein Wolf.

Auf das Vorkommen des Wolfes in waldreichen Gegenden spielt an das deutsche Sprichwort: D e r H u n g e r t r e i b t d e n W o l f a u s d e m W a l d e, wozu sich in anderen Kultursprachen Analoga finden. So engl.: *Hunger fetches the wolf out of the wood*, ital.: *La fame caccia il lupo dal bosco*, franz.: *La faim fait sortir le loup du bois.* Desgleichen gehört hierher das ital. Sprichwort: *Chi più boschi cerca, più lupi trova*, je mehr Wälder einer sucht, desto mehr Wölfe findet er, womit übertriebene Wißbegierde getadelt wird.

Bei der nahen Verwandtschaft zwischen Wolf und Fuchs ist es erklärlich, daß beide Tiernamen manchmal füreinander gebraucht werden, so z. B. im deutschen Sprichwort: D e r F u c h s ä n d e r t d e n B a l g u n d b l e i b t e i n S c h a l k, wofür man auch sagt: D e r W o l f ä n d e r t d a s H a a r u n d b l e i b t w a s e r w a r. Dieses Sprichwort findet sich a^r

in den anderen Kultursprachen, und zwar bezieht es sich
bald auf den Fuchs, bald auf den Wolf. (Vgl. die Zusammenstellung bei Reinsberg-Düringsfeld, Die Sprichwörter
der germ. und rom. Sprachen, I, pag. 96.) Ganz deutlich
kommt aber die Verwandtschaft der beiden Tiere, namentlich
im Charakter, zum Ausdruck im span. Sprichwort: *El lobo y
la vulpeja ambos son de una conseja*, Wolf und Fuchs sind beide
von einem Schlag (wörtl.: sie gehören beide in dieselbe Fabel),
wofür man deutsch sagt: Gleich und gleich gesellt sich gern.
Eine Eigenschaft, die der Wolf nicht bloß mit dem Fuchse,
sondern mit der ganzen Hundegattung teilt, ist die stark
entwickelte libido, weswegen *lupa* im Lat. und älteren Ital.
im Sinne von „meretrix" gebraucht wird. Dementsprechend
heißt im Lat. *lupanar* „Freudenhaus", welches Wort sich in
ital. *lupanare* erhalten hat. (Vgl. damit den Gebrauch von
zorra im Span.)

Trotz ihrer nahen Verwandtschaft sind sich Wolf und
Hund grimmig feind. Daher das deutsche Sprichwort: Z u
W o l f s f l e i s c h g e h ö r t e i n H u n d s z a h n, d. h. ein
mächtiger Gegner muß mit entsprechend starken Waffen
bekämpft werden. Auch die romanischen Sprachen besitzen
dieses Sprichwort. So heißt es ital.: *A ciccia di lupo, zanne
di cane*, span. *A carne de lobo diente de perro*, franz. *A chair
de loup dent de chien.* Einen ähnlichen Gedanken drückt aus
das deutsche Sprichwort: W e r b e i m W o l f z u G e v a t t e r
s t e h e n w i l l, muß einen H u n d u n t e r d e m M a n t e l
h a b e n. Ebenso ital.: *Chi ha il lupo per compare, porti il cane
sotto il mantello*, und franz.: *Qui a le loup pour compagnon,
porte le chien sous le hocton.* Auf die Verwandtschaft von Wolf
und Hund spielt auch an das dem deutschen „Vom Regen in
die Traufe" entsprechende franz. Sprichwort: *D'un côté le loup
nous menace, de l'autre le chien*, auf der einen Seite bedroht
uns der Wolf, auf der anderen der Hund. Im selben Sinne
sagt man: *En fuyant le loup, on rencontre la louve*, flieht man
den Wolf, so stößt man auf die Wölfin. Ähnlich sagt der
Italiener: *Chi fugge il lupo, incontra il lupo e la volpe*, wer den
Wolf flieht, stößt auf den Wolf und den Fuchs.

Schließlich sei noch des W e r w o l f s gedacht, mit welchem
Worte eine Schöpfung der Volksphantasie bezeichnet wird,

nämlich ein Mensch, der die Fähigkeit besitzt, sich in Wolfsgestalt zu verwandeln. Früher deutete man das Wort als „Mannwolf", indem man im ersten Teile des Wortes das ahd. *wër* „Mann" sah. Neueren Forschungen zufolge ist dieses *wer* jedoch verwandt mit ahd. *weri-* = altengl. *wer-* = engl. *to wear* (Kleider tragen). Das Wort würde demnach „Kleiderwolf" bedeuten. Das deutsche „Werwolf" ist übrigens ins Franz. eingedrungen, wo es *zu garou* wurde, so daß im modernen *loup-garou* eigentlich eine Tautologie vorliegt. Dieses Wort wird metaphorisch auf einen ungeselligen Menschen angewendet, da nach dem Aberglauben des Volkes der Werwolf des Nachts allein in den Wäldern umherstreift. (Vgl. Rolland, Faune pop., I, pag. 153 ff.) Die Sage vom Werwolf ist auch in Italien verbreitet, und zwar ist die Bezeichnung des Gespenstes dort *lupo mannaro*. Letzteres Wort leitet man von *mania* „böser Geist, Popanz" ab. Auf den Werwolf spielt jedenfalls auch an das franz. Sprichwort *Il ne faut ni être loup ni en affubler la peau*, man soll weder Wolf sein noch sich in sein Fell hüllen, d. h. man soll kein Bösewicht sein, man soll aber auch nicht die Allüren eines solchen annehmen.

Der Fuchs.

Sowohl das deutsche F u c h s wie auch das engl. *fox* gehen zurück auf ein germ. *fohs-*. Möglicherweise ist das vorgermanische *pukâ* verwandt mit sanskrit. *puccha* „Schwanz, Schweif". Eine Parallele hierzu bietet die Etymologie des span. *raposo*, das man auch mit *rabo* „Schwanz" in Zusammenhang bringt. Die Benennung des Tieres nach seinem Schwanze ist begrifflich sehr einleuchtend, da dieser gerade für den Fuchs durch seine Dimension und Haarfülle besonders charakteristisch ist. Was die übrigen romanischen Bezeichnungen für „Fuchs" betrifft, so ist lat. *vulpes* in ital. *volpe*, span. *vulpeja, gulpeja* = *vulpecula* und in frz. *goupillon* „Weihwedel" erhalten. Das übliche Wort für „Fuchs" im Span. ist jedoch *zorro, zorra*, das entweder aus griech. *ψώρα* „Krätze, Räude" entstanden oder mit *zurrar* „gerben" in Zusammenhang zu bringen ist. Was die Bedeutung anlangt, so decken sich beide Etymologien,

insofern sie den Fuchs, der bekanntlich im Sommer seine
Haare verliert, als das „räudige, schäbige Tier" bezeichnen.
Für *sorro* ist in einigen Gegenden Spaniens das bereits erwähnte *raposo* (*raposa*) üblich. Im Franz. ist das alte, auf
vulpecula zurückgehende *goupil* durch *renard* verdrängt worden,
welches ursprünglich die Bezeichnung des Fuchses im Tierepos war und vom Eigennamen zum Appellativum geworden
ist. *Renard* ist das deutsche *Reginhard*, das „stark im Rat" bedeutet, eine Anspielung auf die große Schlauheit des Fuchses.
    In sämtlichen hier zur Behandlung kommenden Sprachen
gibt es eine Fülle von Metaphern, metaphorischen Redensarten und Sprichwörtern, die sich auf den Fuchs beziehen
und von denen hier unmöglich alle angeführt werden können.
Wir müssen uns daher darauf beschränken, die gebräuchlichsten einer näheren Betrachtung zu unterziehen. Der Fuchs
hat seit den ältesten Zeiten durch seine besonderen ethischen
Qualitäten, verbunden mit einem charakteristischen Äußeren,
die Phantasie aller Völker beschäftigt. Spielt er doch in den
Fabeln aller Literaturen die Hauptrolle, abgesehen davon,
daß er im Mittelalter der Held eines über ganz Mitteleuropa
verbreiteten Epos war.
    Betrachten wir zunächst die Metaphern, die auf die phy-
sischen Eigenschaften des Fuchses Bezug haben, so ist es vor
allem die rötliche Farbe seines Pelzes, der wir einige Metaphern
verdanken. So nennt man im Deutschen ein rothaariges Pferd
„Fuchs" und wendet dasselbe Wort auch auf Menschen mit
rötlichem Haupthaar an. Analog bedeutet im Engl. *foxy*
„rothaarig", daneben allerdings auch mit Bezug auf den
penetranten Geruch des Fuchses „stark und unangenehm
riechend". Ebenso denkt der Italiener an die Farbe des Fuchs-
pelzes, wenn er den Rost am Getreide, der bekanntlich ein
gelbroter Staub ist, *volpe* und das rötliche Holz des
Kastanienbaumes *legno volpino* nennt. Gleichfalls mit Bezug
auf die Farbe des Fuchses bezeichet man im Deutschen
Goldstücke als Goldfüchse, was uns auch den Gebrauch von frz. *renard* für „Trinkgeld" verständlich macht.
In gewissen Gegenden Deutschlands wird der Rotwein
„Fuchs" genannt, womit sich der franz. Argotausdruck
renard für „Weinsuppe" vergleichen läßt. (In Frankreich

wird allgemein Rotwein getrunken. Vgl. Nyrop, Das Leben
der Wörter, pag. 117.) Dieselbe Bedeutung mag wohl auch
ursprünglich das span. *caldo de sorra* gehabt haben, das
in den Wörterbüchern nur in der übertragenen Bedeutung
(Metapher 2. Potenz) „Heuchler, falscher Mensch" verzeichnet
ist, was zum Charakter des Fuchses vorzüglich stimmt.

Was in zweiter Linie am Fuchs besonders auffällt, ist
sein langer, buschiger Schwanz. In semasiologischer Hinsicht
ist bemerkenswert, daß im Span. und Franz. metonymisch
für „Fuchsschwanz" „Fuchs" gesagt wird: span. *zorro*, frz.
goupillon, wörtl. „Füchslein", Diminutiv des ausgestorbenen
goupil. Zugleich haben die beiden Wörter eine Bedeutungsverengung erfahren, indem sie nämlich hauptsächlich die
zum Abstäuben gebrauchten Fuchsschwänze bezeichnen. Beiläufig sei bemerkt, daß im Deutschen und Span. gelegentlich auch für den Pelz der Name des Tieres gebraucht wird.
Von „Fuchsschwanz" abgeleitet ist F u c h s s c h w ä n z e r und
f u c h s s c h w ä n z e l n, was soviel als „Schmeichler" und
„schmeicheln" bedeutet. Bei der Erklärung dieser Metapher
muß man wohl von der Redensart ausgehen d e n F u c h s -
s c h w a n z s t r e i c h e n, d. h. sich bei jemandem einschmeicheln.
Das Streicheln ist der beliebteste Ausdruck der Zärtlichkeit.
(Vgl. Schrader, Bilderschmuck d. deutschen Sprache, pag. 215 ff.)
Auf den Fuchsschwanz bezieht sich ferner die deutsche Redens-
art: D a s i s t e i n e M e i l e, d i e h a t d e r F u c h s g e m e s s e n
(zu ergänzen: und noch den Schwanz dazugegeben), d. h. das
ist mehr als eine Meile. Der Fuchs hat bekanntlich einen sehr
langen Schwanz. (Vgl. Schrader, Bilderschmuck der deutschen
Sprache, pag. 215.) Hingegen ist der Ursprung der (jetzt ver-
alteten) engl. Redensart *to give a person a flap with the foxtail*,
jemandem einen Schlag mit dem Fuchsschwanz versetzen, d. h.
ihn zum Besten halten, in einer verflossenen Epoche zu suchen.
Die Redensart wird sofort verständlich, wenn man weiß, daß
der Fuchsschwanz seinerzeit Attribut der Possenreißer war.
(Vgl. Brewer, Dict. of Phrase and Fable, pag. 314.) Hierher
gehört auch die franz. Redensart *se donner la discipline avec
une queue de renard*, sich mit einem Fuchsschwanz, d. h. zum
Scheine geißeln, wie es die Scheinheiligen machen. Diese
Redensart wendet man auf Leute an, die nach außen hin Ent-

sagung heucheln, insgeheim aber ein Wohlleben führen. (Vgl.
Rozan, Les animaux dans les proverbes, I, pag. 307 ff.)

Diese Wendungen führen uns zu der langen Reihe von Metaphern und metaphorischen Redensarten, die sich auf die Schlauheit des Fuchses beziehen. Schon bei den Römern war der Fuchs
das Sinnbild der Verschlagenheit. Einen schlauen Menschen
nannte man *vulpio* oder *vulpecula* und für schlaues Handeln
gebrauchte man das Zeitwort *vulpinari*. In dieser Auffassung
vom Wesen des Fuchses stimmen alle modernen Kultursprachen überein. Überall gilt der Fuchs als Symbol listiger
Verschlagenheit, was übrigens schon ein kurzer Blick auf die
Geschichte der Fabel lehrt.*) Wie schon im Lateinischen,
so sind auch in den meisten modernen Sprachen Verba, die
„schlau sein" oder „schlau handeln" bedeuten, vom Fuchse
abgeleitet. So hat das deutsche f u c h s e n, neben der ge-
läufigeren Bedeutung „ärgern" auch die seltenere von „betrügen". In ähnlicher Weise wird im Engl. *to fox* und im
Span. *raposear* im Sinne von „heuchlerisch handeln" gebraucht.
Analog wird das ital. *volpeggiare* verwendet in der Redensart: *Con volpi convien volpeggiare*, mit dem Fuchse muß man
Fuchs sein. Ebenso sagt der Franzose: *Avec le renard on
renarde*. (Über die ursprüngliche Bedeutung dieser Redensarten siehe pag. 47.) Daß dem Fuchse nur durch Schlauheit beizukommen ist, besagt das deutsche Sprichwort:
F ü c h s e   m i t   F ü c h s e n   f a n g e n   k o s t e t   M ü h e   u n d
A r b e i t, weil dann eben Schlauheit auf Schlauheit stößt.
(Vgl. engl.: *With foxes you must play the fox*, mit Füchsen
müßt ihr den Fuchs spielen.) Der Franzose drückt diesen
Gedanken auch aus durch die Redensart *faire la guerre en
renard*, d. h. den Krieg nach Art des Fuchses führen. Dementsprechend gibt es in allen Kultursprachen mit Ausnahme
des Deutschen Adjektiva, die vom „Fuchse" abgeleitet sind
und „listig, verschlagen" bedeuten wie ital. *volpino*, span.
raposuno (zorruno), frz. *renardier*, engl. *foxy*. Von letzterem wurde

---

*) In der neuesten von Pechuel-Loesche besorgten Ausgabe des Brehm-
schen „Tierlebens" wird dem Fuchse der seit jeher und überall herrschenden
Anschauung zu Trotz jede „hervorragende Begabung" abgesprochen, wogegen Zell in seiner beachtenswerten Broschüre „Ist das Tier unvernünftig?"
(pag. 117) energisch und überzeugend Einspruch erhebt.

wieder das Substantiv *foxiness* mit der Bedeutung „Schlauheit" gebildet, dem im Span. *raposeria (zorreria)* entspricht.
Das Portugiesische gebraucht den Namen des Tieres „*zorro*"
schlechtweg für „schlau". Daß der Fuchs seine arglistige
Natur niemals verleugnen kann, kommt zum Ausdruck im
deutschen Sprichwort: Der Fuchs ändert das Haar und
bleibt was er war, d. h. der Mensch kann sein Naturell
nicht ändern. Ähnlich lat.: *Mutat pilum vulpes, non mores*,
das Haar wechselt der Fuchs, den Charakter aber nicht.
Demgemäß sagt auch der Franzose: *Dans sa peau mourra le
renard*, der Fuchs wird in seinem Balg sterben. Analog heißt
es im Span.: *La zorra mudará los dientes, mas no las mientes*,
der Fuchs wird die Zähne, aber nicht die Gesinnung wechseln.
Im Ital. tritt hier der Wolf an die Stelle des Fuchses: *Il
lupo cangia il pelo, ma no il vizio*, der Wolf ändert das Haar,
aber nicht das Laster. Daß der Fuchs in den ältesten Zeiten
in demselben schlechten Ruf stand wie heutzutage, geht hervor
aus einer Stelle im neuen Testament, wo Jesus mit Anspielung
auf die Bosheit des Herodes diesen einen „Fuchs" nennt.

Beiläufig sei hier erwähnt, daß auf das Räudigwerden
des Fuchsbalges, auf das sich, wie wir weiter oben gesehen
haben, möglicherweise die Etymologie von span. *zorra* gründet,
sich im Engl. der metaphorische Ausdruck *fox-evil* „Fuchs-
übel" bezieht, womit das büschelweise Ausfallen der Haare,
ein Symptom nervöser Erkrankungen, bezeichnet wird. Die
wissenschaftliche Benennung dieser Krankheitserscheinung ist
alopecia von griech. ἀλώπηξ „Fuchs". Der Italiener gebraucht
hierfür *volpe* schlechtweg. Auch sagt man im Deutschen von
einem Pelz, der die Haare verliert, er wird fuchsig, und
analog gebraucht der Engländer das Verbum *to fox* von Papier
und Holz, das Moderflecken bekommt, indem diese mit den
durch das Ausfallen der Haare entstandenen Flecken verglichen werden.

Dem Fuchs kommt seine Verstellungskunst besonders zugute, wenn er auf Raub ausgeht. Belauert er seine Beute,
so sucht er eine möglichst harmlose Miene anzunehmen, ja er
stellt sich häufig sogar schlafend: daher im Engl. *foxsleep*
„Fuchsschlaf, verstellter Schlaf, scheinbare Unaufmerksamkeit"
bedeutet. Ebenso sagt der Spanier von einem, der Unwissen-

heit oder Zerstreutheit heuchelt, *se hace el zorro,* er macht
den Fuchs. Vom Standpunkte des überlisteten Opfers aus
gebraucht der Spanier *zorrera* für „Schläfrigkeit" und *zorrero*
für „schläfrig, langsam, schwerfällig". Möglicherweise beziehen sich diese Metaphern aber auf den wirklichen Schlaf
des Fuchses, der nach Brehm ein außerordentlich fester sein
soll. So heißt es von einem wortkargen Menschen: *Está
hecho un zorro,* wörtl.: Er ist in einen Fuchs verwandelt,
was auch in Übereinstimmung mit *zorrera* und *zorrero* auf
einen schläfrigen Menschen angewendet werden kann. So bedeutet auch *tener zorra,* einen Fuchs haben, „sich schwer im
Kopfe fühlen". Da nun die Schläfrigkeit oder die Kopfschwere
sehr häufig eine Folge von übermäßigem Alkoholgenuß ist,
so wird *zorra,* indem metonymisch die Wirkung für die Ursache gesetzt wird, im Sinne von „Rausch" gebraucht,
womit sich im Engl. *foxed* „trunken" vergleichen läßt. *Desollar la zorra,* den Fuchs häuten, heißt demnach logischerweise „den Rausch ausschlafen". Hierher zu ziehen ist jedenfalls auch die im frz. Trinkerargot gebrauchte Redensart
piquer un renard, einen Fuchs stechen, für „sich erbrechen",
wofür auch *renarder (queue de renard* „Fuchsschwanz" = das
Erbrochene) gebraucht wird. Das Erbrechen ist nämlich sowie die Schläfrigkeit häufig eine Folge von allzu kräftigen
Libationen. Setzen wir nun *renard* = *zorra* „Rausch",
so haben wir es abermals mit einer Metonymie zu tun,
indem wieder die Ursache für die Wirkung gesetzt erscheint. Auch im älteren Deutsch (z. B. im Simplizissimus)
kommt in derselben Bedeutung die Redensart vor e i n e n
F u c h s s c h i e ß e n;*) daneben heißt es auch e i n e n F u c h s
m a c h e n, r u p f e n, s t r e i f e n (eigentl. ihm den Balg ab-
ziehen, vgl. weiter oben span. *desollar la zorra).* Schraders
Deutung (Bilderschmuck d. deutschen Sprache, pag. 212) klingt
nicht unwahrscheinlich, ignoriert aber die fremdsprachlichen
Analoga.

Eine Reihe von Sprichwörtern und metaphorischen Redens-

---

*) Obige Erklärung würde allerdings durch die im selben Sinne ge-
brauchte Redensart „einen Löwen schießen" (bei Hans Sachs) in Frage
gestellt werden, wenn man hierin etwas anderes als eine metaphorische
Analogiebildung sehen wollte.

arten dreht sich um das Verhältnis des Fuchses zu seiner Beute. Seine Lieblingsgerichte sind Hühner und Gänse, weswegen er als geschworener Feind des Hühnerhofes gilt. So gebraucht der Engländer die Redensart *to set the fox to keep the geese*, dem Fuchs die Gänse zu hüten geben, in demselben Sinne wie der Deutsche „den Bock zum Gärtner machen" oder der Italiener *lasciar le pere in guardia all' orso*. Ebenso sagt der Franzose von einem, der das Interesse der ihm Anvertrauten verrät: *Il vend la poule au renard*, er verkauft das Huhn dem Fuchse. Von einem Heuchler, der die Unerfahrenen zu überlisten sucht, heißt es: *Le renard prêche aux poules*, der Fuchs predigt den Hühnern. Dem entspricht im Deutschen das Sprichwort: W e n n d e r F u c h s p r e d i g t, s o h ü t e d e r G ä n s e. Genau so heißt es engl.: *When the fox preaches, take care of your geese*. Im Ital. tritt wieder das Huhn an Stelle der Gans: *Quando la volpe predica, guardatevi, galline*. Unser deutsches: E i n s c h l a f e n d e r F u c h s f ä n g t k e i n H u h n erscheint im Franz. in folgender Form: *Renard qui dort la grasse matinée, n'a pas la gueule emplumée*, ein Fuchs, der bis in den Tag hinein schläft, hat das Maul nicht voll Federn. Im Engl. lautet das Sprichwort: *When the fox sleeps, no grapes fall in his mouth*, wenn der Fuchs schläft, fallen ihm keine Trauben ins Maul, im Ital.: *Volpe che dorme vive sempre magra*, ein schlafender Fuchs ist immer mager, im Span.: *A la vulpeja dormida, no le cae nada en la boca*, dem schlafenden Fuchs fällt nichts ins Maul. Von dem um den Hühnerhof schleichenden Fuchs hergenommen ist jedenfalls die engl. Redensart *to fox about* „umherspionieren". In der Schulsprache bedeutet *to fox* auch „stibitzen" mit Bezug auf den diebischen Charakter des Fuchses. Der bekannten Fabel vom Fuchse und den Trauben entstammt die Redensart: E r m a c h t e s w i e d e r F u c h s m i t d e n T r a u b e n, die angewendet wird auf einen, der Verachtung zur Schau trägt gegen das, was ihm zu erlangen unmöglich ist, geradeso wie der Fuchs der Fabel von den Trauben, die er nicht erreichen konnte, erklärte, sie wären zu sauer. (Vgl. Nyrop, Leben der Wörter, pag. 181.) So heißt es auch im Engl.: *When the fox cannot reach the grapes, he says they are not ripe*. Den romanischen Sprachen ist das Bild

vom Fuchs und den Trauben ebenfalls geläufig. (Vgl. Rolland,
Faune pop. I, pag. 169, 11.)

Da der Fuchs sehr häufig dem Jäger ins Gehege kommt
und ihm eine empfindliche Konkurrenz macht, so ist es erklärlich, daß dem Meister Reineke eifrig nachgestellt wird und
er gar oft trotz seiner Ränke und Kniffe erliegen muß. Auf
diese Tatsache spielt an das deutsche Sprichwort: Alle
listigen Füchse kommen endlich beim Kürschner
in der Beize zusammen, das sich auch in den übrigen
Kultursprachen findet. Englisch lautet es: *Every fox must
pay his own skin to the flayer*, jeder Fuchs muß sein Fell dem
Abzieher geben, ital.: *Tutte le volpi si trovano in pellicceria*,
franz. ebenso: *Enfin les renards se trouvent chez le pelletier*,
schließlich finden sich die Füchse beim Kürschner, span. *Allá
nos veremos en el corral de los pellejeros*, dort werden wir uns
wiedersehen, im Hofe der Kürschner. Denselben Gedanken
drückt aus das deutsche Sprichwort: Man fängt auch
wohl den gescheitesten Fuchs, das sich auch im Ital.
findet: *Anche delle volpi si piglia*. Im Span. und Franz. heißt
es in etwas anderer Fassung: *Mucho sabe la zorra, pero más
quien la toma — Le renard en sait long, mais celui qui le prend
en sait un peu plus*, viel kann der Fuchs, jedoch mehr, der
ihn fängt, d. h. ein Schlauer findet noch immer einen Schlaueren,
der ihn überlistet. (Vgl. ital. *Molto sa il ratto, ma più ne sa
il gatto*.) Daß jeden Fuchs die Strafe ereilt, lehrt ein anderes
span. Sprichwort: *No hace tanto la zorra en un año como paga
en una hora*, der Fuchs verbricht in einem Jahre nicht soviel
als er in einer Stunde bezahlt. Wenn der Spanier sagen will,
daß er in irgend einer Sache sehr bewandert ist oder große
Erfahrung besitzt, so meint er: *No es la primera zorra que he
desollado*, das ist nicht der erste Fuchs, den ich gehäutet.

Dem Deutschen eigentümlich ist die metaphorische Verwendung des Wortes „Fuchs" zur verächtlichen Bezeichnung
gewisser Stände wie Federfuchser, ein geringschätziger
Ausdruck für einen Schreiber, oder Schulfuchs, in tadeln-
dem Sinne auf einen pedantischen Schultyrannen angewendet.
Der in Norddeutschland gebrauchte Ausdruck Pfennig-
fuchser bezeichnet einen Knicker, der jeden Pfennig zählt,
bevor er ihn ausgibt. Hierbei möge vergleichsweise an den

Bedeutungswandel von „karg" erinnert werden, das ursprünglich
„schlau" bedeutete, was zum Charakter des Fuchses vorzüglich
paßt. Mit diesen Ausdrücken steht in begrifflichem Zusammenhange das schon erwähnte fuchsen in der Bedeutung von
„ärgern". Man muß wohl Schrader beistimmen, wenn er diese
Metapher von dem geprellten Fuchs hergeleitet wissen will. Das
Prellen des Fuchses war ehemals eine sehr beliebte Unter-
haltung der Landjunker. „Ein gefangener, lebendiger Fuchs
wird mit einem mehr langen als breiten von zwei Personen
gehaltenen Netze oder Tuche so lange in die Höhe geschnellt
oder geprellt, bis er völlig erschöpft oder tot ist." (Schrader,
Bilderschmuck d. d. Spr., pag. 212 ff.) Vom Fuchsprellen stammt
möglicherweise auch „Fuchs" als terminus der Studentensprache für einen angehenden Burschenschafter, da sich dieser
ja von den „Burschen" manche mehr oder minder derbe
Neckerei gefallen lassen muß. Kluge vermutet übrigens, daß
dieses Wort von dem alten „Feix" oder „Fex", das im
17. Jahrhundert für einen angehenden Studenten gebraucht
wurde, beeinflußt worden sei. Auch das Wort „Schulfuchs"
in der Bedeutung von „eben der Schule entronnener Fuchs"
mag hier mitgewirkt haben. Im zweiten Semester avancieren
die Füchse zu Brandfüchsen. Sanders gibt hierzu folgende
Erklärung: „Die Füchse werden am Anfange des zweiten
Semesters zu Brandern gebrannt, indem sie durch ein Spalier
laufen müssen, wo dann die Burschen versuchen, ihnen mit
talgbeschmierten, langen Fidibus die Haare anzuzünden. Wohl
Anspielung auf die Brände, die Simson den Füchsen anhing,
um den Philistern zu schaden." Zu dem studentischen „Fuchs"
stimmt auch der franz. Ausdruck *renard* für einen angehenden
Handwerksgesellen.

Auf eine eigentümliche Art des Fuchsfanges bezieht sich
der metaphorische Gebrauch von span. *zorra* in der Bedeutung „meretrix", womit sich der deutsche Ausdruck e i n e a u s -
g e f u c h s t e H u r e vergleichen läßt. An einen Baum mitten
im Walde wird eine rennende Füchsin angebunden, um die
Männchen herbeizulocken, die sich dann in den ringsum auf-
gestellten Netzen fangen. Hierauf mögen wohl auch die oben
erwähnten sprichwörtlichen Redensarten wie *„con volpi convien
volpeggiare", „avec le renard on renarde"* usw. basieren.

Auf folkloristisches Gebiet führt uns die Verwünschungs-
formel: H o l i h n d e r F u c h s! worin „Fuchs" als Glimpfwort für „Satan" erscheint. Nach einem alten Volksglauben sah man im Fuchs eine Personifikation des Teufels.
Der ränkevolle Charakter des Tieres und namentlich die
Farbe seines Pelzes — rot ist die Farbe des Feuers —
machen diesen Aberglauben, der in der Behauptung des
Origenes, der Teufel trage einen Fuchspelz, eine Bekräftigung
fand, erklärlich. Hierher zu ziehen ist wohl auch der Ausdruck f u c h s t e u f e l s w i l d, was also heißt: wild wie ein
Fuchsteufel, d. i. ein Teufel in Fuchsgestalt. Schrader allerdings stellt diesen Ausdruck zu „fuchsen" im Sinne von
„ärgern". Dieselbe Auffassung vom Wesen des Fuchses begegnet uns im Spanischen, wo der Ausdruck *zorra vieja* „alte
Füchsin" soviel bedeutet als „alte Hexe", womit sich auch
engl. *vixen* = Füchsin als Bezeichnung für ein altes, böses
Weib vergleichen läßt.

Das Wiesel.

Obwohl der Name dieses Tieres wenig zur Bildung von
Metaphern verwendet wird, so wollen wir ihn doch zum Gegenstand unserer Betrachtung machen, da die Bezeichnungen für
dieses Tier in den verschiedenen Sprachen semasiologisch
interessant sind, indem sie nämlich selbst äußerst durchsichtige
Metaphern repräsentieren. Die germanischen Benennungen
des Tieres, deutsch W i e s e l, engl. ebenso *weasel*, dieses
zurückgehend auf altengl. *wësle*, jenes auf ahd. *wisula*, sind
allerdings etymologisch noch nicht sicher erklärt. Einige ver-
muten Anlehnung an „Wiese", es würde demnach das Tier
nach seinem Aufenthaltsorte benannt sein. Der lat. Name
des Wiesels, *mustella*, erweist sich als Diminutiv von *mus*
„Maus"; bekanntlich rechneten die Alten Wiesel, Marder, Zobel
und ähnliche Tiere zum Mäusegeschlecht.*) Dieses Wort ist
in oberitalienischen Dialekten, im Provenzalischen und im
Altfranz. erhalten, im Neufranz. wurde es ersetzt durch *belette*,

---

*) Über die romanischen Bezeichnungen des Wiesels hat ausführlich
gehandelt Flechia im Archivio glottologico, II, pag. 51.

Dim. von *belle*, was „kleine Schöne" bedeutet, und in der Tat besitzt dieses Tierchen, das das kleinste unter den Raubtieren ist, eine schlanke, zierliche Gestalt, welche im Verein mit dem schöngefärbten Pelz obige Bezeichnung vollkommen rechtfertigt. Zu der franz. Benennung stimmen nun in auffallender Weise die Ausdrücke in den übrigen Kultursprachen. So heißt das Wiesel im Mittelengl. *fairie (fairy)* „Fee", im Ital. *donnola* „Dämchen", im Span. *comadreja* „kleine Gevatterin". Ein Analogon hierzu findet sich in einigen deutschen Dialekten, wo das Tier „Mühmchen" genannt wird, während man es in anderen mit „Schöntierle" bezeichnet, was wieder wörtlich zu franz. *belette* stimmt. Auch im Dänischen und im Bretonischen geht die Bezeichnung für dieses Tier auf den Begriff „schön" zurück. (Vgl. im Neugriechischen νυμφίτα „Bräutchen" für „Marder".) Die in einigen Provinzen Englands übliche Bezeichnung des Wiesels mit *mouse-hound* „Mäusehund" bezieht sich auf die Mäuse, die Lieblingsnahrung dieses Tieres.

Was nun die Rolle betrifft, die das Wiesel in der deutschen Phraseologie spielt, so sind einige Redensarten zu verzeichnen, die auf die Schnelligkeit seines Laufes Bezug nehmen wie z. B. im Deutschen: Er ist behend wie ein Wiesel, läuft wie ein Wiesel. Da Raschheit der Bewegung sehr häufig ein Zeichen von Gesundheit ist, so hört man manchmal: Er ist gesund wie ein Wiesel. So rasch das Wiesel ist, wenn es gilt, eine Beute davonzutragen, so langsam und bedächtig ist es in seinen Bewegungen, wenn es sich darum handelt, ein Opfer zu beschleichen, daher der Engländer ganz im Gegensatz zum Deutschen eine schleichende Person als *weasel* bezeichnet. Auf die Magerkeit des Tieres beziehen sich im Engl. die Metaphern *weasel-faced*, mit dem Gesichte eines Wiesels, d. h. dünnbackig, und (vulgär) *weasel-gutted* „wieselbäuchig", d. h. dünnbäuchig, mager. Auf eine moralische Eigenschaft des Wiesels, nämlich seine unersättliche Raubgier, spielt das span. Rotwelsch an, indem es mit *comadreja* einen Dieb bezeichnet, vor dem niemand sicher ist. Die Schlauheit des Wiesels, das sich nicht leicht fangen läßt, erklärt die engl. Redensart *to catch a weasel asleep*, ein Wiesel schlafend fangen, d. h. eine schwer zu überlistende Person drankriegen. (Vgl. Brewer, Dict. of Phrase and Fable, pag. 947.)

Der Bär.

Das deutsche B ä r, ahd. *b̆ero*, ist verwandt mit engl. *bear*, altengl. *b̆era*, das ebenso wie *b̆ero* auf ein gemeingermanisches *b̆eron-* zurückweist. Die romanischen Bezeichnungen für dieses Tier: ital. *orso*, span. *oso*, frz. *ours*, gehen sämtlich auf lat. *ursus* zurück.

Wir betrachten zunächst die Metaphern, die von der äußeren Erscheinung dieses Tieres hergenommen sind. Was zunächst bei ihm auffällt, ist sein zottiges Fell. Daher sagt man im Franz. und Ital. von einem stark behaarten Menschen: *Il est velu comme un ours*, bzw. *è peloso come un orso*, er ist zottig wie ein Bär, und analog nennt man im Deutschen einen Menschen mit ungekämmten, struppigen Haaren einen Z o t t e l - b ä r e n. Mit Bezug auf die Dicke des Bärenfells sagt der Italiener von einer Mark und Bein durchdringenden Kälte *fa un freddo da pelar l'orso* (*pelare* = enthaaren), womit sich deutsch B ä r e n k ä l t e vergleichen läßt. Die B ä r e n m ü t z e bezeichnet der Franzose in familiärer Sprache mit *ourson* oder *oursin* „kleiner Bär", welches letztere Wort auch für den Seeigel gebraucht wird. Wahrscheinlich ist es in dieser Bedeutung nicht direkt von *ours* abzuleiten, sondern ist eine volksetymologische Umbildung von *hérisson* (*ericius*) „Igel". Als großes, starkes Tier erscheint der Bär namentlich im Deutschen, wie dies erhellt aus den Adjektiven b ä r e n - h a f t, b ä r e n s t a r k,*) die allerdings — ebenso wie die B ä r e n - t a t z e n als Bezeichnung großer Hände — den Begriff der Plumpheit mit einschließen. Auf die ungeschlachte Gestalt des Bären bezieht sich die metaphorische Verwendung des Wortes im Deutschen für den Rammklotz oder die Ramme, ein Fallklotz zum Einstoßen von Pfählen. Auch das Engl. bezeichnet mit *bear* einen Holzklotz.

Das Wort „Bär" wird bei Substantiven in superlativer Weise zur Verstärkung des Begriffes gebraucht. So sagt man von etwas, das sehr teuer ist, es koste ein B ä r e n -

---

*) Auf die Rolle des Bären als Tierkönigs in der deutschen Tiersage sind zurückzuführen die deutschen Personennamen B e r n h a r d, B e r e n g a r, B e r n o t, B e t z, P e t z usw.

geld. Ist man bei gutem Appetit, so hat man einen Bärenhunger und trinkt man dementsprechend, so wird man
bärentrunken. Die letztere Metapher kann allerdings
noch anders gedeutet werden, nämlich im Zusammenhang mit
der ital. Redensart *pigliar l'orso* oder *abbracciare l'orso*, den
Bären fangen, den Bären umarmen, d. h. einen Rausch
bekommen, auf welche Redensart schon beim Affen hingewiesen wurde. Auch in Bärenschlaf mag man in dem
Bestimmungswort etwas anderes sehen als eine superlative
Verstärkung. Der Bär hält eine Art Winterschlaf und es
ist sehr wahrscheinlich, daß sich die in Rede stehende
Metapher darauf bezieht. Nennt doch auch der Engländer
das Murmeltier wegen seines Winterschlafes *bearmouse*. Mit
Bezug auf den Winterschlaf, während dessen der Bär keine
Nahrung zu sich nimmt, sagt der Franzose von jemand,
dem der Abbruch an Nahrung keine sonderlichen Beschwerden
verursacht: *Il est de la nature de l'ours, il ne maigrit pas pour
pâtir*, er hat eine Bärennatur, trotz der Entbehrungen magert
er nicht ab. (Vgl. im Gegensatz dazu deutsch „Bärenhunger".)
Hierher gehört auch die im franz. Theaterjargon gebräuchliche
Bezeichnung *ours* für Theaterstücke, die lange im Archiv ge-
schlafen haben, bevor sie aufgeführt wurden. (Vgl. Rozan,
Les animaux dans les proverbes, I, pag. 267 u. 278.)

Das schwerfällige, täppische Wesen des Bären, das mit seiner
plumpen Gestalt in bestem Einklange steht, hat in allen Kultursprachen Metaphern gezeigt. So wird namentlich im Engl. das
Wort *bear* (auch *bridled bear* „gezähmter Bär") auf einen täppi-
schen jungen Menschen angewendet und der Hauslehrer oder
vielmehr Hofmeister eines solchen wird dann konsequenterweise
mit einem *bear-leader* „Bärenführer" verglichen. Demgemäß
bedeutet *bearish* geradezu „plump" und mit *a bear's play*
„Bärenspiel" bezeichnet man täppische Zärtlichkeiten. Ein Analogon hierzu bietet das span. *hacer el oso*, den Bären machen,
d. h. offen und in plumper Weise den Hof machen, was dann
erweitert werden kann zur Bedeutung: sich durch törichtes
Benehmen dem Spotte der Leute aussetzen. Der Pariser
Student hat, um das plumpe Courschneiden zu bezeichnen,
geradezu ein Verbum *ourser* gebildet, wovon dann wieder
ourserie „plumpe Courschneiderei". Auf den zum Tanzen

4*

abgerichteten Bären bezieht sich die Redensart t a n z e n w i e
e i n B ä r, d. h. schlecht, ungraziös tanzen. Ebenso sagt der
Italiener *ballare come un orso* und *far la parte dell' orso dan-
zante*, die Rolle des Tanzbären spielen, d. h. den Hanswurst machen. Gleichfalls vom Tanzbären, der einen Maulkorb trägt, ist hergenommen die Redensart *mettere la muse-
ruola all' orso*, dem Bären den Maulkorb anbinden, d. h. jemd.
zum Schweigen bringen. *Ours* ist ferner im franz. Drucker-
jargon der Spitzname der Preßdrucker, deren Metier ein den
Bewegungen des Bären ähnliches Hin- und Herwiegen des
Körpers bedingt. (Vgl. Rozan, Les animaux dans les proverbes,
I, pag. 278.) Als g e i s t i g plumpes Tier erscheint der Bär in
der Lafontaineschen Fabel *L'ours et l'amateur des jardins*,
wo erzählt wird, wie Meister Petz seinen schlafenden Herrn
ums Leben bringt, indem er ihm, um eine Fliege zu vertreiben,
einen großen Stein auf die Stirne schleudert. Mit Bezug auf
diese Fabel nennt man im Franz. einen ungeschickten Freundes-
dienst, der zum Schaden dessen ausschlägt, dem er nützen soll,
le pavé de l'ours, den Stein des Bären. (Vgl. Rozan, Les
animaux dans les proverbes, I, pag. 278.)

Nach einem alten Volksglauben kommen die jungen Bären
in unförmlicher Gestalt zur Welt und werden erst durch eifriges
Belecken von seiten der Bärin geformt. Daher nennt man
im Deutschen einen ungezogenen Menschen einen u n g e l e c k t e n
B ä r e n, im Engl. *unlicked cub*. (*Cub* bezeichnet das Junge
wilder Tiere.) Das Lecken ist die Erziehung, die der Un-
gezogene eben vermissen läßt. Ganz dieselbe Metapher
findet sich im Ital. und Franz.: *un orso mal leccato, un ours
mal léché*. Im Ital. kann sich diese Metapher auch auf eine
im Äußeren vernachlässigte Person beziehen. Damit hängt
zusammen die familiäre franz. Redensart *lécher l'ours*, die
soviel bedeutet als „sich instruieren" und auf einen besonderen
Fall angewendet „sich genaue Kenntnis von etwas verschaffen".
Da aber das Lecken der Bärin nicht immer von Erfolg begleitet zu sein scheint, so kann die Redensart auch den Sinn
haben „unnötig Zeit mit etwas verbringen". Auf das Brummen
des Bären, das als eine Äußerung schlechter Laune aufgefaßt
wird, bezieht sich das deutsche B r u m m b ä r, womit ein
mürrischer Mensch bezeichnet wird, der in unwirschem Tone

antwortet. Auch im Ital. und Franz. kann *orso*, bzw. *ours* so gebraucht werden.

Daneben macht sich allerdings eine andere Auffassung geltend, die den Bären trotz seiner äußeren Wildheit als harmloses Tier erscheinen läßt, da er bei weitem weniger aggressiv ist als der Wolf oder die katzenartigen Raubtiere. So spricht man im Deutschen von einem g u t - m ü t i g e n B ä r e n und einen ähnlichen Sinn kann auch das ital. *orso* haben. Auf die unschuldige Obstliebhaberei des Bären spielen im Ital. einige sprichwörtliche Redensarten an, so z. B. *invitar l'orso alle pere*, den Bären zu Birnen einladen, d. h. jemd. zu etwas auffordern, was er gern tut, *lasciar le pere in guardia all' orso*, die Birnen der Hut des Bären anvertrauen, wofür man im Deutschen sagt: den Bock zum Gärtner machen. Dem deutschen „Mit großen Herrn ist nicht gut Kirschen essen" entspricht im Ital. das Sprichwort: *Chi divide le pere coll' orso, n' ha sempre meno que parte*, wer die Birnen mit dem Bären teilt, hat immer weniger als sein Teil. Schließlich ist noch hierher zu ziehen das Sprichwort: *L'orso sogna pere*, der Bär träumt von Birnen, d. h. was man wünscht, von dem träumt man. Im guten Sinne gebraucht man im Deutschen S e e b ä r, im Ital. *orso marino*, womit man einen Seemann bezeichnet, der hinter seinem rauhen, kurz angebundenen Wesen eine biedere Seele birgt. Auf die einsame Lebensweise des Bären, der im Gegensatz zum Wolfe seinesgleichen meidet, bezieht sich im Franz. die Redensart *vivre comme un ours*, leben wie ein Bär.

In einigen Metaphern kommt eine der obigen direkt widersprechende Auffassung vom Wesen des Bären zum Ausdruck, indem dieser als gefährliches Tier mit Löwe, Wolf und anderen Raubtieren in eine Linie gestellt wird. Daher nennt man im Deutschen einen groben Menschen, der immer bissige Antworten bereit hat, b ä r b e i ß i g. (Die mittelalterliche Symbolik stellte die Figur des Zorns auf einem Bären reitend dar). Hierher zu ziehen ist auch die im älteren Deutsch belegte Redensart e i n e n B ä r e n f a n g e n oder s t e c h e n, d. h. etwas Gefahrvolles unternehmen. In der gleichen Bedeutung gebraucht der Italiener die Wendung *pelar l'orso*, dem Bären das Fell über die Ohren ziehen. Eine analoge Auffassung des Bären findet

sich im franz. Argot: *Envoyer qn. à l'ours*, jemd. zum Bären
schicken, heißt ihn „zum Teufel wünschen". Damit mag
zusammenhängen, wenn im Volksmunde die Polizeistube *ours*
genannt wird. Wer da drin sitzt, entkommt eben so schwer
wie einer, den der Bär in seinen Armen hält. Auf dem Aberglauben, daß, wer einmal auf einen Bären gestiegen, für immer
von Furcht geheilt sei, beruht die Redensart *il le faut faire
monter sur l'ours*, man muß machen, daß er auf den Bären
steigt, d. h. man muß ihm Mut machen. (Vgl. Rolland, Faune
pop., I, pag. 42, 3.)

Wegen der Gefährlichkeit des Tieres gilt die Bärenhaut als schwer zu erringende Beute. Darauf bezieht sich
das Sprichwort: **Man muß die Bärenhaut nicht eher
verkaufen, bis man den Bären hat**, d. h. man soll
über eine Sache nicht eher verfügen, bis man in ihrem Besitze ist, wohl mit Anspielung an die allen Literaturen bekannte Geschichte von den beiden Gascognern, die den Wirt
mit der Haut eines noch nicht erlegten Bären zu bezahlen
versprachen. Dieses Sprichwort findet sich auch im Engl.:
Don't sell the bear's skin, before you have caught the bear. Ebenso
sagt der Italiener: *Non si deve vendere la pelle dell' orso prima
che sia morto* und der Franzose: *Il ne faut pas vendre la peau
de l'ours avant de l'avoir pris*. Hier sei noch das deutsche
Bärenhäuter erwähnt, womit man einen Faulenzer zu
bezeichnen pflegt mit Anspielung darauf, daß die Germanen
ihre freie Zeit auf der Bärenhaut liegend verbrachten. Mit
der Auffassung des Bären als gefährlichen Tieres mag
zusammenhängen der scherzhafte Gebrauch des Wortes für
drückende Schulden. Wenn man bei jemd. Schulden macht,
sagt man, **man binde ihm einen Bären an**. Man wird
dem Betreffenden daher aus dem Wege gehen, um mit dem
gefährlichen Tier nicht in Berührung zu kommen. Bezahlt
man seine Schulden, so ist der Bär gewissermaßen losgebunden
und man hat nichts mehr zu fürchten. Daß diese übrigens
von Schrader zuerst versuchte Deutung die richtige ist, beweist das Französische, wo der dem Gläubiger angebundene
Bär mit jenem geradezu identifiziert wird, so daß man *ours*
für den Gläubiger selbst gebraucht. Etwas schwieriger zu
erklären scheint die Redensart **jemd. einen Bären auf-**

binden, was soviel bedeutet als „jemd. etwas weis machen,
jemd. ein Märchen auftischen". Diese Redensart, deren verschiedene Deutungsversuche man bei Schrader*) nachlesen
möge, kann nur auf sprachvergleichendem Wege erklärt
werden. Im Pariser Argot bezeichnet man nämlich mit
ours eine langweilige, wenig glaubwürdige Geschichte und
im weiteren Sinn ein Buch das überall zurückgewiesen
wird. Der unglückliche Autor, der mit seinem Erzeugnis
vergebens hausieren geht, ist dann der *marchand d'ours* oder
meneur d'ours, der „Bärenführer". Rozan (Les animaux dans
les proverbes, I, pag. 279) führt diese Metapher auf die Scribe-
Saintinesche Posse *L'ours et le pacha* zurück, in welcher ein
Tierhändler vorkommt, der einen Bären loszuwerden sucht
und jedermann zum Kaufe auffordert mit den Worten: *Prenez
mon ours!* Aber auch so läßt sich die Metapher erklären:
Der Bär ist ein schwerfälliges, plumpes Tier und es ist durchaus nicht auffallend, wenn ein langweiliges Geistesprodukt —
sei es nun eine kurze Geschichte oder ein langer Roman —
als „ours" bezeichnet wird. So sagt man z. B. im Engl.:
Are you there with your bear? in dem Sinne von: Kommst du
schon wieder mit derselben Geschichte? Im Pariser Argot
sagt man von einem, der langweilige Räuber- oder Gespenster-
geschichten erzählt, *il pose un ours*, er stellt einen Bären hin,
und von dem, der sie glaubt, *il attache l'ours*, er bindet den
Bären an (nämlich sich selber oder für sich, damit er ihm
nicht davonlaufe). Somit dürfte die deutsche Redensart „jemd.
einen Bären aufbinden" erklärt sein.

Schließlich noch ein Wort über den „großen Bären" und
„kleinen Bären", die Namen zweier bekannter Sternbilder.
Diese Benennung beruht auf der Mißdeutung von sanskrit
arch „glänzen", das die Griechen in das ähnlich klingende
ἄϱϰτος „Bär" umwandelten.**)

---

*) Bilderschmuck d. deutschen Sprache, pag. 223 f. Vgl. ferner die
Erklärungsversuche Kubins in Zeitschrift f. d. deutschen Unterricht, VIII,
pag. 598 f.
**) Auch in deutsch B a t z e n steckt der Name des Bären (Betz = Petz).
Dies Wort bezeichnete nämlich ursprünglich eine Berner Münze mit dem
Berner Stadtwappen, einem Bären. (Vgl. ital. *bezzi* „Münzen".)

Das Eichhörnchen.

Die Etymologie des Wortes „Eichhorn" bietet Schwierigkeiten. Seine urgermanische Form ist nicht zu ermitteln.
Der zweite Bestandteil des neuhochd. Wortes „Horn" beruht
auf volksetymologischer Umbildung. Aus der Vergleichung
mit den übrigen germanischen Sprachen ergibt sich sicher,
daß die ursprüngliche Bedeutung des Wortes die von „Eich-
tierchen" ist, da die Eiche der Lieblingsbaum des Eichhörnchens ist. Die Angleichung an „Horn" ist wohl zu erklären
aus dem buschigen, aufrechtstehenden Schwanze, der tatsächlich
eine gewisse Ähnlichkeit mit einem Horn hat. Übrigens wird
in vielen deutschen Gegenden E i c h k ä t z c h e n anstatt „Eichhörnchen" gebraucht. Hiermit ist zu vergleichen die in Frankreich übliche volkstümliche Bezeichnung *chat écurieux* für
écureuil (mit volksetymologischer Anspielung an *curieux* „neu-
gierig"). Im Hessischen wird das Tierchen B a u m f u c h s genannt, wohl wegen der meist rötlichen Färbung seines Felles.
    In den romanischen Sprachen gehen die Bezeichnungen für
„Eichhörnchen" — ital. *scojatto, scojattolo*, span. *esquirol, esquilo,*
frz. *écureuil* (*écurieu* als Wappenausdruck) — auf lat. *sciurus* zurück, woraus durch Metathese *scuirus* wurde. Dieses Wort hat das
Lateinische dem Griechischen entlehnt, wo es σκιουρός lautet (σκιά
„Schatten", οὐρά „Schwanz"), was „Schattenschwanz" bedeutet.
Das lat. Wort ist auf dem Umwege über das Altfranz. (*esquirrel*)
auch ins Englische eingedrungen, wo es noch heute als *squirrel*
existiert. Lautlich und semasiologisch interessant ist das
sardische *schirru*, das einerseits deutlich das lat. Etymon erkennen läßt, andererseits aber seine Bedeutung geändert hat,
indem es nämlich auf den Marder angewendet wird. Im Span.
wird übrigens neben *esquirol* auch *ardilla* gebraucht, das möglicherweise auf *nitedula, nitella* „Haselmaus" zurückgeht.
    Der Phraseologie liefert das Eichhörnchen keinen besonders
reichen Stoff. Die paar Metaphern und Redensarten, die von
diesem Nager hergenommen sind, beziehen sich — mit Ausnahme etwa des ital. *muso aguzzo come uno scoiattolo*, ein Maul
spitz wie ein Eichhörnchen — ausschließlich auf die außerordentliche Lebhaftigkeit des Tierchens, das sich keinen

Augenblick Ruhe gönnt und mit schwindelerregender Behendigkeit von Ast zu Ast hüpft. (Vgl. ital. *fuggire come uno scoiattolo*, fliehen wie ein Eichhörnchen.) Da Lebhaftigkeit der Bewegung als Zeichen guter Laune gilt, so sagt man von einem lustigen Kinde, es sei munter wie ein Eichhörnchen. In demselben Sinne gebraucht der Spanier *ardilla* und der Franzose *écureuil* (*vif comme un écureuil*). Während in diesen Redensarten das rastlose Hin- und Herschießen des Eichhörnchens als Ausfluß einer besonders munteren Naturanlage betrachtet wird, erscheint es in anderen wieder als unzweifelhaftes Symptom der Verrücktheit oder wenigstens eines unberechenbaren Charakters. „Er lief über die Stiege wie ein verrücktes Eichhörnchen" bekommt man in der deutschen Studentensprache oft zu hören. Analog nennt der Engländer einen zerfahrenen, strudelköpfigen Menschen *squirrel-minded*, d. h. begabt mit der Gemütsart eines Eichhörnchens. Auf das resultatlose Auf- und Abschießen des Tierchens in seinem Drehbauer bezieht sich die franz. Redensart *faire l'écureuil*, das Eichhörnchen machen, d. h. eine überflüssige Arbeit tun. Einen tadelnden Sinn hat auch die drastische deutsche Redensart: Er hat's im Maul wie das Eichhörnchen im Schwanz, von jemd. gesagt, dessen Mund fortwährend in Bewegung ist wie der Schwanz des Eichhörnchens (hauptsächlich auf Prahler angewendet). Gleichfalls mit Bezug auf die außerordentliche Behendigkeit des Tierchens gebraucht der Engländer die Redensart *to hunt the squirrel*, das Eichhörnchen jagen, für das Haschenspielen der Kinder.

Das Murmeltier.

Was zunächst die Etymologie des deutschen Wortes betrifft, so ist Murmeltier durch volksetymologische Angleichung von mhd. *mürmendin*, ahd. *murmuntin*, an „murmeln" entstanden. Das althochdeutsche Wort geht nach Kluge auf lat. *murem* (*mus*) *montis* zurück, woraus ital. *marmotta*, span. *marmota*, frz. *marmotte* entstanden sei. Nach Jeanroy jedoch ist *marmotte* Femininum zu *marmot* „junges Kind, Affe" (im älteren Franz. bedeutet auch *marmotte* „Affe"), und dieses ist

ein Diminutiv von afrz. *merme* = lat. *minimus*. Das ital.
marmotta sowie das span. *marmota* wären in diesem Falle
Entlehnungen aus dem Französischen. Wie dem auch sei,
jedenfalls hat bei dem franz. Worte ebenso eine Angleichung
an *marmotter* „murmeln" stattgefunden wie bei *murmuntin* an
„murmeln". Die Engländer, in deren Land das Tier nicht
vorkommt, haben die Bezeichnung dafür (*marmot*) dem Franz.
entlehnt. Auch wird — wie wir weiter oben gesehen haben
— *bearmouse* „Bärmaus" dafür gebraucht.

Von diesem Tiere sind nicht besonders viele Metaphern gebildet, was bei der geringen Verbreitung desselben — es kommt
nur noch in den Alpen, Pyrenäen und Karpathen vor — nicht
zu verwundern ist. Gemeinsam ist dem Deutschen, Ital. und
Franz. die Redensart s c h l a f e n w i e e i n M u r m e l t i e r; ital.
dormire come una marmotta, franz. *dormir comme une marmotte*.
Auch bezeichnet man im Ital. mit dem Worte überhaupt einen
trägen Menschen. Tatsächlich hält das Murmeltier in selbstgegrabenen Höhlen einen Winterschlaf. Übrigens sagt man
ebenso häufig ital. *dormire come un ghiro*, franz. *dormir comme un
loir*, deutsch „schlafen wie ein Siebenschläfer". Im Deutschen ist
in diesem Falle umgekehrt der Name des Tieres eine Metapher.
Auf den Winterschlaf des Murmeltieres bezieht sich auch im
Ital. der Vergleich *zitti come le marmotte*, ruhig wie die Murmel-
tiere, sowie die Redensart *far la marmotta*, das Murmeltier
spielen, d. h. die Zeit vertrödeln. Originell ist die pistojesische
Redensart *pigliare una marmotta*, sich einen Schnupfen holen,
wörtl.: ein Murmeltier fangen. Wer dieses Tier fangen will,
muß sich in die Regionen des ewigen Schnees begeben und
setzt sich so natürlich leicht der Gefahr einer Verkühlung
aus. (Metonymie: Ursache für Wirkung.) Bitteres Unrecht
tut man jedoch dem guten Murmeltier, wenn man es, wie dies
im Ital. geschieht, als Symbol eines menschenscheuen Ein-
siedlers gebraucht. Es ist im Gegenteil sehr geselliger Natur
und läßt sich auch leicht zähmen, was die vielen Savoyarden-
jungen beweisen, die sich ehemals mit diesem Tier den Lebens-
unterhalt verdienten und denen es seine Popularität zu verdanken hat. Wie populär es z. B. in Oberitalien ist, ersieht
man daraus, daß die Mütter ihren Kindern mit dem Murmeltier
drohen (*Ecco la marmotta! Lascia stare! c'è la marmotta!*),

wie bei uns mit dem „Wauwau" oder dem „schwarzen Mann"
gedroht wird. Mit Beziehung auf das ehemalige Herumzeigen
von Murmeltieren seitens armer Savoyarden, die deswegen in
familiärer Sprache geradezu *marmottiers* genannt wurden, bezeichnet der französische Handlungsreisende seinen Muster-
kasten treffend als *marmotte.* Schließlich wird der Name des
Murmeltieres gebraucht zur Bezeichnung einer eigentümlichen
Kopftracht, die seinerzeit in gewissen Gegenden Frankreichs
und Spaniens bei Weibern und Kindern sehr beliebt war.
Man umwickelte nämlich den Kopf mit einem seidenen Taschen-
tuch, so zwar daß die Enden über den Ohren zusammenge-
bunden wurden. In den so entstandenen Zipfeln mag man
leicht eine gewisse Ähnlichkeit mit den kurz abstehenden
Ohren des Murmeltieres gesehen haben. (Vgl. ital. *viso di
marmotta* „Murmeltiervisage".) Für den Tiergeographen nicht
minder interessant wie für den Semasiologen ist die franz.
Bezeichnung für „Hamster". Da dieses Tier in Frankreich
fast gar nicht, in Deutschland aber sehr häufig vorkommt, so
nennt es der Franzose deutsches oder Straßburger Murmeltier (*marmotte d'Allemagne, marmotte de Strasbourg*), wozu ihm
die große Ähnlichkeit der beiden Tiere ein gewisses Recht
gibt.*) Die Bezeichnung *marmotte de Strasbourg* muß allerdings
befremden, auch könnte sie leicht die irrige Meinung hervor-
rufen, daß in der Gegend von Straßburg der Hamster ganz
besonders zu Hause sei. Die Sache verhält sich aber ganz
anders. Die Stadt Straßburg ist dem Franzosen als die nächst-
gelegene größere deutsche Stadt die Repräsentantin des Deutsch-
tums. Deutsches Bier, deutsche Würste, deutscher Schinken
werden allgemein mit dem Zusatz „*de Strasbourg*" angepriesen,
auch wenn sie aus ganz anderen Gegenden Deutschlands
stammen, vielleicht wohl auch um das unsympathisch klingende
„*d'Allemagne*" zu vermeiden. So sagt der Franzose in unserem
Falle in allerdings gedankenloser Weise für *marmotte d'Allemagne marmotte de Strasbourg* geradeso wie er für *jambon
d'Allemagne jambon de Strasbourg* sagt. Es liegt also hier ein
merkwürdiger Fall von Analogiebildung vor.

---

*) Auch wird manchmal geradezu das deutsche Wort „Hamster"
gebraucht.

Die Maus.

Sowohl das deutsche **M a u s** wie auch das engl. *mouse*
gehen zurück auf ein gemeinsames *mûs*, das seinerseits wieder
mit lat. *mus*, griech. μῦς, sanskrit *mûś* übereinstimmt. Kluge
sieht in diesem Umstand wohl mit Recht den Beweis, daß das
Tier den Indogermanen in ihrer Urheimat bereits bekannt
war, und zwar beruht nach ihm das Wort auf einer altindo-
germanischen Wurzel *mus* „stehlen". Die Maus wäre demnach die „Diebin". Wie wir weiter unten sehen werden, findet
diese Etymologie eine Bekräftigung in dem metaphorischen
Gebrauch des Wortes. (Man denke z. B. an unser „mausen".)
Was die hier in Betracht kommenden romanischen Sprachen
anlangt, so hat sich das lat. *mus* nur im Altspan. *mur* und in
einigen Ableitungen erhalten. Im Franz. ist es durch *souris*
aus *sorex*, welches Wort im Lat. eine bestimmte Art von
Mäusen, nämlich die Spitzmaus, bezeichnet, ersetzt worden.
(Erweiterung des Bedeutungsumfanges.) Im ital. *topo* ist *talpa*,
resp. *talpus* „der Maulwurf" dafür eingetreten, was insofern
nicht zu verwundern ist als die Alten alle möglichen Tiere
wie Ratten, Marder, Zobel zum Mäusegeschlecht rechneten.
(Das fem. *topa* kommt nur im Toskanischen vor, und zwar
als Bezeichnung der weiblichen Scham.) Daneben wird
sorcio aus *sorex* (übereinstimmend mit frz. *souris*) speziell für
die Hausmaus gebraucht. Das altspan. *mur* wurde durch
ratón verdrängt, das eigentlich „kleine Ratte" bedeutet.
Das Suffix *on* hat hier ausnahmsweise diminutive Kraft wie
im Franz. (Vgl. *aiglon*, *oison* etc.)

Die Maus findet sich überall, wo Menschen hausen, und ist
daher nahezu über den ganzen Erdball verbreitet. Es ist daher kein Wunder, daß alle Sprachen eine große Anzahl von Metaphern aufzuweisen haben, die sich auf dieses Tierchen beziehen.
Fassen wir zunächst die physischen Eigenschaften der Maus ins
Auge, so fällt zunächst ihre winzige Gestalt auf, zu der der
lange Schwanz in schreiendem Mißverhältnis steht. Wenn der
Italiener kleine Kartoffelklöße *topi* nennt, so schwebt ihm dabei ebenso die kleine, gedrungene Gestalt der Maus vor, wie
dem Engländer, wenn er eine kleine Beule als *mouse* bezeichnet.

Hingegen erinnert sich der Italiener beim Anblick einer langen, dünnen Zigarre oder einer feinen Seidentroddel an den Schwanz der Maus und er steht nicht an, Zigarre wie Troddel *coda di topo* zu nennen. In der eigentlichen Bedeutung jedoch ist das Wort zu nehmen in der Redensart *pittore di code di topi* „Mäuseschwanzmaler“, d. i. ein Maler von geringer Bedeutung. Wenn der Engländer aus dem Volke die Kurzsichtigkeit mit *mouse-sight* bezeichnet, so tut er dies in dem naiven Glauben, daß kleine Augen notwendig kurzsichtig sein müßten. Kleine Zähne nennt der Italiener *denti di topo* „Mäusezähne“, der Franzose analog *dents de souris*. Eine Metapher, die sich auf die Gestalt der Maus bezieht, ist der Gebrauch des Wortes für den Begriff „Muskel“. Im Deutschen bezeichnete man mit „Maus“ ursprünglich jeden Muskel an Arm und Fuß, im Neuhochd. wird das Wort jedoch infolge Verengung des Bedeutungsumfanges hauptsächlich auf den Muskelballen des Daumens angewendet. Ja, das Wort Muskel selbst, das ein Lehnwort aus dem Lat. ist (*musculus* = dim. v. *mus*) bedeutet „Mäuschen“. Hierzu finden sich Analoga in span. *murecillo*, das Muskel im allgemeinen bedeutet, und in franz. *souris*, womit in der Terminologie der Tierarzneikunst der Aufhebemuskel in der Oberlippe des Pferdes bezeichnet wird.

Wegen ihrer kleinen Gestalt erscheint die Maus häufig als Symbol des Unbedeutenden, Wertlosen. So in dem engl. *a man or a mouse*, ein Mann oder eine Maus, d. h. alles oder nichts. Dieselbe Gegenüberstellung von „Mann“ und „Maus“ findet sich im Deutschen. So sagt man z. B.: Ein Schiff ist mit Mann und Maus untergegangen, d. h. mit allem, was auf dem Schiffe war, dem Wertvollen und dem Wertlosen. Hierher gehört auch das häufig zitierte lat. Sprichwort: *Parturiunt montes, nascetur ridiculus mus* (nach Horaz, Ars poetica 139). Es kreißen die Berge, zum Vorschein kommen aber wird nur eine lächerliche Maus. Dies Dictum wird auf Prahler angewendet, die mit Worten großtun, wenn es aber zum Handeln kommt, eine jämmerliche Figur spielen. Der Franzose sagt ähnlich: *La montagne en travail enfante une souris*, der kreißende Berg gebiert eine Maus. Ebenso der Italiener: *Il parto de la montagna: è nato un topo*. Von einem verlegen oder beschämt Dreinschauenden sagt der

Engländer *he looks small like a mouse*, er sieht (klein) aus wie eine Maus. (Vgl. deutsch „vor jemd. klein werden".) Als Bild des Unbedeutenden, Harmlosen erscheint die Maus auch in dem deutschen Sprichwort: Den Schuldigen schreckt eine Maus. Ebenso sagt der Italiener: *Al ladro fa paura anche un sorcio* und der Franzose: *Il ne faut qu'une souris pour faire peur au méchant.* So klein wie die Maus ist auch ihre Wohnstätte, weshalb man im Deutschen und Engl. ein kleines Zimmer oder einen sonstigen kleinen Raum gern ein Mauseloch, bzw. *mouse-hole* nennt. (Vgl. ital. *casa da topi.*) Von einem Furchtsamen, der sich von einer Gefahr bedroht sieht, sagt der Franzose: *On le ferait cacher dans un trou de souris*, wie man analog im Deutschen sagt: er möchte vor Angst in ein Mauseloch kriechen, d. h. dem Furchtsamen ist kein Loch zu klein, um sich zu verstecken. Daß überhaupt die Maus und ihr Loch zwei unzertrennliche Begriffe sind, kommt zum Ausdruck im franz. Sprichwort *Nulle souris sans pertuis*, keine Maus ohne Loch, wofür der Deutsche sagt: Jede Maus hat ihr Haus. Das Mauseloch spielt auch sonst in Sprichwörtern eine gewisse Rolle, z. B. Ein arm Mäuslein, das nur ein Loch hat, ist bald gefangen, d. h. man muß sich auf mehr als eine Weise zu helfen wissen. Dieses Sprichwort findet sich in allen Kultursprachen. Engl. lautet es: *A mouse that has but one hole, is soon caught*, ital.: *Tristo è quel sorcio che ha un sol pertugio per salvarsi*, span.: *Ratón que no sabe más que un horado, presto es cazado*, franz.: *Souris qui n'a qu'un trou est bientôt prise.* Hierher gehört ferner das ital. Sprichwort: *Il solito buco vien a noia anche ai topi*, auch die Maus steckt nicht gern immer im selben Loche, d. h. jedermann sehnt sich nach Abwechslung. An die bekannte Fabel vom Maulwurf und dem Igel erinnert das engl. Sprichwort: *I gave the mouse a hole, and she is become my heir*, ich gab der Maus ein Loch und sie ist meine Erbin geworden, d. h. sie betrachtete sich als Herrin der Behausung. Auch im Span. findet sich dieses Sprichwort: *Acogí al ratón en mi agujero, y volvióseme heredero.*

Auch die Farbe der Maus wird metaphorisch verwendet: dem Deutschen mausgrau entspricht im Engl. *mouse-gray*, im Ital. *topino*, im Franz. *gris de souris.* Zu erwähnen wäre allenfalls noch, daß man im Ital. die Infanteristen wegen ihres grauen Mantels scherzweise *sorcini* nennt.

Die Maus gehört zu den Nagetieren, es ist daher das Nagen eine für die Maus besonders charakteristische Tätigkeit; dementsprechend heißt *ratonar* im Span. „nagen" und in der Seemannssprache bezeichnet man mit *ratones* das zackige Gestein am Meeresgrund, das die sich daran reibenden Ankertaue gleichsam annagt. Auch im Deutschen denkt man an die Maus als Nagetier in der Redensart: Da beißt keine Maus einen Faden ab, womit man sagen will: An der Sache ist nichts zu ändern; es ist einmal so. Hierher zieht Schrader die Redensart sich mausig machen, was „sich anmaßen, sich zudringlich benehmen" bedeutet, gleichsam wie die Maus, die mit ihren scharfen Zähnen alles annagt, was ihr unterkommt. Heyne und Kluge leiten jedoch das Wort von Mauser „Federwechsel" ab und es würde dann „sich mausig machen" soviel heißen als „die Federn wechseln, sich übermütig herausputzen, um sich hervorzutun".

Auf das Flinke und Hurtige in den Bewegungen der Maus beziehen sich nicht wenig Metaphern. Sie ist flink wie eine Maus sagt man im Deutschen von einem behenden Mädchen. In ähnlicher Weise gebraucht der Franzose die Redensart *être éveillé comme une potée de souris,* munter sein wie ein Topf voll Mäuse, wie er auch das Wort *souris* ohne weiteres auf ein lebhaftes Kind anwendet. Desgleichen wird ein Kuß auf das Auge im Pariser Argot mit *souris* bezeichnet, indem ein solcher Kuß die Empfindung einer über das Auge huschenden Maus hervorruft. Zur Bezeichnung gewisser intimer Liebkosungen muß gleichfalls die Maus herhalten. So sagt der Pariser für *peloter* „betasten" auch *faire la souris,* die Maus spielen. (Über eine zweite Bedeutung derselben Redensart siehe pag. 64.) An das Dahinschießen der Maus denkt der Italiener, wenn er die Schwärmer bei einem Feuerwerk *toppi matti* „verrückte Mäuse" nennt. Der Gebrauch von „Maus" und „Mäuschen" als Kosewort beruht wohl hauptsächlich auf dem behenden Wesen der Maus, das, gepaart mit der kleinen, rundlichen Gestalt, dem Tierchen ein charakteristisches Gepräge verleiht. So nennt der junge Mann seine Geliebte gern „mein süßes Mäuschen". Hiermit mag auch der Gebrauch des Wortes für den Begriff „*cunnus*" in einigen Gegenden Deutschlands zusammenhängen. Ein Analogon hierzu findet sich im Toskanischen, wo *topa* „weibliche Maus" Bezeichnung des weiblichen Geschlechtsteiles ist. In anderen Gegenden Deutschlands und allgemein in Frankreich wird in demselben Sinne „Kätzchen", bzw. *chat*, gebraucht, das auch ursprünglich ein auf das Mädchen selbst angewendetes Kosewort ist. Zugleich sind diese beiden Beispiele Belege für den durch den Euphemismus verursachten Bedeutungswandel. Goethe gebraucht in seinem Tagebuch und in seinen Briefen für „Mädchen" sehr häufig den Ausdruck M i s e l, was das elsässische Diminutiv zu *mus* „Maus" ist. (Vgl. Schrader, Bilderschmuck d. d. Sprache, pag. 191.) Analog findet sich bei Shakespeare das Wort *mouse-hunt*, wörtl. „Mäusejäger", in der Bedeutung von „Mädchenjäger" gebraucht. (Über den Ursprung der Verwünschung d a ß d i c h d a s M ä u s l e i n b e i ß ' siehe Schrader, Bilderschmuck, pag. 188.)

Was nun die moralischen Eigenschaften der Maus anlangt, so ist sie durch ihre Naschhaftigkeit, die sie zu allerlei kleinen Diebereien verleitet, allgemein verrufen. Bedeutet doch das Wort „Maus" selbst, wie oben dargetan wurde, „Dieb". Demgemäß wendet man im Deutschen auf kleinere Diebstähle das Wort m a u s e n an. (M a u s e n bedeutet jedoch „Mäuse fangen" in dem Sprichwort d i e K a t z e l ä ß t d a s M a u s e n n i c h t.) Ein Analogon dazu bietet das span. Rotwelsch, wo *murcio* (von *mus*) „Dieb" und *murciar* „stehlen" bedeutet. Auch im Schriftspanischen wird *ratear* für „stibitzen", *ratero* für „Dieb" und *ratería* für einen unbedeutenden Diebstahl gebraucht. Allerdings scheinen diese Wörter von *rata* „Ratte" abgeleitet zu sein, was jedoch im wesentlichen an der Sache nichts ändert, da ja der Spanier die Mäuse als „kleine Ratten" betrachtet. Hierher zu ziehen ist auch die jetzt veraltete franz. Redensart *faire la souris*, die Maus machen, d. h. jemds. Tasche geschickt untersuchen und ausleeren. Auf den diebischen Charakter dieses Tierchens spielt ferner an die ital. Redensart *fare come i topolini degli speziali*, es machen wie die Mäuschen der Spezereiwarenhändler, d. h. immer mit Leckerbissen zu tun haben und doch nicht davon essen können, was

ungefähr dem deutschen „keinen Löffel haben, wenn es Brei
regnet" entspricht.

Damit die Maus auf ihren Beutezügen nicht ertappt
werde, muß sie leise und mit großer Vorsicht ans Werk gehen.
Daher der deutsche Ausdruck m ä u s c h e n s t i l l, womit sich
die engl. Redensart *to speak like a mouse in a cheese*, wie eine
Maus in einem Käse, d. h. leise, fast unvernehmlich sprechen,
vergleichen läßt. In der deutschen Redensart a r m w i e
e i n e K i r c h e n m a u s wird die Maus˙zur Kirche in Beziehung gesetzt. Die Kirchenmaus ist ärmer als eine andere,
weil es in der Kirche an Speisevorräten völlig gebricht. An
das deutsche „mäuschenstill" erinnert die franz. Redensart
on entendrait trotter une souris, d. h. man würde sogar eine
Maus laufen hören, so still ist es. Das vorsichtige, scheue
Wesen der Maus wird durch das deutsche D u c k m ä u s e r
trefflich charakterisiert. Das Wort, das aus „Maus" und
„ducken" zusammengesetzt ist, bezeichnet einen Menschen,
der seine Ziele auf Schleichwegen zu erreichen sucht und
seine bösen Absichten unter scheinbarer Harmlosigkeit verbirgt, geradeso wie die Maus es macht, wenn sie ihre Diebs-
gelüste befriedigen will. (Vgl. engl. *to mouse* in der Bedeutung
„leise umherschleichen".) Eine ähnliche Bildung ist K a l -
m ä u s e r, womit man einen Stubenhocker, Kopfhänger bezeichnet. Welche immer auch die Herkunft des der Studentensprache entstammenden Wortes sein mag (*calamus* „Feder"?
der Orden der Camaldolenser?), so viel ist gewiß, daß man
darin eine volksetymologische Angleichung an „Duckmäuser"
(mit Anspielung an „kahl") zu erblicken hat. (Vgl. Andresen,
Über deutsche Volksetymologie, 5. Aufl., pag. 238.) Da die überaus
kurzen Beine der M a u s beim schnellen Laufen kaum sichtbar
sind, kann es leicht den Eindruck machen, als bewege sich
das Tier kriechend fort, weshalb im Span. *ratero* geradezu
„kriechend" und auf Vögel angewendet „nahe an der Erde
hinfliegend" bedeutet. Auf das moralische Gebiet übertragen,
bekommt *ratero* logischerweise die Bedeutung von „duckmäuserig, niederträchtig". Ebenso bedeutet das davon abgeleitete *ratería* „gemeine Denkungsart".

Nur dem Deutschen eigentümlich ist der Gebrauch von
„Maus" in der Bedeutung „Schrulle, Grille". So sagt man

z. B. Er hat Mäuse im Kopf, Ihm steckt der Kopf
voll Mäusenester, Er macht ein Gesicht wie ein
Topf voll Mäuse. (Vgl. jedoch im ganz anderen Sinne
franz. *être éveillé comme une potée de souris.* Siehe pag. 62.)
Nach Sanders werden die hin und her schwirrenden Gedanken
mit Mäusen verglichen.

Auch für den Vergleich n a ß w i e e i n e g e b a d e t e Maus
findet sich in den übrigen Sprachen kein Analogon.*) Diese
Redensart erklärt Schrader ansprechend, indem er darauf hinweist, daß die Maus als wasserscheues Tier in durchnäßtem
Zustand einen besonders jämmerlichen Eindruck macht. Der
Franzose sagt mit einer dem Deutschen geradezu entgegengesetzten Auffassung *trempé comme un canard,* naß wie eine
Ente. Da die Ente ein Wasservogel ist, so ist das Naßsein
bei ihr durchaus kein abnormaler Zustand. M a u s e t o t, ein
scherzhafter Superlativ von „tot", heißt ursprünglich wohl: tot
wie eine Maus, die die Katze erlegt hat und in der kein
Fünkchen Leben mehr übrig ist. Bei der Häufigkeit der
Mäuse ist eine tote Maus ein alltäglicher Anblick.**) Eine
interessante Parallele zur deutschen Metapher bietet das engl.
Sprichwort *to-day a man, to-morrow a mouse,* heute ein Mann,
morgen eine Maus, d. h. mausetot, das dem deutschen „Heute
rot, morgen tot" entspricht. Auf das häufige Vorkommen
dieser Tierchen bezieht sich auch die jetzt veraltete franz.
Redensart *brûler les souris,* die Mäuse verbrennen, d. h. ein
Haus in Brand stecken. Es wird eben dabei angenommen,
daß in jedem Hause Mäuse sind, gleichsam als wäre die Maus
ein integrierender Bestandteil desselben. (Vgl. das deutsche
Sprichwort: K e i n H a u s o h n e M a u s, keine Scheuer ohne
Korn, keine Rose ohne Dorn.) Daß die Bekanntschaft des
Menschen mit der Maus eine uralte ist, scheint im Bewußt-
sein des Volkes zu schlummern, wenigstens deutet die ital.
Redensart *aver più anni del primo topo,* älter sein als die erste

---

*) Es wäre höchstens anzuführen aus dem Franz. der in der Gegend
der Haute-Loire gebrauchte Vergleich *baigné comme un rat,* naß wie eine
(gebadete) Ratte (vgl. Rolland, Taune pop., I, pag. 22).

**) Andresen (Über deutsche Volksetymologie, 5. Aufl., pag. 25) führt
als Analoga aus dem Niederdeutschen an *poggedôd* und *huckedôd,* tot wie
ein Frosch, bzw. eine Kröte.

Maus, d. h. steinalt sein, darauf hin. (Hingegen bezieht sich die Redensart *aver più anni d'un serpente*, älter sein als eine Schlange, auf das verhältnismäßig hohe Alter, das viele Schlangen erreichen). Die Redensart *mettere fuori l'armi de' cinque topi*, die Wappen der fünf Mäuse heraushängen, d. h. zu altern beginnen, beruht auf einem Wortspiel. Die florentinische Familie *Vecchietti* (*vecchio* = alt) hatte nämlich fünf Mäuse im Wappen.

Zahlreich sind die Redensarten und Sprichwörter, die sich auf das feindliche Verhältnis zwischen Katze und Maus beziehen. Hier sollen nur die gebräuchlichsten angeführt werden. Ein franz. Sprichwort z. B. sagt: *Ce qui ne fut jamais ni ne sera, c'est le nid d'une souris dans l'oreille d'un chat*, was niemals war noch sein wird, das ist das Nest einer Maus im Ohr einer Katze, womit etwas ganz Unmögliches bezeichnet werden soll. Im Deutschen sagt man analog: Es hat noch nie eine Maus einer Katze ins Ohr gebissen. Auf die hinterlistige Art der Katze, Mäuse zu fangen, bezieht sich die franz. Redensart *guetter qn. comme le chat fait la souris*, auf jemd. lauern wie die Katze auf die Maus. Unser deutsches Sprichwort: Ist die Katze aus dem Haus, tanzt die Maus findet sich auch in den übrigen Kultursprachen. Im Engl. lautet es: *When the cat is away, the mice will play*, im Ital.: *Quando la gatta non è in paese, i topi ballano*, im Franz.: *Absent le chat, les souris dansent*. Im Span. tritt, wohl um des Reimes willen, die Ratte an Stelle der Maus: *Vanse los gatos, y estiendense los ratos*, ziehen die Katzen fort, so breiten sich die Ratten aus.

Die Katze aber ist nicht die einzige Feindin der Maus, der Mensch bedient sich auch anderer Mittel, um diesen unerwünschten Hausgenossen loszuwerden. Er stellt ihr Fallen. Die Sprache hat sich des Bildes von der Mausefalle bemächtigt, um das Verhältnis zwischen Betrüger und Betrogenem möglichst drastisch zum Ausdruck zu bringen. Wenn man im Deutschen sagt: Er ist in die Falle gegangen, so ist es dabei allerdings nicht absolut notwendig, an die Maus zu denken. Es kann einem auch ein anderes Tier, der Fuchs z. B., vorschweben, dem ebenfalls Fallen gestellt werden. Im franz. *se jeter dans une souricière*

und im span. *caer en una ratonera* kann jedoch kein anderes
Tier als die Maus gemeint sein, was sich übrigens ohne weiteres
aus der Etymologie der beiden Wörter ergibt, denn *souricière*
und *ratonera* sind unmittelbar von *souris*, bzw. *ratón* gebildet.
Das ital. *trappola*, womit engl. *trap* verwandt ist, verrät zwar
seine Bedeutung nicht durch die Etymologie, wird aber im
engeren Sinne nur von Mausefallen gebraucht. Das engl.
mouse-trap entspricht genau dem deutschen M a u s e f a l l e.
Von Sprichwörtern und Metaphern, die von der Mausefalle
gebildet sind, mögen angeführt werden aus dem Ital. *Ci sono
più trappole che topi*, es gibt mehr Mausefallen als Mäuse, d. h.
mehr Gauner als zu Begaunernde, womit gesagt werden will,
daß auf dieser Welt die ehrlichen Leute in der Minderzahl
sind. Übrigens liegen von *trappola*, das ganz allgemein im
Sinne von „Betrug, Gaunerei" gebraucht wird (Metonymie),
verschiedene Abteilungen vor wie *trappolone* „Gauner", *trappo-
lare* „begaunern", *trappoleria* „Gaunerei", lauter Wörter, die
gang und gäbe sind. Was das frz. *souricière* anlangt, so dient
es im Pariser Argot zur Bezeichnung des Zellenwagens, der
zum Transport für Gefangene bestimmt ist. Auch eine Ver-
brecherkneipe kann *souricière* genannt werden, wobei der an-
ständige Gast, der unversehens unter Gauner gerät, mit der
Maus verglichen wird. In derbkomischer Weise wird im engl.
Volksmund die Ehe als des „Pfarrers Mausefalle", *the parson's
mouse-trap*, bezeichnet.

Um die Mäuse in die Falle zu locken, gibt man ge-
wöhnlich Speck, das Lieblingsgericht dieser Tierchen, hinein.
So sagt ein deutsches Sprichwort: Mit S p e c k f ä n g t m a n
M ä u s e, d. h. mancher läßt sich durch schöne Worte betören.
Darauf spielen auch an das frz. *sauver son lard* und das engl.
to save one's bacon, seinen Speck retten, d. h. seine Haut in
Sicherheit bringen wie die Maus, der es gelingt, sich des
Speckes zu bemächtigen, ohne von der Falle zerquetscht zu
werden. Auf die Speckliebhaberei der Mäuse bezieht sich
auch die deutsche Redensart w i e M ä u s e i n d e r S p e c k -
s e i t e s i t z e n, d. h. sich irgendwo sehr behaglich fühlen,
sowie das engl. Sprichwort *No larder but hath its mice*, keine
Speisekammer (wörtlich: Speckkammer), die nicht ihre Mäuse
hätte, was dem deutschen „Kein Haus ohne Maus" entspricht.

Eine andere Lieblingsspeise der Mäuse ist das Mehl. Hierauf nimmt Bezug das deutsche Sprichwort: Wenn die Maus satt ist, schmeckt das Mehl bitter, das sich auch im Engl. findet: *When the mouse has had enough, the meal is bitter.* Im selben Sinne sagt man im Deutschen: Hunger ist der beste Koch.

Die Ratte.

In allen Kultursprachen ist die Bezeichnung dieses Tieres dieselbe: deutsch R a t t e, engl. *rat*, ital. *ratto*, span. *rata* (*ratón* bedeutet „kleine Ratte, Maus"), frz. *rat*. Die Herkunft des Wortes ist nicht sicher. Das Tier, ursprünglich nicht in Europa heimisch, ist jedenfalls ein Import aus dem Osten, da sein erstes Vorkommen zur Zeit der Völkerwanderung konstatiert wird. Im Deutschen existiert neben dem hochdeutschen „Ratte" ein oberdeutsches R a t z, das übrigens im Hessisch-Thüringischen auf den Marder und sonst vielfach in volkstümlicher Rede auf das Murmeltier und den Bilch angewendet wird. Im Bayr.-schwäb. dient „Ratz" merkwürdigerweise zur Bezeichnung der Raupe. Im venezianischen Dialekt heißt die Ratte *pantegana* (aus lat. *pantex* „Wanst"). Es wird demnach die Ratte als das „dickbäuchige Tier" aufgefaßt. Man vgl. damit Goethes Lied von der Ratte im Faust, wo es von dem Tiere heißt:

> „Hatte sich ein Ränzlein angemäst,
> Als wie der Doktor Luther".

Besonders charakteristisch im Äußern der Ratte ist der lange Schwanz, der wie die Ohren nackt ist, daher im Deutschen der Ausdruck r a t t e n k a h l, der allerdings die falsche Vorstellung erweckt, als sei der ganze Körper der Ratte unbehaart.*) Korrekter ist die metaphorische Verwendung von R a t t e n s c h w a n z für einen dünnen Haarzopf, wofür der Spanier einfach *rata* sagt, indem er metonymisch das Ganze für den Teil setzt, genau so wie im franz. *goupillon*, das Diminutiv von altfrz. *goupil* „Fuchs", für den Fuchs-

---

*) Möglicherweise Volksetymologie von „radikal". (Vgl. Andresen, Über deutsche Volksetymologie, 6. Aufl., pag. 123.)

schwanz gebraucht wird. Im Deutschen wird der Ausdruck „Rattenschwanz" auch auf einen dünnbehaarten Pferdeschweif angewendet. Scherzhaft nennt der Franzose dünne, lange Zigarren *queues de rat*, welche Metapher auch dem Deutschen nicht ganz fremd ist, während der Italiener mit einer kleinen Nuance dafür *code di topi* „Mäuseschwänze" sagt. Von drastischer Komik ist die dem Pariser Gaunerargot entstammende Redensart *prendre des rats par la queue*, Ratten beim Schwanze nehmen, d. h. Uhren stehlen, wobei die Uhrkette mit dem Rattenschwanz verglichen wird. Minder leicht verständlich ist *queue du rat* als Bezeichnung einer gewissen Art von Schnupftabaksdosen. Dieser Ausdruck beruht auf einer Metonymie (Teil fürs Ganze), indem er nämlich eine Tabatière bezeichnet, deren Deckel mittels einer kleinen, entfernt an einen Rattenschwanz erinnernden Lederschnur geöffnet wird. Der umgekehrte Fall von Bedeutungswandel (Ganzes für den Teil) liegt vor in *rat de cave* „Kellerratte" als Bezeichnung einer dünnen, biegsamen Kerze. Da der Rattenschwanz gegen das Ende zu immer dünner wird, so sagt der Franzose von einer Affaire, die ursprünglich viel von sich reden macht, schließlich aber im Sand verläuft, *elle termine en queue de rat*, sie endigt in einen Rattenschwanz. (Vgl. Rozan, Les animaux dans les proverbes, I, pag. 286 ff.).

Daß die Ratte dem Franzosen als ein besonders spaßhaftes Tier erscheinen muß (vgl. portug. *rato* „drollig"), erhellt aus einem ehemals sehr beliebten Karnevalsscherze, der darin bestand, daß man den Passanten Lappen in Gestalt einer Ratte auf den Rücken heftete, was man *donner des rats aux passants*, die Passanten mit Ratten beschenken, nannte. Diese Redensart wurde dann auch auf andere ähnliche Karnevalsscherze übertragen, z. B. auf die weißen Striche, die man den Passanten unvermerkt auf die Kleider machte, so daß das Wort *rat* überhaupt zur Bedeutung „Ulk" gelangte wie z. B. in der Redensart: *Je sens un rat*, ich rieche eine Ratte, d. h. ich vermute einen Ulk. Ähnlich sagt der Engländer *I smell a rat*, ich merke Unrat (vgl. deutsch M ä u s e r i e c h e n in derselben Bedeutung), wobei darauf hingewiesen sei, daß die Ratte als Kloakenbewohnerin — der Pariser nennt die Kloakenreiniger *rats d'égout* „Kloakenratten" — ein unreinliches und übelriechendes Tier ist, welcher Umstand bei der Entstehung dieser Redensart gewiß nicht unwesentlich mitgespielt hat. Nach Brewer (Dict. of Phrase and Fable, pag. 737) ist die Redensart von der Katze hergenommen. Daß die Beziehungen der Ratte zu den Geruchsnerven des Menschen nicht die besten sind, geht auch hervor aus der derbdrastischen Redensart *puer comme un rat mort*, stinken wie eine tote Ratte, womit das non plus ultra aller Übelgerüche bezeichnet werden soll.

Auch in der engl. Redensart *to be in rats*, sich in Katerstimmung befinden, ist die Ratte als Gegenstand des Abscheus aufzufassen, indem das Charakteristische am „Kater" eben das Gefühl physischen und psychischen Ekels ist. Der Abscheu vor den Ratten wird geradezu zur Furcht gesteigert durch den im Volke verbreiteten Glauben, diese Tiere seien giftig. Darauf spielt zweifellos die franz. Redensart an *garder des rats à qn.*, jemd. Ratten aufheben, d. h. einen Groll gegen jemanden hegen mit dem geheimen Vorsatz der Rache, die eben darin bestehen würde, auf den Gegner Ratten loszulassen und ihm so zu schaden. (Vgl. Rolland, Faune pop., I, pag. 22, 2).

Was die physischen Fähigkeiten der Ratte betrifft, so ist hauptsächlich ihre Gewandtheit im Laufen, Springen und Schwimmen hervorzuheben. Dabei zeichnet sich namentlich die Wanderratte durch große Ausdauer aus, weshalb sie dem Menschen als unzertrennliche Begleiterin überall hin nachgefolgt ist. Man bezeichnet daher im Deutschen eine lästige, zudringliche Person gerne mit „Ratte". So liegt auch bei den Metaphern S p i e l r a t t e (Bezeichnung eines leidenschaftlichen Spielers) und franz., span. *rat de bibliothèque*, bzw. *ratón de biblioteca* „Bibliotheksratte" (vgl. deutsch „Bücherwurm"), das auf einen eifrigen Bibliotheksbesucher angewendet wird, das tertium comparationis im Begriff des Versessenseins. Gerade so wie die Ratte, wo sie sich einmal festgesetzt, nicht zu vertreiben ist, ist der Spieler nicht vom Spieltisch, der Bücherwurm nicht aus der Bibliothek fortzubringen. Auf die Wanderratte bezieht sich wohl auch die im Engl. übliche Bezeichnung eines politischen Überläufers mit *rat*. Brewer (Dict. of Phrase and Fable, pag. 737) denkt hierbei an die den Ratten angedichtete Eigentümlichkeit, nicht seetüchtige Schiffe zu verlassen. Dieses

Wort wird in analoger Weise in der Sprache der Arbeiter
auf einen Streikbrecher übertragen, da es sich ja hier auch
gewissermaßen um den Übertritt von einer Partei zur anderen
handelt. Schließlich wird der Ausdruck infolge Erweiterung
des Bedeutungsumfangs überhaupt auf jeden unter dem üblichen
Lohn arbeitenden Arbeiter angewendet. In derselben Bedeutung wird auch das Verbum *to rat* und das Verbalsubstantiv *ratting* gebraucht.

Wenn man im Deutschen von jemand sagt, es l a u f e
ihm   eine   Ratte   durch   den   Kopf   oder   er   habe
Ratten   im   Kopf, so meint man damit, er habe wunder-
liche, närrische Einfälle, und vergleicht die im Kopf unstet
hin- und herschwirrenden Gedanken mit dem raschen Um-
herhuschen des Rattenvolkes. Man gebraucht dafür auch in
gewiß noch ausdrucksvollerer Weise Namen von Insekten
wie „Grille" oder „Mücke" und sagt wohl auch, es habe
jemand einen „Vogel". Auch die den Ratten verwandten
Mäuse werden — wie bereits gezeigt wurde — in diesem
Sinne verwendet. Das Bild von den Ratten findet sich
übrigens auch im Französischen. So sagt z. B. der Franzose
von einem launenhaften Menschen *Il a des rats* oder *un rat
lui trotte dans la tête.* Auch heißt es im Argot von einem, der
in ärgerlicher Stimmung ist: *Il a un rat dans la trompe,* er
hat eine Ratte im Rüssel. Damit hängt jedenfalls die Redensart zusammen: *Le fusil prend un rat,* die Flinte kriegt eine
Ratte, d. h. sie versagt, wovon *rater* „versagen, verfehlen".
Brinckmann allerdings ignoriert den Zusammenhang mit *rat*
„Laune, Grille" und versteht die Redensart wörtlich, indem
er erklärt, die im Gewehrlauf steckende Ratte sei das Hindernis
für das Losgehen des Schusses. Wie dem auch immer sei,
so viel ist wohl sicher, daß *rater* von *rat* abzuleiten ist und
nicht von *raptarius* „raubvogelartig, gierig", welche Etymologie
begrifflich ganz unhaltbar ist.

Von *rat* ist auch ein Adjektiv gebildet, nämlich *ratier,*
das die analoge Bedeutung „launisch, grillenfängerisch" hat.
Daß übrigens der Zusammenhang zwischen *rat* und *rater* vom
Sprachbewußtsein des Volkes noch dunkel gefühlt wird, ersieht
man aus der im Argot gewisser Schulen üblichen Verwendung
des Wortes *rat* für einen zu spät kommenden Schüler, wobei

allerdings umgekehrt *rat* von *rater* abgeleitet erscheint (*rat =*
qui a raté l'heure de la rentrée). Hierher zu ziehen ist gleichfalls der dem Argot angehörige Ausdruck *rat de soupe* für
jemand, der zu spät zum Essen kommt (*rater l'heure du dîner*).
Wie im Deutschen und Franz. wird auch im Engl. das Wort
rat in der Bedeutung von „Laune, Grille" gebraucht. *He has*
rats in his garret, er hat Ratten in seiner Dachstube, bedeutet:
Er ist geistig nicht ganz normal. Selbstverständlich ist mit
der „Dachstube" der Kopf gemeint. (Vgl. im Deutschen: Es
ist bei ihm im Oberstübchen nicht richtig und im Franz.:
Il a des araignées sous le plafond, er hat Spinnen unter der
Zimmerdecke). Hingegen ist *to see rats*, Ratten sehen, keine
Metapher, sondern wörtlich zu verstehen. Es ist damit das bei
hochgradigen Alkoholikern auftretende krankhafte Symptom
des Mäuse- und Rattensehens gemeint.

Mit ironischer Beziehung auf die Gewandtheit der Ratten
im Springen bezeichnet man im Pariser Theaterargot eine Ballett-
elevin mit *rat*, während die bereits ausgelernte Tänzerin
konsequenterweise *tigre* genannt wird, gewissermaßen als ver-
halte sich in der Springfertigkeit die angehende Tänzerin zur
vollendeten wie die Ratte zum Tiger. (Anders Rozan, Les
animaux dans les proverbes, I, pag. 294 ff.). Der Ausdruck *rat*
de ballet ist übrigens als Ballettratte ins Deutsche eingedrungen. Da sich die Ballettänzerinnen in der Regel von
Liebhabern aushalten lassen, so hat sich im Franz. der Ausdruck *rat* zu der Bedeutung von *femme entretenue* erweitert.
Auf diese Metapher ist wohl auch der eigentümliche Gebrauch
von *rat* oder mit davon gebildetem Femininum *rate* als Liebkosungswort weiblichen Wesen gegenüber zurückzuführen.
Wollte man die Metapher direkt vom Tiere ableiten, so könnte
man als Analogon *crotte* anführen, was eigentlich den sich an
die Schuhe heftenden Kot bezeichnet, in übertragener Bedeutung aber als Liebkosungswort vom Manne der Geliebten
gegenüber gebraucht wird — selbstverständlich nur in den
untersten Volksschichten. Können doch auch im Deutschen
derbe Ausdrücke wie „Luder", „Aas", „Viehkerl" unter Umständen einen lobenden Sinn annehmen. Übrigens gebraucht
auch der Engländer *old rat* „alte Ratte" im Sinne von „lieber
alter Kerl". (Vgl. in derselben Bedeutung *old dog* „alter

Hund"). Mit der Gewandtheit der Ratte im Laufen und
Springen geht die im Schwimmen Hand in Hand, weshalb
man im Deutschen von einem guten Schwimmer zu sagen
pflegt: er schwimmt wie eine Ratte.

Ferner gibt es eine Reihe von Metaphern, die sich auf
die verschiedenen Aufenthaltsorte der Ratte beziehen. Auf
der Eigenheit des Tieres, sich unterirdisch Gänge zu graben,
beruht im Franz. die militärische Bezeichnung *rat* für einen
kurzen Minengang (Metonymie: das Hervorbringende für das
Hervorgebrachte). Ein Analogon hierzu findet sich im lat.
cuniculus „Kaninchen", das auch auf einen unterirdischen Gang
übertragen wurde. Von *rat d'égout* war bereits weiter oben
die Rede. Im Pariser Argot nennt man *rat de cave* „Kellerratte" den mit Erhebung der Getränkesteuer beauftragten
Steuerbeamten, während im Engl. das Wort eine Bedeutungserweiterung erfahren hat und auf Steuerbeamte im allgemeinen
angewendet wird. In Gefängnissen mag es wohl auch Ratten
geben, wenigstens läßt darauf schließen die beim deutschen
Militär übliche Bezeichnung Ratz für den Gefängnisaufseher;
hingegen ist im Pariser Argot *rat de prison* „Gefängnisratte"
Spitzname des Rechtsanwaltes. Besonders gern hält sich die
Ratte im Stroh auf, weshalb der Franzose die Redensart *être
comme un rat en paille,* wie eine Ratte im Stroh sein, im Sinne
des deutschen „in der Wolle sitzen" gebraucht. (Vgl. portug.
estar como rato no queijo, wie eine Ratte im Käse sein.)

Wasserratte dient als scherzhafte Bezeichnung eines
alten, erfahrenen Seemanns, während dieser umgekehrt die
Bewohner des Binnenlandes Landratten nennt. Übrigens
wendet man Wasserratte auch auf Personen an, die gern
baden. In der Soldatensprache ist dies Wort Spitzname der
mit dem Brückenbau beschäftigten Pioniere. Da die Ratten
sich mit Vorliebe in alten, baufälligen Häusern aufhalten,
so bezeichnet man solche im Franz. gern als *nids à rats*
„Rattennester", welche Metapher jedoch auch auf den Korn-
speicher angewendet werden kann, wo Ratten sehr häufig zu
finden sind.

Der deutschen Redensart „arm sein wie eine Kirchenmaus"
entspricht im Franz. *être gueux comme un rat d'église.* Die
Armut wird in diesem Falle — was schon bei Erklärung der

deutschen Redensart geltend gemacht wurde — durch den vollständigen Mangel an Lebensmitteln bedingt, da ja in der Kirche solche nicht vorhanden sind. Im Span. jedoch bezieht sich diese Metapher auf die Ratte im allgemeinen: *ser más pobre que una rata,* ärmer sein als eine Ratte. Die Redensart ließe sich als eine Ellipse auffassen, sie läßt sich aber auch so erklären. So gefräßig die Ratte auch im allgemeinen ist (vgl. das franz. Sprichwort: *Voilà ce que les rats n'ont pas mangé,* das haben die Ratten übrig gelassen), so genügsam ist sie im Notfalle, wo sie selbst Leder und Holz nicht verschmäht. Übrigens wendet man im Franz. den Ausdruck *rat d'église* auf einen frömmelnden Kirchenbesucher an, wie ja auch z. B. Heine irgendwo von „frommtuenden Ratten" spricht. Ferner bezeichnet man mit *rat d'église* einen unteren Kirchendiener.

Im Franz. ist die Ratte auch Symbol des Geizes. Die Ratten verschmähen in ihrer bekannten Freßgier auch die ekelhafteste und unverdaulichste Nahrung nicht. Geiz und Gier sind, worauf schon beim Wolf hingewiesen wurde, verwandte Begriffe. Im älteren Deutsch wurde „Geiz" geradezu im Sinne von „Gier" gebraucht. So ist z. B. „Geizkragen" ursprünglich einer, der die Nahrung gierig hinunterschlingt (Kragen = Hals). Auch als Adjektiv wird *rat* in dieser Bedeutung gebraucht, z. B. *Il devient d'un rat!* Der wird aber geizig! Im Portug. gibt es sogar ein Verbum *ratinhar* „knickern".

Wenn man span. *ratear* „stehlen", *ratero* „Dieb" (davon abgeleitet *rateria* „Diebstahl"), von *rata* ableiten darf, so würde die Ratte ähnlich der Maus als Sinnbild des Diebes erscheinen. Die Definition, die das Wörterbuch der Akademie von „*ratero*" gibt, entspricht ganz dem Wesen der Ratte: *el ladrón que hurta con maña y cautela cosas de poco valor.* Eine Bekräftigung erfährt diese Etymologie durch franz. *raton* (Dim. v. *rat*), das in der Pariser Gaunersprache gewisse Spezialisten im Diebeshandwerk bezeichnet, so z. B. einen Dieb, der des Nachts die mit ihm in einem Zimmer Schlafenden bestiehlt. (Vgl. portug. *rato de armario* „Schrankratte" für „Hausdieb"). Allerdings läßt sich gegen die Ableitung von *ratero* in der Bedeutung „Dieb" aus lat. *raptarius* „raubvogelartig,

gierig" weder lautlich noch begrifflich etwas einwenden.
Auch span. *ratear* „am Boden hinkriechen" dürfte von *rata*
abzuleiten sein.

Daß die Ratte in keiner Weise Nutzen stiftet, sondern
im Gegenteil ein sehr schädliches Tier ist, kommt zum Ausdruck im engl. *ratty* (abgeleitet von *rat*), welches Wort man
auf wertlose, schlechte Dinge anwendet. Ein Analogon hierzu
bietet der im amerikanischen Englisch übliche Ausruf *rats!*
als Ausdruck der Verachtung. Daß die Ratte wegen ihrer
Schädlichkeit allerorts verfolgt wird, ist begreiflich. Neben
der Rattenfalle, welches Wort im engl. Slang metaphorisch
für „Mund" gebraucht wird (*rat-trap*), verwendet man zu diesem
Zwecke eine eigens dazu abgerichtete Hunderasse, den Rattler,
frz. *chien ratier* oder substantivisch gebraucht *ratier*. Auch
besonders mutige Katzen nehmen es mit den Ratten auf.
Hierauf bezieht sich das ital. Sprichwort: *Molto sa il ratto, ma
più ne sa il gatto.* Analog im Franz: *Beaucoup sait le rat, mais
encore plus le chat*, viel kann der Ratz, doch mehr noch kann
die Katz', d. h. jeder findet seinen Meister. (Vgl. span. *Mucho
sabe la zorra, pero más quien la toma*). Auf das Verhältnis
von Katze und Ratte spielt auch an das franz. Sprichwort:
Qui ne nourrit pas le chat, nourrit le rat, wer die Katze nicht
nährt, nährt die Ratte.

Besondere Erwähnung verdient der im Deutschen übliche
Ausdruck R a t t e n k ö n i g, womit eine eigentümliche Krankheit der Ratten bezeichnet wird, die darin besteht, daß mehrere
von den Tieren mit den Schwänzen zusammenwachsen. Nach
Brehm ist dies Wort zu erklären aus einem alten Volksglauben,
dem zufolge man sich vorstellte, „daß der Rattenkönig, ge-
schmückt mit goldener Krone, auf einer Gruppe innig ver-
wachsener Ratten throne und von hier aus den ganzen Ratten-
staat regiere." Die Bezeichnung ist dann auf die ganze Gruppe
der Ratten übergegangen. Der hier vorliegende Bedeutungswandel erweist sich also als Metonymie und ist außerdem
jenen Fällen zuzuzählen, in denen auf abergläubischen Vorstellungen beruhende Bezeichnungen sich auch nach dem
Schwinden des Aberglaubens erhalten und sich den modernen
Begriffen angepaßt haben. (Vgl. Waag, Bedeutungsentwicklung
unseres Wortschatzes, pag. 184 ff.). Das Wort „Rattenkönig"·

wird metaphorisch für etwas Unentwirrbares gebraucht; so
spricht man z. B. von einem „wahren Rattenkönig unglaublicher
Verwicklungen". In den übrigen Kultursprachen findet sich
zu diesem Wort kein Analogon.

Irrtümlicherweise bezieht man auf die Ratte die Redensart s c h l a f e n   w i e   e i n   R a t z. Unter „Ratz" ist hier
nicht die Ratte zu verstehen, sondern das Murmeltier oder
der Bilch, welche Tiere vom Volke wegen ihrer Ähnlichkeit
mit der Ratte — tatsächlich gehören sie zur selben Gattung
— R a t z e n genannt werden und wirklich einen Winterschlaf
halten, was die Ratte nicht tut. Zur deutschen Redensart
stimmen auch frz. *dormir comme une marmotte, dormir comme
un loir* sowie das ital. *dormire come una marmotta, come
un ghiro*.

Schließlich sei noch erwähnt, daß die Bezeichnung der
Milz im Franz., *la rate*, möglicherweise identisch ist mit dem
Feminium von *rat*. Es gehört allerdings eine üppige Phantasie
dazu, um dieses Organ unseres Körpers mit einer Ratte zu
vergleichen, allein die Bezeichnung der Milz im Span. mit
pajarilla „Vögelchen" sowie sonstige Anwendungen von Tiernamen auf Körperteile (z. B. lat. *musculus* „Mäuschen" und
„Muskel", span. *lagarto* „Eidechse" und „Armmuskel") sprechen
für diese Hypothese. (Vgl. Zauner, Die roman. Namen der
Körperteile, pag. 174 ff.).

Der Hase.

Weder die germanischen noch die romanischen Bezeichnungen dieses Tieres bieten irgendwelche etymologische
Schwierigkeiten. Das deutsche H a s e (ahd. *haso*) ist dasselbe
Wort wie das englische *hare* (altengl. *hara*). Bemerkenswert
ist nur der Rhotazismus (*s* zu *r*). In den romanischen Sprachen
lebt das lat. *lepus* fort: ital. *lepre*, span. *liebre*, frz. *lièvre*, daneben für Häsin *hase* vom deutschen „Hase". Andererseits ist
das frz. Wort ins Engl. eingedrungen, wo es als *leveret* „Häs-
chen" fortlebt.

Der Hase, der über ganz Europa verbreitet und wohl
das meistgejagte Wild ist, macht in der Sprache dem Fuchse

Konkurrenz. Zahlreich sind die Metaphern und metaphorischen
Redensarten, die die Sprache dem Hasen verdankt. Auf
seiner äußeren Erscheinung allerdings beruhen nur wenig
Metaphern. Besonders charakteristisch für den Hasen ist die
gespaltene Oberlippe, eine Eigenheit, die sich in ähnlicher
Weise auch bei manchem Menschen findet und für die im
Deutschen seit dem 14. Jahrhundert die Bezeichnung H a s e n -
s c h a r t e üblich ist, welches Wort sich auch im Altengl. findet
(*haeresceard*), während man im Neuengl. *hare-lip* „Hasenlippe"
dafür sagt. Ebenso gebraucht der Italiener dafür *labbro leprino*
oder auch *voglia della lepre* „Hasenmal", während der Franzose
bec de lièvre „Hasenschnabel" sagt. Auffallend sind beim
Hasen die langen Ohren. Wir begegnen ihnen in der
franz. Redensart *bailler le lièvre par l'oreille*, den Hasen beim
Ohre hinreichen. Da nun der Hase, wenn er bei den
Ohren gefaßt wird, leicht entschlüpft, bedeutet die Redensart
soviel als „jemd. foppen". In ähnlichem Sinne sagt man
bailler le chat par les pattes, die Katze bei den Pfoten hinreichen. (Vgl. Brinkmann, Metaphern, pag. 421 und Rozan,
Les animaux dans les proverbes, I, pag. 216). Der Ausdruck
lièvre cornu „gehörnter Hase" für „Chimäre, Hirngespinst" ist
der Fabel Lafontaines *„Les oreilles du lièvre"* entlehnt, wo von
einem Hasen die Rede ist, der sich einbildet, seine Ohren
seien Hörner. (Vgl. Rozan, Les animaux dans les proverbes,
I, pag. 216.)
    Eine Eigentümlichkeit des Hasen ist das Schlafen mit
offenen Augen, das durch das Fehlen der Nickhaut bedingt
wird, vom Volke aber mit dem scheuen, furchtsamen Charakter
des Tieres in Zusammenhang gebracht wird, daher im Ital.
dormire a occhi aperti come la lepre, mit offenen Augen schlafen
wie der Hase, soviel bedeutet als „stets auf der Hut sein".
Ebenso gebraucht der Franzose *dormir en lièvre*. Im Deutschen
bezeichnet man einen leisen Schlaf als H a s e n s c h l a f und
der Engländer nennt einen übertrieben vorsichtigen Menschen
hare-eyed „hasenäugig". Je älter der Hase, desto vorsichtiger
ist er. Daher sagt der Italiener von einem, der schlau um
eine Gefahr herumgeht: *Fa lepre vecchia*, er macht es wie der
alte Hase, womit sich im Deutschen die Redensart vergleichen
läßt: I c h b i n k e i n h e u r i g e r H a s e , d. h. mich kriegt

man nicht so leicht dran. Analog sagt der Franzose: *Je suis un vieux lapin*, ich bin ein altes Kaninchen. Was nun die sonstigen moralischen Eigenschaften des Hasen anlangt, so sind alle Kultursprachen darin einig, in ihm das Symbol der Feigheit zu sehen, eine Auffassung, die von der Naturgeschichte vollinhaltlich bestätigt wird. Schon die alten Römer gebrauchten *lepus* zur verächtlichen Bezeichnung eines feigen Menschen. Im Deutschen wird neben H a s e in demselben Sinne metonymisch H a s e n h e r z und H a s e n f u ß gebraucht. Zu dem deutschen „Hasenherz" stimmen frz. *cœur de lièvre* (vgl. *peureux comme un lièvre*, furchtsam wie ein Hase) sowie engl. *hare-hearted* „hasenherzig", während jedoch mit engl. *hare-foot* nicht eine furchtsame, sondern eine schnellfüßige Person bezeichnet wird. Ebenso wird im Span. *liebre* auf einen furchtsamen Menschen angewendet. Von einem solchen sagt man auch: *Ha comido una liebre*, er hat einen Hasen gegessen. Von origineller Komik ist die Redensart d a s H a s e n p a n i e r e r g r e i f e n, d. h. Reißaus nehmen. Mit dem „Hasenpanier" ist wohl das Schwänzchen gemeint, das der Hase beim Laufen in die Höhe reckt. Am bündigsten jedoch charakterisiert der Engländer das furchtsame Wesen des Hasen, indem er den Namen des Tieres als Verbum *(to hare)* im Sinne von „erschrecken" gebraucht.

Mit der großen Furchtsamkeit des Hasen hängt seine außerordentliche Schnellfüßigkeit zusammen. Sobald er die geringste Gefahr wittert, saust er davon. (Vgl. ital. *fuggire come una lepre*, fliehen wie ein Hase.) Daher, wie schon oben angeführt, im Engl. *hare-footed* „schnellfüßig" bedeutet. (Vgl. ital. *lesto come una lepre*, flink wie ein Hase). Hierauf beziehen sich auch die ital. Redensarten *invitar la lepre a correre*, den Hasen zum Laufen auffordern, d. h. jemd. zu etwas auffordern, was er gern tut, und *insegnare le lepri a correre*, die Hasen das Laufen lehren, d. h. jemd. etwas lehren wollen, worin er ohnehin ein Meister ist. (Vgl. *insegnare i pesci a nuotare*, die Fische das Schwimmen lehren.) Hierher zu ziehen ist ferner das deutsche Sprichwort: S c h u l d e n s i n d k e i n e H a s e n, d. h. sie laufen einem (leider) nicht davon, vom Standpunkt des Schuldners gesprochen. Hingegen heißt es im Franz. vom Standpunkt des Gläubigers aus: *c'est un*

somme à prendre sur le dos d'un lièvre, das ist eine Summe,
die vom Rücken eines Hasen herunterzunehmen ist, d. h. eine
Summe, die auf Nimmerwiedersehn dahin ist. Auf die Schnellfüßigkeit des Hasen bezieht sich auch die engl. Redensart *to
kiss the hare's foot*, des Hasen Fuß küssen, d. h. zu irgend
etwas zu spät kommen. Brewer (Dict. of Phrase and Fable,
pag. 387) erklärt die Redensart so: Der Hase ist davongelaufen
und hat gewissermaßen als Gruß seine Fußspur hinterlassen.
(Vgl. franz. *poser un lapin*, jemd. ein Kaninchen hinsetzen,
d. h. ihn bei einem Stelldichein aufsitzen lassen).

Der Hase ist — wenigstens in Mitteleuropa — das meist
gejagte Wild; kein Wunder daher, daß in allen Kultursprachen
die Hasenjagd eine große Anzahl von Redensarten geliefert
hat. Auf die stets bedrängte Existenz des Hasen, der keinen
Augenblick seines Lebens sicher ist, bezieht sich die franz.
Redensart *mener une vie de lièvre*, ein Hasenleben, d. h. ein
elendes, ruheloses Leben führen, wozu sich schon im Altgriechischen ein Analogon findet (λαγὼ βίον ζῆν). Ähnlich
sagt auch der Italiener *stare come la lepre*, wie der Hase immer
auf der Hut sein. Daß es bei der Hasenjagd auf Schnelligkeit ankommt, besagt die deutsche Redensart: Das ist ja
keine Hasenjagd, womit man andeuten will, daß etwas
nicht mit Hast zu geschehen brauche, sondern in aller Ge-
mütlichkeit und Ruhe vor sich gehen könne. Eine Anspielung
auf das überaus scheue, furchtsame Wesen des Hasen enthält
die deutsche Redensart standhalten wie der Hase bei
der Trommel, d. h. Reißaus nehmen. Ein Analogon bietet
das engl. Sprichwort: *Drumming is not the way to catch a hare*,
mit Trommeln fängt man keinen Hasen. So sagt auch der
Franzose von einem, der zur Erreichung seines Zweckes das
ungeeignetste Mittel wählt: *Il veut prendre le lièvre au son du
tambour.* (Vgl. hiermit das deutsche Sprichwort: Wenn das
geschieht, so wird der Hase mit der Trommel gefangen, d. h. das geschieht nie und nimmer). Daß der
Jäger — und aufs allgemeine angewendet — der Mensch
überhaupt konsequent sein soll, lehrt uns das deutsche Sprichwort: Wer zwei Hasen zugleich hetzt, fängt gar
keinen, das sich auch in den übrigen Kultursprachen findet.
Engl. lautet es: *Who that hunts two hares, oft looseth both*, ital.:

Chi due lepri caccia, una perde, e l'altra lascia, span.: *Él que dos liebres caza, á vezes toma la una y muchas vezes ninguna,* franz.: *Il ne faut pas courir deux lièvres à la fois.* Von zwei Personen, die denselben Posten anstreben oder überhaupt dasselbe Ziel verfolgen, sagt der Franzose: *Ils courent le même lièvre,* sie jagen denselben Hasen, wie zwei Jäger, die sich gegenseitig Konkurrenz machen. Wer so naiv ist, daß er glaubt, er könne den Hasen mit den Händen fangen, dem wird es schlecht ergehen. In dem Augenblicke, wo er den Hasen zu haschen glaubt, wird er mit leeren Händen in den Kot fallen. Daher im Span. *coger una liebre,* einen Hasen fangen, geradezu für „hinfallen" gebraucht wird. Von der Hasenjagd hergenommen ist auch die span. Redensart *levantar la liebre,* den Hasen auftreiben, d. h. eine Sache zuerst aufs Tapet bringen. Genau so im Franz. *lever le lièvre.* Dementsprechend heißt dann im Span. *seguir la liebre* „eine Sache verfolgen". Den Erfahrungssatz, daß den Lohn für eine Mühe nicht immer derjenige einheimst, der ihn verdient, versinnbildlicht der Italiener durch das Sprichwort: *Uno leva la lepre, e un altro la piglia,* der eine treibt den Hasen auf und der andere fängt ihn. Ähnlich sagt der Spanier: *Uno levanta la liebre, y otro la mata.* (Vgl. das deutsche Sprichwort: Der eine klopft auf den Busch, der andere fängt den Vogel).

Auf die Überraschungen der Hasenjagd spielt an das engl. Sprichwort: *The hare starts, when a man least expects it,* der Hase springt auf, wenn man es am wenigsten erwartet. Dieses Sprichwort, das dem deutschen „Unverhofft kommt oft" entspricht, findet sich auch im Ital.: *Di dove meno si pensa, si leva la lepre* und im Span.: *Donde menos se piensa, salta la liebre.* Von jemand, der sich in einer Sache nicht auskennt, sagt man: Er weiß nicht, wo der Hase liegt, wie der unerfahrene Jäger, der nicht weiß, wo der Hase sein Lager hat. Eine ähnliche Redensart ist: Da liegt der Hase im Pfeffer, d. h. da steckt die Schwierigkeit, das, worauf es ankommt. Analog heißt es ital.: *Vediamo, dove giace la lepre,* franz.: *C'est là que gît le lièvre.* Die romanischen Redensarten sind ohne weiteres verständlich, im Deutschen bedarf nur der Ausdruck „Pfeffer" einer Erklärung. Das Wort ist hier nicht in seiner gewöhnlichen Bedeutung zu verstehen

sondern in der übertragenen von „gepfefferter Brühe". „Pfeffer"
wird eben metonymisch für „Pfefferbrühe" gesetzt. Es ist
dies eine heiße, gewürzte Brühe, mit der der Hase häufig
zubereitet wird. (Vgl. Schrader, Bilderschmuck d. d. Sprache,.
pag. 207 ff.). Auf das Lager des Hasen bezieht sich ferner
das deutsche Sprichwort: Wo der Has gesetzt ist,
will er bleiben, d. h. jeder bleibt gern in seiner Heimat.
Einen ähnlichen Gedanken drückt das analoge franz. Sprichwort aus: *Le lièvre revient toujours à son gîte,* der Hase kommt
immer wieder in sein Lager zurück. Treffend sagt der
Franzose von einem Gläubiger, der seinen Schuldner in dessen
Behausung überrascht: *Il a trouvé le lièvre au gîte,* er hat den
Hasen im Lager gefunden. (Vgl. Rozan, Les animaux dans
les proverbes, I, pag. 210).

Zur Hasenjagd wird der Hund verwendet. Auf diese Tat-
sache bezieht sich das deutsche, keiner Erklärung bedürftige
Sprichwort: Viele Hunde sind des Hasen Tod, das sich
auch im Lat. findet: *Multitudo canum mors leporis.* (Vgl. ital.:
Come poteva scampare una lepre da tanti cani? wie konnte ein
Hase so vielen Hunden entkommen?). Dem deutschen Sprich-
wort „Wer zuerst kommt, mahlt zuerst" entspricht im Engl.:
The foremost dog catches the hare, der vorderste Hund fängt
den Hasen. Von einem verräterischen oder doppelzüngigen
Menschen sagt der Engländer: *He holds with the hare and runs
with the hounds,* er hält mit dem Hasen und läuft mit den
Hunden.

Wenn der Italiener sagt: *Ci sono più cani che lepri,* so
meint er damit, es seien mehr Bewerber als freie Stellen vorhanden. Zwar nicht salonfähig, aber nichtsdestoweniger
treffend ist das ital. Sprichwort: *Mentre il cane piscia,
la lepre se ne va,* während der Hund pißt, geht der Hase
davon, d. h. wer an sein Ziel gelangen will, darf sich
durch nichts von dessen Verfolgung abbringen lassen. Von
der Angriffsweise des Hundes dem Hasen gegenüber hergenommen ist die franz. Redensart *prendre le lièvre au corps,*
den Hasen am Leibe packen, d. h. ohne Umschweife, gerades-
wegs auf sein Ziel losgehen. (Vgl. deutsch: den Stier bei den
Hörnern packen.) Auf die Hasenjagd bezieht sich schließlich
auch die franz. Bezeichnung *gentilhomme à lièvre* „Hasenjunker".

So nannte man früher in Frankreich einen armen Edelmann, der zum Leben auf die Erträgnisse der Hasenjagd angewiesen war. (Vgl. deutsch „Krautjunker").

Der Hase ist namentlich in jüngeren Jahren ein äußerst possierliches Tier und entbehrt selbst einer gewissen Grazie nicht, was die Verwendung von lat. *lepus* als Liebkosung (bei Plautus) erklärlich macht. Da aber possenhaftes Wesen sehr häufig in Narrheit ausartet, so erscheint der Hase häufig als Symbol des Narren, namentlich in den germanischen Sprachen. Im Deutschen wird das Wort gern auf Personen angewendet, die irgend ein Steckenpferd haben, so in den Ausdrücken l a t e i n i s c h e r H a s e, B ü c h e r h a s e. Ein verliebter Mensch, der sich albern benimmt, wird gern e i n v e r l i e b t e r H a s e genannt. (Vgl. bei Shakespeare: *melancholy as a hare*, trübsinnig wie ein Hase). Sogar Weiterbildungen sind im Deutschen zu verzeichnen: h a s e l i e r e n (bei Wieland und Schiller) im Sinne von „Possen treiben", sowie H a s e l a n t, das neben „Narr" auch die Bedeutung „Prahlhans" haben kann. Eine analoge Auffassung vom Wesen des Hasen finden wir im Englischen. In *hare-mad* oder *mad as a March hare*, verrückt wie ein Märzhase, erscheint *hare* als Verstärkung von *mad*. (Im März ist die Rammelzeit der Hasen). Demgemäß heißt im Engl. *to make a hare of somebody*, einen Hasen aus jemd. machen, soviel als „ihn zum Besten haben", womit man die in demselben Sinne gebrauchte deutsche Redensart vergleichen mag: jemd. m i t H a s e n s c h w ä n z e n b e h ä n g e n. Daß dem Hasen ein schwaches Gedächtnis zugeschrieben wird, ist bei der von seinem Wesen obwaltenden Auffassung nur natürlich. So sagt man im Deutschen von einem Menschen mit schwachem Erinnerungsvermögen: E r h a t e i n G e - d ä c h t n i s w i e e i n H a s e. Analog spricht man im Franz. von *cervelle* oder *mémoire de lièvre*. (Ansprechend erklärt Rolland, Faune pop., I pag. 85, 21 diese Metapher). Auf das schwache Gedächtnis des Hasen spielt an das ital. Sprichwort: *Quando la lepre ha passato il poggiuolo, non si ricorda più del figliuolo*, wenn der Hase über den Hügel ist, erinnert er sich nicht mehr an den Sohn, welches Sprichwort gebraucht wird im Sinne unseres deutschen „Aus den Augen, aus dem Sinn". Im Engl. bezeichnet man jedoch mit *hare-brain*

6*

weniger einen vergeßlichen als einen flüchtigen, unbesonnenen
Menschen. (Vgl. deutsch Hasenkopf.)

Schließlich sei noch der norddeutschen Ausdrücke Böhnhase und Sandhase gedacht. Böhnhase, soviel als „Boden-
hase", bezeichnete zunächst die Katze (häufiger Dachhase),
dann den unzünftigen Handwerker (namentlich Schneider), wohl
deshalb, weil dieser, um sein unerlaubtes Gewerbe auszuüben,
sehr häufig wie ein gejagter Hase auf den Dachboden (Böhn)
flüchten mußte. Da die Leistungen dieser unzünftigen Handwerker meistens minderwertig waren, so hat das Wort die
Bedeutung von „Stümper, Pfuscher" angenommen. Sandhase
ist zunächst dem Wortsinne nach ein in sandiger Gegend
lebender Hase, dann wird das Wort aber auch metaphorisch
als *terminus* des Kegelspiels gebraucht und bedeutet eine im
Sande verlaufende Kegelkugel. In der deutschen Soldatensprache bezeichnet Sandhase einen Infanteristen, wozu das
im österreichischen Kasernenargot als Spitzname der Feld-
artilleristen übliche Feldhase ein Analogon bietet.

Das Kaninchen.

Die romanischen Bezeichnungen für „Kaninchen" gehen
größtenteils auf lat. *cuniculus* zurück: ital. *coniglio*, span. *conejo*,
altfrz. *connil, connin*, wovon engl. *cony*. Auch unser deutsches
Kaninchen, das Diminutiv von *kanine*, ist auf dem Umwege über das Niederländische aus dem Franz. entlehnt und
war ursprünglich nur im Niederdeutschen üblich, wo neben
Kaninchen volkstümlich Karnickel gebraucht wird. In den
oberdeutschen Dialekten sind noch jetzt Formen üblich, die auf
mhd. küniklîn aus lat. *cuniculus* zurückgehen: elsässisch *küngel*,
österreichisch verdeutlichend *Kiniglhas*, woraus durch Volksetymologie Königshase wurde.*) In neufrz. *lapin, lapereau*
steckt germanisch *lappa* „der Lappen". Das Wort bedeutet
demnach „das kleine Tier mit den Lappenohren". Im Engl.

*) Hehn - Schrader (Kulturpflanzen und Haustiere, Anmerkungen,
pag. 607) macht auf die slavischen Analoga — russisch *korolek, krolik*,
poln. *krolik*, d. h. „kleiner König" aufmerksam. Wahrscheinlich liegt hier
eine direkte Übersetzung der entsprechenden deutschen Bezeichnung vor.

wird neben *cony* häufig *rabbit* gebraucht, dessen Etymologie noch nicht sichergestellt ist. In dem neben *conejo* gebrauchten span. *gazapo* vermutet man das griech. δασύπους „der rauchfüßige Hase".

Die nahe Verwandtschaft des Kaninchens mit dem Hasen macht es ˙erklärlich, daß die beiden Tiernamen zum großen Teil dieselbe metaphorische Verwendung erfahren. Auch wird in verschiedenen deutschen Dialekten, denen das Wort „Kaninchen" fremd ist, dasselbe durch „Hase" ersetzt. So heißt das Kaninchen im westl. Mitteldeutschland und in Schwaben **S t a l l h a s e**, in Oberhessen **G r e i n h a s e** oder auch schlechtweg **H a s e**, im Erzgebirge **K u h h a s e** und in der Schweiz **K ü l l h a s e**.

Von den physischen Merkmalen des Kaninchens werden die langen Ohren im Engl. metaphorisch verwendet, indem nämlich *rabbit-eared* „langohrig" bedeutet, während der Franzose in familiärer Rede den zugestutzten Backenbart (*côtelettes*) nicht unpassend mit Kaninchenpfoten (*pattes de lapin*) vergleicht. Mit Bezug auf das eigentümliche Spiel der Oberlippenmuskulatur, das man beim Kaninchen beobachten kann, nennt der Spanier ein erzwungenes Lachen *la risa del conejo,* das Lachen des Kaninchens (vgl. franz. *rire jaune*).

Eine moralische Eigenschaft, die das Kaninchen mit seinem Vetter, dem Hasen, teilt, ist seine große Furchtsamkeit, daher im Ital. *aver il cuor di coniglio*, ein Kaninchenherz haben, ferner *aver i conigli in corpo*, die Kaninchen im Leibe haben oder auch *aver mangiato carne di coniglio*, Kaninchenfleisch gegessen haben, soviel bedeutet als „furchtsam sein". Mit letzterer Redensart läßt sich vergleichen die oben zitierte span. Wendung *comer una liebre.* (Nach einem mittelalterlichen Aberglauben bekam der Mensch die Eigenschaften der Tiere, deren Fleisch er aß.) Beiläufig sei hier erwähnt, daß *Welsh rabbit* „welsches Kaninchen", womit man im Engl. ein aus Wales stammendes Gericht, nämlich eine mit in Bier aufgeweichtem Käse übergossene, heiße geröstete Brotschnitte bezeichnet, möglicherweise nichts mit dem Kaninchen zu tun hat, sondern eine Verballhornung von *rare bit* „seltener (oder auch: halbroher) Bissen" ist.*) Im Span. ist von *conejo* das Verbum *conejear* abgeleitet,

---

*) Das Kaninchen wird geschlachtet, indem man ihm einen heftigen Schlag auf den Hinterkopf versetzt (*le coup du lapin*); daher heißt *recevoir*

das „die Gefahr fliehen" bedeutet. Auch im Altfranz. gibt es ein
von *connil* abgeleitetes *coniller* in derselben Bedeutung. (Vgl.
neufrz. *décaniller* „auskneifen"). Übrigens erscheinen Hase und
Kaninchen in der ital. Redensart *andar dal coniglio alla lepre*,
vom Hasen zum Kaninchen gehen, d. h. zwischen zwei furchtsamen Personen verhandeln, als Symbole derselben Eigenschaft.
Auch im Franz. sagt man ironisch von einem furchtsamen
Menschen: *Il est brave comme un lapin*, er ist mutig wie ein
Kaninchen.*) Dazu steht im merkwürdigen Gegensatz *un rude
lapin* „ein handfester Kerl". Allerdings bezieht sich dieser
Ausdruck mehr auf körperliche Stärke, schließt aber die
moralische Tüchtigkeit, d. h. in diesem Falle den Mut,
nicht ganz aus. Und so ganz unrecht hat der Franzose mit
dieser Auffassung nicht. Die Kaninchen sind eben nur dem
Menschen und den sie verfolgenden Tieren gegenüber furchtsam; untereinander bekämpfen sie sich manchmal aufs hart-
näckigste, ja sie gehen zuweilen sogar gegen größere Tiere
aggressiv vor (siehe die Beispiele bei Brehm). Eine solche
Zwiespältigkeit der Anschauung finden wir auch bei der
Krähe (siehe bei „Krähe" pag. 145). Wie sehr sich übrigens die
Sprachen in der Auffassung vom Wesen des Kaninchens einander
widersprechen, zeigen das Engl. und Span. Während nämlich
im Engl. *cony* auf einen albernen oder törichten Menschen
angewendet werden kann, gebraucht der Spanier im direkten
Gegensatz dazu *gazapo* im Sinne von „Schlaukopf". Mit dem
Hasen hat das Kaninchen ferner die Schnellfüßigkeit gemein,
weswegen man im Franz. von einem rasch Laufenden sagt:
Il court comme un lapin, er läuft wie ein Kaninchen. Auch
die Neigung zu Kapriolen teilt es mit seinem Vetter, daher
im Franz. *saut de lapin* „Kaninchensprung" im Sinne von
„Purzelbaum" gebraucht und in der engl. Sportsprache ein

---

le coup du lapin, den Kaninchenschlag bekommen, „altern infolge plötzlichen Kräfteverlustes".

*) Nach Rozan (Les animaux dans les proverbes, I, pag. 221) bedeutet
brave comme un lapin auch: herausgeputzt (*habillé de neuf*) wie ein Kaninchen. Es hat sich also in dieser Metapher *brave* in der älteren Bedeutung
„schön, prächtig", die *bravo* jetzt noch im Span. haben kann, erhalten.
Auch *propre comme un lapin*, sauber wie ein Kaninchen, sagt man im
Franz. Beide Metaphern sind hergenommen von der Gewohnheit des
Kaninchens, sich zu lecken und zu putzen.

unzuverlässiges Pferd mit *rabbit* bezeichnet wird. Scherzweise nennt der Franzose die Katze *lapin de gouttière* (*gouttière* = Dachrinne), während wir dafür „Dachhase" sagen. Schließlich schreibt der Franzose dem Kaninchen ebenso wie dem Hasen ein schwaches Gedächtnis zu (*avoir une mémoire de lapin*), weshalb ehemals in Frankreich der Genuß des Kaninchenfleisches beim Volke als gedächtnisschwächend galt.

Indessen spielt das Kaninchen auch eine selbständigere Rolle in der Sprache, indem es als Vertreter von Eigenschaften erscheint, die die Sprache, sei es mit Recht oder Unrecht, nur ihm und nicht dem Hasen zuschreibt. Vor allem ist hervorzuheben die große Fruchtbarkeit des Tieres, weshalb man im Span. von einer kinderreichen Mutter sagt: *Es una coneja* und im Franz.: *C'est une vraie lapine.* Wenn man jedoch im Deutschen von k a n i n c h e n h a f t e r F r u c h t b a r k e i t spricht, so meint man damit meistens geistige Produktivität. Der Fruchtbarkeit des Weibchens entspricht beim Männchen die hervorragende erotische Leistungsfähigkeit. Hierauf bezieht sich im Deutschen die Redensart h u r e n w i e e i n K a r n i c k e l, wozu sich in franz. *chaud comme un lapin*, hitzig wie ein Kaninchen, ein Analogon findet. (Vgl. im Span. *conejo*, wohl angelehnt an *coño „cunnus"*, als vulgäre Benennung des weiblichen Geschlechtsteiles sowie im engl. Cant *rabbit-pie* „Kaninchenpastete" als Bezeichnung einer Prostituierten). In seiner Lebensweise unterscheidet sich das Kaninchen vom Hasen wesentlich dadurch, daß es in selbstgegrabenen, unterirdischen Gängen lebt, weshalb bereits im Lat. ein unterirdischer Gang mit *cuniculus* bezeichnet wird, ein interessantes Beispiel von Metonymie (Ursache für Wirkung). Analog bedeutet auch im Span. *conejera* „Spelunke" und metonymisch „Gesindel". (Raum gesetzt für die Bewohner desselben; vgl. deutsch „Frauenzimmer", „Bursche".) Ähnliche Bedeutung haben auch *gazapón, gazapera, gazapina.* Ersteres wird namentlich in dem speziellen Sinne von „Spielhöhle" angewendet. Von *gazapo* ist übrigens auch ein Verbum gebildet: *gazapear* „herumhuschen nach Art der Kaninchen".

Dem Franz. und Span. eigentümlich ist der Gebrauch von *lapin*, bzw. *gazapo* in der Bedeutung „Fopperei, Aufschneiderei Lüge". Sehr gebräuchlich ist in der franz. Umgangsspr

die Redensart *poser un lapin à qn.*, jemd. ein Kaninchen hinsetzen, was namentlich angewendet wird auf einen, der zu
einem Stelldichein nicht erscheint. Die Redensart ist leicht
zu erklären. Das Kaninchen, das ich jemd. irgendwo hinsetze,
wird selbstverständlich nicht geduldig warten, sondern davon-
laufen. (Analog sagt der Italiener, wenn er fürchtet, daß
jemand nicht wartet: *Aspettasse tanto la lepre*, möchte doch der
Hase (solange) warten.) Es wird daher im Franz. *lapin* überhaupt gern angewendet, wo es sich um eine Fopperei oder
Prellerei handelt. (Derartige Redensarten aus dem Pariser
Argot findet man zusammengestellt bei Sachs, Zusammenhang
von Mensch und Tier, Neuphil. Zentralbl. 1904, pag. 69).
Auch span. *gazapo* kann die Bedeutung von „Lüge, Betrug" annehmen. Hauptsächlich wird das fem. *gazapa* in
diesem Sinne gebraucht. Hierher scheint engl. *to buy the
rabbit*, das Kaninchen kaufen, d. h. bei einem Kaufe über-
vorteilt werden, zu gehören, in Wirklichkeit aber ist die
Redensart wohl elliptisch aufzufassen und hieße vollständig
to buy the rabbit in the sack, das Kaninchen im Sack, d. h.
unbesehen kaufen, wobei man natürlich sehr leicht betrogen
werden kann. Man mag dabei auch an das deutsche „die
Katz' im Sack kaufen" denken, um so mehr als nach einigen
Auslegern die Redensart so gemeint ist, daß die Katze für
einen Hasen gekauft wird.

Nicht in diese Gruppe ist dagegen zu rechnen *aller (monter)
en lapin*, blind mitfahren. *Lapin* war früher eine verächtliche
Bezeichnung für einen Bedienten (der Bediente wird wie ein
Kaninchen im Hause gehalten), so daß die Redensart ursprünglich bedeutet: als Bedienter, d. h. neben dem Kutscher,
mitfahren. (Vgl. Rozan, Les animaux dans les proverbes, I,
pag. 223.)

Der Elefant.

Der Name dieses Tieres, der in allen Kultursprachen der-
selbe ist, ist griechischen Ursprungs (ἐλεφαντ-). Durch das
Lateinische wurde er den romanischen und germanischen
Sprachen vermittelt: Ital., span. *elefante*, frz. *éléphant*, deutsch
Elefant, engl. *elephant*. Kulturhistorisch interessant ist es,

daß in gemeingermanischer Zeit mit dem Worte „Elefant" —
got. *ulbandus*, altengl. *olfend*, ahd. *olbenta*, mhd. *olbent* — das
Kamel bezeichnet wurde, eine höchst merkwürdige Ver-
wechselung zweier ganz verschiedener Tiere, die nur in der
exotischen Herkunft beider und in ihrer daraus resultierenden
Seltenheit ihren Grund hat. Im Mhd. wurde der Elefant auch
häufig *helfant, helfentier* genannt mit offenbarer Anspielung an
h e l f e n. Andresen (Über deutsche Volksetymologie 5. Aufl.,
pag. 84 f.) sieht darin eine Anspielung entweder an den tat-
sächlichen Nutzen dieses Tieres oder an die Heilkräfte, die dem
Elfenbein im Mittelalter zugeschrieben wurden. Im Ital. existiert neben *elefante* heute noch eine volkstümliche Form *liofante*. Von altfrz. *olifant* und deutsch E l f e n b e i n wird weiter
unten die Rede sein. (Vgl. Seiler, Die Entwicklung der deutschen Kultur im Spiegel des deutschen Lehnworts, II, pag. 66 ff.)

In Anbetracht der Körperfülle und ungeschlachten Gestalt
des Elefanten ist es nicht zu verwundern, daß dieses Tier in
den meisten Kultursprachen als Symbol der Plumpheit erscheint, namentlich wenn dieselbe mit Körpergröße verbunden
ist. So wird „Elefant" im Deutschen, Franz., Ital. von großen
und schwerfälligen Personen gebraucht, im Deutschen mit vor-
zugsweiser Einschränkung auf weibliche Wesen. Hierher zu
ziehen ist auch das engl. Adjektiv *elephantine*, das „riesenhaft,
unbeholfen" bedeutet. Im Deutschen kann das Wort auch auf
einzelne Körperteile angewendet werden, indem man z. B.
dicke Beine als E l e f a n t e n b e i n e bezeichnet.*) Der Pariser
nennt im Argot nach unten weiter werdende Beinkleider
pantalon patte d'éléfant „Elefantenpfotenhosen". Mit Bezug auf
die zwei mächtigen Stoßzähne des Elefanten bezeichnet der
Italiener große Zähne als *denti d'elefante* „Elefantenzähne".
Im Engl. wird der Doppelzwirn, also ein dicker und starker
Zwirn, *elephant thread* „Elephantenzwirn" genannt. Als
Symbol der Größe, wobei die Nebenvorstellung der Plumpheit in den Hintergrund tritt, erscheint der Elefant in dem
Sprichwort a u s e i n e r M ü c k e e i n e n E l e f a n t e n m a c h e n,
d. h. eine unbedeutende Sache als sehr wichtig darstellen. In

---

*) *Elephantiasis* ist der medizinische Terminus für eine Krankheit,
bei der die Beine stark anschwellen.

den übrigen Kultursprachen findet sich das Sprichwort auch,
nur mit dem Unterschied, daß anstatt der Mücke im Engl.,
Ital., Franz. die Fliege, im Span. der Floh als Sinnbild der
Kleinheit dem Elefanten gegenübergestellt wird. (Engl.: *to
change a fly into an elephant*, ital.: *far d'una mosca un elefante*,
span.: *hacer de una pulga un elefante*, frz.: *faire d'une mouche
un éléfant*). Der Elefant erscheint übrigens in der deutschen
Redensart bei einem Liebespaar den Elefanten
spielen auch als Symbol geistiger Schwerfälligkeit, indem —
in diesem Falle allerdings mit Unrecht — von der physischen
Plumpheit auf die geistige geschlossen wird. Obige Redensart
wird angewendet auf einen Galan, auf den man — ohne daß
er von dem Manöver etwas merkt — des Ehemanns Eifersucht
lenkt, wenn ein anderer der Frau des letzteren den Hof
macht. Mit Abschwächung und gleichzeitiger Verschiebung
der ursprünglichen Bedeutung gebraucht man diese Redensart
mit Bezug auf die Anstandsperson, meist weiblichen Geschlechts,
die ein Brautpaar auf seinen Spaziergängen begleitet.

Da der Elefant ein exotisches Tier ist und daher sein
Erscheinen bei uns — namentlich in den unteren Volksschichten — ein gewisses Aufsehen erregt, so ist dieses Tier,
ähnlich wie der Löwe, im Engl. zum Sinnbild des Seltsamen,
Merkwürdigen geworden. Es heißt deshalb *to see (to show) the*
elephant die Merkwürdigkeiten — besonders die unrühmlichen
— einer Stadt sehen, bzw. zeigen. Auch bezeichnet man mit
elephant einen unbequemen Besitz, dessen man sich gern ent-
ledigen möchte. So bedeutet z. B. der Satz: *He found his*
great house very much like a white elephant, es kam ihm sein
Haus wie ein weißer Elefant vor, „sein Haus wurde ihm
lästig". (Vgl. Muret, Wörterbuch der engl. u. deutschen Sp.,
pag. 786). Ist ein Elefant schon an und für sich wegen
seiner Größe und Schwerfälligkeit kein bequemer Besitz, so
müßte ein weißer Elefant doppelt lästig sein, da er durch
seine ungewohnte Farbe allgemeines Aufsehen erregen würde.
Als exotisches und infolgedessen seltenes Tier erscheint der
Elefant auch in der engl. Redensart *to have seen the elephant*,
den Elefanten gesehen haben (in der Urheimat nämlich), d. h.
gerieben sein. Gerieben aber wird nur der sein, der viel
Lebenserfahrung besitzt und sich fleißig in der Welt herum-

getummelt hat. Ein solcher mag auch in Länder gekommen sein, wo der Elefant zu Hause ist. Diese Redensart wird ironisch auf ein Mädchen angewendet, für das die
Freuden der Liebe kein Geheimnis mehr sind. (Vgl. franz.
in derselben Bedeutung *avoir vu le loup*, den Wolf gesehen
haben).

Semasiologisch interessant ist das altfrz. *olifant*, ein Wort,
das im franz. Rolandsliede als Bezeichnung von Rolands Horn
oft aufstößt. Das Wort ist nämlich wie das ital. *liofante* eine
volkstümliche Benennung des Elefanten. Wie kommt es aber
zur Bedeutung „Horn"? Wir haben es hier mit einer doppelten
Metonymie zu tun. Zunächst nahm *olifant* die Bedeutung
„Elfenbein" an. (Der Erzeuger für das Erzeugnis gesetzt.)
Der folgende Bedeutungswandel erweist sich ebenfalls als
Metonymie, indem die Materie zur Benennung des Gegen-
standes dient, aus der er gefertigt ist. Infolge Erweiterung
des Bedeutungsumfangs schließlich wurde jedes Horn mit
olifant bezeichnet. Analog ist im älteren Ital. *elefante* in der
Bedeutung „Elfenbein" belegt, wie auch das engl. Adjektiv
elephantine „elfenbeinern" bedeuten kann. Auch das deutsche
E l f e n b e i n ist nichts anderes als „Elefantenbein".

Das Kamel.

Wie die Namen der meisten exotischen Tiere, so ist auch
der des Kamels griechischen Ursprungs (κάμηλος). Auf dem
Umwege über das Lat. (*camelus* und *camellus*) ist es in die
romanischen Sprachen übergegangen: ital. *cammello*, span.
camello, frz. *chameau*. Das deutsche K a m e l geht gleichfalls
direkt auf lat. *camelus* zurück, während engl. *camel* Entlehnung
aus dem Altfranz. ist. Im Mhd. war als Bezeichnung für das
Tier *Kemel* und daneben verdeutlichend *Kemeltier* üblich. *Kemel*
ist nach Baist dem arab. *gemel* nachgebildet und fand zur Zeit
der Kreuzzüge in Deutschland Eingang. (Vgl. Seiler, die
Entwicklung der deutschen Kultur im Spiegel des deutschen
Lehnworts, II, pag. 138 ff.).

Obgleich das Kamel in Europa nicht heimisch ist, so hat
es doch auf die Phantasie der abendländischen Völker einen

sehr nachhaltigen Eindruck ausgeübt, wofür etliche Metaphern und metaphorische Redensarten in den modernen Kultursprachen den deutlichsten Beweis liefern.

Was zunächst die äußere Erscheinung des Tieres anlangt, so kann man sagen, daß sie allen Regeln der Ästhetik Hohn spricht und sehr wohl als Typus der Häßlichkeit gelten kann, weswegen der Franzose ein häßliches Frauenzimmer gern *chameau* nennt. Desgleichen kann das Wort auf ein gemeines Weib angewendet werden, wobei die Häßlichkeit auf das moralische Gebiet übertragen erscheint.

Neben dem Eindruck der Häßlichkeit macht aber das Kamel auch den einer tiefen Traurigkeit, gleichsam als wäre es sich seines unschönen Äußeren bewußt. Hierauf bezieht sich der engl. Slangausdruck *the camel's complaint* „die Kamels-krankheit" eine scherzhafte Bezeichnung der Melancholie. Was an der Gestalt des Kamels besonders auffällt, ist sein Höcker, daher im Engl. *camel-backed* (*back* = Rücken) „bucklig" heißt. (Vgl. ital. *gobbo come un cammello*, bucklig wie ein Kamel). Hierher zu ziehen ist ferner span. *camellón*, womit in der Gärtnerei der Erdrücken bezeichnet wird, der zwei Garten-beete voneinander scheidet. Auch der Erdrücken, der beim Pflügen zwischen zwei Furchen entsteht, wird so ge-nannt. Von der Katze, die einen Buckel macht, sagt man in gewissen Gegenden Italiens: *Fa il cammello*, sie macht das Kamel. (Vgl. Zell, Streifzüge durch die Tierwelt, pag. 55 f.) Auf eine andere physische Eigentümlichkeit des Kamels, die Schwielen an den Knieen, spielt engl. *camel-kneed* an. Daß das Kamel als Symbol der Größe der Mücke gegenübergestellt wird, wird bei der Erklärung der auf letzteres Tier bezüg-lichen Metaphern gezeigt werden.

Was die psychischen Eigenschaften des Kamels betrifft, so weiß die Sprache darüber gleichfalls nichts Gutes zu berichten, wobei sie sich mit der Naturgeschichte im vollen Einklang be-findet. Störrisches Wesen und Mangel an Intelligenz sind die beiden Hauptuntugenden des Kamels. Auf ersteres bezieht sich das engl. Adjektiv *camelish*, das „eigensinnig" bedeutet, sowie der ital. Vergleich *fare come il cammello che più del suo peso non vuol portare*, es wie das Kamel machen, das nicht mehr als seine gewohnte Last tragen will, während im Deutschen das Kamel als beschimpfende Bezeichnung für minder intelligente Individuen dem Esel und dem Schaf erfolgreiche Konkurrenz macht. Der Gebrauch von „Kamel" im letzteren Sinne entstammt der Studentensprache, in der das Wort ursprünglich auf einen Studenten angewendet wurde, der keiner Verbindung angehörte, was für das stark ausgeprägte Selbstbewußtsein der Verbindungsstudenten besonders charakteristisch ist. Indem man dann von dem Mangel an Intelligenz auf Engherzigkeit in moralischer Beziehung schloß, bekam das Wort — immer noch innerhalb der Studentensprache — die Bedeutung „philisterhafter Mensch".

Auf die Verwendung des Kamels als Lasttier bezieht sich das engl. Sprichwort: *A feather will break a camel's back*, eine Feder bricht manchmal den Rücken eines Kamels, wofür man im Deutschen sagt: Ein Tropfen bringts zuletzt zum Überfließen.

Nach dem Kamel sind schließlich noch andere Tiere benannt, die mit ihm größere oder geringere Ähnlichkeit haben. So heißt die Giraffe, bei der Beine und Hals an das Kamel erinnern, deutsch auch K a m e l p a r d e r , engl. *camelopard*, ital. *cammelopardo*, span. *camelopardal*, franz. *caméléopard*, (wissenschaftl.: *camelopardalis giraffa*). Die Bezeichnung „Parder" bezieht sich auf die Zeichnung des Felles, das wie beim Leopard scheckig ist. Auch der Strauß wird im Engl. wegen seines langen Halses *camel-bird* „Kamelvogel" genannt, was der wissenschaftlichen Bezeichnung *struthio camelus* entspricht.

Der Vogel im allgemeinen.

Deutsch V o g e l , ein spezifisch germanisches Wort, beruht auf mhd. *vogel*, ahd. *fogal*. Die altengl. Entsprechung lautet *fugal*, woraus über mittelengl. *foul* sich neuengl. *foul* entwickelt hat, das infolge Bedeutungsverengung jedoch nur auf Hühner angewendet wird. Das gebräuchliche Wort für „Vogel" ist im Engl. *bird*, das durch Metathese aus alt- bzw. mittelengl. *brid* entstanden ist, welches Wort jedoch nur den jungen Vogel bezeichnete. (Man vgl. hiermit ital. *uccello*, franz. *oiseau* aus lat. *avicellus* „Vögelchen".) Möglicherweise hängt *brid* zusammen mit *breed* „brüten" und *brood* „Brut".

Was die romanischen Ausdrücke für „Vogel" betrifft, so hat sich lat. *avis* „Vogel" nur in span.-port. *ave* und in sard. *ae* erhalten. Ital. *uccello* und franz. *oiseau* (altfrz. *oisel*) gehen auf das Diminutiv von *avis*, *avicellus*, zurück. Jedoch hat auch span. *ave* die Konkurrenz von *pájaro* zu befürchten. Dieses Wort, das aus lat. *passer* hervorgegangen ist und demgemäß ursprünglich „Sperling" bedeutet, hat infolge Begriffsverallgemeinerung — der Sperling ist der häufigste Vogel — die Bedeutung von „Vogel" angenommen. (Siehe bei „Sperling".) Umgekehrt wird sehr häufig „Vogel" durch Bedeutungsverengung auf bestimmte Vögel angewendet. So ist in den romanischen Sprachen die Gans eigentlich das „Vögelchen", indem ital., span. *oca*, frz. *oie* auf lat. *avica*, Dim. von *avis* „Vogel", zurückgehen. Ein Analogon hierzu finden wir im Deutsch des 16. Jahrhunderts, wo der Enterich kurzweg als „der Vogel" bezeichnet wurde. Im Mittelalter, wo die Falkenjagd die alltägliche Belustigung der Vornehmen war, war der Falke der Vogel κατ' ἐξοχήν. Überreste von diesem Gebrauche haben sich in der modernen Sprache erhalten. So ist z. B. der bekannte Spruch **Friß, Vogel, oder stirb** von der Abrichtung des Falken hergenommen. Daß der Falke mit Fleisch gefüttert wurde, erhellt aus der franz. Redensart *ce n'est pas viande pour vos oiseaux*, das ist kein Fleisch für eure Vögel, d. h. das ist zu teuer für eure Mittel oder wohl auch: das geht über eure Fassungskraft. Ebenso ist in der Redensart *être battu de l'oiseau*, vom Vogel geschlagen werden, d. h. den Mut verlieren, mit *oiseau* der Falke gemeint, der seinem Opfer mit Schnabel- und Flügelhieben zusetzt. (Vgl. Rozan, Les animaux dans les proverbes, II, pag. 33.) Denselben Ursprung hat das franz. Sprichwort: *Le bon oiseau se fait de lui-même*, der gute Vogel, d. h. das Talent, bildet sich von selbst. Daß mit „*oiseau*" hier der Falke gemeint ist, erhellt ganz deutlich aus dem engl. Analogon: *The gentle hawk makes itself*, der edle Falke bildet sich selbst. Ebenso bedeutet *oiseler* im älteren Franz. „mit dem Falken jagen". Schließlich wird im Patois von Limousin die Schwalbe kurzweg als der Vogel (*ozelo*)*) bezeichnet. (Vgl. Rolland, Faune pop., III, pag. 315.)

---

*) *ozelo* ist das fem. von *ôzeu* = *oiseau*.

Zu bemerken ist ferner, daß im älteren Deutsch das Wort
„Vogel" einen weiteren Bedeutungsumfang hatte als heute,
indem es nämlich jedes geflügelte, bzw. fliegende Tier bezeichnete. So wurden Biene, Heuschrecke, Fledermaus ohne
weiteres Vögel genannt. So heißt es z. B. bei Luther: Die
Biene ist ein kleines Vögelein. In einigen Gegenden
Deutschlands heißt der Schmetterling heute noch Butter-
oder Sommervogel. (Vgl. dänisch *sommerfugl.*) Ein Analogon hierzu findet sich im Span., wo für kleine, geflügelte Insekten die Bezeichnung *pajarilla, avecilla* „Vögelchen" üblich ist.

Zu beachten ist, daß im Nhd. „Vogel" selten auf Hühner
angewendet wird, im Gegensatz zum Engl., wo *fowl* nur Ge-
flügel bezeichnet. (Über die Verwendung von „Vogel" in
„Vogel Strauß" siehe bei „Strauß".)

Von der Fülle der Metaphern, die vom Vogel hergenommen
sind, sollen hier, dem vergleichenden Charakter dieser Studie
entsprechend, nur solche zur Besprechung gelangen, die Gemeingut mehrerer Sprachen sind. Dies gilt namentlich auch
von den auf den Vogel bezüglichen Sprichwörtern, deren vollständige Aufzählung hier keinen Zweck hätte, abgesehen davon, daß deren erschöpfende Anführung nahezu einen Band
füllen würde.

Als ein Rest alter heidnischer Vorstellungen sind diejenigen Metaphern zu betrachten, in denen der Vogel als Ver-
künder übermenschlicher Weisheit erscheint. Man denke an
Vögel wie den Raben, den Kranich, die Eule, die in der
römischen wie germanischen Mythologie eine wichtige Rolle
spielten und denen zum Teil noch heute vom Volksglauben
divinatorische Fähigkeiten zugeschrieben werden. So verkündet der Ruf des Käuzchens oder das Gekrächze des Raben
dem abergläubischen Volke Unheil. Daher nennt der Italiener
diese Vögel *uccelli di mal augurio*, der Franzose *oiseaux de
mauvais augure, oiseaux fantômes (fataux)*, der Engländer *unlucky
birds* oder *birds of ill-omen*. (Vgl. jedoch deutsch spezialisierend
„Unglücksrabe" häufiger als Unglücksvogel.) Metaphorisch
werden diese Ausdrücke auf Überbringer von Unglücksnach-
richten angewendet. Zu bemerken ist, daß Deutsche und Franzosen auch einen Glücksvogel, bzw. *oiseau de bon augure*
kennen. Auch sonst noch finden sich in modernen Sprachen

Spuren dieser in mythische Zeiten zurückreichenden Auffassung.
Man dachte sich gewisse Vögel im Besitze von Geheimnissen,
die sie gelegentlich an ihnen sympathische Personen verrieten.
So sagt man noch heutzutage in gewissen Gegenden Deutschlands, wenn man die Quelle einer überraschenden Nachricht
nicht verraten will: Ich habe ein Vögelchen davon
singen hören und ähnlich sagt der Engländer: *A little bird
has told it to me*, ein Vögelchen hat's mir gesagt. Im älteren
Engl. nannte man auch ein Geheimnis *the bird in the bosom*,
den Vogel in der Brust. (Vgl. Borchardt-Wustmann, Sprichwörtl. Redensarten, pag. 486.)

Der Vogel, der sich kraft seiner Schwingen in die Lüfte
erhebt und dem sozusagen die ganze Welt offen steht, ist bei
allen Völkern Symbol der Freiheit. Frei wie der Vogel
in der Luft bezeichnet im Deutschen das non plus ultra der
Ungebundenheit. Ebenso sagt der Italiener von einem, der
durch keine gezwungene Beschäftigung in seiner Bewegungs-
freiheit gehindert ist: *È come l'uccello sulla frasca*, er ist wie
der Vogel auf dem Zweig. Diese Redensart, die sich auch
im Franz. findet — *être comme l'oiseau sur la branche* — kann
allerdings unter Umständen einen tadelnden Sinn annehmen,
indem der Beschäftigungslose, wenn er nicht pekuniär gesichert
ist, häufig in mißliche Lagen kommt, ebenso wie der Vogel
im Walde nicht immer vor Hunger geschützt ist. Gleichwohl
— meint der Italiener — *è meglio esser uccello di bosco che
uccello di gabbia*, es ist besser, Waldvogel als Käfigvogel zu
sein. Auch der Franzose hat dies Sprichwort: *Mieux vaut
être oiseau de bois que de cage*. (Vgl. franz. *oiseau de cage* für
„Gefangener".) Am prägnantesten bringt jedoch der Spanier
die Beziehung zwischen den Begriffen „Vogel" und „Freiheit"
zum Ausdruck, indem er das ungebundene Umherstreifen mit
pajarear, einem von *pájaro* „Vogel" abgeleiteten Verbum, bezeichnet. Häufig wird das Wort im tadelnden Sinne auch auf
Pflastertreter (Substantiv: *pajarero*) angewendet, die auch der
Franzose mit *oiseaux de rue* „Straßenvögel" bezeichnet. Hingegen bedeutet deutsch vogelfrei nicht „frei wie der Vogel",
sondern „frei für den Vogel". Dieser Ausdruck bezieht sich
nämlich auf den Körper des Geächteten, der nach dem Tode
den Vögeln zum Fraße preisgegeben wurde.

Zahlreich sind die Metaphern, die sich auf die Vogeljagd beziehen. Zunächst muß bemerkt werden, daß sich alle Sprachen für den Begriff des Vogelfangens eigene Verba gebildet haben. So sagt der Engländer *to bird*, welches Wort mit Bedeutungsverengung hauptsächlich auf den Hühner- und Schnepfenfang angewendet wird. Der Italiener bildete von *uccello uccellare* (mit dem Dativ: so heißt es z. B. *uccellare alle lodole, ai tordi*, Lerchen, Drosseln jagen).

Auch im übertragenen Sinne wird dieses Verbum gebraucht und bedeutet dann ein Streben nach etwas. (*Uccellare agli onori, a una eredità*, nach Ehren streben, nach einer Erbschaft trachten). In transitiver Verwendung kommt das Verbum gleichfalls vor: *uccellare qd.* heißt „jemd. foppen", wörtl. „ihn wie einen Vogel behandeln". Der Vogel, der auf den Leim oder ins Netz geht, ist eben der Gefoppte. In diesem Sinne sagt der Italiener auch umschreibend *mandare qd. all' uccellatoio*, jemd. zum Vogelherd schicken. Von *uccello* sind ferner gebildet die substantiva factitiva *uccellatore* und *uccellatura*, die — mutatis mutandis — die Bedeutungen des Verbums übernommen haben. Von den übrigen Ableitungen des Wortes wäre noch zu erwähnen *uccellagione*, das zunächst den Vogelfang, dann die Zeit desselben und schließlich metaphorisch mit gleichzeitiger Begriffserweiterung „Verlockung" bedeutet. Was das Spanische betrifft, so wird das bereits in der Bedeutung „herumstreichen" angeführte *pajarear* auch für „Vogelfangen" gebraucht. Im Franz. wird für älteres *oiseler* umschreibend *prendre des oiseaux* gesagt. Ursprünglich war *oiseler* ein Terminus der Falkonierkunst und bedeutete als solcher „den Falken zur Beize abrichten" und „mit dem Falken jagen". Von *oiseler* sind zwei substantiva factitiva abgeleitet, nämlich *oiseleur* „Vogelfänger" und *oiselier* „Vogelhändler". Zu nennen ist ferner *oisellerie*, das neben „Vogelfang, Vogelhandel" auch „Vogelhecke" bedeutet. Was das Deutsche anlangt, so war in der älteren Sprache für „Vogel fangen" v o g e l n üblich. Das substantivum factitivum V o g l e r lebt in der Geschichte als Beiname des ersten sächsischen Königs fort. Mit Umlaut des o bezeichnet das Verbum die Vollziehung des Geschlechtsaktes. Ursprünglich seiner Etymologie gemäß nur auf Vögel angewendet, wurde der Gebrauch des Wortes

durch Bedeutungserweiterung auch auf den menschlichen
Koitus ausgedehnt.

Naheliegend ist der Vergleich des gefangenen Vogels mit
dem Betrogenen, bzw. des Vogelfängers mit dem Betrüger.
Jemd. ins Netz locken, ins Netz (ins Garn) gehen
sind Redensarten, die allen Kultursprachen gemeinsam sind,
aber sich nicht ausschließlich auf den Vogelfang beziehen, da
sie ebensogut von der Fischerei hergenommen sein können
(siehe bei „Fisch"). Doch sagt man im Deutschen auch
metaphorisch einen Vogel ins Garn locken, einen
Vogel fangen, bzw. festhalten, wozu sich in den übrigen
Kultursprachen Analoga finden. Dementsprechend wird auch
Lockvogel, d. i. der Vogel, mit dem man lockt (engl. *decoy-
duck* „Lockente") im übertragenen Sinne gebraucht. Die
Redensarten jemd. leimen für „anführen" und geleimt
werden oder auf den Leim gehen für „angeführt werden"
gehören gleichfalls hierher, da man mit Leim eben nur Vögel
und keine anderen Tiere fängt. Eine ähnliche Redensart
findet sich im Ital.: *cadere nella pania*, in den Leim fallen.
Auch der Engländer gebraucht für „betrügen" häufig *to lime*.
Hierher gehört gleichfalls das im Pariser Argot gebräuchliche *faire l'oiseau*, den Vogel machen, d. h. sich dumm an-
stellen. Ferner wird in den meisten Sprachen das unver-
mutete Verschwinden eines Gefangenen mit dem Entwischen
eines Vogels aus dem Käfig verglichen. So heißt es deutsch:
Der Vogel ist ausgeflogen, engl.: *The bird has flown*,
span.: *El pájaro* (auch *golondrino* „Schwalbe") *voló*, franz.:
L'oiseau n'y est plus, l'oiseau s'est envolé. Auf den Vogelfang
bezieht sich auch das engl. Sprichwort: *There's no catching old
bird with chaff*, einen alten Vogel kann man nicht mit Spreu
fangen. Denselben Gedanken, nämlich daß man im Alter
durch Erfahrung klug wird, drückt aus das span. Sprichwort: *Pájaro viejo no entra en jaula*, ein alter Vogel geht nicht
in den Käfig, womit sich vergleichen läßt das ital. Sprichwort: *Nuova rete non piglia uccello vecchio*, ein neues Netz fängt
keinen alten Vogel. Mit feiner Ironie bezeichnet das Pariser
Argot mit *oiseau* die Jungfernschaft, die von den Mädchen
ängstlich wie ein Vogel im Käfig gehütet wird und die, einmal
verloren, gleich dem entwischten Vögelchen nicht wiederkehrt.

Vom Wettschießen hergenommen ist die nur im Deutschen vorkommende Redensart den Vogel abschießen, d. h. das Richtige treffen oder bei öffentlichen Leistungen, an denen sich mehrere Personen beteiligen, sich vor allen anderen auszeichnen. Mit dem Vogel ist hier nicht ein wirklicher Vogel, sondern eine als Ziel dienende künstliche Nachbildung eines solchen gemeint. (Gewöhnlich ein Papagei oder ein Adler.)

Das intime Verhältnis des Menschen zum Vogelgeschlecht wird am besten dadurch charakterisiert, daß er das Wort „Vogel" auf seinesgleichen anwendet, u. zw. begegnet diese Metapher hauptsächlich im Deutschen und Span. Hierbei zeigt sich auf den ersten Blick eine Verschiedenheit der Auffassung. Im älteren Nhd. nannte man nämlich einen unmoralischen Menschen gern einen „Vogel", welche Metapher wahrscheinlich der Studentensprache ihren Ursprung verdankt. Im Gegensatz hierzu bezeichnet span. *pájaro* einen sittlich oder geistig hochstehenden Menschen. Dieser anscheinende Widerspruch findet seine Erklärung darin, daß es eben unter den Vögeln wie unter den Menschen moralisch und intellektuell verschieden geartete Typen gibt und dem Deutschen bei Anwendung dieser Metapher ein minderwertiger, dem Spanier hingegen ein höherstehender Vogeltypus vorschwebt. (Man denke z. B. an Gegensätze wie sie Adler und Sperling darbieten.) Übrigens wird im Span. in familiärer Sprache *pájaro* im selben Sinne angewendet, den „Vogel" ehemals im Deutschen hatte. Im modernen Deutsch wird diese Metapher durch Hinzutreten eines Attributs nuanciert. So spricht man von einem losen, argen, frechen, leichtsinnigen, sauberen, lustigen, schlauen Vogel. Der Spanier kennt auch einen *pájaro gordo*, einen dicken Vogel, d. h. eine wichtige, reiche Person, einen *pájaro solitario*, einen einsamen Vogel, bzw. Menschen (s. bei „Sperling"), einen *pájaro de cuenta*, einen Vogel von Bedeutung, d. h. eine einflußreiche Persönlichkeit. Unserem „lustigen Vogel" entspricht im Span. das Adjektiv *pajarero*, das „lustig, munter, aufgeräumt" bedeutet. Nebenbei sei bemerkt, daß *pajarera* als Substantiv das aus Scheu oder Verlegenheit hervorgerufene Stocken in der Rede bezeichnet, wohl mit Anspielung auf die Schüchtern-

7*

heit gewisser Vögel. (Vgl. franz. *oiseau effarouché*, scheuer
Vogel, als Bezeichnung eines Menschen, der bei jeder Gelegenheit erschrickt.) Auch *ave* wird in ähnlicher Weise metaphorisch verwertet, z. B. in *ave zonza*, ein schwerfälliger Vogel,
bzw.˙Mensch. Mit *avechucho*, dem Pejorativ von *ave*, bezeichnet
der Spanier einen häßlichen Vogel von unbekanntem Namen
und wendet das Wort auch metaphorisch auf einen häßlichen
Menschen an. Eine ähnliche Bedeutung hat *pajarraco*, das
Pejorativ von *pájaro*. Das Deutsche bildet nach Analogie
von R a u b v o g e l, Z u g v o g e l, welch letzteres Wort übrigens
auch wie franz. *oiseau de passage* auf einen viel umherwandern-
den Menschen angewendet wird, mit dem Worte „Vogel"
scherzhafte Komposita, die nur metaphorische Bedeutung haben,
wie S p a ß v o g e l, Z a n k v o g e l, P e c h v o g e l.*) Letzterer
Metapher begegnen wir auch im Engl.: *gallows-bird* oder
Newgate bird,**) womit sich franz. *oiseau de prison* „Gefängnis-
vogel" vergleichen läßt. Ferner gibt es im Engl. einen
early bird, einen frühen Vogel, d. h. Frühaufsteher, einen
nocturnal bird, einen nächtlichen Vogel, d. h. Nachtschwärmer.
(Vgl. deutsch N a c h t v o g e l.) Auch dem Franz. ist — wie
bereits oben durch ein Beispiel gezeigt wurde — die metaphorische Verwendung von *oiseau* nicht fremd. Mit *oiseau*
schlechtweg bezeichnet man einen sonderbaren Menschen, mit
dem sich schwer umgehen läßt. (Vgl. deutsch spezialisierend
„Kauz".) Im selben Sinne gebraucht der Franzose *drôle
d'oiseau*, ein drolliger Vogel. Eine ironische Färbung hat *bel
oiseau*, schöner Vogel. (Vgl. ital. *bel merlo*, engl. *fine bird*.)
Oiseau de haut vol, ein hochfliegender Vogel, ist die Bezeichnung
eines „hochfliegenden" Geistes. (Vgl. den metaphorischen Gebrauch von *aigle*.) Einen seltenen Gast nennt der Franzose
oiseau rare, ebenso der Spanier *rara ave*. Diese Metapher beruht
auf dem häufig zitierten *rara avis* Catulls, das sich auf den
aus Indien stammenden Pfau bezieht. Schon J u v e n a l gebraucht den Ausdruck metaphorisch, indem er ihn auf Weiber
vom Schlage der Penelope und Lucretia anwendet. — Mit

---

*) Hingegen bezeichnen G a l g e n v o g e l (hängenswertes Subjekt) und
S p o t t v o g e l (spöttischer Mensch) zunächst wirklich existierende Vögel,
u. zw. dieses die Spottdrossel, jenes den Raben.

**) *Newgate* war früher das Kriminalgefängnis der City von London.

oiseau de saint Luc, Vogel des heil. Lukas, ist der Ochse gemeint, weswegen im Ital. *uccello di San Luca* auf einen einfältigen Menschen angewendet wird. Auch sagt der Franzose von einem schlechten Sänger: *Il chante comme l'oiseau de saint Luc*, er singt wie der Vogel des heil. Lukas, und von einem dicken, schwerfälligen Menschen: *Il est léger comme l'oiseau de saint Luc*, er ist leicht wie der Vogel des heil. Lukas. (Der Ochse ist bekanntlich das Attribut des Evangelisten Lukas.) Schließlich wird in allen Sprachen das Dim. von „Vogel" als Liebkosungswort für Kinder gebraucht.

Von den obigen Metaphern wohl zu trennen ist die deutsche Redensart e i n e n V o g e l h a b e n, die man auf einen geistig nicht ganz normalen Menschen anwendet. Diese Metapher beruht auf einem Vergleich der wirren Gedanken mit dem Hin- und Herflattern eines Vogels. (Vgl. die Argotredensart *avoir une hirondelle dans le soliveau*.) Vielfach werden Insektennamen in diesem Sinne verwendet. Auch sonst wird das Wort auf Lebloses angewendet. So bezeichnet der Spanier die Schweinsmilz mit *pajarilla* „Vögelchen". (Vgl. Zauner, Die roman. Namen der Körperteile, pag. 175.) Allerdings beruht dieser Vergleich auf sehr oberflächlicher Betrachtung. Benennungen von Körperteilen mit Tiernamen sind übrigens nicht selten, worauf schon bei der Maus, pag. 61 hingewiesen wurde.*) Aus dem Deutschen ist hierher zu ziehen die Bezeichnung von Goldstücken mit G o l d v ö g e l n oder g e l b e n V ö g e l n, mit scherzhafter Anspielung an das Verfliegen des Geldes, ebenso engl. *yellow birds* oder spezialisierend *canaries* „Kanarienvögel". (Vgl. span. *mosca* „Fliege" für „gemünztes Geld".) Evident ist die Bezugnahme auf das Fliegen bei Anwendung von span. *pájara* auf den Papierdrachen der Kinder. Auf dem raschen Flug beruht auch die Verwendung des Vogels als Symbols der Behendigkeit. So sagt der Italiener von einem flinken Menschen: *È vispo come un uccello*, er ist behende wie ein Vogel, der Spanier mit Unterdrückung des tertium comparationis: *Es un ave*, er ist ein Vogel, und der Franzose meint von einer Sache, die

---

*) Im Franz. und Ital. bezeichnet man mit *oiseau*, bzw. *uccellino* das männliche Glied bei Kindern.

gut vonstatten geht: *Ça va aux oiseaux*, das geht nach
Vogelart.

Die Fähigkeit der meisten Vögel, sich in bedeutende
Höhen zu erheben, erklärt den Ausdruck a u s d e r V o g e l -
s c h a u. So sagt man z. B. e i n e L a n d s c h a f t a u s d e r
V o g e l s c h a u b e t r a c h t e n, d. h. von einem erhabenen
Standpunkte aus. Diese Metapher findet sich in allen Kultur-
sprachen: engl. *bird's eye* „Vogelauge" (adjektivisch gebraucht),
ital. *a vol d'uccello* (*volo* = Flug), span. *á vista de ave* (*vista* =
Blick), *á vuelo de ave* (*vuelo* = Flug), franz. *à vue d'oiseau*, *à
vol d'oiseau*; letzterer Ausdruck bedeutet auch „in gerader
Linie" (anspielend auf den geradlinigen Flug der meisten
Vögel). Mit Bezug auf die hochgelegenen Nester mancher
Vögel wird auf englischen Polarfahrern der zum Ausguck
dienende Mastkorb *bird's-nest* „Vogelnest" genannt, wofür auch
crow's-nest „Krähennest" gesagt wird. (Siehe bei „Krähe"
pag. 151.)

Von ganz besonderem Interesse, auch für die deutsche
Metaphorologie, ist der Gebrauch von span. *pajarotada, pajarota*
im Sinne von „Lüge, lügenhafte Nachricht". Im Franz. wird
in diesem Sinne *canard* gebraucht, im Deutschen „Ente". (Vgl.
„Zeitungsente".) Von den zahlreichen Interpreten, die sich
um die Erklärung der deutschen Metapher bemüht haben, hat
keiner über das Französische hinaus nach Analogien gesucht
und doch ist der sprachvergleichende Weg bei derlei Untersuchungen der einzig sichere und richtige.*) Das span. *pajarotada*
liefert uns den Schlüssel auch für die frz., bzw. deutsche
Metapher. Das span. Suffix *ada* tritt häufig zu Tiernamen
und bezeichnet im tadelnden Sinne die Handlungsweise des
betreffenden Tieres. So bedeutet z. B. *perrada* (von *perro*
„Hund") die einem Hunde eigene, d. h. eine hündische, nieder-
trächtige Handlungsweise. Vgl. auch noch *asnada* (v. *asno* „Esel")
„Eselei, Dummheit", *gatada* (v. *gato* „Katze") „Schelmenstreich",
monada (v. *mono* „Affe") „Ziererei", *gansada* (v. *ganso* „Gans")
„Dummheit, Tölpelei". *Pajarotada* (v. *pajarota* „großer Vogel")

---

*) Die Sage vom Entenbaum, in der Bartels (Ztschr. f. d. deutschen
Unterricht, V, pag. 355) den Ausgangspunkt der in Rede stehenden Metapher
gefunden zu haben meint, dürfte wohl umgekehrt der metaphorischen Ente
ihre Entstehung verdanken.

bedeutet also irgend eine tadelnswerte Betätigung eines großen
Vogels. Welche Eigenheit berührt uns nun an größeren
Vögeln unsympathisch? Das ist wohl die unangenehme Stimme,
die so ziemlich allen größeren Vogelarten gemein ist. Hierbei
denken wir zunächst an zahme Vögel, wie Gans und Ente,
die wir als Haustiere in unserer unmittelbaren Nähe haben
und daher am häufigsten hören können. Von „Geschnatter"
zur Bedeutung „leeres Geschwätz, lügenhafte Nachricht" ist
nur ein Schritt. Daß auch dem Spanier hierbei die Ente vorschwebt, beweisen zwei von *pato* „Ente" abgeleitete Substantiva, nämlich *patochada* „Handlungsweise einer Ente, ein-
fältiges Geschwätz", und wohl auch *patraña*, das „Lüge,
Märchen" bedeutet, also geradezu ein Synonym von *pajarotada*
ist. (Vgl. Brinkmann, Metaphern, pag. 555, wo *pato* übrigens
irrtümlicherweise mit „Gans" übersetzt wird.) Wenn nun im
Span. für *pajarotada pajarota* und dementsprechend für „lügenhafte Nachricht" im Franz. *canard*, im Deutschen „Ente" gesagt wird, so liegt hier ein ganz einfacher Fall von Metonymie
vor, indem nämlich für das Hervorgebrachte das Hervorbringende gesetzt wird. Übrigens hat schon Sanders in dem
Geschnatter der Ente das tertium comparationis für die be-
wußte Metapher vermutet.

Schließlich mögen die gebräuchlichsten der auf den Vogel
bezüglichen Sprichwörter, insofern sie nicht einzeln dastehen,
sondern in einer oder mehreren Sprachen Analoga haben, angeführt werden.

Deutsch. Es muß ein böser Vogel sein, der sein
eigenes Nest beschmutzt. — Engl. *It's a bad bird that
fouls its own nest.* — Span. *Pájaro de mal natío, el que se ensucia
en el nido.* — Franz. *C'est un vilain oiseau que celui qui salit son
nid.* —

Deutsch. Man erkennt den Vogel an den Federn.
— Franz. *L'oiseau se connaît aux plumes.* —

Deutsch. Vögel gleicher Feder fliegen zusammen.
— Engl. *Birds of a feather flock together.* — Span. *Todas las
aves con sus pares.* —

Deutsch. Besser ein Vogel in der Hand als zehn
über Land (auf dem Dache). — Engl. *A bird in the hand is
worth two in the bush*, ein Vogel in der Hand ist zwei im Busche

wert. — Ital. *È meglio un uccello in gabbia che quattro in su la frasca*, es ist besser ein Vogel im Käfig, als vier auf dem Zweige. — Span. *Más vale pájaro*) en mano que buitre volando*, ein Vogel (Spatz) in der Hand ist mehr wert als ein Geier, der fliegt.— Franz. *Moineau en main vaut mieux que pigeon qui vole*, ein Spatz in der Hand ist mehr wert als eine Taube, die fliegt. — Die deutsche Entsprechung lautet: **Ein Sperling in der Hand ist mehr wert als eine Taube auf dem Dache.** (Über die zahllosen Varianten dieses Sprichworts vgl. Reinsberg-Düringsfeld, Sprichwörter der germanischen und romanischen Sprachen, vol. I, pag. 99.)

Deutsch. **Jedem Vogel gefällt sein Nest.** — Engl. *Every bird likes its own nest.* — Ital. *Ad ogni uccello suo nido è bello.* — Span. *A cada pajarillo agrada su nidillo.* — Franz. *A tout oiseau son nid est beau.*

Deutsch. **Federn zieren den Vogel.** — Engl. *Fine feathers make fine birds.* — Franz. *La belle plume fait le bel oiseau.*

Deutsch. **Jeder Vogel singt wie ihm der Schnabel gewachsen ist.** — Ital. *Ogni uccello canta il suo verso*, jeder Vogel singt seine Weise. — Franz. *Chaque oiseau chante sa propre chanson*, jeder Vogel singt sein eigenes Lied.

Deutsch. **Nach und nach macht der Vogel sein Nest.** — Franz. *Petit à petit l'oiseau fait son nid.*

Deutsch. **Alte Vögel sind schwer rupfen.** — Ital. *Quanto più l'uccello è vecchio, più mal volentieri lascia la piuma*, je älter der Vogel ist, desto unlieber läßt er das Gefieder. — Franz. *Plus l'oiseau est vieux et moins il veut se défaire de sa plume* (wie ital.).

Deutsch. **Kleine Vöglein, kleine Nestlein.** — Engl. *A little bird wants but a little nest*, ein kleiner Vogel braucht nur ein kleines Nest. — Span. *A chico pajarillo, chico nidillo* (wie deutsch). — Franz. *Tel oiseau, tel nid*, wie der Vogel, so das Nest. —

Der deutschen Redensart „zwei Fliegen mit einer Klappe schlagen" entspricht im Engl. *to kill two birds with one stone*,

---

*) *pájaro* (v. lat. *passer*) scheint hier in der ursprünglichen Bedeutung „Sperling" gebraucht zu sein.

im Span. *matar dos pájaros de una pedrada*, zwei Vögel mit einem Steinwurf töten. Im Portug. tritt zuweilen das Kaninchen an Stelle des Vogels: *d'uma cajadada matar dous coelhos*, mit einem Schlage zwei Kaninchen töten.

Der Adler.

Deutsch A d l e r , zusammengezogen aus *adel-ar*, bedeutet ursprünglich „edler Aar", wurde also gegenüber dem einfachen A a r, ahd. *aro*, mhd. *ar*, als edleres Wort empfunden, während im Nhd. der umgekehrte Fall eingetreten ist, indem nämlich „Adler" als das gewöhnliche Wort, „Aar" jedoch nur in poetischer Diktion gebraucht wird. Ein merkwürdiges Beispiel vom Steigen und Sinken des Gefühlswertes der Wörter! (Vgl. Waag, Bedeutungsentwicklung unseres Wortschatzes, pag. 35.) Außer in „Adler" ist das Wort noch erhalten in B u ß a a r , einer volksetymologischen Umbildung von „Bussard", und in S p e r b e r, ahd. *spârwari*, d. i. „Sperlingsaar, Adler, der von Sperlingen lebt".

Was die romanischen Sprachen betrifft, so gehen ital. *aquila*, span. *águila*, frz. *aigle* auf lat. *aquila* zurück. *Aigle* allerdings ist Lehnwort, das die lautgesetzliche Form *aille* verdrängte. Auf *aigle*, bzw. afrz. *egle*, geht neuengl. *eagle* zurück, während das altengl. mit „Aar" verwandte *earn* in neuengl. *erne* eine Bedeutungsspezialisierung erfahren hat, indem es nämlich für „Seeadler" gebraucht wird. Vom ital. *ventávolo* aus *ventus aquilus* wird weiter unten die Rede sein.

Der Adler spielt unter den Vögeln dieselbe Rolle wie der Löwe unter den Säugetieren. Der unverkennbare Adel seiner äußeren Erscheinung sowie seine außerordentliche Stärke und Kühnheit rechtfertigen die Bezeichnung „König der Vögel". In der christlichen Symbolik ist der Adler das Sinnbild des Evangelisten Johannes und aller „hochfliegenden" Geister. (Vgl. Kollof, Die sagenhafte und symbolische Tiergeschichte des Mittelalters, in Raumer, Histor. Taschenbuch, 1867, pag. 237.) Dem entspricht auch die Auffassung seines Wesens in der Sprache. Was zunächst die physischen Qualitäten des Adlers betrifft, so spricht man im Deutschen mit Bezug auf sein

großes, feuriges Auge von einem **A d l e r a u g e**, von einem
A d l e r b l i c k. Man verbindet hiermit die Nebenvorstellung
eines vorzüglich entwickelten Gesichtssinnes, wie ja der Adler
sich tatsächlich durch sein scharfes Gesicht auszeichnet. Dem
deutschen „Adlerauge" entspricht engl. *eagle-eye* und mit *eagle-
sighted* bezeichnet der Engländer einen mit scharfem Gesichtssinn begabten Menschen.*) Ebenso sagt der Franzose von einem,
der ein scharfes und zugleich schönes Auge hat: *Il a des yeux
d'aigle*, er hat Adleraugen. Wie beim Luchs, so schließt man
auch beim Adler von der Schärfe des Auges auf die Schärfe
des Verstandes, weswegen man im Engl. mit *eaglewit* „Adler-
witz" („Witz" im älteren Sinne von „Verstand" gebraucht)
einen durchdringenden Verstand bezeichnet. Hierzu stimmt
es auch, wenn der Italiener von einem genialen oder talent-
vollen Menschen sagt: *È un' aquila*, er ist ein Adler, oder
häufiger negativ von einem minder begabten Individuum: *Non
è un' aquila*, er ist kein Adler, was manchmal euphemistisch
geradezu für „Dummkopf" gebraucht wird. Dieselbe Metapher
findet sich im Span. und Franz.: *ser un águila, être un aigle*.
Hiermit hängt es auch zusammen, wenn der Franzose geistig
hervorragende Männer gern mit „*aigle*" bezeichnet. So wird
z. B. der berühmte Kanzelredner Bossuet nach seinem Geburts-
orte Meaux „*l'aigle de Meaux*" genannt. Mit *aiglon* „junger
Adler" bezeichneten die Franzosen den Sohn Napoleons I.
Hierher zu ziehen ist auch die im span. Rotwelsch gebräuchliche Bezeichnung *águila* für einen schlauen Dieb, wodurch die
Etymologie von frz. *aigrefin* „schlauer Mensch" = *aigle fin*
(feiner Adler) gestützt wird.

Nächst den feurigen Augen fällt am Adler der schwung-
voll gekrümmte Schnabel besonders auf, weshalb man im
Deutschen eine ähnlich geformte Nase „**A d l e r n a s e**" nennt.
Dieselbe Metapher findet sich in den romanischen Sprachen:
ital. *naso aquilino*, span. *nariz aguileña*, frz. *nez aquilin*. Im
Span. spricht man übrigens auch von einem „Adlerantlitz",

---

*) Hierher gehört aus dem span. Theaterargot *aguila de butaca* „Sperr-
sitzadler", womit man einen Theaterbesucher bezeichnet, der von der Gallerie
herab mit scharfem Auge einen unbesetzten Sperrsitz erspäht und sich
dessen bemächtigt, natürlich ohne dafür zu zahlen.

aguileño de rostro (wörtlich: adlergleich von Gesicht), womit ein längliches, schmales Gesicht mit gebogener Nase gemeint ist. Was am Adler besonders Bewunderung erregt, ist die Schnelligkeit und Stetigkeit seines Fluges. (Vgl. franz. *voler comme un aigle*, fliegen wie ein Adler.) Daher ist dieser Vogel in der germanischen Götterlehre Personifikation des Sturmwindes und in der griechischen Mythologie Träger von Jupiters Blitzen. Auf die Schnelligkeit des Adlerfluges spielt auch an engl. *eagle-speed* und im span. Amerika bezeichnet man mit *caballo aguililla* „Adlerpferd" eine Pferderasse, die sich durch besondere Schnelligkeit auszeichnet. Zur Auffassung des Adlers in der germanischen Mythologie stimmt lat. *aquilo* als Bezeichnung des Nordwindes, worauf höchstwahrscheinlich ital. *ventávolo* (*ventus aquilus*) beruht. Dieses Wort, ein Synonym des häufiger gebrauchten *tramontana*, würde demnach „Adlerwind" bedeuten. Es soll damit wohl nicht bloß die Schnelligkeit, sondern auch die Stärke dieses Windes angedeutet werden, wie z. B. auch in lat. *aquilae senectus* „Adlersalter", d. h. rüstiges Alter, der Adler als Symbol der Kraft erscheint. Hierher gehört ebenfalls die Bezeichnung „Adler" für ein sechsunddreißigpfündiges Geschütz (17. Jahrhundert).

Auf den hohen Flug des Adlers bezieht sich engl. *eagle-cock* „Adlerhahn", eine allerdings seltene Bezeichnung für *weather-cock* „Wetterhahn", der sehr häufig auf Turmspitzen, also in verhältnismäßig hohen Regionen angebracht ist. Hierher zu ziehen ist ferner ital. *aquilone* „großer Adler" für den Papierdrachen. (Vgl. in derselben Bedeutung span. *pájara* „Vogel", franz. *cerf-volant* „Hirschkäfer", engl. *kite* „Gabelweihe".)

Der Adler ist der stärkste Raubvogel und lebt mit den anderen Vögeln in beständigem Kampfe. Es ist daher nur natürlich, daß er im Altertum bei Römern sowohl als Germanen als kriegerischer Vogel κατ' ἐξοχήν galt und geradezu Symbol des Kampfes war. Als unzertrennlicher Begleiter Odins zieht er mit diesem in die Schlacht und lechzt nach dem Blute der Erschlagenen, daher heißt er auch der „Walkyrenvogel". Eine ähnliche Rolle spielte der Adler bei den Römern, verwendete man ihn doch als Standarte und führte

er so gewissermaßen unter dem Schutze seiner Fittiche·die
römischen Legionen dem Siege entgegen. Auf diesem römischen Brauch beruht die in manchen Ländern übliche Verwendung des Adlers als Wappen oder Orden. Nebenbei sei
hier bemerkt, daß im Franz. *aigle* merkwürdigerweise in seiner
eigentlichen Bedeutung das Geschlecht geändert hat (*un aigle*),
während das Wort in der übertragenen Bedeutung „Standarte"
das ursprüngliche Geschlecht bewahrt hat (*une aigle*). Auch
eine von Karl V. geprägte Goldmünze trug das Bild des Adlers,
weshalb diese Münze kurzweg *aguila* genannt wurde. (Vgl.
Rappe, Krone, Kreuzer.) Dem kriegerischen Adler wird die
sanfte Taube gegenübergestellt im deutschen Sprichwort:
A d l e r b r ü t e n k e i n e T a u b e n, das sich auch in den
meisten romanischen Sprachen findet. So lautet es im Ital.:
D'aquila non nasce colomba, im Portug.: *As aguias não produsem
pombos,* im Franz.: *L'aigle n'engendre point la colombe.*

Kein Analogon in einer anderen Sprache hat die frz.
Redensart *crier comme un aigle,* schreien wie ein Adler, d. h.
ein lautes, durchdringendes Geschrei ausstoßen. Diese Redensart bezieht sich auf den Schreiadler, der durch einen schrillen,
weithin schallenden Ruf bekannt ist. (Vgl. Rolland, Faune
pop., II, pag. 5.)

Der Falke.

Die Etymologie des Wortes F a l k e — engl. *falcon,* ital.
falco, falcone, span. *halcón,* frz. *faucon* — ist noch nicht gesichert. Es ist hier nicht der Ort, die einzelnen Hypothesen, die
man zur Erklärung des schwierigen Wortes aufgestellt hat, zu
erörtern. Kluge läßt sich in seinem etymologischen Wörterbuch
(pag. 113) ausführlich darüber aus. (Vgl. auch Hehn-Schrader,
Kulturpflanzen und Haustiere, pag. 374 ff.) Soviel scheint
festgestellt, daß das Wort germanischer Herkunft ist und
frühzeitig in die romanischen Sprachen eindrang. Im Engl.
wird neben *falcon,* dessen lautliche Gestalt auf Rückent-
lehnung aus dem Altfranz. deutet, *hawk* gebraucht, das auf
Altengl. *heafoc* zurückgeht und eigentlich „Habicht" bedeutet, mit welchem Worte es auch verwandt ist. Da der

Habicht zur Gattung der Falken gehört, liegt hier ein ganz gewöhnlicher Fall von Bedeutungserweiterung vor. Eine spezielle Bezeichnung für das Falkenmännchen ist ital. *terzuolo*, span. *torsuelo*, frz. *tiercelet* aus lat. *tertiolus* von *tertius*, weil der Sage nach das dritte Junge im Neste des Falken immer ein Männchen ist. Von lat. *sacer* = griech. *ἱέραξ* leitet man ab ital. *sagro*, span.-frz. *sacre* „der Würgefalke". Nach anderen stammt das Wort aus dem Arabischen. Unsicherer Herkunft ist frz. *hobereau* „der Baumfalke".

In Anbetracht der wichtigen Rolle, die der Falke im Mittelalter als Jagdvogel spielte, ist es nicht zu verwundern, daß er der Sprache eine verhältnismäßig große Anzahl von Metaphern geliefert hat. Mögen zunächst die von physischen Eigenschaften des Tieres hergenommenen Metaphern einer Betrachtung unterzogen werden.

Mit den übrigen Raubvögeln teilt der Falke den scharfen Gesichtssinn, weshalb man im Deutschen ein scharfes Auge gern „Falkenauge" nennt, wobei jedoch nicht wie beim „Adlerauge" die Nebenvorstellung der Schönheit mitwirkt. Analogien hierzu finden sich in engl. *hawk-eyed* und *falcon-eyed* „falkenäugig" sowie in ital. *occhi di falco* „Falkenaugen". Auf den krummen Schnabel beziehen sich engl. *hawk-nosed*, was unserer „Geiernase" entspricht, und engl. *falcon-bill* „Falkenschnabel", eine nur bei Shakespeare sich findende Bezeichnung eines Streithammers, wobei hauptsächlich an die Schärfe des Schnabels, mit dem der Falke auf seine Beute gleichsam loshämmert, gedacht wird.

Schon seit frühester Zeit hatte sich der Mensch die Raubtiernatur des Falken, dessen Flug ungemein schnell, anhaltend und in hohem Grade gewandt ist, zu nutze gemacht. Die Jagd mit gezähmten Falken wurde in Europa namentlich im Mittelalter leidenschaftlich betrieben, war aber im Altertum schon bei den Indiern im Schwunge. (Vgl. das Kapitel über die Falkenjagd bei Hehn-Schrader pag. 367 ff.) Die große Beliebtheit, der sich die Falkenjagd erfreute, spiegelt sich noch heute in der Sprache wieder. So existieren im Ital. (*falconare*) und im Engl. (*to hawk*) besondere Verba, die das Jagen mit dem Falken bezeichnen. Das engl. *to hawk* kann übrigens mit Erweiterung des Bedeutungsumfanges auf jede Art von Jagd angewendet

werden, auch bedeutet es unter Umständen „wie ein Falke
fliegen". Auf die Falkenjagd bezieht sich ferner der engl.
Ausruf *ware the hawk!* Hüte dich vor dem Falken! Sei auf
deiner Hut! wobei man die von einer Gefahr bedrohte Person
mit dem vom Falken bedrängten Vogel vergleicht. Auch wird
im Span. *halconear* auf Weiber angewendet, die auf Männer
Jagd machen, wobei der in die Netze einer Kokette geratende
Mann mit der Beute des Falken verglichen wird. Analog
bezeichnet im **Ital.** *falco* eine in erotischer Beziehung er-
oberungslustige Person. Gleichfalls auf die Falkenjagd nimmt
Bezug das span. Sprichwort: *Si tantos halcones la garza com-
baten, á fe que la maten,* wenn so viele Falken den Reiher
bekämpfen, so muß er wohl unterliegen, d. h. wenn sich die
Menge gegen einen verschwört, ist jeder Widerstand vergeblich. Im Deutschen drückt das Sprichwort „Viele Hunde sind
des Hasen Tod" denselben Gedanken aus. (Die von der
Falknerei hergenommenen Metaphern findet man ziemlich vollständig zusammengestellt bei Rolland, Faune pop., VI, pag. 195 ff.)
Auf die Raubtiernatur des Falken nimmt auch Bezug das
deutsche Sprichwort: W e r   s i c h   z u r   T a u b e   m a c h t,   d e n
f r e s s e n   d i e   F a l k e n, eine Variante des Sprichwortes: Wer
sich zum Schafe macht, den fressen die Wölfe. Analog heißt
es ital.: *Chi colomba si fa, il falcone se la mangia.*

Hierher gehört schließlich auch die engl. Redensart *I know
a hawk from a handsaw,* ich kann einen Falken von einer
Handsäge unterscheiden, d. h. ich lasse mir kein X für ein
U vormachen, worin *handsaw* volksetymologische Umdeutung
von *hernshaw* (häufiger *heronsew*) = *heron* „Reiher" ist, so
daß der Sinn der Redensart ursprünglich war: Ich kann
einen Falken von einem Reiher, d. h. den jagenden Vogel vom
gejagten unterscheiden. (Vgl. Brewer, Dict. of Phrase and
Fable, pag. 392.)

Die Abrichtung von Falken bildete in früherer Zeit ein
eigenes, allem Anscheine nach sehr ehrenvolles und einträg-
liches Gewerbe. Auf die Häufigkeit der F a l k n e r deutet
das Vorkommen des Wortes als Eigenname. Dem deutschen
„Falkner" entspricht engl. *falconer* oder *hawker*, ital. *falconiere*,
span. *halconero*, frz. *fauconnier*. In welch hohem Ansehen die
Falkonierkunst ehedem stand, beweist der Umstand, daß in

England, Frankreich und Spanien das Amt ·des Hoffalkners sich zu einem erblichen Hofamte herausgestaltet hatte. So gab es in England einen *Great Falconer of England*, in Frankreich einen *Grand Fauconnier de France* und in Spanien einen *Halconero mayor*. Auf der großen Beliebtheit der Falkenjagd beruht auch der Bedeutungswandel von frz. *fauconnière*, das ursprünglich nur „Falknertasche", dann aber infolge Erweiterung des Bedeutungsumfanges „Reittasche" überhaupt bedeutet.

In der deutschen Dichtung ist der Falke Symbol des Mutes und des Edelsinnes; es ließen sich hier aus verschiedenen Dichtungen diesbezügliche Stellen anführen; es sei jedoch nur an das Nibelungenlied erinnert, wo erzählt wird, daß Kriemhilde träumte, ihr Lieblingsfalke sei von zwei Adlern zerrissen worden. Ihre Mutter Ute legt ihr den Traum dahin aus, daß mit dem Falken ein „edler Mann" gemeint sei. Zu der deutschen Auffassung stimmt span. *halconear* in der Bedeutung, „stolz, mutig um sich blicken". Bei der großen Vorliebe für diesen Vogel ist es begreiflich, daß er im Gegensatze zur Eule als Sinnbild des Glückes — wenigstens im Deutschen — galt, wie ja auch in dem Sprichworte: Jedem dünkt seine Eule ein Falke, d. h. jeder Ehemann hält seine Gattin für die beste und schönste, die beiden Vögel einander gegenübergestellt werden. Auch war im älteren Deutsch die Redensart einen Falken fangen für „unverhofftes Glück haben" gebräuchlich.

Auf die verhältnismäßig große Intelligenz des Falken bezieht sich der Gebrauch von ital. *falco* für einen schlauen Menschen und von span. *sacre* für einen geschickten Dieb, in welch letzterem Falle allerdings auch an die Raubtiernatur des Falken gedacht wird. (Vgl. franz. *épervier* „Sperber" für „Wucherer".) Was in *sacre* Nebenvorstellung ist, wird zur Hauptvorstellung, wenn im engl. Slang *hawk* die Bedeutung von „Falschspieler" annimmt.

Charakteristisch ist der in frz. *hobereau* zutage tretende Bedeutungswandel von „Baumfalke", d. i. Falke von geringem Werte zu „armer Edelmann", indem nämlich der Falke hier zur Bezeichnung des Wertes dient, was sich nur wieder aus der Vorliebe des Mittelalters für die Falkenjad erklärt. (Vgl.

Morgenroth „Zum Bedeutungswandel im Franz." in Zeitschrift
f. franz. Sprache u. Literatur, Bd. XV, Heft 1, pag. 22.)

Da der Falke bei der Jagd gewissermaßen die Rolle einer
Waffe spielte und sein pfeilschnelles Dahinschießen tatsächlich
den Vergleich mit einem Geschosse nahelegte, so ist es vollkommen begreiflich, daß der Name dieses Vogels zur Bezeichnung verschiedener Waffen verwendet wurde. So wurde eine
Art kleines Geschütz deutsch F a l k a u n e, engl. *falcon,* ital.
falconetto (wovon deutsch F a l k o n e t t), frz. *fauconneau* genannt. Außerdem wurde im Ital. *falcone* auch auf eine alte
Belagerungsmaschine, eine Art Mauerbrecher, angewendet.
Desgleichen diente ital. *sagro,* span.-frz. *sacre,* engl. *saker* sowie
deutsch S a k e r f a l k zur Bezeichnung einer kleinen Kanone,
die bei uns auch unter dem Namen „Feldschlange" bekannt war.

Hierher zu ziehen ist ferner ital. *moschetto,* ursprünglich
Benennung eines kleinen, zur Beize dienenden Sperbers, dann
übertragen auf ein Wurfgeschütz, mit dem kleine Pfeile ge-
schleudert wurden. Nach Erfindung des Schießpulvers wurde
mit dem Worte eine kurze Schiffskanone und schließlich eine
kurze Flinte, der Karabiner, bezeichnet. In letzterer Bedeutung ist das Wort auch ins Span. (*mosquete*) und ins Franz.
(*mousquet*) eingedrungen. Die semasiologische Entwicklung
dieses Wortes von „Pfeile schleuderndes Geschütz" zu „Schiffskanone, Karabiner" ist ein treffliches Beispiel jener Art von
Bedeutungswandel, als deren Ursache Waag „die Anpassung
an die Kulturverhältnisse" bezeichnet. (Vgl. Waag, Bedeutungsentwicklung unseres Wortschatzes, pag. 177 ff.) Schließlich sei noch ital. *terzeruolo* genannt, das sich als Diminutiv
von *terzuolo* „männlicher Falke" erweist und für eine kurze
Pistole gebraucht wird. Im Deutschen ist T e r z e r o l als
Fremdwort gebräuchlich.

Eule, Uhu, Kauz.[*])

Die Benennungen dieser Vögel in den verschiedenen Sprachen
sind semasiologisch sehr interessant und stehen in engem Zu-

---

[*]) Bezüglich der deutschen Eulennamen und deren metaphorische

sammenhange mit ihrer metaphorischen Verwendung, worauf von Fall zu Fall hingewiesen werden soll. Die Etymologien der verschiedenen Bezeichnungen lassen sich nach gewissen semasiologischen Gesichtspunkten gruppieren, u. zw. ergeben sich vier verschiedene Benennungsarten:

a) Benennung nach der stimmlichen Betätigung,

b) „ „ physischen Merkmalen,

c) „ „ anderen Vögeln,

d) „ „ abergläubischen Vorstellungen.

Was die erste Gruppe, die man kurz als die onomatopoetische bezeichnen kann, betrifft, so sind hier zu nennen deutsch E u l e, welches Wort mhd. *iuwel*, ahd. *ûwila* lautet. Mit letzterem verwandt ist altengl. *ûle*, das ein neuengl. *owl* ergab. Von deutsch *hûlen*, *heulen* abzuleiten ist frz. *hulotte* „Eule".*) Ein Analogon hierzu bietet engl. *howlet*, das ein von *howl* „heulen" beeinflußtes Diminutiv von *owl* ist. (Vgl. lat. *ulula* „Eule" und *ululare* „heulen".) Gleichfalls schallnachahmend ist frz. *huette*, von der Interjektion *hu* gebildet (*huer* = schreien). *Chat-huant* „Nachteule" (wörtlich: heulende Katze) ist volksetymologische Umbildung von *chouan*, von dem weiter unten die Rede sein wird. Ital. *gufo* „Ohreule" scheint zusammenzuhängen mit ahd. *gûfan* „schreien". (Vgl. deutsch-dialektisch G a u f für Uhu.) Span. *zumacaya* „Käuzchen" ist zusammengesetzt aus schallnachahmendem *zumbar* „summen" und *caya* aus ahd. *kaha* „Krähe".

Auf den ersten Blick als onomatopoetisch erweist sich deutsch U h u,**) mit den dialektischen Nebenformen S c h u h u, B u h u. Letztere Form findet sich auch in span. *buho* (lat. *bubo*). Bajuvarisch A u f hat sich lautgemäß aus ahd. *ûvo*, mhd. *ûve* entwickelt. Möglicherweise schallnachahmend ist ferner K a u z aus mhd. *kutze*, *kutz* (ahd. nicht belegt), das jedenfalls auf einer Wurzel *ku* beruht. Ganz sicher onomatopoetisch ist ital. *chiù* „Käuzchen" und *chiurlo*, eine Weiter-

---

Verwendung vgl. Branky, Eulennamen. Ein kleiner Beitrag zur deutschen Kultur- und Sittengeschichte. Separatabdruck aus Mitteilungen des ornithologischen Vereins in Wien „Die Schwalbe", XVI. Jahrg.

*) Nach Winteler direkt schallnachahmend.

**) Vgl. die Zusammenstellung der onomatopoetischen Bildungen bei Winteler, Naturlaute und Sprache, pag. 10.

bildung davon. Indirekt bezieht sich auf den klagenden Ruf des Käuzchens ital. *friggibuco*, womit ursprünglich wohl das Geräusch des aus einer Öffnung hervorsprudelnden Wassers bezeichnet wurde (*friggere* „wallen, brodeln" und *buco* „Loch"). Dann nimmt das Wort infolge Begriffserweiterung die Bedeutung „leises Weinen, Klagen" an und wird schließlich metonymisch (Wirkung für Ursache) zur Bezeichnung des Käuzchens.*)

Auf physische Merkmale beziehen sieh ital. *barbagianni* „Schleiereule" und span. *mochuelo* „Ohreule". *Barbagianni* (bei Körting fehlend) ist ein zusammengesetztes Wort wie *barbacane*, *barbabietola* u. dgl. Der erste Bestandteil, *barba* „Bart", bezeichnet die im Deutschen „Schleier" genannten Flaumfedern im Gesichte des Vogels. *Gianni* ist Koseform von *Giovanni*, entspricht also unserem „Hans". Es bedeutet demnach das Wort „Hans mit dem Bart". (Vgl. jedoch Sainéan, Création métaph., pag. 104, 9 b.) Belege für Benennungen von Tieren und namentlich Vögeln mit Taufnamen finden sich in allen Sprachen. (Vgl. deutsch Staarmatz, Lehmhans, frz. *pierrot*, *martin pêcheur* etc.) Span. *mochuelo* „Ohreule" geht offenbar auf lat. *mutilus* „verstümmelt" zurück. Die Ohrbüschel dieses Vogels sehen nämlich aus, als ob sie abgeschnitten wären. Darf man span. *autillo* „Ohreule" von dem gleichbedeutenden griech. ὦτος ableiten, so würde sich diese Bezeichnung gleichfalls auf die Ohrbüschel beziehen, denn ὦτος kommt von οὖς „Ohr". Verschiedene Deutungen hat der Name des Uhus im Franz., *duc*, erfahren. (Vgl. ital.-dial. *dugo*, *gran duca*, deutsch-landschaftl. G r o ß h e r z o g.) Nach Adelung heißt der Vogel so, weil ihm, wenn er sich bei Tage sehen läßt, ein verfolgendes Heer von Vögeln nachzieht. Branky (Eulennamen, pag. 22) führt den Namen auf eine Stelle bei Aristoteles zurück, wo von dem Vogel berichtet wird, daß er die Wachteln auf ihrer Reise im Herbste begleitet. Auch das würdevolle Aussehen des Vogels und seine Vorliebe für Burgruinen und verfallene Schlösser mögen hierbei mitgespielt haben. (Vgl. Sainéan, Création métaph., pag. 100, 6 u. Anmerkung.)

---

*) Auf die klagende Stimme zurückzuführen sind auch die deutschen Dialektnamen: K l a g, K l a g e f r a u, K l a g e m u t t e r, W e h k l a g e. (Vgl. Branky, Eulennamen, pag. 17.)

Eine andere Reihe von Benennungen beruht, wie schon oben angedeutet wurde, auf volkstümlicher Verwechslung mit anderen Vögeln, hervorgerufen durch größere oder geringere Ähnlichkeit des zu benennenden Vogels mit einem anderen. So geht frz. *hibou* „Eule" nach Baist auf bretonisch *hibôk* zurück, das seinerseits wieder auf altengl. *heafoc* „Habicht" beruhen soll. Eule und Habicht haben das gemeinsam, daß sie beide zur Gattung der Raubvögel gehören.*) Auffallend ist die Verwechslung von Krähe und Kauz, zwei äußerlich ganz verschiedenen Vögeln, die höchstens in ihrer stimmlichen Betätigung und in ihrem Raubtiercharakter Berührungspunkte aufweisen. Ahd. suppon. *kâwa* „Krähe" gilt als Etymon von ital. *ciovetta*, *civetla*, neufrz. *chouan*, *chouette*, *chevêche* „Käuzchen".**) (Vgl. deutsch-dialektisch N a c h t r a p p = Nachtrabe als Bezeichnung des Waldkauzes.) Das bereits oben erwähnte *chat-huant*, was wörtlich „heulende Katze" bedeutet, ist wahrscheinlich volksetymologische Umbildung von *chouan*. Die Bezeichnung „Katze" ist insofern berechtigt, als der Eulenkopf tatsächlich ein katzenartiges Aussehen hat, wie auch in einigen deutschen Gegenden die Waldeule K a t z e n k o p f, K a t z e n e u l e genannt wird. (Vgl. *testa de gatto* im ligurischen Dialekt.) In span. *chova* „Dohle" und *choya* (altfrz. *choe*) „Steinkrähe" hat sich die Grundbedeutung des Etymons erhalten. In Tirol heißt die Waldohreule H a b e r g e i s, wohl mit Bezug auf die meckernde Stimme des Vogels. In einigen Orten Niederösterreichs bezeichnet man sie als N a c h t f l e d e r m a u s.

Folkloristisch interessant sind die Benennungen, die auf dem alten Volksglauben beruhen, die Eule sei ein unheilverkündender Vogel. So bedeutet im Ahd. *holzmuoja* zugleich „Waldeule" und „Hexe".***) (Analoge Beispiele siehe bei Sainéan,

---

*) Wahrscheinlicher ist onomatopoetischer Ursprung. (Vgl. Winteler, Naturlaute und Sprache, pag. 10 u. 36.)

**) Winteler (Naturlaute und Sprache, pag. 10) hält *chouette* und *chevêche* für direkt schallnachahmend und stellt dieses zu den deutschen Dialektnamen T s c h a f y t l e i n, T s c h a v i t l e, W i c h t l, jenes zu mhd. *kutze* „Kauz".

***) Am Lechrain nennt man die Eule H o l z w e i b l und hält sie für eine Hexe in Vogelgestalt. In Niederösterreich heißt das Käuzchen W i c h t l, was das Diminutiv von ahd. *wiht* „Dämon, böser Geist" ist. (Vgl. Höfer,

Créat. métaph., pag. 115, 25.) Frz. *effraie* „Schleiereule" ist von *effrayer* „erschrecken" gebildet und bedeutet also wörtlich „Schreckvogel". Ein Analogon hierzu bietet span. *espantada* „Turmeule" von *espantar* „erschrecken". Frz. *fresaie* „Käuzchen" hat im lat. *praesaga* (*scil. avis*) sein Etymon. Es ist demnach der „weissagende Vogel". (Das *f* für *p* erklärt sich durch Anlehnung an das ungefähr gleichbedeutende *effraie*.)*) Span. *chucha* „Nachteule" ist auf lat. *suctiare* „saugen" zurückzuführen, weil dieser Vogel nach einem alten Aberglauben an schlafenden Kindern saugt. (Vgl. im schlesischen Dialekt die Bezeichnung K i n d e r m e l k e r für die Waldohreule.) Dieser Volksglaube mag dem Umstande, daß die Eule höchst selten Wasser trinkt und ihren Durst mit dem Blute ihrer Opfer stillt, seine Entstehung verdanken. Hierher gehört auch das bei Körting fehlende *lechuza* „Sumpfeule", das wohl auf einem lat. *lactucea* (*lactem* = *leche* „Milch") beruht und in einem ähnlichen Aberglauben wie *chucha* seine Erklärung findet. Nur würde es sich hier nicht um ein Blut-, sondern um ein Milchsaugen handeln. Man vergleiche hiermit im Deutschen

---

Die Volksnamen der Vögel in Niederösterreich, pag. 6.) Winteler (Naturlaute und Sprache, pag. 10) führt das Wort auf den Ruf des Vogels *„kuwitt"* zurück. Wahrscheinlich ist „Wichtl" eine volksetymologische Umdeutung dieses Rufes. (Vgl. engl. *oaf* „Elfe" als dial. Eulenname.) Auf diesem *kuwitt* beruhen auch die Dialektnamen K o m i t t c h e n und G e h m i t v o g e l, mit Anspielung auf „mitgehen", nämlich ins Jenseits. (Vgl. Branky, Eulennamen, pag. 17.) Bei den alten Römern spielte die Eule (*strix*, wovon das ital. Buchwort *strige*) in den Ammenmärchen die Rolle einer Unholdin, die den Kindern in der Wiege das Blut aussog, daher *striga* = Hexe, wovon ital. *strega*, das infolge eines merkwürdigen Spieles des Bedeutungswandels im Sardischen (*istria, stria, strea*) wieder zur Bezeichnung der Eule wurde.

*) Daß die Eule als Todesbotin gilt, geht hervor aus den deutschen Dialektnamen L e i c h, L e i c h e n h u h n, L e i c h e n h ä h n c h e n, T o t e n v o g e l. Andere volkstümliche Namen deuten darauf hin, daß man die Eulen für dämonische Vögel hält, deren Gestalt der Teufel annimmt oder die mit ihm wenigstens im Bunde stehen. (Vgl. Branky, Eulennamen, pag. 21.) Brehm meint, daß es der Uhu ist, der die Sage vom wilden Jäger ins Leben gerufen, wie ja tatsächlich dieser Vogel in gewissen Gegenden Deutschlands w i l d e r J ä g e r genannt wird. Die Bezeichnung W a l d t e u f e l dürfte allerdings auf volksetymologischer Umdeutung von ursprünglichem „Waldäufl" (Auf = Uhu) beruhen. (Vgl. jedoch *diavolo di montagna* in ital. Dialekten.)

die volkstümlichen Bezeichnungen „Ziegensauger", „Kuhsauger", „Milchsauger" für die Nachtschwalbe.*) Schließlich sind noch zu erwähnen als lat. Erbgut drei Bezeichnungen von Nachteulen im Ital., nämlich *nottola* **) aus *noctua* von *nox* „Nacht", *assiolo* aus *axiolus*, dem Dim. von *axio* (bei Körting fehlend), und *alocco* aus *aluccus*. Von der Weiterentwicklung letzteren Wortes in den romanischen Sprachen wird weiter unten die Rede sein. (Vgl. Rolland, Faune pop., II, pag. 38 ff. und Sainéan, Création métaph., pag. 96, 1—12.)

Was zunächst die Metaphern betrifft, die sich auf das Äußere der Eule beziehen, so ist vor allem zu bemerken, daß sie als häßlicher Vogel gilt, weswegen es durchaus keine Schmeichelei ist, wenn man im Deutschen von einem weiblichen Wesen sagt, es s e h e a u s w i e e i n e E u l e.***) Mit Bezug auf die stark gebogene Nase des Vogels nennt der Italiener eine krumme Nase *naso di civetta*. Einen tadelnden Sinn hat auch engl. *owl-eyed* „eulenäugig" d. h. glotzäugig, und *owl-faced* „mit dem Gesichte einer Eule". Ein Analogon hierzu bietet span. *lechuzo, lechuza* „Mann, bzw. Frau mit einem Eulengesicht", sowie ital. *muso a civetta* „Eulengesicht".****) Wenn der Engländer von jemd. sagt: *He looks like an owl in an ivy-bush*, er sieht aus wie eine Eule in einem Efeubusche, so meint er damit ein unvorteilhaftes, klägliches Aussehen. Als Symbol der Häßlichkeit erscheint die Eule ferner im deutschen Sprichwort: E s i s t k e i n e E u l e, d i e n i c h t s c h w ü r e, s i e h ä t t e d i e s c h ö n s t e n J u n g e n, wozu sich im Engl. ein Analogon findet: *The owl thinks all her young ones beauties.* Im Ital. übernimmt der Bär die Rolle der Eule: *All' orso pajon belli gli orsacchi suoi*, dem Bären scheinen seine Jungen schön. (Vgl. deutsch:

---

*) Nach einem in Schlesien verbreiteten Aberglauben trinkt die Nachteule das Öl aus den Kirchenlampen, daher die Bezeichnung Öldieb, wozu sich in südfranz. Mundarten Analoga finden.

**) Nach Giglioli, Avifauna italica, pag. 195 f. u. 228 sind *nottola*, *nottolone* die schriftsprachl. Namen der Nachtschwalbe, während man mit *nottolo* auf Elba die Ohreule bezeichnet (in Pisa jedoch ist *nottolo* = Nachtschwalbe).

***) Besonders wird das Wort auf alte Jungfern angewendet, mit gleichzeitiger Anspielung auf das ehelose, einsame Leben.

****) Umgekehrt heißt im Neapol. die Schleiereule *facciommo* „Menschengesicht". (Vgl. Giglioli, Avifauna italica, pag. 220.)

O Äffin, was sind eure Jungen schön!) Auch im Franz. bezeichnet man mit *vieille chouette* ein altes, häßliches Weib.
Hierzu steht in direktem Gegensatz der Gebrauch von *chouette*
im Argot. So entspricht das pariserische *une femme chouette*
ungefähr dem „feschen Weiberl" des Wieners. Es erscheint hier also *chouette* im lobenden Sinne gebraucht,
wie im Pariser Argot überhaupt *chouette* substantivisch auf
eine hübsche Cocotte angewendet wird. Diese sich widersprechenden Auffassungen in ein und derselben Sprache (allerdings in verschiedenen Sprachsphären) erklären sich wohl
daraus, daß im ersten Falle nur an das Äußere des Vogels
gedacht wird, während im zweiten die Metapher sich zunächst auf das Benehmen des Tieres bezieht und dann erst
auf das Äußere übertragen wird. Die Schilderung, die Brehm
von dem Wesen des Vogels liefert, trägt dazu bei, diese Bedeutungsentwicklung vollkommen glaubwürdig zu machen. Er
sagt ungefähr folgendes: „Der Kauz verdient die Zuneigung
des Menschen. Er ist ein allerliebstes Geschöpf. Er ist nicht
so lichtscheu als andere Eulen und weiß sich bei Tage sehr
gut zu benehmen. Im Sitzen hält sich der Kauz gewöhnlich
geduckt; sobald er aber etwas Verdächtiges sieht, richtet er
sich hoch empor, macht Verbeugungen, faßt den Gegenstand
seiner Betrachtung scharf ins Auge und gebärdet sich höchst
sonderbar. Sein Blick hat etwas Listiges, aber nichts Bös-
artiges, sondern immer etwas Einnehmendes." Diese Be-
schreibung ist für uns auch sonst wertvoll, weil sie noch
andere auf den Vogel bezügliche Metaphern erklärt. Die geduckte Stellung beim Sitzen macht den einstigen Gebrauch
von k a u z e n für „kauern" begreiflich. Die „sonderbaren
Gebärden" erklären uns den s o n d e r b a r e n K a u z als Bezeichnung für einen wunderlichen Menschen, eine Metapher,
die als solche nicht mehr gefühlt wird. (Die oft zitierte
Redensart „Es muß auch solche Käuze geben" entstammt
Goethes Faust, 1. Teil. Mit diesen Worten sucht Faust
den Mephistopheles Gretchen gegenüber zu entschuldigen.)
Der lebhaften Mimik des Tieres, wie sie sich aus der
Brehmschen Schilderung ergibt, entspricht der Gebrauch
von ital. *civetta* für „Kokette". Hierbei darf nicht übersehen werden, daß der Kauz als Lockvogel benutzt wird.

(Vgl. Schuchardt, „Liebesmetaphern" in „Romanisches und Keltisches", pag. 237.) Diese Metapher hat zahlreiche Sprossen getrieben, wie *civettare* „kokettieren", *civetteria, civettio, civettismo* „das Kokettieren", *civettino* „Geck", *civettuola* „die kleine Kokette".

Originell ist die scherzhafte Bezeichnung von Goldstücken mit *occhi di civetta* „Käuzchenaugen" (vgl. span. *ojo de buey* „Ochsenauge" für „Duro"), wobei man jedenfalls zunächst an die gelblich glänzenden Augen des Vogels zu denken hat.*) Dabei ist die auf der Verlockung des Goldes beruhende Nebenvorstellung des Kokettierens nicht ausgeschlossen. Es ist kein Zufall, daß diese Metaphern gerade im Italienischen entstanden sind, denn in Italien hat man mehr als sonstwo Gelegenheit, diesen Vogel zu beobachten. Der Italiener benutzt den Kauz zum Vogelfang, indem er sich das feindliche Verhältnis zwischen diesem und den übrigen Vögeln zunutze macht. Der Vogelfänger stellt den Kauz aus und umgibt ihn mit Leimruten, auf denen sich die Vögel, die herbeigeflogen kommen, um ihr Mütchen an dem bei Tage wehrlosen Feind zu kühlen, fangen. Auf diese Art des Vogelfangs beziehen sich mehrere Redensarten, wie *impaniare la civetta*, den Kauz mit der Leimspindel fangen, d. h. einen Gauner begaunern. Mit Anspielung auf die jämmerliche Figur, die die gefangenen Vögel spielen, sagt der Italiener von einem, der unbeholfen in seinen Bewegungen ist: *Pare preso a civetta*, er sieht aus, als ob man ihn mit dem Kauz gefangen hätte. Hierher gehört auch die Redensart *schiacciare il capo alla civetta*, dem Kauze den Kopf zerdrücken, d. h. um des gegenwärtigen Gewinnes willen sich einen anderen größeren für die Zukunft verscherzen. Unter dem größeren Gewinne sind die Vögel zu verstehen, die der Besitzer des Kauzes mittels desselben fangen könnte. Auf das Auf- und Niederheben des Kopfes bezieht sich die Redensart *far civetta*, es machen wie der Kauz, d. h. den Kopf rasch senken, um einem Schlage auszuweichen (nicht zu verwechseln mit *far la civetta*

---

*) Vgl. die in der Steiermark für die Waldohreule übliche Bezeichnung Glurvogel. (Gluren sind große, unheimlich leuchtende Augen (vgl. Branky, Eulennamen, pag. 29). Hierzu stimmt die Ableitung von griech. γλαύξ „Eule" von γλαύσσειν „leuchten".

= *civettare*). Auf die merkwürdige Eigenheit der Eule, große
Stücke Fleisch hinunterzuschlucken, ohne sie früher zu zer-
hacken, ist zurückzuführen die italienische Redensart *mangiare*
come le civette, essen wie die Eulen, d. h. ohne zu kauen.
(Vgl. *gufo* als tadelnde Bezeichnung eines gierig Essenden.)
Allerdings kann obige Redensart auch bedeuten „essen ohne
zu trinken", da die Eulen monatelang das Wasser entbehren
können. Kulturhistorisch interessant ist die Bezeichnung
„Eule" für einen sechzigpfündigen Mörser (im Deutsch des
17. Jahrhunderts), denn sie beweist die Verwendung der
Eule als Beizvogels.

Von Metaphern, die auf physischen Eigentümlichkeiten
der Eule beruhen, sei noch angeführt aus dem Deutschen der
Gebrauch dieses Vogelnamens für eine Art Kinderhaube,
die deswegen E u l e genannt wird, weil sie dem Gesichte
ein eulenartiges Aussehen verleiht. (Vgl. span. *marmota*,
frz. *marmotte* „Murmeltier" als Benennung einer weiblichen
Kopftracht.) Auch ital. *gufo* „Uhu" als Bezeichnung des Pelz-
mäntelchens der Chorherrn ist hierherzuziehen. (Vgl. Sainéan,
Créat. métaph., pag. 108, 15.) Ferner bezeichnet man im
Deutschen mit dem Worte E u l e *) einen zum Reinigen der
Zimmerdecke dienenden Besen, dessen Haare wohl mit dem
Eulengefieder verglichen werden. (Vgl. frz. *tête de loup*.) An
die hörnerähnlichen Ohrbüschel der Waldeule denkt der
Italiener, wenn er von einem alten Manne, der ein junges
Mädchen heiratet, sagt: *Fa come i barbagianni che mettono*
corna in vecchiaia, er macht es wie die Waldeulen, denen die
Hörner erst im Alter wachsen.

Auf die charakteristische Lebensweise der Nachteule, die
wie die Fledermaus sich des Tags verbirgt und des Nachts
auf Raub ausgeht, beziehen sich, besonders im Englischen,
eine Reihe von Metaphern. Im allgemeinen wird die Eule,
die bei den Ägyptern Symbol des Todes, der ewigen Nacht,
war und in der christlichen Kirchenlehre mit dem im Finstern
schleichenden Satan verglichen wird, als Bild der Lichtfeinde

---

*) Niederdeutsch U h l e (U h l), davon u h l e n, d. h. mit der Uhle
reinigen (von Voß im siebzigsten Geburtstage gebraucht). Nach Branky
(Eulennamen, pag. 6) ist darunter ein Federbesen mit einem Eulenkopf zu
verstehen.

in Gegensatz gebracht zu dem Adler, der in der indischen
Mythologie geradezu als Personifikation der Sonne erscheint.
So bezeichnet der Engländer mit *owl* einen Nachtarbeiter oder
Nachtschwärmer (vgl. deutsch N a c h t e u l e) und wendet das
Wort zeitwörtlich auch auf das nächtliche Schmuggeln an — da-
her *owler* „Schmuggler". Eine Weiterbildung von *owl* ist *owlery*,
das in eigentlicher Bedeutung „Eulennest" heißt, dann aber
übertragen „eulenhafte Gewohnheiten" bedeutet, wie z. B.
Spazierengehen zur Nachtzeit. Mit *owl-light* „Eulenlicht"
bezeichnet der Engländer das Zwielicht, in dem sich die
Eulen bewegen, womit sich im Deutschen die poetische
Metapher E u l e n f l u c h t vergleichen läßt, das ist die Stunde,
in der die Eulen ausfliegen. Im amerikanischen Englisch ist
in familiärer Sprache für einen Nachtzug die Bezeichnung
owl-train „Eulenzug" üblich. Im Pariser Argot ist *hibou* ein
Dieb, der nur bei Nacht stiehlt. Da die Eule sehr empfindlich
ist gegen das Tageslicht (vgl. die franz. Redensart *rouler les
yeux comme une chouette qu'on oblige à regarder le soleil*) und
oft ihre Augen zur Hälfte schließt, so glaubt das Volk, sie
sei ganz oder halb blind, daher im Englischen *owly* für einen
Halberblindeten gebraucht wird. (Vgl. die auf Fledermaus
und Maulwurf bezüglichen Metaphern.)

Mit Bezug auf die einsame Lebensweise des Uhus (Uhu
= Ohreule) sagt der Deutsche von einem zurückgezogen
lebenden Menschen: E r l e b t w i e e i n U h u, womit entschieden ein tadelnder Sinn verbunden wird. Dasselbe Bild
ist den romanischen Sprachen geläufig. So sagt der
Italiener von einer menschenscheuen Person: *È un gufo*, der
Spanier: *Es un buho*, der Franzose: *C'est un hibou* oder: *Il fait le
hibou*. Da die Eulen gern in alten, verfallenen Schlössern
hausen, so wird ein solches Schloß im Deutschen auch
E u l e n n e s t genannt, dem frz. *retraite de hibou* entspricht.
(Vgl. ital. *gufarsi* „sich verkriechen".)

Schon bei der Besprechung der Etymologien wurde
hervorgehoben, daß einige Bezeichnungen für „Eule" und
„Uhu" auf dem Aberglauben beruhen, diese Vögel seien Un-
glückspropheten. (Vgl. frz. *effraie, fresaie*.) Zur Entstehung
dieses Volksglaubens mag weniger die einsame Lebensweise
und das bizarr - häßliche Äußere des Vogels als vielmehr

der unheimliche Ruf beigetragen haben, den die Eule des
Nachts von Zeit zu Zeit erschallen läßt. Diese stimmliche
Betätigung der Eule wird in Gegensatz gebracht zum schönen
Gesang der Nachtigall, und zwar in dem deutschen Sprichwort: Des einen Eule ist des anderen Nachtigall,
d. h. was dem einen schön dünkt, dünkt dem anderen häßlich,
über den Geschmack läßt sich nicht streiten. Als Unglücksvogel gilt die Eule nicht bloß im Französischen (vgl.
effraie, fresaie), sondern auch im Deutschen, Englischen und
Spanischen. So sagt man z. B. in manchen Gegenden Deutschlands, wenn eine Sache mißglückt ist: Da saß eine Eule,
und analog sagt der Seemann, wenn das Segelschiff den
Wind plötzlich von vorn bekommt, es habe eine Eule
gefangen. Hierher gehört ferner aus dem Englischen der
Slangausdruck *to take owl at a thing*, an einer Sache eine Eule
finden, d. h. etwas übel nehmen. Als Unglücksvogel erscheint
die Eule ferner in der engl. Redensart *to live too near a wood
to be frightened by an owl*, zu nahe am Walde wohnen, um von
einer Eule in Furcht gesetzt zu werden. Von einem erschreckt
Dreinschauenden sagt der Engländer: *He stares as if he saw an
owl*, er starrt, als sähe er eine Eule. Auch der Spanier ist
der Eule abhold, wie erhellt aus der Redensart *tomar* (*cargarse*)
el mochuelo, die Eule, d. h. den schlechtesten Teil bekommen.
Analog sagt man im Span., wenn man sich einer lästigen
Arbeit, die niemand übernehmen will, unterziehen muß: *Me
toca el mochuelo*, mir wird die Eule zuteil.

Auch das Verhältnis der Eule zu den anderen Vögeln
spiegelt sich in der Sprache wieder. Die Eule, die bei Tag
hilflos ist, wird sehr häufig von den Vögeln, die sie bei Nacht
verfolgt, angegriffen und gleichsam geneckt und verhöhnt.
Ganz besonders haben es die Krähen auf sie abgesehen; daher
sagt man im Deutschen von einem Menschen, der der Gegenstand allgemeinen Spottes ist: Er lebt wie die Eule unter
den Krähen und im Franz.: *Il est la chouette de la société*.
Analog sagt der Engländer *to make an owl of a person*, aus
jemd. eine Eule machen, d. h. ihn verspotten, wobei der
Spottende stillschweigend mit einer Krähe verglichen wird.
Das Ital. hat von *gufo* sogar ein Verbum gebildet: *gufare*
„verspotten". (Vgl. weiter oben *gufarsi*.) Auch sagt man im

franz. Spielerargot von einem, der allein gegen mehrere spielt:
Il fait la chouette, was mit Erweiterung der ursprünglichen
Bedeutung heißen kann: Er hat es allein mit mehreren zu tun.
Was die geistigen Fähigkeiten der Eule betrifft, so be-
findet sich die Sprache in vollkommener Übereinstimmung mit
der Naturgeschichte, wenn sie diesen Vogel als geistig plumpes
Tier betrachtet und häufig als Symbol der Dummheit ver-
wendet. So wird im Engl. *owlish*, *owlishness* für „dumm", bzw.
„Dummheit", gebraucht; desgleichen wendet der Italiener *gufo*,
barbagianni oder *alocco* auf einen dummen oder tölpelhaften
Menschen an und mit *aloccheria* bezeichnet er treffend das
dreiste Umschwärmen einer Dame, indem ihm dabei die plumpen
Flugbewegungen der Eule vorschweben. Was übrigens *alocco*
betrifft, so wird das Wort mit Aphärese des anlautenden
Vokals, also in der Form *locco*, in eigentlicher und übertragener
Bedeutung gebraucht. Es ist sehr wahrscheinlich, daß davon
span. *loco* „töricht, verrückt" abzuleiten ist, welche Etymologie
in der metaphorischen Verwendung des Wortes im Ital.
eine Bekräftigung erfährt. (Vgl. Sainéan, Création métaph.,
pag. 113.) Aus dem Ital. gehört ferner hierher der Gebrauch
von *capo d'assiolo* „Eulenkopf" im Sinne von „Dummkopf".

Ganz im Gegensatze zur modernen Auffassung galt die
Eule den Alten als kluger Vogel. War sie doch das Attribut
der Minerva, der Göttin der Weisheit!*) Allerdings ist darunter
nicht unsere gewöhnliche Eule zu verstehen, sondern eine
kleinere Abart, in der Naturgeschichte Kauz der Minerva
(*athene noctua*) genannt, der vor den übrigen Eulen zwar nicht
größere Intelligenz, wohl aber größere Beweglichkeit voraus
hat. Auch bewunderten die Alten an dem Vogel seine
Fähigkeit, im Dunkeln zu sehen, und so wurde, wie beim
Luchs und Adler, von der Schärfe des Gesichtssinns auf die
Schärfe des Verstandes geschlossen. Aus der Vorliebe der
Athener für diesen Vogel erklärt sich die Redensart
E u l e n   n a c h   A t h e n   t r a g e n, engl. *to bring owls to Athens*,
d. h. etwas Überflüssiges tun. Als Lieblingsvogel der Athener
war die Eule in Athen sehr häufig, es war also daselbst
durchaus kein Bedürfnis nach diesen Tieren vorhanden. Die

---

*) Daher ist die Eule das Wappentier der Buchhändler.

Redensart ist vom Griechischen ($\gamma\lambda\alpha\tilde{v}\varkappa'$ $\varepsilon\dot{\iota}\varsigma$ $\mathring{}A\vartheta\dot{\eta}\nu\alpha\varsigma$) zunächst ins Lateinische (*ululas Athenas*) und von da in die modernen Sprachen eingedrungen, wo sie jedoch infolge ihres klassischen Ursprungs rein gelehrten Charakter hat. In volkstümlicher Sprache finden sich zahlreiche Analoga. So sagt man im Deutschen: W a s s e r i n d e n B r u n n e n t r a g e n, niederdeutsch auch: W a t e r i n d e S e e d r a g e n. Genau so in den romanischen Sprachen: ital. *portar acqua al mare*, span. *echar agua en el mar*, frz. *porter de l'eau à la mer*. Im älteren Deutsch ist auch belegt: H o l z i n d e n W a l d t r a g e n. Dasselbe Bild findet sich im Lateinischen und in einigen romanischen Sprachen: lat. *in silvam ligna ferre*, ital. *portare legna al bosco*, span. *llevar leña al monte*. Der Engländer sagt mit einer kleinen Variante: *to carry leaves into the wood*, Blätter in den Wald tragen, oder mit lokaler Färbung: *to carry coals to Newcastle*, Kohlen nach Newcastle tragen, womit sich ital. *portare cavoli a Legnaia*, Kohl nach Legnaia tragen, vergleichen läßt. Über die geistigen Fähigkeiten anderer Eulenarten urteilten die Griechen weniger günstig, ihre Auffassung von dem Wesen dieser Vögel näherte sich der unsrigen. Dies beweist die Anwendung von griech. $\tilde{\omega}\tau o\varsigma$ „Ohreule" auf einen dummen Menschen.

Auf die Raubtiernatur der Eule spielt nur das Französische an in der Redensart *être larron comme une chouette*, diebisch sein wie eine Eule,[*]) wofür man im Deutschen sagt: „stehlen wie ein Rabe, wie eine Elster". *Jeu de la chouette* ist im Franz. ein Kinderspiel, wobei einer dem anderen etwas wegnimmt; hingegen bezeichnet man im Ital. mit *fare a civetta* das „Plumpsackverstecken", wohl mit Bezug auf die geduckte Stellung des Vogels beim Sitzen und sein kokettes Gebaren.

· Der Kuckuck.

Das Wort K u c k u c k ist — wie sofort erkennbar — eine onomatopoetische Bildung nach dem Ruf des Vogels. (Vgl. Winteler, Naturlaute und Sprache, pag. 6 f.) Dazu

---

[*]) Rolland (Faune pop., II, pag. 46) vermutet, daß diese Redensart auf volkstümlicher Verwechslung des Kauzes mit der Dohle beruht.

stimmt lat. *cuculus* mit seinen romanischen Entsprechungen:
ital. *cuculo*, *cuccù*, span. *cuquillo*, *cuclillo*, frz. *coucou*. Im
Ital. findet sich auch *cucco*, das auf ein lat. neben *cuculus*
sich findendes *cucus* zurückgeht. Was das deutsche „Kuckuck"
betrifft, so ist das Wort in Süddeutschland erst im 15. Jahrhundert üblich geworden. Früher gebrauchte man dafür
G a u c h,*) mhd. *gouch*, ahd. *gouh*, verwandt mit altengl. *géak*,
woraus schottisch *gowk*. Das engl. Wort für Kuckuck ist
gleichfalls onomatopoetisch, nämlich *cuckoo*, wovon *cuckold*
„Hahnrei".

Was den Kuckuck von anderen Vögeln besonders unterscheidet, ist sein eigentümlicher Ruf. Da der Kuckuck als
Zugvogel regelmäßig im Frühling erscheint und in dieser
Jahreszeit seinen Ruf erschallen läßt, so gilt er als Frühlingsbote, weswegen man im Engl. den Frühling auch als *cuckoo-
time* „Kuckuckszeit" bezeichnet. Ebenso werden Frühlings-
blumen gern nach dem Kuckuck benannt, so heißen z. B. die
Himmelsschlüssel (*primula acaulis*) frz. *pain de coucou* „Kuckucks-
brot".**)

Auf die ermüdende Eintönigkeit des Kuckucksrufs bezieht
sich im Engl. die Redensart *to sing like a cuckoo*, wie ein
Kuckuck, d. h. schlecht singen. So gebraucht man im Engl.
auch *cuckoo-song* für „alte Leier" und sagt von einem, der
immerfort dasselbe drischt: *He repeats the cuckoo-song*, er wiederholt den Kuckuckssang. (Vgl. ital. *la canzone dell' uccellino*,
das Lied des Vögelchens.) Das Span. und Franz. haben vom
Namen des Kuckucks Zeitwörter gebildet: span. *cuclear*, frz.
coucouer, *coucouler* „wie ein Kuckuck schreien".

Dem Kuckuck wird ähnlich wie dem Hahn, dem Raben
und dem Käuzchen vom Volke die Gabe der Prophezeiung
zugeschrieben. Aus seinem Ruf erfährt man die Zahl der
noch übrigen Lebensjahre, und wenn man Geld in der Tasche
hat in dem Augenblick, da sich der Vogel vernehmen läßt,
so geht es das ganze Jahr nicht aus. Auf diesem Volks-

---

*) Im 15. Jahrhundert kommt auch die Umbildung G u c k g a u c h vor.
**) Wenn Rolland, Faune pop., II, pag. 81, 16 von der Farbe dieser
Blume die Anwendung des Gelben als Symbols der betrogenen Ehemänner
(*coucou* == *cocu*) herleitet, so scheint dies wohl sehr weit hergeholt. Ist
doch gelb ganz allgemein die Farbe des Neides und der Eifersucht.

glauben beruht die im Deutschen häufig gebrauchte Redensart: Das weiß der Kuckuck! (Vgl. Rolland, Faune pop.,
II, pag. 90 ff.)

So häufig sich aber der Kuckuck hören läßt, so selten
läßt er sich blicken. Er ist ein sehr scheuer Vogel. Die
Kinder rufen daher beim Versteckspiel „Kuckuck!" und das
Spiel wird geradezu als Kuckucksspiel bezeichnet. Ebenso
sagt man im Franz. *faire coucou, jouer à coucou.*

Was das Äußere des Kuckucks betrifft, so gebraucht man
im Franz. in Bezug auf die schlanke Gestalt des Vogels den
Vergleich *maigre comme un coucou,* mager wie ein Kuckuck,
wofür sich in den übrigen Sprachen kein Analogon findet.*)
Mit weniger Berechtigung sagt der Franzose *maigre comme
une chouette,* mager wie ein Käuzchen.

In semasiologischer Hinsicht merkwürdig ist der Gebrauch des Wortes Kuckuck für „Hahnrei". Im Deutschen
hat das Wort an und für sich nicht diese Bedeutung, wohl
aber sagt man jemd. ein Kuckucksei ins Nest legen.
Mit dem Kuckucksei ist zunächst ein im Ehebruch gezeugtes
Kind, das der betrogene Gatte für sein eigenes hält, gemeint,
dann wird der Ausdruck überhaupt auf ein fremdes Erzeugnis, das einem Ahnungslosen als sein Werk untergeschoben
wird, angewendet. Das ältere Gauch wurde auch in
der Bedeutung „Hahnrei" gebraucht, wozu das engl. von
cuckoo abgeleitete *cuckold* sowie span. *cuclillo* Analoga bieten.
Hingegen ist das franz. *cocu,* wie Brinkmann (Metaphern,
pag. 521 ff.) überzeugend nachgewiesen hat, von *coq* „Hahn"
abzuleiten, wohl aber wird vulgär auch *coucou* für „Hahnrei"
gebraucht. (Vgl. Borchardt-Wustmann, Sprichwörtl. Redensarten, pag. 283.)

Wie aber ist diese Metapher zu erklären? Bekannt ist
die Eigentümlichkeit des Kuckucks, seine Eier in die Nester
fremder Vögel zu legen, worauf die oben zitierte deutsche
Redensart anspielt. Demnach wäre der Kuckuck vielmehr mit
dem Ehebrecher als mit dem betrogenen Ehemann zu ver-

---

*) In Südfrankreich sagt man hingegen *gras comme un coucou,* fett
wie ein Kuckuck, offenbar deshalb, weil er in dem Augenblicke, wo er
Europa verläßt, wohlgenährt ist. (Vgl. Rolland, Faune pop., II, pag. 88, 11.)

gleichen, was, wie weiter unten gezeigt werden wird, in einigen
Sprachen wirklich geschieht. Die Diezsche Erklärung, daß
der Kuckuck als der Betrüger per antiphrasim für den Betrogenen gesetzt wird, kann nicht befriedigen. Brinkmann
will in der ital. Redensart *covar nel nido degli altri come il
cuculo*, im Nest der anderen brüten wie der Kuckuck, den
Schlüssel zum Verständnis unserer Metapher finden. Daraus
ergebe sich, daß der Kuckuck nach der Auffassung des
Volkes nicht bloß seine Eier in fremde Nester legt, sondern
sie auch ausbrütet. Indem er aber dabei auch die Eier des
fremden Vogels ausbrüte, sei er gewissermaßen der Betrogene.*)

Schon im Lateinischen finden wir (bei Plautus) *cuculus*
als Schimpfwort für einen dummen Menschen, der sich leicht
übertölpeln läßt. Im Ital. bedeutet demgemäß *cucco* „dumm"
und *cuculiare* „dummes Zeug schwatzen". Von einem, der in
der Gesellschaft die Zielscheibe von Spöttereien ist, sagt man:
È il cucco della brigata, er ist der Kuckuck der Gesellschaft.
Analoga finden sich auch in den germanischen Sprachen. Wie
im älteren Deutsch mit G a u c h, so wird im schottischen
Dialekt mit *gowk* ein beschränkter Mensch bezeichnet, woher
die Redensart *to give a person the gowk*, jemd. den Kuckuck
geben, d. h. ihn zum Narren halten, und das Adjektiv *gowky*
mit der Bedeutung „albern, dumm". Im ähnlichen Sinne gebraucht das Wort Shakespeare in „Heinrich IV." (A. 2, 4, 387).
In modernem Engl. wird nicht das Wort *cuckoo* selbst, sondern eine Weiterbildung davon, nämlich *cuckold*, für „Hahnrei"
gebraucht. Als Verbum bedeutet dann *cuckold* logischerweise
„zum Hahnrei machen". Originell ist die Redensart *to cuckold
the parson*, wörtl.: den Pfarrer zum Hahnrei machen, d. h. ihn
betrügen durch intimen Umgang vor der Trauung. *Cuckold-
maker* „Kuckucksmacher" ist der Ehebrecher und *cuckoldry*,
eine Weiterbildung von *cuckold*, der Ehebruch.

Im Gegensatz zur Auffassung des Kuckucks als Betrogenen
kommt in einigen Sprachen die gegenteilige, dem wirklichen
Sachverhalt entsprechende Anschauung zum Ausdruck, nach

---

*) Rolland (Faune pop., II, pag. 88, 15) erklärt *cocu* „Hahnrei" aus
dem Rufe *coucou*, bzw. *cocu*, mit dem man die betrogenen Ehemänner ver-
spottete. Dieser Ruf sei dann zur unmittelbaren Bezeichnung des Hahnreis
geworden.

welcher der Kuckuck der Betrüger ist. So hatte G a u c h im
älteren Deutsch neben der Bedeutung „Narr" auch die von
„Schelm, Schurke" und bei den Römern bezeichnete *cuculus*
nicht den betrogenen, sondern den treulosen Gatten.*) Dementsprechend wird im Ital. *cuculaccio*, d. i. „häßlicher Kuckuck",
auf einen Wüstling angewendet, der den Frauen anderer nachstellt, wie auch *cuculiare* neben der oben angegebenen Bedeutung die von „verhöhnen, hintergehen" hat. Im Span.
findet man gleichfalls Spuren dieser Auffassung. Von einem,
der schlauer Weise aus dem Streit zweier anderer Vorteile
zieht, sagt man *Por vos cantó el cuclillo*, für dich sang der
Kuckuck. So bedeuten auch im Span. *cucar* „verhöhnen", *cuco*
„schlau, verschmitzt" im Gegensatz zu ital. *cucco*.**)

Daß im Deutschen der Kuckuck als unheilvoller, böser
Vogel gilt, beweisen die Flüche: Z u m K u c k u c k! h o l d i c h
d e r K u c k u c k! s c h e r d i c h z u m K u c k u c k etc., wo
Kuckuck geradezu ein Glimpfwort für Teufel ist. (Vgl. das
Kapitel „Fuchs" pag. 48.)

Semasiologisch bemerkenswert ist der Gebrauch von ital.
cucco in der Bedeutung „Nesthäkchen, Schoßkind". Von der
Eigentümlichkeit des Kuckucks, seine Eier in fremde Nester
zu legen, war schon die Rede. Nun kommt es häufig vor, daß
der junge Kuckuck seine viel kleineren und schwächeren
Genossen aus dem Neste drängt, so daß sich die liebende
Sorgfalt der Pflegeeltern auf ihn allein konzentriert. Diese
haben vollauf zu tun, um den Hunger ihres Pflegekindes
halbwegs zu stillen, daher die franz. Redensart *manger comme
un jeune coucou*, fressen wie ein junger Kuckuck. Hierher
gehört auch das span. Adjektiv *cuco* in der Bedeutung
„niedlich, zierlich, nett". Daß Tiernamen ohne weiteres als
Adjektiva verwendet werden, ist im Span. und Portug. keine
seltene Erscheinung. (Vgl. span. *mono* „hübsch", *topo* „kurzsichtig", port. *zorro* „schlau".) Auf das Verhalten des Kuckucks

---

*) Ein Analogon hierzu findet sich in der Mundart der Champagne,
wo *cocu* im aktiven Sinne gebraucht wird. (Vgl. Rolland, Faune pop., II,
pag. 89, 15 f.)

**) Nach Rolland, Faune pop., II, pag. 89, 14 ist die Bedeutung dieser
Wörter davon abzuleiten, daß man den Kuckuck hört, ihn aber nicht zu
sehen bekommt, gleichsam als foppe der Vogel den ihn Suchenden.

gegen seine Pflegeeltern, die er nach dem Glauben des Volkes sogar auffrißt, wenn er groß geworden, bezieht sich die Anwendung dieses Vogelnamens auf einen Undankbaren im Deutschen und Franz. (*ingrat comme un coucou*).

Interessant ist es, daß man im Ital. eine gewisse Art von Vogelnetz mit *cuculo* bezeichnet. Der Kuckuck wird in Italien wie so viele andere Vögel des Waldes gegessen, und daher wird ihm fleißig nachgestellt. Man wandte *cuculo* zunächst metonymisch auf ein zum Fange der Kuckucke bestimmtes Netz an (die Vorrichtung benannt nach ihrem Zweck, ein allerdings seltener Fall von Bedeutungswandel), dann wurde das Wort infolge Erweiterung des Bedeutungsumfangs für „Vogelnetz" überhaupt gebraucht.

Im Franz. bezeichnete man die Schwarzwälderuhren mit *horloges à coucou* (auch deutsch „Kuckucksuhren") oder schlechtweg mit *coucous* (pars pro toto) u. zw. deshalb, weil bei den meisten dieser Uhren die Stunden von einem aus dem Uhrgehäuse herausschnellenden Kuckuck ausgerufen wurden. Da diese Art von Uhren jetzt außer Gebrauch ist, so ist es begreiflich, daß mit dem Worte *coucou* gelegentlich der Begriff des Altertümlichen verbunden wird, was sich auch bei seiner Übertragung auf andere Objekte geltend macht. So wird *coucou* zunächst auf einen alten Gesellschaftswagen, der ehemals namentlich zu Sonntagsausflügen benutzt wurde, und dann allgemein auf jeden alten, schlechten Wagen angewendet.

Der Papagei.

Der Name dieses Vogels ist — wie dieser selbst — exotischen Ursprungs. Arab. *babagâh* drang zunächst in die romanischen Sprachen ein und wurde ital. zu *pappagallo* (wohl mit Anlehnung an *gallo* „Hahn"), span. zu *papagayo*, altfrz. zu *papagai*. Von diesem wieder rühren her deutsch **Papagei** und engl. *popinjay*.*) Betreffs des altfrz. *papagai* sei bemerkt, daß dieses Wort im Neufranzösischen sich als *papegai* erhalten

---

*) Mit volksetymologischer Anspielung an *pope* „Papst" und *jay* „Häher". (Vgl. Andresen, Über deutsche Volksetymologie, 5. Aufl., pag. 54.)

hat, allerdings mit beträchtlicher Verengung des Bedeutungsumfanges. Es wird nämlich für den als Schießscheibe dienenden
hölzernen Vogel gebraucht, wohl deshalb, weil dieser ursprünglich die Gestalt eines Papageis hatte. In derselben Bedeutung
gebraucht der Spanier *papagallo* neben *papagayo*. Auch im
Deutschen bezeichnete „Papagei" ursprünglich nur den
Schützenvogel. Den wirklichen Vogel nannte man Sittich
(ahd. *psittich* aus lat. *psittacus*), welches Wort heute noch neben
„Papagei" weiterlebt. (Vgl. Seiler, Die Entwicklung der
deutschen Kultur im Spiegel des deutschen Lehnworts, II,
pag. 114 ff.) Eine andere Benennung des Papageis ist ital.
parrocchetto, frz. *perroquet*, span. *perico*, welche Wörter Diez
sämtlich als Ableitungen von *Petrus* „Peter" auffaßt, wonach
der Papagei „Peterchen" hieße. Für das Spanische, wo
Perico*) tatsächlich Diminutiv von *Pedro* ist, muß man diese
Etymologie ohne weiteres zugeben — Übertragung von Taufnamen auf Tiere ist nichts Seltenes, — allein ital. *parrocchetto* ist wohl davon zu trennen, da es offenbar Diminutiv
von *parroco* „Pfarrer" ist. (Vgl. deutsche Vogelnamen wie
Dompfaff, Mönch, Kardinal, ital. *monachino*, span. *frailecillo*.)
Was frz. *perroquet* betrifft, so ist es zweifelhaft, ob es
dem Italienischen oder Spanischen entlehnt ist. Echt fran-
zösisch hingegen ist das in engl. *parrot* „Papagei" (für
älteres *perrot*) erhaltene *pierrot*, womit in modernem Franz.
jedoch nicht der Papagei, sondern der Sperling bezeichnet
wird. Auch franz. *perroquet* findet sich im Engl., u. zw. als
parrakeet, womit speziell die Langschwanzpapageien bezeichnet
werden.**)

Durch seine auffallende exotische, von den heimischen
Vögeln sich stark abhebende Erscheinung fordert der Papagei
zur Metapherbildung geradezu heraus. Was ihn besonders
charakterisiert, ist seine Fähigkeit, einzelne Wörter wie ganze
Sätze nachzusprechen. Wir haben in allen Kultursprachen
Redensarten, die sich darauf beziehen. So sagt man im
Deutschen p l a p p e r n w i e e i n P a p a g e i, ital. *favellare*

---

*) Mit *loro*, einem Wort malaiischer Herkunft, bezeichnet man im
Span. eine Art kurzschwänziger Papageien mit rotgefärbter Unterseite.

**) In Niederösterreich heißt der grüne Papagei P e r u q u e t l. (Vgl.
Höfer, Die Volksnamen der Vögel in Niederösterreich, pag. 6.)

come un pappagallo, frz. *parler comme un perroquet,* span. *hablar
como un papagayo,* d. h. viel und sinnloses Zeug schwatzen,
da der Papagei die ihm vorgesagten Wörter nur mechanisch
nachsagt. Das Portug. besitzt in derselben Bedeutung ein
von *papagaia* direkt gebildetes *papagaiar.* Auch hat der
Italiener von *pappagallo* das Substantiv *pappagalleria* gebildet,
das sich im Deutschen mit „Nachäfferei" wiedergeben ließe. Da
ferner der Papagei die vorgesagten Wörter nur unvollkommen
nachspricht, so bezeichnet der Italiener eine mangelhafte Aus-
sprache mit *pronuncia pappagallesca.* Charakteristisch ist für
den Engländer der Gebrauch von *popinjay* im Sinne von
„Windbeutel". Dem schweigsamen Engländer sind geschwätzige
Leute besonders verdächtig und er steht nicht an, aus ihrer
Geschwätzigkeit einen ungünstigen Schluß auf ihren Charakter
zu ziehen. (Vgl. im span. Argot *perico* als Bezeichnung eines
liederlichen Frauenzimmers.) Hingegen wird *parrot* im Sinne
von „Nachbeter" gebraucht und das Wort auch als Verbum
verwendet (*to parrot*), wovon die Verbalsubstantiva *parroter*
„Nachbeter", *parrotry* „das Nachbeten", sowie das Adjektiv
parroty „papageienhaft, verständnislos nachplappernd".

Was sonst beim Papagei besonders auffällt, ist sein buntes
Gefieder, daher sagt man im Deutschen von einer in geschmack-
loser Weise bunt gekleideten Frauensperson, s i e s e i d e r
r e i n s t e P a p a g e i und ebenso sagt der Spanier *vestirse de
papagayo,* sich als Papagei, d. h. bunt kleiden. Da die vorherrschende Farbe im Gefieder des Amazonenpapageis, der
bei uns bekanntesten Art, grün ist, so nennt der Franzose in
familiärer Sprache den grünlich schillernden Absinth *perroquet,*
und wenn er ein Gläschen von diesem Getränke geleert hat,
sagt er konsequenterweise, er habe einen Papagei erwürgt
(*étouffer le perroquet*). Auch sonst spielt der Papagei im
Pariser Argot keine unbedeutende Rolle. In Wein getauchtes
Brot wird als „Papageisuppe" (*de la soupe à perroquet*) bezeichnet, da man diesen Vogel gern damit füttert. Eine
krumme Nase heißt mit Bezug auf den stark gekrümmten
Schnabel des Papageis *un nez en bec de perroquet* „eine Papagei-
nase", wozu engl. *parrot - nosed* „papageinasig" ein Analogon
bietet. (Vgl. deutsch „Geiernase".) Die Amsel muß sich die
Bezeichnung *perroquet de savetier* „Schusterpapagei" gefallen

9*

lassen, da der *savetier*, der arme Flickschuster, sich anstatt
des kostspieligen Papageis lieber die bescheidene Amsel hält.
Schließlich sei noch der Gebrauch von ital. *parrocchetto*,
frz. *perroquet*, span. *perico*, *periqueto* als terminus technicus der
Seemannssprache erwähnt. Es wird damit nämlich der Mast
bezeichnet, auf dem der Mastkorb aufgetakelt ist, offenbar
mit Beziehung auf den *bâton de perroquet*, das Stäbchen, auf
dem der gefangene Papagei auf und ab klettert. Das Wort
wurde dann auf die Segelstange und schließlich auf das
Segel selbst übertragen. (Vgl. Hatzfeld - Darmesteter, Dictionnaire général de la langue française unter „*perroquet*".)

Der Wiedehopf.

Der Wiedehopf hat der Sprache zwar wenig Metaphern
geliefert, wohl aber sind die Benennungen dieses Vogels in
den verschiedenen Sprachen von großem Interesse. Die Bezeichnungen des Wiedehopfs sind größtenteils onomatopoetisch,
und zwar beruhen sie auf dem hohlklingenden Paarungsruf
des Vogels. (Vgl. Naumanns Naturgeschichte der Vögel, Bd. IV,
pag. 376, wo man eine Unzahl von dialektischen Benennungen
des Wiedehopfs aus allen möglichen Sprachgebieten zusammengestellt findet.)

Im Ital. ist lat. *upupa* unverändert erhalten, daneben
kommt ein aus dialektisch *bubba* diminutiv gebildetes *bubbola*
vor, womit die span. Bezeichnung des Vogels, *abubilla*, übereinstimmt. Im Span. findet sich auch *putput*, das gleichfalls
auf unmittelbarer Schallnachahmung beruht, ebenso wie frz.
pu(t)put, *huppe*, *dupe* und die englischen Namen *hoopoe*, *hoopoo*,
hoop und *whoop*. (Vgl. Rolland, Faune pop., II, pag. 99 ff.)

Die deutschen Namen für den Wiedehopf bieten lehrreiche
Beispiele für die volksetymologische Umdeutung von Schall-
wörtern. So wurde im Ahd. der Ruf des Vogels zu *witehopfo*
„Holzhüpfer" umgedeutet, auf welche Form unser W i e d e-
h o p f zurückgeht. Ebenso sind die meisten deutschen Dialektnamen dieses Vogels volksetymologische Umbildungen, z. B.
frankfurtisch W i g g ü g e l = Weidenhahn, bayr. W i e s h o p f

= Wiesenhüpfer. (Weitere Beispiele siehe bei Winteler, Naturlaute und Sprache, pag. 26.)

Neben diesen onomatopoetischen Benennungen gibt es noch andere, die sich auf die Lebens- oder genauer Ernährungsweise des Vogels beziehen. Der Wiedehopf holt sich nämlich mit seinem langen, spitzen Schnabel aus dem Kote der Tiere seine Nahrung hervor und steht daher mit Recht im Rufe der Unreinlichkeit. Demgemäß wird er im Deutschen auch S t i n k h a h n oder K o t h a h n genannt, dem die frz. Bezeichnungen *coq puant* und *coq merdeux* entsprechen.*) Mit Bezug auf die Unreinlichkeit dieses Vogels gebraucht der Franzose den Vergleich *sale comme une huppe*, schmutzig wie ein Wiedehopf, wie auch im Deutschen der Name dieses Tieres im Sinne von „Schmutzfink" verwendet wird.**) Da der Wiedehopf regelmäßig vor dem Kuckuck bei uns eintrifft, wird er in einigen Gegenden Deutschlands K u c k u c k s - k ü s t e r , K u c k u c k s b o t e , K u c k u c k s k n e c h t genannt.

Was an dem Vogel besonders auffällt und ihm ein stattliches Aussehen verleiht, ist die große, aufrichtbare, zierliche Federhaube, die er auf dem Kopfe trägt. Darauf beruht frz. *huppé*, „stattlich gekleidet, herausgeputzt, vornehm". *Un monsieur huppé* wird im ironischen Sinne von einem Hochgestellten gebraucht und entspricht ungefähr unserem „hohen Tier". Im ähnlichen Sinne, aber mit einer kleinen Bedeutungsnuance wird *huppé* gebraucht in der Redensart *Les plus huppés y sont pris*, die Sachs in seinem Wörterbuch frei übersetzt mit „die Klügsten fallen hinein". *Huppé* heißt hier wohl eigentlich „der auf seine hohe Stellung, bzw. Klugheit Eingebildete".

Daß frz. *dupe* „Dummkopf" identisch ist mit *huppe*, hat Schuchardt überzeugend nachgewiesen. (Zeitschrift für rom. Philologie, XV, pag. 98 ff.) Übrigens ist gerade im Franz. der Gebrauch von Vogelnamen als Schimpfwörter sehr häufig: vgl. *buse, butor, dinde, grue, linotte oie, serin* etc. Als Ana-

---

*) Mit dieser Eigenheit des Wiedehopfs hängt auch sein Dialektname H e r d e n v o g e l zusammen, er hält sich eben gern in der Nähe von Rinderherden auf. (Vgl. dänisch *haerfugl*.)

**) Nach Naumann, Naturgeschichte der Vögel, Bd. IV, pag. 383 findet sich die Redensart s t i n k e n w i e e i n W i e d e h o p f im Deutschen. Engl. Norweg. und Franz.

logon zu *dupe* ließe sich anführen der österreichisch-dialektische Gebrauch von Hopf = Wiedehopf für einen dummstolzen Menschen. Aus dem Pariser Argot ist hierher zu ziehen *daim huppé* als Bezeichnung eines Geldprotzen. *Daim*, eigentlich „Damhirsch", wird an und für sich wie unser „Hirsch" auf einen beschränkten Menschen angewendet.

Semasiologisch bemerkenswert ist, daß *huppe* metonymisch für die Federhaube gebraucht wird (Ganzes für den Teil; vgl. *goupillon* „Füchslein" für „Fuchsschwanz") und infolge Bedeutungsgeneralisierung überhaupt den Schopf der Vögel bezeichnet. Ein Analogon hierzu bietet. portug. *poupa*, das auch „Wiedehopf" und „Federhaube" bedeutet. Es ist daher nicht absolut notwendig, für *huppe* „Federhaube" Beeinflussung von *houppe* „Troddel, Quaste, Haarbüschel" anzunehmen, wohl aber mag man in den umgeformten Rufnamen *hoppe* (holl.) und Huppet (plattdeutsch) eine Anspielung auf die Federhaube des Vogels sehen. (Vgl. Winteler, Naturlaute und Sprache, pag. 26.)

Auf die große Furchtsamkeit des Wiedehopfs, der bei der geringsten Gefahr in Schrecken gerät, bezieht sich die ital. Redensart *tremare come una bubbola*, zittern wie ein Wiedehopf. Schuchardt (briefl. Mitteilung) bringt diese Redensart in Zusammenhang mit dem onomatopoetischen Zeitwort *bubbolare* (von einem Schallworte *bu bu*), das 1. „donnern", 2. „murmeln", 3. „vor Kälte zittern" bedeutet. Es läge demnach in obiger Redensart eine Kontamination von *bubbolare* „zittern" und *bubbola* „Wiedehopf" vor.

Die Schwalbe.

Deutsch Schwalbe geht zurück auf mhd. *swalwe*, ahd. *swalawa*; es ist verwandt mit engl. *swallow*, das seinerseits auf altengl. *swealwe*, altsächsisch *swala* beruht. Die romanischen Bezeichnungen: ital. *rondine, rondinella*, span. *golondrina*, frz. *hirondelle*, Diminutiv von altfrz. *aronde*, gehen sämtlich auf lat. *hirundo* zurück. Für verschiedene Schwalbenarten wird der Name des heil. Martin gebraucht, so frz. *martinet*, Diminutiv von *martin*, für „Hausschwalbe"; ebenso span. *martinete* für „Uferschwalbe" und engl. *martin* oder *martinet* für „Schwalbe" überhaupt (die Spezialisierung erfolgt durch Vorsetzung eines Substantivs, wie *bank-martin, house-martin* etc.). Auch auf andere Tiere wird dieser Taufname angewendet. So werden im Ital. mit *martinaccio* „häßlicher Martin" die Silbermöwe, der Eisvogel und die Gartenschnecke bezeichnet. Für den Regenpfeifer wird neben *piviere* auch *martinello* (Diminutiv von *martino*) gebraucht. Im Span. heißt der Seeaal *martina*. Der Eisvogel wird span. *martin pescador* „Martin der Fischer", frz. *martin pêcheur* genannt, während im Ital. mit *martin pescatore* ein Seefisch bezeichnet wird. Ein interessantes Beispiel von Bedeutungsspezialisierung ist die Bezeichnung der Schwalbe im Patois von Limousin mit *ozelo* „Vogel", wozu sich in galizisch *avión* (von *avis*) ein Analogon findet. (Vgl. ital., span. *oca*, frz. *oie* „Gans" aus lat. *avica* „Vögelchen".)

Auf das Äußere des Vogels bezieht sich im Deutschen der metaphorische Gebrauch von S c h w a l b e n s c h w a n z, womit man zunächst die spitz zulaufenden Frackschöße und dann metonymisch den ganzen Frack bezeichnet. Die Beziehung auf die langen Schwanzfedern des Vogels liegt auf der Hand. Dieselbe Metapher findet sich im Engl. (*swallow-tail*) und im Ital. (*abito a coda di rondine*), während der Franzose *queue de morue* „Stockfischschwanz" dafür sagt. S c h w a l b e n s c h w a n z ist übrigens auch die Bezeichnung eines Schmetterlings mit geschwänzten Hinterflügeln: engl. *swallow-tail*, frz. *queue d'hirondelle*. Ferner ist frz. *martinet* hier zu nennen als Bezeichnung eines Leuchters mit schwalbenschwanzartigem Griffe.

Die Schwalbe ist ein sehr beliebter Vogel und erfreute sich schon bei den Alten großer Sympathie, wie aus dem Gebrauche von *hirundo* als Liebkosungswort (bei Plautus) hervorgeht. Unsere Vorliebe für die Schwalbe mag wohl zum großen Teile auf dem Umstande beruhen, daß ihr Kommen ein Anzeichen der schönen Jahreszeit ist, und sie somit als Frühlingsbote gilt.[*]) Hierauf bezieht sich das allen Kultursprachen geläufige Sprichwort: E i n e   S c h w a l b e   m a c h t

---

[*]) Bei den Engländern heißt der 15. April *swallow-day* „Schwalbentag".

noch keinen Sommer, d. h. ein Beispiel macht noch keine
Regel. Engl.: *One swallow does not make a summer*. Ital.:
Una rondine non fa primavera. Frz.: *Une hirondelle ne fait pas
le printemps*. Span.: *Una golondrina no hace verano*. Dieses
Sprichwort beruht auf der 304. Fabel des Äsop „Der ver-
schwenderische Jüngling und die Schwalbe", wo erzählt wird,
wie ein Jüngling, der seine Habe bis auf den Mantel vertan,
auch diesen verkaufte, als er die erste Schwalbe heimkehren
sah. Danach aber fror es noch so, daß die Schwalbe starb
und der frierende Verschwender ihr Worte des Zornes über
die Täuschung nachrief. (Vgl. Büchmann, Geflügelte Worte,
pag. 411 ff.) Auf die Schwalbe als Frühlingsvogel bezieht
sich auch ital. *fico rondinino* „Schwalben-, d. h. Frühfeige".
Treffend bezeichnet der Pariser die italienischen Kastanien-
händler und savoyardischen Schornsteinfegerjungen, die im
Winter nach Paris kommen, um daselbst ihr Brot zu verdienen, mit *hirondelles d'hiver* „Winterschwalben". Ebenso werden
die aus der Provinz angekommenen Arbeiter gern *hirondelles*
genannt. (Bei uns heißen die im Frühling eintreffenden ital.
Arbeiter „Schwalben".) Auf den Zugvogelcharakter der
Schwalbe bezieht sich ferner span. *golondrino* als Bezeichnung
eines unsteten Menschen; im Soldatenargot wird dieses Wort für
einen Deserteur gebraucht. Dem Deutschen „Der Vogel ist ausgeflogen" entspricht im Span. *Voló el golondrino*, das Schwälb-
chen ist fort. Das unermüdliche Hin- und Herschießen der
Schwalbe in der Luft*) erklärt die Verwendung des Wortes
für Leute, deren Beruf es mit sich bringt, beständig von
einem Ort zum anderen zu wandern. So werden im Pariser
Argot Handlungsreisende und Mietkutscher *hirondelles* genannt.
Der Gendarm muß sich sogar die Bezeichnung *hirondelle de
potence* „Galgenschwalbe" gefallen lassen. Hierher zu ziehen
ist auch ital. *rondone* „Mauerschwalbe", womit der Italiener
einen Pflastertreter bezeichnet. Überhaupt gilt die Schwalbe
dem Italiener als Sinnbild der Lebhaftigkeit und Raschheit,
daher er von einer flinken Person gern sagt, sie sei behende
wie eine Schwalbe (*essere vispo, lesto come una rondine*). Auf

---

*) Speziell auf die Hausschwalbe, die gern durchs Fenster ein- und
ausfliegt, spielt an die ital. Redensart *fare la via delle rondini*, den Weg
der Schwalben machen, d. h. durchs Fenster steigen.

den Zugvogelcharakter der Schwalbe spielt ferner an das frz. Sprichwort: *Ami par intérêt est une hirondelle sur le toit,* ein egoistischer Freund ist eine Schwalbe auf dem Dache, d. h. man kann auf ihn nicht zählen, denn er kann einen jeden Augenblick verlassen geradeso wie die Schwalbe.

Auf einem Vergleich der zu einem Backenstreich ausholenden Hand mit der die Luft in raschem Fluge durchschneidenden Schwalbe beruht im Deutschen der allerdings landschaftlich beschränkte Gebrauch von S c h w a l b e für „Ohrfeige" (vgl. „Wachtel"). Sieht man genau zu, so liegt hier eigentlich eine Metonymie vor, indem die Ursache für die Wirkung gesetzt erscheint.

Wenn der Pariser von einem, bei dem es nicht recht richtig zu sein scheint, sagt: *Il a une hirondelle dans le soliveau,* er hat eine Schwalbe unter dem Dach, so vergleicht er dabei die wirren Gedanken mit der hin- und herschwirrenden Schwalbe. Man vergleiche damit die deutsche, im selben Sinne gebrauchte Redensart „einen Vogel haben".

Die Schwalbe gilt vielfach im Gegensatze zur Eule als glückbringender Vogel,[*] worauf im Ital. des 16. Jahrhunderts die Redensart *andar di rondone* im Sinne von „gut ausfallen" beruht (*rondone* = Mauerschwalbe).

Auf das fröhliche Gezwitscher der Schwalbe bezieht sich das deutsche „s c h w ä l b e l n", d. h. schwatzen, plaudern.

Die Drossel (Amsel).

Deutsch D r o s s e l aus mhd. *dröschel,* ahd. *droscala, drosca* ist verwandt mit engl. *throstle* aus altengl. *þrostle.* Eine zweite Form *thrush* geht auf altengl. *þrysce* zurück. Darauf beruht auch frz. *trôle.*

Eine spezielle Bezeichnung für die Schwarzdrossel ist deutsch A m s e l[**] aus ahd. *amsala,* verwandt mit engl. *ousel*

---

[*] Man denke an den sagenhaften Schwalbenstein (*celidonia*), der Augenübel heilt. — Ein Schwalbennest zerstören gilt in den meisten Ländern als Sacrileg. Im Dép. der Charente heißt die Schwalbe *poule de Dieu* „Gotteshuhn". (Vgl. Rolland, Faune pop., II, pag. 317 ff.)

[**] S c h w a r z a m s e l oder D r e c k a m s e l wendet man im pfälzischen

„Amsel" aus altengl. ósle (ós ist entstanden aus ǫms, ams).
Das gewöhnliche Wort für „Amsel" im Engl. ist jedoch *blackbird* „schwarzer Vogel". Vögel werden in allen Sprachen
gern nach der Farbe des Gefieders benannt. Die romanischen Benennungen der Drossel gehen sämtlich auf lat. *turdus*
zurück: ital., span. *tordo*, frz. *tourd, tourde. Tourd* bezeichnet
übrigens auch einen Fisch, den „grünen Klippfisch". Daneben existiert im Franz. *grive*, dessen Etymologie jedoch noch
nicht feststeht. Nigras Hypothese, daß *grive* das Fem. von
altfrz. *griu* „griechisch" sei, ist wohl aus semasiologischen
Gründen zurückzuweisen. Wie käme die Drossel, die über
ganz Europa verbreitet ist, dazu, die „Griechin" genannt zu
werden? Nigra selbst äußert sich auffallenderweise mit
keinem Worte darüber. Die romanischen Bezeichnungen für
die Amsel, ital. *merla, merlo*, span. *mierlo, mirla*, frz. *merle*
beruhen auf lat. *merula*, worauf wahrscheinlich auch die
romanischen Benennungen des Stockfisches: ital. *merluzzo*, span.
merluza, frz. *merluche* (*merlan* bedeutet „Weißling") zurückgehen.

Da das Äußere der Drossel nichts Auffallendes hat, so
kommt dasselbe für den metaphorischen Gebrauch dieses Vogelnamens wenig in Betracht. Nur auf die Färbung des Gefieders beziehen sich einige Metaphern. So bezeichnet man
im Span. mit *caballo tordo* ein drosselgraues Pferd; ebenso
spricht man im Franz. von einem *gris tordille* „Drosselgrau"
(aber nur mit Bezug auf Pferde).

Auch das schwarze Gefieder der Amsel lieferte eine
Metapher — im engl. Cant nannte man nämlich die gefangenen Neger am Bord eines Sklavenschiffes *blackbirds*
„Amseln". Das Wort wurde im metaphorischen Sinne sogar zeitwörtlich gebraucht, indem auf das Einfangen der
Neger der Ausdruck *to blackbird* angewendet wurde. Wie
man im Deutschen von einem „weißen Raben" spricht und
damit etwas sehr Seltenes meint, so wendet der Franzose die
weiße Amsel als Symbol des Seltenen an in der Redensart *être
rare comme un merle blanc*, selten sein wie eine weiße Amsel.
(Die weiße Färbung ist bei der Amsel ebenso wie beim Raben

Dialekt auf einen schmutzigen Menschen, sowie auf ein brünettes Mädchen
an. H a a r a m s e l ist eine scherzhafte Bezeichnung der Laus. (Vgl. Heeger,
Tiere im pfälzischen Volksmund, 2. Teil, pag. 11, § 24, 9.)

eine Anomalie, die auf der pathologischen Erscheinung des Albinismus beruht.)

Sehr verschieden ist die Auffassung von den geistigen Fähigkeiten der Drosseln. Die Naturgeschichte schildert uns die der Drosselgattung angehörigen Vögel als sehr intelligente Tiere und in Übereinstimmung damit wird im Ital. *merlo* (verstärkend: *dal becco giallo* „mit gelbem Schnabel") und im Franz. *fin merle* auf einen schlauen, verschmitzten Menschen angewendet. Hierauf bezieht sich auch die ital. Redensart *canta merlo!* Sing nur, Amsel! mit welchem Zuruf man einem schlauen Verführer zu verstehen gibt, daß man seine Absichten durchschaut und sich durch seine Überredungskünste nicht fangen läßt. Im direkten Widerspruche zu dieser Auffassung steht ital. *tordo* als Bezeichnung eines unpraktischen oder geistig beschränkten Menschen sowie ital. *merlone, merlotto* (jenes Augmentativ, dieses Diminutiv von *merlo*) oder *merlo grullo*, dem etwa unser „Einfaltspinsel" entsprechen würde. (Davon abgeleitet *merlotaggine* „Dummheit".) Analog nennt der Franzose einen dummen Menschen gern *beau merle* „schöne Amsel". Hierher gehört ferner die ital. Redensart *dar la caccia ai merli*, auf die Amseln Jagd machen, was man auf Mädchen anwendet, die sich ihre Liebhaber auf der Straße suchen.*) (Vgl. engl. *to go out sparrow-catching*, auf die Spatzenjagd gehen.) Von pessimistischer Auffassung zeugt auch der Gebrauch des deutschen D r o s s e l als verächtlicher Bezeichnung für ein altes Weib (dialektisch a l t e T r u t s c h e l), wozu wir in frz. *vilain merle* „garstige Amsel", das auf einen widerwärtigen Menschen angewendet wird, ein Seitenstück finden.

Auf die große Lebhaftigkeit der Drossel, die vom frühen Morgen bis zum späten Abend immer in Bewegung ist und schier unermüdlich scheint, bezieht sich eine Reihe von Metaphern. Bedeutet doch *tordo loco*, die Bezeichnung der Schwarzdrossel im Span., wörtlich „verrückte Drossel" mit unverkennbarer Anspielung auf die außerordentliche Munterkeit der Amsel. Hierauf ist möglicherweise zurückzuführen die frz. Redensart *être soûl comme une grive*, betrunken sein wie eine

---

*) In oberitalienischen Dialekten wird mit *merlo* das männliche Glied bezeichnet, wohl mit obscöner Anspielung auf das Einfangen in den Käfig.

Drossel, die auf einer Metonymie beruhen würde, indem nach
einem leicht begreiflichen Analogieschluß als Ursache der
Lustigkeit Trunkenheit angenommen würde. Rolland hingegen (Faune pop., II, pag. 235) führt diese Redensart auf
die Vorliebe der Drosseln für die Weintrauben zurück und
weist auf eine veraltete Bedeutung von *grive* hin = *personne
qui a trop bu ou trop mangé*, jemand, der zu viel getrunken
oder gegessen hat. (Vgl. ital. *grasso come un tordo*, fett wie
eine Drossel.) Ein Analogon hierzu findet sich in der deutschen Studentensprache des 16. Jahrhunderts, wo man für
„Bierzecher" auch B i e r a m s e l sagte. Von *grive* abgeleitet
ist *grivois*, das in der Bedeutung von „lustig, schlüpfrig" gebraucht wird und auch substantivisch auf einen lustigen
Menschen angewendet werden kann. Anders erklärt Nigra
die Herkunft von *grivois* (Archivio glottologico, XV, pag. 116).
Die Drosseln, bzw. Amseln, sind aber nicht nur lustige, sondern
auch dreiste Vögel, worauf der Gebrauch von frz. *grivoise* als
Bezeichnung einer etwas zu resoluten Frauensperson beruht.
Eine günstigere Beurteilung findet das ungenierte Wesen der
Amsel in der frz. Redensart *être franc comme une merle*, offen-
herzig sein wie eine Amsel. Brehm nennt den Vogel sogar
„freisinnig", was zu frz. *franc* trefflich stimmt. Speziell auf
die Amsel als Singvogel bezieht sich im Deutschen die Redensart w i e e i n e A m s e l, d. h. schön s i n g e n. Auf die Unermüdlichkeit dieses Vogels im Gesange spielt der Franzose
an in den Redensarten *siffler, jaser comme un merle*, wie eine
Amsel (deutsch: Staarmatz) pfeifen, schwätzen.

Einigen Drosselarten stellt man ihres schmackhaften
Fleisches wegen eifrig nach. Vor allem gilt der Krammetsvogel als ein Leckerbissen, wie erhellt aus dem frz. Sprichwort *faute de grives**) *on mange des merles*, wenn man keine
Krammetsvögel hat, so ißt man Amseln, wofür man im Deutschen derber sagt: In der Not frißt der Teufel Fliegen. Eine
ähnliche Redensart findet sich im Ital., wo es von einem,
der bald in Überfluß, bald in Elend lebt, heißt: *Ora a tordi,
ora a grilli*, bald lebt er von Krammetsvögeln, bald von
Grillen. Wenn der Italiener von einem, der Maulaffen feil-

---

*) *grive* bezeichnet speziell die Wachholderdrossel (Krammetsvogel).

hält, sagt: *Aspetto il merlo,* er wartet auf die Amsel, so meint er damit natürlich auch eine gebratene Amsel. Im Deutschen tritt an Stelle der Amsel die Taube, im Franz. die Lerche. (S. bei „Lerche" pag. 160.) Von dem Drosselfang hergenommen ist die im 16. Jahrhundert gebräuchliche ital. Redensart *schiacciare il capo al tordo,* der Drossel den Kopf zerdrücken, d. h. einen Schlag ausführen, einer Sache ein Ende machen.*) Hierher gehört auch der frz. Ausdruck *dénicheur de merles* „Ausnehmer von Amseln" für einen Glücksritter. Die Amseln werden hier mit dem unlauteren Gewinn verglichen, auf den es der *chevalier d'industrie* abgesehen hat.

Die Nachtigall.

Deutsch **N a c h t i g a l l** aus mhd. *nahtegal,* ahd. *nahtigalu,* dem engl. *nightingale* aus altengl. *nightegala* entspricht, bedeutet „Nachtsängerin". Der erste Bestandteil des Wortes ist ohne weiteres klar, der zweite geht auf altgerm. *galan* „singen" zurück. (Vgl. hiermit die griechische Bezeichnung für „Nachtigall", *ἀηδών* von *ᾄδειν* „singen".) Die romanischen Namen für diesen Vogel: ital. *usignuolo,* frz. *rossignol,* span. *ruiseñor* beruhen sämtlich auf lat. *lusciniola* (Dim. von *luscinia*).

Die Nachtigall ist namentlich durch ihren schönen Gesang bekannt, was im Deutschen und Engl., wie oben gezeigt wurde, im Worte selbst zum Ausdruck kommt. Daher vergleicht man gern eine gute Sängerin mit einer Nachtigall. **S i e s i n g t w i e e i n e N a c h t i g a l l** ist das höchste Lob, das man einer Sängerin zollen kann. So auch im Franz.: *C'est un rossignol, elle a une voix de rossignol, elle a des rossignols dans la gorge,* das ist eine Nachtigall, sie hat eine Stimme wie eine Nachtigall, sie hat Nachtigallen in der Kehle. *Rossignoler* heißt geradezu „schön singen" und analog bildet der Engländer von

---

*) Rolland, Faune pop., II, pag. 236, zitiert ferner *fare che il tordo non dia dietro,* machen, daß die Drossel nicht zurückweicht, *non ne passa ogni giorno di questi tordi,* solche Drosseln ziehen nicht alle Tage vorüber, *il tordo è andato nella ragna,* die Drossel ist ins Netz gegangen, *pigliar due tordi ad una pania,* zwei Drosseln mit einem Leim fangen (vgl. deutsch zwei Fliegen mit einem Schlag).

nightingale nightingalise, ein allerdings selten gebrauchtes Wort. Da die Nachtigall durch ihren schönen Gesang alle Herzen gewinnt, so sagt man im Franz. von einem Weibe, das viele Eroberungen macht: *C'est un rossignol*, auch wenn dies mit anderen Mitteln als mit dem Gesange geschieht (Bedeutungserweiterung). Auch im folgenden Sprichwort erscheint die Nachtigall als Symbol des Sängers, bzw. der Sängerin: *Quand le rossignol a vu ses petits, il ne chante plus*, wenn die Nachtigall ihre Kinder gesehen hat, singt sie nicht mehr, d. h. hat man erst Kinder, ist's mit dem sorglosen Leben vorbei. Dieses Sprichwort beruht übrigens auf einer ganz richtigen, von der Naturgeschichte bestätigten Beobachtung. Im ironischen Sinne bezeichnet man im Franz. einen schlechten Sänger als *rossignol d'Arcadie*, arkadische Nachtigall. Ein Analogon hierzu findet sich in ital. *usignuolo di maggio* „Mainachtigall", einer scherzhaften Bezeichnung des Esels. Ähnlich nennt der Franzose das Schwein *rossignol à glands* „Eichelnachtigall", mit Anspielung auf die Lieblingskost dieses Tieres. Auf den schönen Gesang der Nachtigall bezieht sich ferner der Gebrauch dieses Vogelnamens als Epithetons für Dichter. So nannte man z. B. Luther mit Anspielung auf seine geistlichen Lieder die „Nachtigall von Wittenberg", Hans Sachs die „Nürnberger Nachtigall". Auch auf Gedichte selbst wurde diese Metapher metonymisch angewendet. Die 1822 edierten „Neuen Lieder" von Hoffmann von Fallersleben betiteln sich „Schöneberger Nachtigall". (Vgl. Sachs, Zusammenhang von Mensch und Tier, Neuphil. Zentralbl. 1904, pag. 165.)

Im Franz. hat *rossignol* noch verschiedene andere Bedeutungen, wie „Dietrich", „schlechte, alte Ware", „alte Jungfer", die mit dem Grundbegriff des Wortes in keinem Zusammenhang zu stehen scheinen. Gleichwohl lassen sie sich alle von der eigentlichen Bedeutung ableiten, wie im folgenden gezeigt werden soll. Von „Nachtigall" zu „Dietrich" ist ein großer Sprung und dennoch ist die zweite Bedeutung aus der ersten unmittelbar hervorgegangen. *Rossignol* für „Dietrich" war offenbar ursprünglich ein Ausdruck der *langue verte*, des Verbrecherargots, der in kühnen und originellen Metaphern Unglaubliches leistet. Tatsächlich gehört der Dietrich zu den unentbehrlichen Werkzeugen des Einbrechers. Wenn dieser nun seinen Nachschlüssel, mit dem er vorzugsweise in der Nacht arbeitet, „Nachtigall" nennt, so ist das tertium comparationis zweifelsohne die Nacht, während welcher sich die Nachtigall im Gesange betätigt. Verdankt doch auch im Deutschen der Nachschlüssel die Bezeichnung „Dietrich", was eigentlich ein *nomen proprium* ist, dem Gaunerwitz, der diesem Instrument noch andere Taufnamen, wie „Peterchen" und „Klaus", beilegt. (Vgl. Waag, Bedeutungsentwicklung unseres Wortschatzes, pag. 163.) Ein Dietrich ist kein besonders wertvoller Gegenstand und so wurde das Wort, indem es den Umfang seiner Bedeutung erweiterte, zur Bezeichnung wertloser und daher schwer an den Mann zu bringender Waren. Auf Personen übertragen, gelangte es schließlich zur Bedeutung „alte Jungfer", wobei das „schwer an den Mann bringen" wörtlich zu verstehen ist.

Nichts mit dem Vogel zu tun hat im Engl. *nightingale* als Bezeichnung einer Art von Krankenhemden aus Flanell. In diesem Falle ist *nightingale* ein zum appellativum gewordenes nomen proprium. (Vgl. deutsch Heller, Kaiser, frz. *renard*, *calepin* etc.) Diese Hemden sind nämlich nach einer Dame, *Florence Nightingale*, benannt, die sich im Krimkriege als Krankenpflegerin hervortat.

Der Rabe.

Deutsch R a b e *) geht zurück auf mhd. *rabe*, ahd. *rabo*. Daneben existiert im Mhd. eine Form *raben*, die im Ahd. *raban* oder *hraban* lautet. Hierzu gibt es eine verkürzte Doppelform, mhd. *ram*, ahd. *hram*, die noch in den Taufnamen B e r t r a m und W o l f r a m erhalten ist.**) Mit R a b e verwandt ist engl. *raven*, das auf altengl. *hraefn* beruht. Eine Nebenform zu Rabe ist R a p p e, womit man im Nhd. ein schwarzes Pferd bezeichnet, das ursprünglich nur eine oberdeutsche Scheideform zu mitteldeutsch „Rabe" ist. Hier-

---

*) Nach Brehm Schallwort vom Rufe des Vogels (*raab*).

**) Außerdem in westpfälzisch R a m m, sowie in den Ortsnamen R a m b e r g, R a m s t e i n. (Vgl. Heeger, Tiere im pfälz. Volksmunde, 2. Teil, pag. 10, § 24, 8.)

her gehört ferner **Rappe** als Bezeichnung einer schweize-
rischen Münze im Werte von fünf Centimes. Der heute rätselhaft scheinende Zusammenhang mit **Rabe** ergibt sich sofort,
wenn man weiß, daß diese zuerst in Freiburg i. B. geprägte
Münze ursprünglich einen Vogelkopf trug. Dieses Wort ist,
wie übrigens auch andere Münzbezeichnungen, z. B. Gulden,
Krone, ein lehrreiches Beispiel für den durch die Anpassung
an die Kulturverhältnisse geschaffenen Bedeutungswandel.
(Vgl. Waag, Bedeutungsentwicklung unseres Wortschatzes,
pag. 181.) — Die romanischen Bezeichnungen für „Rabe" beruhen sämtlich auf lat. *corvus:**) ital. *corvo*, span. *cuervo*, frz.
corbeau = *corbellus* (Dim. von *corbus* = *corvus*).

Die große Verbreitung dieses Vogels, der nahezu in ganz
Europa zu finden ist, erklärt zur Genüge die wichtige Rolle,
die er in der Phraseologie der modernen Kultursprachen spielt.
Beginnen wir mit den auf das Äußere des Raben bezüglichen
Metaphern, so finden wir zunächst, daß die glänzendschwarze
Farbe seines Gefieders in allen hier zur Behandlung gelangen-
den Sprachen verwertet ist. Die **rabenschwarzen****) Haare
finden ein Analogon in engl. *raven-locks* „Rabenlocken", wie
auch häufig *raven-black* „rabenschwarz" gebraucht wird. Ebenso
geläufig ist diese Metapher den romanischen Sprachen. *Niger
tamquam corvus*, schwarz wie ein Rabe, sagten schon die Römer
und ebenso gebraucht heutzutage der Italiener *nero come un
corvo,****) der Franzose *noir comme un corbeau. Ala di corvo* „Raben-
flügel" ist im Ital. die Bezeichnung einer schwarzen Farben-
sorte. Hierber zu ziehen ist gleichfalls das span. Sprichwort: *No
puede ser el cuervo más negro que las alas*, der Rabe kann nicht
schwärzer sein als seine Flügel, d. h. ein größeres Unglück
kann nicht mehr geschehen. Eine adjektivische Weiterbildung
von ital. *corvo* liegt vor in ital. *corvino:* z. B. *chioma corvina*
„Rabenhaar". So beruht auch der Gebrauch von **Rappe**,
einer ursprünglichen Nebenform von **Rabe**, für ein schwarzes
Pferd auf einer Metapher, bei der das tertium comparationis

---

*) Schallwort vom Rufe *kiork, kolk*, wovon auch deutsch **Kulkrabe**,
Kolkrabe. (Vgl. Winteler, Naturlaute und Sprache, pag. 14.)
) Verstärkt **kohlrabenschwarz.
***) Im Venezianischen sagt man: *El non vederia un corvo in un cadin
de latte*, er würde einen Raben in einer Schüssel Milch nicht sehen.

eben die schwarze Farbe ist. Da mit dem Raben der Begriff
dieser Farbe unzertrennlich verknüpft ist, so wurde d e r
w e i ß e R a b e zum Symbol des Seltenen, Unerhörten. (Weiße
Raben sind, worauf bereits bei der Amsel hingewiesen wurde,
Anomalien und daher äußerst selten.) Schon bei Juvenal 7, 202
finden wir den *corvus albus* als Bezeichnung für einen Aus-
nahmemenschen. (Vgl. Büchmann, Gefl. Worte, pag. 502.)
Dementsprechend sagt man im Ital.: *Una cosa è più rara dei
corvi bianchi*, eine Sache ist seltener als die weißen Raben.
Im selben Sinne wird im Deutschen diese Metapher gebraucht.
Im Franz. tritt — wie andernorts gezeigt wurde — an Stelle
des weißen Raben die weiße Amsel, *le merle blanc*. (Vgl.
Rolland, Faune pop., II, pag. 111 ff.) E i n e n R a b e n w e i ß
w a s c h e n heißt im Schweizerdeutsch: etwas Unmögliches
versuchen. Hierher zu ziehen ist auch das deutsche Sprichwort: E s h i l f t k e i n B a d a m R a b e n. (Vgl. engl.: *Crows
are none the whiter for washing themselves*, Krähen werden nicht
weißer, wie sehr sie sich auch waschen.)

Auf den starken, gekrümmten Schnabel des Vogels be-
zieht sich der Gebrauch von lat. *corvus* als Bezeichnung einer
Stange mit Widerhaken, die die Alten bei Belagerungen zum
Einbrechen von Mauern benutzten. Daher frz. mit dem Bei-
satz *démolisseur* „Zerstörer". Neben *corvus* wird für diese
Belagerungsmaschine *grus* „Kranich" gebraucht, da dieser
Vogel auch einen kräftigen Schnabel hat.

Früher bezeichnete man im Franz. mit *corbeau* eine
Enterbrücke, wozu das ital. *becco corvino* „Rabenschnabel" als
Benennung des Enterhakens ein Analogon bietet. Hierher zu
ziehen ist ferner frz. *bec-de-corbin* oder *bec-de-corbeau*, womit die
Splitterzange der Wundärzte bezeichnet wird. Im Deutschen
wird R a b e n s c h n a b e l gleichfalls in diesem Sinne gebraucht.

Da der Rabe ein großer Freund von Aas ist, so wird er
als zur Umgebung von unbeerdigten Leichen gehörig betrachtet
und erscheint geradezu als Leichenvogel. Darauf nimmt Bezug das ital. Sprichwort: *I corvi volano dove sono le carogne*,
die Raben fliegen dorthin, wo Aas ist. Im Deutschen tritt der
Geier, der ebenfalls ein aasfressender Vogel ist, an Stelle
des Raben: Wo Aas ist, da sammeln sich die Geier. Auf
dieser Eigenheit des Raben beruht auch die Bezeichnung eines

aufgemauerten Richtplatzes mit **Rabenstein**, dem wörtlich
engl. *ravenstone* entspricht. Daher wird **Rabenaas** im
Deutschen als Schimpfwort gebraucht. (Vgl. den griechischen
Fluch εἰς κόρακας sowie das deutsche Sprichwort: **Was den
Raben gehört, ertrinkt nicht.**) Hingegen ist es bei
dem Gebrauch von ital. *corvo,* frz. *corbeau,* span. *cuervo* als
Spitzname für Priester zweifelhaft, ob sich diese Metapher auf
die schwarze Tracht oder auf die wichtige Rolle bezieht, die
der Priester bei der Beerdigung spielt.*) Möglicherweise haben
beide Momente bei der Bildung dieser Metapher mitgewirkt. Im
Franz. werden auch die Leichenträger *corbeaux* genannt. Bei uns
nennt man sie „Leichenvögel", wobei man wohl an Raben denkt.
Im Engl. ist hier an Stelle des Raben die in England viel
häufigere Krähe (*crow*) getreten. Diese pessimistische, jedoch
immerhin auf dem wirklichen Wesen des Tieres beruhende
Auffassung hat ihre Wurzeln in altgermanischer Zeit, wo der
Rabe als mythischer Vogel galt. Ist er doch der stete Begleiter Odins, mit dem er in die Schlacht zieht, wo er sich
vom Blute der Gefallenen nährt. Hierher zu ziehen ist auch
die Bezeichnung „Galgenvogel" für Rabe in einigen Gegenden
der Schweiz und Österreichs.

    Das heisere Gekrächze des Raben, das eine gewisse
Mannigfaltigkeit von Tönen aufweist, sowie seine außerordentliche Intelligenz — man vergleiche die deutsche
Metapher **ein weiser Rabe** — machen es begreiflich,
daß die Alten ihm die Gabe der Weissagung zuschrieben,
u. zw. galt er nicht als Unglücksvogel schlechtweg, es
wurden vielmehr sein Flug und Gekrächze zur Rechten
als glückverkündend gedeutet. Bei den modernen Kultur-
völkern wird der Rabe ähnlich der Eule vorzugsweise als
Unglücksvogel betrachtet, u. zw. wohl wegen der ihm anhaftenden Leichenatmosphäre. (Siehe weiter oben.) So nennt
man im Deutschen den Überbringer schlechter Botschaften
einen **Unglücksraben** und in demselben Sinne spricht der
Italiener von einem *corvo delle male nuove,* der Franzose
von einem *corbeau de mauvais augure.* (Vgl. den deutschen

---

*) In der Languedoc glaubt man, daß die schlechten Priester nach
ihrem Tode Raben werden und die Nonnen Krähen. (Vgl. Rolland, Faune
pop., II, 117, 8.)

Spruch: Rab' auf dem Dach, Fuchs vor der Tür, hüt' sich Mann und Roß dafür.) Überhaupt gilt der Rabe als ein Ausbund aller schlechten Eigenschaften, was im Deutschen zum Ausdruck gelangt in dem anderen Tieren gegenüber gebrauchten Schimpfwort Rabenvieh. So macht z. B. die deutsche Hausfrau ihrer Entrüstung über die Katze, die ihr ein Stück Fleisch gestohlen, mit diesem kräftigen Worte Luft, wobei das tertium comparationis hauptsächlich in dem Begriff des Stehlens liegt, da der Rabe als diebischer Vogel mit Recht verschrieen ist. Er stiehlt wie ein Rabe, sagt man im Deutschen von einem frechen Dieb. (Vgl. frz. *voler comme une chouette*.)

Wichtig für die Metaphorologie des Raben ist die Rolle, die der Vogel in der Bibel spielt. Auf dieser beruht zum großen Teil die mittelalterliche Tiersymbolik, die in der Sprache manche Spuren hinterlassen hat. Die in der heiligen Schrift vom Wesen des Raben vorherrschende Auffassung ist eine pessimistische. Da ist vor allem der Rabe Noahs, der von seinem Herrn aus der Arche als Kundschafter ausgesandt wird, sich am Aase gütlich tut und darüber das Wiederkommen vergißt. (Vgl. frz. *ne pas revenir comme le corbeau de l'arche*, nicht wiederkommen wie der Rabe der Arche.) Hierauf beruht im Ital. die Redensart *aspettare il corvo*, den Raben erwarten, d. h. vergeblich auf jemd. warten. Ebenso wünscht der Spanier einem unliebsamen Gaste beim Abschiede die *ida* (Abreise) *del cuervo* an. (Dieser Zug von der Unverläßlichkeit des Raben findet sich in der griechischen Mythologie wieder.) Auch sonst ist in der Bibel vom Raben mehrfach die Rede; so beschuldigt z. B. der gottesfürchtige Hiob den Raben, daß er die Jungen aus dem Neste werfe. Ebenso heißt es in einem Psalme Davids: Gott gibt den jungen Raben, die zu ihm schreien, ihr Futter. Die mittelalterliche Symbolik erblickte in dem herzlosen Verhalten der alten Raben den Ausdruck des Unwillens darüber, daß die Jungen mehr weiß als schwarz zur Welt kommen. Diese würden aber auf das liebevollste gepflegt, sobald sie gefiedert seien. (Vgl. Kolloff, Die sagenhafte und symbolische Tiergeschichte des Mittelalters in Raumers Histor. Taschenbuch 1867, pag. 239 ff.) In Wirklichkeit ist gerade das Umgekehrte der Fall. Die alten

10*

Raben hegen und pflegen ihre Jungen so lange, als sie noch
nicht flügge sind. Sie werfen sie aber nach Raubvögelart
aus dem Neste, sobald sie ausgewachsen sind. (Vgl. Zell,
Tierfabeln, Anhang, pag. 84.) Hierauf gründet sich im Deutschen der Gebrauch von Rabenvater und Rabenmutter,
bzw. Rabeneltern für lieblose Eltern.

Die umgekehrte Auffassung, nach welcher der junge
Rabe als Symbol der Lieblosigkeit und des Undanks gegen
die Eltern erscheint, ist vertreten in dem deutschen Sprichwort: Erziehst du dir einen Raben, so wird er
dir ein Aug' ausgraben, wozu sich Analoga in den
romanischen Sprachen finden. So lautet es ital.: *Nutrisci il corvo,
alla fin ti caverà gli occhi*, span.: *Cria cuervos y te sacarán los
ojos*, franz.: *Nourris un corbeau, il te crèvera l'œil*. Auch das
Deutsche schließt sich mit Metaphern wie Rabensohn und
Rabentochter (im Gegensatz zu „Rabenvater", „Rabenmutter") dieser Auffassung an, die auf der Verquickung zweier
verschiedener Tiersagen beruht. Vom Raben berichtet nämlich
die Tiersymbolik im Anschluß an die Salomonischen Sprichwörter, daß er mit Vorliebe nach den Augen hacke. Hingegen erzählt sie vom Geier, der auch ein Raubvogel ist
und daher viele Züge mit dem Raben gemein hat, daß sich
die Jungen an den alt und schwach gewordenen Eltern für
die ihnen zuteil gewordene grausame Behandlung rächen,
indem sie sie ohne weiteres töten. Direkt an die Stelle des
Geiers tritt der Rabe in dem lat. Sprichwort: *Mali corvi malum
ovum*, von schlechtem Raben schlechtes Ei. Analoga bieten
die romanischen Sprachen: Ital. *Di mal corvo mal uovo*,
span. *Cual el cuervo, tal su huevo*, franz. *De mauvais corbeau
mauvais œuf*. Im Deutschen heißt es generalisierend: Schlechter
Vogel, schlechtes Ei, aber schwäbisch: Üble Raben, üble
Eier. Im Engl. übernimmt die nahverwandte Krähe die
Rolle des Raben: *Like crow, like egg*, wie die Krähe, so das
Ei. Im Gegensatz zu dieser ungünstigen Auffassung erscheint
der Rabe in der Bibel einmal als Helfer in der Not. Er
bringt im Auftrage Gottes dem Propheten Elias in der
Wüste sein tägliches Brot. Daß gerade dem Raben diese
Rolle übertragen wurde, ist kein Zufall, sondern beruht auf
scharfer Naturbeobachtung, denn bei der unersättlichen Freß-

gier der jungen Raben müssen die Eltern unaufhörlich darauf bedacht sein, ihnen Nahrung zu verschaffen. Mit Bezug auf diesen biblischen Raben gebraucht der Spanier die Redensart *viene el cuervo*, es kommt der Rabe, im Sinne von: „Die Hilfe naht." Auch im Deutschen findet sich manchmal „Rabe" ähnlich gebraucht. (Vgl. das deutsche Sprichwort: D i e j u n g e n R a b e n b r a u c h e n F u t t e r.)

Originell ist im Span. die Bezeichnung eines Kupplers mit *echacuervos*, d. h. einer, der Raben paart. Das paarweise Vorkommen dieser Vögel mag wohl der Anlaß zur Entstehung dieser Metapher gewesen sein. Brehm sagt diesbezüglich: „Der Rabe lebt gewöhnlich, also auch im Winter, paarweise. Hört man den einen des Paares, so braucht man sich nur umzusehen, der andere ist nicht weit davon." Da Kuppler in der Regel verworfene Leute sind, so wurde mit Erweiterung der ursprünglichen Bedeutung *echacuervos* auf einen lasterhaften Menschen im allgemeinen angewendet. Von *echacuervos* sind abgeleitet *echacorveria* „Kuppelei" und *echacorvear* „kuppeln". Auf die Verträglichkeit der Raben untereinander bezieht sich das frz. Sprichwort: *Le corbeau n'arrache point l'œil au corbeau.* Ebenso heißt es ital.: *Corvi con corvi non si mangian gli occhi*, portug.: *corvos a corvos não se tirão os olhos.* Im Deutschen und Engl. tritt an Stelle des Raben die Krähe: E i n e K r ä h e h a c k t d e r a n d e r e n k e i n A u g e a u s (aber bairisch: E i n R a b' h a c k t d e m a n d e r e n d a s A u g e n i c h t a u s). *One crow never pulls out another's eye.* Schließlich sei noch des ital. Zeitworts *corbellare* „necken, zum besten halten" gedacht, das man von *corvus*, bzw. *corbus*, abzuleiten geneigt ist. Diese Ableitung erscheint insofern sehr wahrscheinlich, als der Rabe tatsächlich in gezähmtem Zustande zu jeder Art von Neckerei aufgelegt ist und namentlich an Kindern gern seinen Mutwillen ausläßt. Auch legte man im Mittelalter das Rabengekrächze als höhnisches Gespött aus.

Auf das hohe Alter, das die meisten Raben erreichen, bezieht sich im Deutschen die Redensart a l t s e i n w i e e i n R a b e mit der Nebenvorstellung der sich auf Lebenserfahrung gründenden Weisheit.

Die Krähe.

Die Benennungen der Krähe beruhen in allen Sprachen
auf dem Ruf des Vogels. (Vgl. Winteler, Naturlaute und
Sprache, pag. 14 f.) Deutsch K r ä h e, mit „krähen" zusammen-
hängend, geht zurück auf ahd. *krâja (krâwa)*, mhd. *krœe (krâ,
krâwe)*. Hiermit verwandt ist engl. *crow*, das auf altengl.
crâwe beruht. Lat. *cornicula*, Dim. von *cornix*, ist das Etymon
für die romanischen Bezeichnungen der Krähe: ital. *cornacchia*
(möglicherweise durch *gracchia* beeinflußt), span. *corneja*, frz.
corneille. Ein anderes Wort für Krähe (namentlich die Turmkrähe bezeichnend) ist lat. *gracula* oder *graculus*, das im Ital.
gracchia (veraltet), *gracchio* und *graccio*, im Span. *graja, grajo*,
im Franz. *graille* und daneben *grolle* (Saatkrähe) ergab. Ein
Synonym von *grolle* ist *freux*, das über altfrz. *fruec* auf altndfränk. *hrōk* zurückgeht. Dieses *hrōk* findet sich auch im
Altengl. Neuengl. lautet es *rook* und bedeutet wie *freux*
„Saatkrähe". Für die Turmkrähe wird im Deutschen D o h l e
gebraucht, das auf mhd. *dâhele, tâle, tâhe*, ahd. *tâha* -zurück-
geht, lauter onomatopoetische Bildungen. Gleichfalls schallnachahmend sind nach Winteler (Naturlaute und Sprache,
pag. 15) die Benennungen der Dohle in den übrigen Sprachen:
engl. *chough, daw*, ital. *taccola* (früher auch „Elster"), span.
cayo, frz. *choucas*. Engl. *jackdaw (jack* = Jakob) beruht auf
volksetymologischer Umdeutung des Rufes *jäck.**)
    Da die Krähe eine nahe Verwandte des Raben ist, so ist
es begreiflich, daß beide Tiernamen in ihrer metaphorischen
Verwendung eine gewisse Analogie aufweisen. So spielt
im Englischen die Krähe die Rolle, die in anderen Sprachen
dem Raben zugedacht wird, was darauf hindeutet, daß in
England der Rabe selten, die Krähe aber häufig ist. Während
in den romanischen Sprachen als Spitzname für den Priester
„Rabe" üblich ist (siehe bei „Rabe" pag. 143), wird im Engl.
crow oder *rook* dafür verwendet. Auch in Bezug auf die vom

---

*) In Körtings lat.-rom. Wörterbuch figuriert ein suppon. altd. *kâwa*
(belegt ist *kaha*) als Etymon von span. *chova* „Dohle", *choya* „Saatkrähe",
altfrz. *choe* „Alpenkrähe", doch dürften diese Namen wohl auch direkt
schallnachahmend sein. (Vgl. „Eule", pag. 115.)

schwarzen Gefieder hergenommenen Metaphern macht im Engl.
die Krähe dem Raben erfolgreich Konkurrenz. *As black as a
crow*, schwarz wie eine Krähe, hört man häufiger als *raven-
black* „rabenschwarz". Ein Analogon hierzu findet sich im
Altfrz. — *noir come choe*, — was von Littré und Godefroy
falsch gedeutet wird, indem sie, durch neufrz. *chouette* irre-
geführt, *choe* mit „Eule" wiedergeben, was ganz widersinnig
ist, da es keine schwarzen Eulen gibt. Daß mit *choe* die
Alpenkrähe gemeint ist, hat Cornu überzeugend nachgewiesen
(Zeitschrift f. rom. Phil., XVI, pag. 520). Dem „weißen Raben"
entspricht im Engl. die „weiße Krähe". So sagt der Engländer
von einem Aufschneider treffend: *His crow is the whitest ever
seen*, seine Krähe ist die weißeste, die man je gesehen. Weiße
Krähen sind für das Volk ebenso unerhört wie weiße Raben.
Auf die gleiche oder ähnliche Färbung beider Vögel nimmt
Bezug ein span. Sprichwort, u. zw. in Form eines kurzen
Dialogs zwischen Krähe und Rabe: *Dijo la corneja al cuervo:
quitate allá, negra; y el cuervo á la corneja: quitáos vos allá,
negra*. Zum Raben sagte die Krähe: Geh' weg von hier,
Schwarzer; und der Rabe zur Krähe: Geht weg von da,
Schwarze. (Vgl. frz. *taupe vaut marotte*.) Denselben Gedanken
drückt aus das deutsche Sprichwort: D e r R a b e h a t d e r
K r ä h e n i c h t s v o r z u w e r f e n. Hierher gehört auch das
derbe, aber eine gesunde Moral verratende span. Sprichwort: *La puta y la corneja, mientras más se lava — más negra
semeja*, die Hure und die Krähe, je mehr sie sich waschen,
desto schwarzer scheinen sie, wozu sich im Franz. des 17.
Jahrhunderts ein Analogon findet: *Putain fait comme la corneille,
plus se lave et plus noire elle est*. Hiermit läßt sich vergleichen
das engl. Sprichwort: *Crows are none the whiter for washing
themselves*, Krähen werden nicht weißer, wie sehr sie sich auch
waschen, wofür man im Deutschen sagt: Einen Mohren kann
man nicht weiß waschen.

Mit dem Raben teilt die Krähe die lange Lebensdauer,
daher dieser Vogel im Lat. häufig die Epitheta *annosa* (*scil.
cornix*) „bejahrt" oder *vetula* „alt" bekommt. In den modernen
Sprachen findet sich hierzu kein Analogon; im Deutschen gilt
der Rabe als Symbol des hohen Alters.

Wie dieser ist auch die Krähe eine Liebhaberin von Aas.

worauf die derbe engl. Redensart *to give the crows a pudding*,
den Krähen einen Pudding geben, d. h. sterben, beruht. Dementsprechend nennt man im Engl. eine Schindmähre, die dem
Verrecken nahe ist, treffend *crow-bait* „Krähenköder". Auch
der Schnabel der Krähe mußte wie der des Raben zur Bildung
von Metaphern herhalten. *Crow's-bill* „Krähenschnabel" heißt
im Engl. die Splitterzange des Chirurgen, während sie im
Deutschen und Franz. „Rabenschnabel", bzw. *bec-de-corbeau*
genannt wird. (Vgl. pag. 145.) Mit *cornacchia* bezeichnete man
im Ital. früher häufig einen Türring in Form eines Krähen-
schnabels, womit sich im Griech. die Verwendung von $\varkappa\acute{o}\varrho\alpha\xi$
„Rabe" für einen Türklopfer vergleichen läßt. Schließlich er-
scheinen die beiden Tiernamen als metaphorisch gleichwertig,
wenn man das deutsche Sprichwort: E i n e K r ä h e h a c k t
d e r a n d e r e n d a s A u g e n i c h t a u s vergleicht mit den
analogen Sprichwörtern im Ital. und Franz., wo an Stelle der
Krähe der Rabe tritt. Auch der Aberglaube schlingt ein gemeinsames Band um beide Vögel. Das Gekrächze der Krähe wird
wie das des Raben vom Volke als unglückverheißend gedeutet.
Daher ruft der Italiener aus: *Uh, che cornacchia*, Hu, was für eine
Krähe! wenn ihm jemd. irgend etwas Unangenehmes prophezeit.
Indessen hat die Krähe in der Metaphorologie ihre eigene
Domäne, wie aus den folgenden Metaphern und Redensarten
hervorgeht.

Was zunächst den deutschen Ausdruck. K r ä h e n f ü ß e
betrifft, so wird er mit Bezug auf die schwarzen Füße der
Krähe zunächst für ein unleserliches Gekritzel gebraucht,
wofür der Italiener ähnlich *raspatura di gallina* (wörtlich:
von Hühnern aufgescharrter Boden), der Franzose *pattes de
mouche* „Fliegenfüße" oder *pattes de chat* „Katzenpfoten" sagt.
Nur mit Anspielung auf die Form, nicht aber auf die Farbe,
wird dieselbe Metapher im Deutschen und Engl. (*crow's-foot*)
zur Bezeichnung der sich im Alter an den äußeren Augen-
winkeln bildenden Fältchen verwendet. Hiermit läßt sich
vergleichen im Span. *patas de gallo* „Hahnenfüße" und im
Franz. *pattes d'oie* „Gänsefüße". Es ist also hier — wie sich
aus dem Vergleiche mit anderen Sprachen ergibt — nicht ein
charakteristisches Merkmal, das die Metapher veranlaßt hat,
sondern es erscheint die Krähe infolge ihrer Häufigkeit als

Vertreter der ganzen Vogelgattung überhaupt. Am deutlichsten zeigt sich dies im engl. *scarecrow* oder *crow-keeper* „Krähenscheuche", wofür man im Deutschen „Vogelscheuche" gebraucht. Hierher gehört auch der metaphorische Ausdruck **Krähenauge** als populäre Bezeichnung der als Arznei gebrauchten giftigen Samenkörner der *nux vomica*, wofür man ebensogut „Vogelauge" sagen könnte, da sich das Auge der Krähe nicht wesentlich von dem anderer Vögel unterscheidet. Dieselbe Metapher wird im Norddeutschen auf die hornartige, schmerzhafte Verhärtung an den Zehen angewendet, wofür man allgemeiner „Hühnerauge" sagt, genau so, wie der Spanier für „Krähenfüße" *patas de gallo* gebraucht. (Vgl. frz. *œil de perdrix* „Rebhuhnauge".) Hierbei ist das tertium comparationis einerseits die Wölbung, anderseits die kreisrunde Form. Auch „Elsterauge" ist in manchen deutschen Gegenden üblich.

Auf die schrittweise, steife Gangart der Krähe, die leicht als Ausfluß des Stolzes oder der Selbstüberhebung erscheinen mag, bezieht sich die engl. Redensart *to strut like a crow in a gutter*, wie eine Krähe in einer Rinne (deutsch dafür: wie der Storch im Salat) einherstolzieren.

Als Symbol des Ehrgeizes erscheint die Krähe in der bekannten Äsopschen Fabel von der „stolzen Krähe und dem Pfau". Es ist daselbst die Rede von einer Krähe, die sich mit den Federn eines Pfaues schmückt, aber damit weder bei den Pfauen noch den Krähen Anklang findet. Auf dieser Fabel beruht die deutsche Redensart **sich mit fremden Federn schmücken**, die angewendet wird auf einen, der bemüht ist, fremdes Verdienst als sein eigenes darzustellen. Der Franzose nennt ein solches Individuum schlechtweg *la corneille d'Ésope*, „die Krähe des Äsop".

Die Gesamterscheinung der Krähe macht durchaus keinen vorteilhaften Eindruck, ja, dieser Vogel erscheint im Deutschen gelegentlich sogar als Sinnbild der Häßlichkeit, wie z. B. Goethe für ein häßliches Mädchen irgendwo den Ausdruck „Krähe" gebraucht. So gaben auch die Franzosen der dritten Tochter Ludwigs XV. wegen ihrer Häßlichkeit den Spitznamen *graille* „Krähe". (Vgl. das engl. Sprichwort: *The crow thinks her own birds the fairest*, die Krähe hält ihre Jungen

für die schönsten.) Mit dem unsympathischen Äußeren steht
im Einklange die tiefe, heisere Stimme des Vogels, der unaufhörlich sein häßliches kra kra ertönen läßt, nach welchem
Rufe die Krähe in allen Sprachen benannt ist. Hierauf
beruht die im Deutschen übliche Bezeichnung K r ä h e für
einen Menschen, der sich mit lautem Geschrei breit macht.
Da sich die meisten Krähenarten zur Nachahmung fremder
Laute, einige sogar zum Sprechen abrichten lassen, so ist es
einleuchtend, daß die Krähe, die schon bei den Römern die
Epitheta *loquax, garrula* hatte, zum Symbol der Geschwätzigkeit wurde. So ist im Deutschen K r ä h w i n k e l die Bezeichnung eines Klatschnestes. (Über die Genesis dieser Metapher
vgl. Büchmann, Gefl. Worte, pag. 253.) Dieselbe metaphorische
Verwendung erfährt die Krähe in einigen romanischen Sprachen.
Was zunächst das Ital. betrifft, so nennt man ein schwatz-
haftes Weib gern *cornacchia*. Von dieser Metapher sind als
Weiterbildungen zu verzeichnen *cornacchiare* „schwätzen" und
cornacchiaia „Geschwätz". In merkwürdigem Gegensatze hierzu
bezeichnet man einen einsamen, verschlossenen Menschen mit
cornacchia di campanile „Turmkrähe", was wohl so zu erklären
ist, daß man von der Vorliebe dieser Vögel für alte Türme
und sonstige unzugängliche Örtlichkeiten auf ihre Ungesellig-
keit schließt. Gleichfalls mit Bezug auf das übeltönende Gekrächze der Krähe nennt man in Pistoja die durch ihr
schnarrendes Geräusch das Ohr unangenehm berührende Kar-
freitagsklapper *cornacchia* (schriftsprachl.: *tabella*). Zahlreiche
Sprossen hat im Ital. *gracchio* (*gracchia*) getrieben. Zu aller-
erst ist das Verbum *gracchiare* zu nennen, das zunächst von
dem Gekrächze der Krähe auf die stimmliche Betätigung
anderer Tiere übertragen wurde, dann aber auf das laute
Schimpfen und Schelten von Personen angewendet wird.
Gracchiare in der Bedeutung „ohne Sinn und Verstand
schwätzen" bezieht sich auf die zum Nachsprechen von Wörtern
abgerichtete Krähe. Von *gracchiara* wiederum abgeleitet sind
die Verbalsubstantiva *gracchiamento, gracchiata, gracchio* „das
Krächzen, das Geschwätz", ferner *gracchiatore* „Schwätzer,
Schreier, keifende Person" und *gracchione* „Zänker".*) Span.

---

*) Auch von *taccola* „Dohle" liegen Ableitungen vor, die einen ähn-

grajear wird nur in der eigentlichen Bedeutung von „krächzen" verwendet, hingegen wird frz. *grailler* von dem heiseren Ge-krächze der Krähe auf die heisere Stimme des Menschen übertragen. Auch kann das Wort „ins Hifthorn blasen" be-deuten, wobei es einen Bedeutungswandel in bonam partem erfahren hat. Von *grailler* abgeleitet ist *graillonner* „Schleim aushusten", worin wir eine Metonymie zu erblicken haben, indem die Ursache für die Wirkung gesetzt erscheint, denn nicht die Schleimaussonderung selbst, sondern nur das der-selben vorhergehende Räuspern kann mit dem Gekrächze der Krähe verglichen werden.

Die Krähe ist ein sehr unreinlicher Vogel und verbreitet einen unangenehmen Geruch. Daher nennt der Franzose ein unreinliches Weib *Marie Graillon* (*graillon* = Dim. von *graille*). Ein Analogon hierzu bietet, mit Übertragung auf das moralische Gebiet, ital. *cornacchia* als Bezeichnung eines Freudenmädchens (bei Cellini). Auf den Geruch bezieht sich frz. *graillon* „übler Fettgeruch" sowie span. *grajo* „Negergeruch", wobei in zweiter Linie auf die Farbe angespielt wird. (Metapher und Metonymie.) Von *grajo* abgeleitet ist *grajiento* „nach Neger duftend".

Infolge der großen Verbreitung der Krähe wurde, wie schon oben angedeutet, ihr Name in Fällen metaphorisch verwendet, wo man ganz allgemein das Wort „Vogel" ge-brauchen könnte. Hierher gehört zunächst die frz. Redens-art: *bayer aux corneilles*, den Krähen zusehen (nämlich wie sie fliegen), d. h. Maulaffen feil halten. Von *scarecrow* (*crow-keeper*) war weiter oben die Rede. Hierher zu ziehen sind auch aus dem Engl. *crow's-nest* „Krähennest" als Bezeichnung des Mastkorbes auf Walfischfahrern sowie *crow-flight* (*as the crow flies*, wie die Krähe fliegt) „Krähenflug" für „Luftlinie". Nach Brewer (Dict. of Phrase and Fable, pag. 198) zeichnet sich die Flugart der Krähe durch besondere Geradlinigkeit aus.

Die Krähe bringt, wenigstens unmittelbar, keinen Nutzen. Ihr Fleisch ist im Gegensatze zu dem vieler anderer Vögel nicht oder kaum genießbar. Hierauf bezieht sich die engl.

lichen Sinn haben, jetzt aber veraltet sind, wie *taccolare* „schwätzen", *taccolata taccoleria* „Geschwätz" *taccolino* „Schwätzer".

Redensart *to eat crow*, Krähenfleisch essen, was unserem deutschen „in den sauren Apfel beißen" entspricht. Eben infolge der Ungenießbarkeit des Fleisches ist es eine ganz unnütze Arbeit, wenn man die Krähe rupft, weswegen im Engl. *to pluck the crow*, die Krähe rupfen, „sich um ein Nichts bemühen" bedeutet. Unmittelbar an diese Redensart schließt sich eine andere an, nämlich *to have a crow to pluck with a person*, mit jemd. eine Krähe zu rupfen haben, d. h. mit jemd. zu tun haben, und zwar in unangenehmer Weise, um eine Streitsache auszumachen. Das Rupfen einer Krähe ist eben wegen der Nutzlosigkeit der Arbeit, der dabei aufzuwendenden Mühe — die Krähenfedern sitzen fest — und nicht zuletzt wegen des dem Vogel eigenen üblen Geruchs keine angenehme Beschäftigung. Im Deutschen tritt an Stelle der Krähe das Huhn (ein Hühnchen mit jemd. zu pflücken haben), was die Erklärung der Redensart bedeutend erschwert. (Siehe Schrader, Bilderschmuck der deutschen Sprache, pag. 240.) Auch im Span. erscheint das Krähenrupfen als Symbol einer unangenehmen Sache, der man lieber aus dem Wege geht. *No entiendo de graja pelada*, ich verstehe nichts vom Krähenrupfen (wörtlich: von der gerupften Krähe), sagt der Spanier namentlich dann, wenn er hinter irgend einem Handel einen Betrug wittert, was zum Bilde vortrefflich paßt, da, wer die Krähe rupft, um sich an ihrem Fleische zu laben, der Gefoppte ist. Eine Metapher, die in den übrigen Sprachen kein Analogon hat, ist das engl. landschaftlich beschränkte *crow-time* „Krähenzeit" für „Abendzeit". Bevor sich nämlich die Krähen zu ihrem Schlafplatze begeben, versammeln sie sich in der Dämmerungsstunde auf großen, freien Plätzen.

Von den ethischen Eigenschaften der Krähe wird nur eine einzige, und zwar in anscheinend widersprechender Weise, metaphorisch verwertet. Während im Deutschen die Krähe nicht selten als Symbol der Feigheit erscheint, wird im Engl. das allerdings landschaftlich beschränkte *crowish* „krähenhaft" im Sinne von „mutig" gebraucht. Was auf den ersten Blick ein Widerspruch scheint, erweist sich als ganz logisch, wenn man der Sache auf den Grund geht. Wenn der Deutsche einen Feigling „Krähe" schilt, so denkt er dabei an das Verhalten der Krähe dem Menschen gegenüber. Bekanntlich sind die Krähen infolge der Nachstellungen, deren Gegenstand sie sind, äußerst scheu. Der Engländer hingegen, der in der Krähe ein Bild des Mutes sieht, denkt an das Verhältnis der Krähe zu den anderen Vögeln, z. B. dem Uhu, der von den Krähen mit großer Entschiedenheit angegriffen wird.

Speziell auf die Saatkrähe (*rook*), die dem Landmann wegen des Aufpickens von Getreidekörnern und Wegstibizens reifer Früchte ein Dorn im Auge ist, bezieht sich im Engl. der Gebrauch von *to rook* für „stehlen, betrügen". Auch als Substantiv wird *rook* für „Gauner, Schwindler" gebraucht. (Vgl. deutsch s t e h l e n   w i e   e i n   R a b e.) Treffend ist die Bezeichnung *rookery* „Krähengenist" für ein schmutziges, verrufenes Stadtviertel. Die Saatkrähen nisten nämlich in großen Massen, so daß nach Brehm ein Baum oft gegen 20 Nester beherbergt. Ein solcher Brutplatz ist infolge des unreinlichen und lärmenden Wesens seiner Bewohner ein nichts weniger als anmutiger Ort.

Die Gewohnheit der nördlich lebenden Krähenarten, bei strenger Winterkälte Streifzüge nach südlicheren Gegenden zu unternehmen, erklärt das deutsche Sprichwort: E i n e   K r ä h e   m a c h t   k e i n e n   W i n t e r, ein Analogon zu dem häufiger gebrauchten: Eine Schwalbe macht keinen Sommer.

Die Elster.

Deutsch E l s t e r beruht auf mhd. *egelster*, ahd. *agalstra.**) Daneben sind in den verschiedenen Gauen Deutschlands eine Unzahl von Dialektformen üblich, die man bei Winteler, Naturlaute und Sprache, pag. 30 ff., zusammengestellt findet. Davon ist die gebräuchlichste wohl *atzel*, das auf ahd. *agazza* zurückgeht.**) Damit ist verwandt altengl. *agu*, das jedoch im Neuengl. durch das romanische *pie* (*magpie*), von dem weiter unten die Rede sein wird, ersetzt wurde. Zahlreich sind auch

---

*) Nach Winteler onomatopoetisch.

**) Die Form A l s t e r findet sich in den Ortsbezeichnungen A l s t e r w e i l e r, A l s t e r t a l. (Vgl. Heeger, Tiere im pfälz. Volksmunde, 2. T., pag. 10.)

die Benennungen der Elster in den romanischen Sprachen. Das lat. *pica* (*picus* = Specht) ist erhalten in ital. *pica*, span. *pega, picaza,* frz. *pie,* wovon engl. *pie.* Im Ital. wird ferner *putta* „Mädchen" aus lat. *putida* „stinkend" für die Elster gebraucht, wie auch verschiedene Mädchennamen zur Bezeichnung dieses Vogelnamens herhalten müssen. So im Ital. *Checca, Cecca* = Dim. von *Francesca, Berta,* span. *Marica* = Dim. von *Maria, Urraca* (jetzt als Eigenname nicht mehr gebräuchlich), frz. *Jacque, Jaquette, Margot* = Dim. von *Marguerite;* dementsprechend engl. *mag* = Dim. von *Margaret* (landschaftlich beschränkt). (Vgl. Rolland, Faune pop., II, pag. 132.) Das allgemein gebräuchliche Wort für „Elster" im Engl. ist *magpie,* eine Zusammensetzung von *mag* und *pie.* Auf ahd. *agazza* gehen zurück ital. (*a*)*gazza* (*gazzera*) sowie frz. *agace* und afrz. *agacin* „Hühnerauge". (Vgl. deutsch landschaftlich E l s t e r a u g e.) Span. *cotorra* (bei Körting fehlend) ist möglicherweise onomatopoetisch. Über ital. *taccola* vgl. pag. 150.

Was zunächst die äußere Erscheinung der Elster, an der vor allem das butschillernde Gefieder auffällt, betrifft, so bezieht sich darauf der Gebrauch von *pie* im Franz. und Engl. zur Bezeichnung von scheckigen Tieren. So nennt man im Franz. ein scheckiges Pferd *cheval pie,* eine scheckige Taube *pigeon pie.* (Vgl. im älteren Franz. *pioié, pigeassé* „scheckig".)*) Wenn im älteren Englisch im Volksmunde der Bischof *magpie* „Elster" genannt wurde, so verglich man dabei die Schleppe des bischöflichen Talars mit dem langen Schwanze der Elster. (Vgl. ital. *abito a coda di gazza,* Rock mit Elsternschwanz.) Es ist diese Metapher ein interessantes Seitenstück zu den Vogelnamen, die der kirchlichen Hierarchie entlehnt sind, wie „Mönch", „Dompfaff", „Prälat", „Kardinal". Auf den bläulichen Schimmer des Gefieders bezieht sich ital. *gazzerino* „elsternfarben". So gebraucht man namentlich *occhi gazzerini.*

Was aber die Elster besonders charakterisiert, ist ihr

---

*) Winteler, Naturlaute und Sprache, pag. 83, will auch deutsch s c h e c k i g von S c h a c k (Schackelster), einem dialektischen Namen der Elster, ableiten und weist vergleichsweise auf die etymologische Verwandtschaft von lat. *picus* „Specht" und griech. *ποικίλος* „bunt" hin.

Geschrei, das sie mit staunenerregender Unermüdlichkeit stundenlang ertönen läßt. (Vgl. ital. *noioso come una gazzera*, lästig wie eine Elster.) Daher gilt der Vogel mit Recht als Symbol der Geschwätzigkeit, u. zw. in allen Kultursprachen. Schon Petronius gebraucht *pica* im Sinne von „Schwätzerin". Dieselbe metaphorische Verwendung weisen die romanischen Sprachen auf: ital. *gazza* und *gazzera* werden zwar an und für sich nicht in übertragener Bedeutung gebraucht, wohl aber sind von diesen Wörtern einige Ableitungen zu verzeichnen, die nur metaphorisch verwendet werden, wie *gazzarra* „Freudenlärm", *gazzerotto* „Schwätzer", *gazzetta* „Zeitung", eigentlich „Schwätzerin".

In der ital. Redensart *fare come le putte al lavatoio* hat *putta*, das jetzt für „Elster" gebraucht wird, noch die ältere, ursprüngliche Bedeutung von „Mädchen". (Vgl. venezianisch *putela* „Mädchen".) Die Redensart bedeutet also: es machen wie die Mädchen am Waschtrog, d. h. schwätzen. Übrigens liegt in der Bezeichnung der Elster mit dem Worte *putta* eine Metapher vor, die ein interessantes Gegenstück zu den oben angeführten Redensarten bildet. Während man nämlich von einem plauderlustigen Mädchen sagt, es sei eine Elster oder schwätze wie eine Elster, nennt man umgekehrt die Elster ein „Mädchen". Auch dem Span. ist das Bild der geschwätzigen Elster geläufig. So sagt der Spanier von einer geschwätzigen Frauensperson: *Habla más que una urraca, una cotorra*, sie spricht mehr als eine Elster. Von *cotorra*, das auch den Sittich, eine Papageienart, bezeichnet (tertium comparationis ist eben die Geschwätzigkeit), abgeleitet sind *cotorrear* „schwätzen", *cotorreo* „Weibergeschnatter", *cotorrera* „Papageiweibchen, geschwätziges Frauenzimmer", *cotorreria* „Schwatzhaftigkeit". Aus dem Franz. ist gleichfalls anzuführen, *bec de pie* „Elsterschnabel" für Schwätzerin, ferner *jaser comme une pie*, schwätzen wie eine Elster, sowie *jacasser* „plappern" von *Jaque*, einer dial. Bezeichnung der Elster. (Vgl. Rolland, Faune pop., II, pag. 133, 8.)

In den germanischen Sprachen finden wir dieselbe Metapher. Während im Deutschen g e s c h ä t z i g s e i n w i e e i n e E l s t e r zu den alltäglichen Redensarten gehört, gebraucht der Engländer aus dem Volke das Wort *mag* „Elster" im Sinne von „Geplapper". Der Bedeutungswandel ist der, daß *mag* zunächst metaphorisch die Zunge und dann‾ metonymisch die von derselben hervorgebrachte Wirkung, das Geschwätz, bezeichnet. Ganz deutlich erhellt dies aus der in volkstümlicher Sprache gebräuchlichen Redensart: *Hold your mag* für *hold your tongue*, halt deine Zunge, wo *mag* direkt für *tongue* gesetzt wird. Auch wurde *pie* in älterer Sprache auf eine schwatzhafte Person, namentlich weiblichen Geschlechtes, angewendet und heute noch wird *to mag* im Slang im Sinne von „plaudern" gebraucht.

Auf dem Verhältnisse der Elster zu anderen Vögeln beruht die Redensart z ä n k i s c h   s e i n   w i e   e i n e   E l s t e r, wozu sich engl. *to mag* „zanken" sowie frz. *taquiner* „necken" (wenn zu *taccola* gehörig) und schließlich *agacer* „reizen" von *agace* stellen lassen. (Vgl. diesbezüglich Borchardt - Wustmann, Sprichwörtl. Redensarten, pag. 119.) Der streitsüchtigen Elster wird die sanfte Taube gegenübergestellt in dem deutschen Sprichwort: K e i n e   E l s t e r   h e c k t   e i n e   T a u b e.

Mit Bezug auf den unbeholfenen Gang der Elster, den Brehm als ein „erbärmliches Hüpfen" bezeichnet, gebraucht man im Deutschen das Sprichwort: D i e   E l s t e r   l ä ß t   d a s H ü p f e n   n i c h t   im Sinne von: Art läßt nicht von Art. (Vgl.: Der Fuchs läßt seine Tücke nicht, die Katze läßt das Mausen nicht.) Der Umstand, daß die Elster den Schwanz wippend bewegt, erklärt die frz. Redensart *se carrer comme une pie*, sich brüsten wie eine Elster. (Vgl. engl. *to strut like a crow in a gutter*, deutsch: umherstolzieren wie der Storch im Salat.)

Bekannt ist die Sucht der Elster, glänzende Gegenstände zusammenzutragen. Besonders locken Gold und Silber den Vogel an. Daher ist die Elster in nahezu allen Sprachen Symbol des Diebes. So sagt man im Deutschen von einer Person, die sich gegen das siebente Gebot zu vergehen pflegt, sie sei d i e b i s c h   w i e   e i n e   E l s t e r, im Engl. *he steals like a magpie*, im Franz. *il est larron comme une pie*, im Ital. *è ladro come una gazza*. Im engl. Slang wird *to mag* ohne weiteres für „mausen" gebraucht. Hierzu findet sich in ital. *gazzerare*, das infolge Bedeutungserweiterung „betrügen" bedeutet, ein Analogon. (Vgl. im Altfranz. den Vergleich *plus*

fausse que pie, falscher als eine Elster, von weiblichen Wesen.)
Möglicherweise sind auch ital. *taccagno*, span. *tacaño* „geizig"
zu *taccola* „Elster" (jetzt „Dohle") zu stellen. Eine Bekräftigung fände diese Etymologie in der span. Metapher *urraca* =
geizige Person sowie in der ital., bzw. franz. Redensart *dar
beccare alla putta, donner à manger à la pie*, die Elster füttern,
was man auf knickerige Spieler anwendet, die ihren Ge-
winnst heimlich in die Tasche stecken. Ebenso stimmt *tacaño*
in der Bedeutung „betrügerisch" vortrefflich zu ital. *gazzerare*
„betrügen". (Vgl. das deutsche Sprichwort: Der Elster
ist ein Ei gestohlen, das man auf einen betrogenen Betrüger anwendet.) Auf der Sucht der Elster nach glänzenden
Dingen beruht ferner span. *pica*, eine gelehrte Scheideform zu
pega, womit in der Medizin der Hunger nach ungewöhnlichen
Dingen benannt wird.

Der Elster wird aus verschiedenen Gründen eifrig nachgestellt, zunächst wohl deshalb, weil sie sich leicht abrichten
läßt und in gezähmtem Zustande äußerst amüsant ist; dann
aber werden ihr in einigen Gegenden Deutschlands und Frankreichs auch Zauberkräfte zugeschrieben. So gewähren die an
den Hauseingang gehefteten Elsternflügel Schutz gegen Fliegen
und die Asche des verbrannten Vogels ist ein Heilmittel gegen
Epilepsie. Materialistisch gesinnte Gemüter, die sich lieber ans
Tatsächliche halten, lassen den erbeuteten Vogel in die Küche
wandern, nicht um ihn zu verbrennen, sondern um ihn zu
braten, denn sein Fleisch soll recht genießbar sein. Nach
alledem ist es begreiflich, daß der Fang einer Elster als ein
Glück betrachtet wird, um so mehr als dem Vogel sehr schwer
beizukommen ist. Hierauf beruht die frz. Redensart *trouver la
pie au nid*, die Elster im Neste finden, im Sinne von „etwas
Seltenes finden, Glück haben". Auf die Eigenheit der Elster,
auf den höchsten Baumwipfeln zu nisten, bezieht sich offenbar
die frz. Redensart *être au nid de la pie*, im Elsternneste sein,
im Sinne von „auf dem Gipfel des Glückes stehen". Anders
— u. zw. nicht sehr überzeugend — erklärt die Redensart
Brinkmann (Metaphern, pag. 21 und 536 ff.). Auf den Elstern-
fang, der namentlich in Italien eifrig betrieben wird, spielt
auch an das ital. Sprichwort: *Nido fatto, gazza morta*, das Nest
ist fertig, die Elster tot, das man auf einen anwendet, der gerade

dann stirbt, wenn er anfängt, in günstige Lage zu kommen.
Ähnlich heißt es span.: *La jaula hecha, picaza muerta,* der Käfig
ist fertig, die Elster tot. Hierher zu ziehen ist ferner die
Redensart *pelar la gazza senza farla stridere,* die Elster rupfen,
ohne sie schreien zu machen, d. h. eine derbe Zurechtsetzung
beabsichtigen, aber aus Zaghaftigkeit nicht mit der Sprache
herausgehen, sich glimpflich ausdrücken. Im Deutschen und
Franz. tritt die Henne an Stelle der Elster: die Henne rupfen,
ohne daß sie schreit — *plumer la poule sans la faire crier.*
Auf die gezähmte Elster bezieht sich die ital. Metapher *putta
scodata* „Elster ohne Schwanz". (Der gefangenen Elster
werden die Schwungfedern gestutzt, damit sie nicht davonfliegen kann.) Hiermit bezeichnet man einen sehr schlauen
Menschen, da die angeborene Intelligenz der Elster durch die
Abrichtung noch bedeutend erhöht wird.

Die Lerche.

Deutsch L e r c h e beruht auf mhd. *lĕrche,* ahd. *lerahha.*
Hiermit ist verwandt engl. *lark* aus altengl. *láwrice.* Lat.
alauda, ein Wort keltisch-gallischen Ursprungs, ist das Etymon
von ital. *allodola, lodola,* altfrz. *aloe,* wovon neufrz. dim. *alouette,*
altspan. *aloa, aloeta,* neuspan. *alondra,* angeglichen an *calandra,*
„Kalenderlerche". Ebenfalls keltischen Ursprungs ist frz.
mauviette „gemeine Lerche", verwandt mit *mauvis* „Rohrdrossel".
(Vgl. Rolland, Faune pop., II, pag. 243.) Eine andere romanische Bezeichnung einer Lerchenart, und zwar der sogenannten Kalenderlerche, die hauptsächlich im Süden Europas
vorkommt, beruht auf griechisch χάλανδρα, das direkt in die
romanischen Sprachen eingedrungen ist: ital. *calandra,* span.
calandria, frz. *calandre.* Im Deutschen wurde das unverständ-
liche *calandre* volksetymologisch zu „Kalender" umgebildet,
daher die Bezeichnung K a l e n d e r l e r c h e.*) Die über ganz
Europa verbreitete H a u b e n l e r c h e ist in allen Kultursprachen nach dem beweglichen, haubenähnlichen Federbüschel

---

*) Über die Bedeutung der Kalenderlerche in der mittelalterlichen
Tiersymbolik vgl. Kolloff, Die sagenhafte und symbolische Tiergeschichte
des Mittelalters in Raumers hist. Taschenbuch, 1867, pag. 249 ff.

benannt, das sie auf dem Scheitel trägt. So heißt sie engl.
crested, copped, tufted lark „geschopfte" Lerche, ital. *lodola*
cappelluta, cappellaccia (Pejorativ von *cappello* „Hut"), span.
cogujada, (lat. *cucullus* „Hülle des Kopfes"), frz. *cochevis* =
cochet (Dim. von *coq*) + altfrz. *vis* = *vivus* (heißt also wörtlich:
„lebhaftes Hähnchen"). Daneben wird umschreibend *alouette*
huppée „geschopfte Lerche" gebraucht. Ital. *tottavilla*, span.
cotovia, totovia sind wahrscheinlich onomatopoetischen Ursprungs.
(Anders erklärt diese Wörter Rönsch, Jahrbuch für rom. und
engl. Sprache und Literatur, XV, pag. 343.)

Die Mehrzahl der Metaphern, die die Lerche der Sprache
liefert, bezieht sich teils auf die Sangesfreudigkeit, teils auf
die kulinarische Verwendbarkeit dieses Vogels, so daß sowohl
die idealistische als auch die realistische Seite der Betrach-
tungsweise in der Sprache zum Ausdruck kommt.

Als Symbol des Sängers erscheint die Lerche besonders
in der deutschen Poesie des 18. Jahrhunderts, daher sie in
poetischer Sprache den Namen B a r d e oder B a r d e l führt.
Auf dem fröhlichen Charakter des Lerchengesanges beruht im
Deutschen und Engl. der Vergleich m u n t e r w i e e i n e
L e r c h e (*merry as a lark*), den man namentlich auf junge
Mädchen anwendet, deren muntere Laune sich in fröhlichem
Liede äußert. Analog sagt der Italiener von einem sangeslustigen Mädchen: *Canta come una calandra*, sie singt wie
eine Lerche.*) (Die Kalenderlerche übertrifft an Melodien-
reichtum bei weitem unsere deutschen Lerchenarten.) Daß
die Lerche eine Frühaufsteherin ist, kommt zum Ausdruck
in der frz. Redensart *s'éveiller au chant de l'alouette*, mit dem
Gesang der Lerche, d. h. sehr früh aufwachen. Auch hört man
wohl im Deutschen: E r s t e h t m i t d e n L e r c h e n a u f.
Auf die Unermüdlichkeit der Lerche im Gesang bezieht sich
im Ital. der Gebrauch von *calandra* als Bezeichnung eines
Schwätzers und der von *calandria* im span. Rotwelsch als
Spitzname für einen öffentlichen Ausrufer.**) Häufig gebraucht

---

*) Heeger, Tiere im pfälz. Volksmunde, 2. T., pag. 12, führt l e r c h e l n
an für „flöten wie eine Lerche".

**) Da die Kalenderlerche sehr häufig als Stubenvogel im Bauer ge-
halten wird, nennt der Spanier aus dem Volke einen Obdachlosen, der sich

der Franzose „Lerche" (*mauviette*), wo wir ganz allgemein „Vogel", bzw. „Vögelchen" sagen. So nennt man im Franz. ein zartes, schwächliches Kind gern *mauviette* und *manger comme une mauviette*, essen wie eine Lerche, heißt „wenig essen". (Deutsch auch: essen wie ein Spatz.) Als Vertreter der ganzen Vogelklasse erscheint die Lerche ferner in dem engl. Sprichwort: *If the sky falls, we shall catch larks*, wenn der Himmel einstürzt, werden wir Lerchen fangen. Ähnlich im Franz.: *Si le ciel tombait, il y aurait bien des alouettes prises*. Im Deutschen und Ital. findet sich dieses Sprichwort auch, nur mit dem Unterschied, daß für „Lerche" „Vogel" gesagt wird: Wenn der Himmel zusammenfällt, so sind alle Vögel gefangen. — *Se il cielo rovinasse, si piglierebbero di molti uccelli*. Dies Sprichwort wendet man an, um eine absurde Hypothese durch eine noch absurdere zu übertrumpfen.

Wie schon oben angedeutet, ist die Lerche nicht bloß ein Liebling des Naturfreundes, sondern sie hat sich durch ihr wohlschmeckendes Fleisch auch das Herz oder vielmehr den Magen des Feinschmeckers erobert. Es ist für die Güte des Lerchenfleisches ein rühmliches Zeugnis, daß gewisse Speisen, gleichsam der Reklame halber, „Lerchen" genannt werden, wie z. B. eine Art Würstchen die Bezeichnung S t o l - b e r g e r L e r c h e n *) führen. Hiermit läßt sich vergleichen im Franz. der Gebrauch von *aloyau*, Dim. von altfrz. *aloe*, als Bezeichnung für den Lendenbraten. Nach Tobler (Sitzungsb. der Berl. Akad. d. Wiss., philos.-hist. Kl., vom 13. Jan. 1893) ist das tertium comparationis allerdings nicht der Geschmack, sondern die Zubereitung des Fleisches. Er erklärt *aloyau* als „eine Fleischschnitte, welche wie ein kleiner Vogel (ein Lerchlein) am Spieße gebraten wird".**) Daß in Italien, wo täglich Tausende von Singvögeln hingeschlachtet werden, die Lerche als kulinarischer Artikel eine bedeutende Rolle spielt, darf nicht wundernehmen. Wie hoch der Italiener das

---

krank stellt, um im Spital bleiben zu können, *calandria*. Die Scheuheit dieses Vogels erklärt die Bezeichnung *calandria* für einen Feigling.

   *) Die L e i p z i g e r L e r c h e n sind ein vielbegehrtes Gebäck.

   **) Ein Analogon hierzu bietet deutsch „Spitzvogel", womit man zunächst einen am Spieß gebratenen Vogel, dann auch mit Speck gespicktes, am Spieß gebratenes Kalbfleisch bezeichnet.

Lerchenfleisch schätzt, erhellt aus der Redensart *dare carne di lodola* oder kurz *dare lodola*, jemd. Lerchenfleisch geben, d. h. ihm schmeicheln, wohl mit wortspielerischer Bezugnahme auf *lodare* „loben". Demgemäß sagt man von einem, der sich gern loben hört: *Mangia carne di lodola*, er ißt Lerchenfleisch. Ebenso gilt den Franzosen die Lerche als ein besonderer Leckerbissen. So entspricht unserem Spruche: „Ohne Fleiß kein Preis" im Franz. das Sprichwort: *Les alouettes rôties ne se trouvent pas sur les haies*, die gebratenen Lerchen finden sich nicht auf den Hecken. Einen ähnlichen Sinn hat das Sprichwort: *Il attend que les alouettes lui tombent toutes rôties*, er wartet, daß ihm die gebratenen Lerchen (deutsch: Tauben) ins Maul fliegen. Daß auch der Engländer das Lerchenfleisch zu schätzen weiß, geht hervor aus dem Diktum: *One leg of a lark is worth the whole body of a kite*, ein Lerchenbein ist einen ganzen Geier wert.

Auf die Vorliebe der Lerche für sandiges Terrain bezieht sich im Franz. die Bezeichnung *terre à alouettes* „Lerchenland" für eine Sandwüste. Hiermit läßt sich im Deutschen vergleichen die bei Sanders angeführte Redensart: L a n d , d a s d i e L e r c h e m i s t e t , d. h. unfruchtbares Land. Da die Lerche auf der Erde nistet, ist ihr Nest besonders gefährdet. Sobald sie sich beobachtet sieht, entfernt sie sich von ihrem Neste, um den Glauben zu erwecken, daß es sich in einer anderen Richtung befindet. Hierauf beruht die frz. Redensart *donner la bourde de l'alouette* (*bourde* = Lüge, Täuschung), den Lerchenschwindel aufführen, d. h. die Aufmerksamkeit einer Person von einer Sache, die man ihr verbergen will, ablenken. (Vgl. Rolland, Faune pop., II, pag. 243.)

Mit Bezug auf das plötzliche Herabschießen der Lerche aus der Luft sagt man in der deutschen Sportsprache von einem, der vom Pferde fällt: E r s c h i e ß t e i n e L e r c h e . (Vgl. einen Purzelbaum, einen Bock schießen.) Die Lerche wird häufig mit Spiegeln gefangen, durch welche der Vogel geblendet wird. Daher im Franz. *se laisser prendre au miroir comme l'alouette*, sich wie die Lerche mit dem Spiegel fangen lassen, d. h. sich durch Schmeicheleien betören lassen. (Vgl. Rozan, Les animaux dans les proverbes, II, pag. 76.)

Der Fink.

Die germanischen und romanischen Namen dieses Vogels
sind onomatopoetisch (nach dem Lockrufe *pink* oder *fink*) und
zeigen daher eine große Ähnlichkeit. Das deutsche **F i n k**
geht zurück auf mhd. *vinke*, ahd. *fincho*. Hiermit ist verwandt
engl. *finch* aus altengl. *finc*. Für die romanischen Benennungen:
ital. *pincione*, frz. *pinson*, span. *pincón, pinchón*, nimmt Schuchardt
als Grundwort ein supponiertes *pincio* an. Lat. *fringuillus*
ist erhalten in ital. *fringuello, filunguello*, frz. *fringille*. Der
Name des Vogels ist sehr wenig ergiebig für die Metaphorologie, was wohl seinen Grund darin haben mag, daß der Fink
vom Volke sehr häufig mit dem Spatzen — der übrigens ins
Finkengeschlecht gehört — verwechselt wird und er daher
stillschweigend an den auf den Spatzen bezüglichen Metaphern
partizipiert.

Geradeso wie im Span. der Sperling als häufigster Vogel
durch Bedeutungserweiterung zum Vertreter der ganzen
Gattung wurde (span. *pájaro* „Vogel" = lat. *passer* „Sperling"),
so wird im Dialekte von Helgoland „Fink" ganz allgemein
für „Vogel" gebraucht. Derselbe Bedeutungswandel hat sich
in dem Worte **f i n k e n** oder **f i n k e l n** vollzogen, das soviel
als „Vögel fangen" bedeutet. Auch in der studentischen
Bezeichnung **F i n k** für einen Studenten, der keiner farben-
tragenden Verbindung angehört, erscheint der Fink als Vogel
κατ' ἐξοχήν, indem das tertium comparationis wohl der Zustand
der Freiheit ist.

Spatz und Fink erscheinen als identisch, wenn man
das deutsche Sprichwort: Ein Sperling in der Hand ist
mehr wert als eine Taube auf dem Dache vergleicht mit
dem ital. Sprichwort: *Meglio è fringuello in mano che tordo
in frasca*, besser ein Fink in der Hand als eine Drossel auf
dem Zweig. Auf der nahen Verwandtschaft der beiden Vögel
beruht ferner das deutsche Sprichwort: S p a t z e n a r b e i t,
F i n k e n l o h n, d. h. wie die Arbeit so der Lohn. In einigen
Gegenden Deutschlands wird der Sperling **M i s t f i n k** genannt, wohl deshalb, weil er, namentlich im Winter, seine
Nahrung sich aus dem Kote der Tiere hervorsucht. Im über-

tragenen Sinne wird Mistfink, dafür auch Dreckfink
oder Schmutzfink, für einen unreinlichen Menschen gebraucht. Mistfink ist gleichfalls eine scherzhafte Bezeichnung des Landmanns. Im älteren Deutsch wurde Fink, indem von der physischen auf die psychische Schmutzigkeit geschlossen wurde, allgemein auf einen ausschweifenden Menschen
angewendet.

Auf die Munterkeit des Vogels beziehen sich im Franz.
die Redensart *être gai comme un pinson*, fröhlich sein wie ein
Fink (deutsch: wie eine Lerche), sowie die Verba *fringuer*
und *fringoter* „tanzen und springen". (Vgl. ital. *fringuellare*.)
Mit Bezug auf die Sangesfreudigkeit des Finken sagt der
Italiener von einem guten Sänger: *Canta come un filunguello*,
er singt wie ein Fink, oder auch verstärkt: *come un filunguello
cieco*, wie ein blinder Fink, womit auf die barbarische Sitte
angespielt wird, die Singvögel zu blenden, wodurch ihr Gesang
angeblich gewinnt.

Als Symbol der Einfalt — zwar mit Unrecht — erscheint der Fink in der engl. Redensart *to pull a finch*,
einen Finken rupfen, d. h. jemd. übervorteilen, namentlich
in pekuniärer Beziehung. Die Federn, die man dem Vogel
ausrupft, sind in diesem Falle die Geldstücke, die man
jemandem ablockt. Der Deutsche gebraucht dieselbe Redensart, nur mit dem Unterschiede, daß er anstatt des Finken
im allgemeinen eine bestimmte Art desselben, nämlich den
Gimpel, setzt (einen Gimpel rupfen). Der Gimpel erscheint im Deutschen überhaupt als Sinnbild der Dummheit,
wegen der angeblichen Leichtigkeit, mit der er ins Garn gelockt
wird. (Daher einen Gimpel fangen = jemd. betrügen.)

Was den Namen des Gimpels anlangt, so ist über dessen
metaphorische Verwendung in den übrigen Sprachen nichts
zu sagen, wohl aber ist es interessant, die Benennungen dieses
Vogels im Deutschen und in den romanischen Sprachen mit-
einander zu vergleichen. Im Deutschen ist nämlich für den
Gimpel auch die Bezeichnung Dompfaff üblich. In analoger
Weise wird der Vogel im Ital. *monachino* (Dim. von *monaco*
„Mönch") „Mönchlein", im Span. *frailecillo* (Dim. von *fraile*
„Klosterbruder"), im Franz. *prêtre* „Priester" genannt. Zu dieser
Bezeichnung mag wohl die gedrungene Gestalt des Vogels, die

ihm das Aussehen der Beleibtheit verleiht, sowie der schwarze
Scheitel, der entfernt an die Kopfbedeckung der Ordensgeist-
lichen erinnert, Anlaß gegeben haben. (Vgl. Rolland, Faune
pop., II, pag. 167.)

Der Zeisig.

Deutsch Z e i s i g beruht auf mhd. *zisec, zise.**) Letztere
Form ist noch erhalten in dem Dim. Z e i s c h e n und Z e i s -
l e i n. Verwandt mit dem deutschen Worte ist engl. *siskin.*
(Vgl. deutsch - dialekt. S i s c h e n.) Die romanischen Benennungen dieses Vogels zeigen keine Einheitlichkeit. Ital.
lucherino geht wahrscheinlich zurück auf lat. *ligurinus* (von
Ligur) „ligurinisch, genuesisch", welche Etymologie semasiologisch allerdings unklar ist. Span. *verderól* oder *verderón*
kommt von *verde* (lat. *viridis*) „grün", bezeichnet den Vogel
also nach seiner Farbe. (Vgl. deutsch „Grünling".) Die Herkunft von frz. *serin* ist noch nicht sichergestellt, wahrscheinlich ist das Etymon lat. *serenus* „heiter". *Serin* wäre demnach eine Scheideform zu *serein* und der Zeisig der „lustige
Vogel", welche Benennung zu dem Wesen des Tierchens vorzüglich paßt. Das Etymon von frz. *tarin* „Erlenzeisig" vermutet man in einem supponierten lat. *tenerinus* von *tener*
„zart". *Tarin* wäre demnach der „zarte Vogel".**)
Der Zeisig hat ein ziemlich buntes Gefieder, an dem die
vorherrschenden Farben Gelb und Grün sind. Hierauf beruht
die Mehrzahl der auf den Zeisig bezüglichen Metaphern.
So nennt man in Österreich Z e i s e r l w a g e n diejenigen
Eisenbahnwaggons, die erst- und zweitklassige Coupés
enthalten, indem häufig die ersteren gelb, die letzteren
grün angestrichen sind. (Vgl. span. *cangrejo* „Krebs" als
Bezeichnung der rot angestrichenen Straßenbahnwagen in
Madrid.) Nur auf das Grün im Gefieder des Zeisigs be-

---

*) Winteler, Naturlaute und Sprache, pag. 22, bezeichnet das Wort
als Schallvergleichungsname und bringt es in Zusammenhang mit lat.
tintinulare (lautverschoben *zinzinulare*), einer Ableitung von *tinnire.*

**) Nach Heeger, Tiere im pfälzischen Volksmund, 2. Teil, pag. 11,
nennt man ein zartes, schmächtiges Kind Z e i s e r l e, wozu das Adj. z e i s e r -
l i c h „zierlich, schmächtig".

zieht sich der in den ital. Gegenden Österreichs für den
sich gern in Grün kleidenden Steirer übliche Spitzname
lucherino (dialektisch *lughero*). Ebenso beruht, wie gezeigt
wurde, im Span. die Bezeichnung des Vogels auf der grünen
Farbe. Wenn hingegen der Pariser dén Gendarmen scherzweise *serin* nennt, so vergleicht er hierbei dessen gelbes
Lederzeug mit den gelben Streifen an den Flügeln des
Zeisigs. Daß bald das Gelb, bald das Grün als die ausschlag-
gebende Farbe am Gefieder des Zeisigs erscheint, zeigt sich
auch darin, daß Italiener und Franzosen von *giallo lucherino*,
bzw. *serin jaune* sprechen, während Deutsche und Engländer
den Ausdruck z e i s i g g r ü n, bzw. *siskin-green* gebrauchen.

Unter den Finken ist der Zeisig entschieden der leb-
hafteste. Sein Treiben macht den Eindruck ausgelassener
Lustigkeit, daher man im Deutschen einen fröhlichen Kumpan
gern einen l u s t i g e n Z e i s i g nennt. (Zu dieser Metapher
stimmt vortrefflich die Etymologie *serin* = *serenus* „heiter".)
Hingegen hat tadelnden Sinn der Ausdruck l o c k e r e r Zeisig,
womit man einen leichtsinnigen Menschen bezeichnet. Die
Charakteristik, die Brehm von dem Vögelchen gibt, bestätigt
die in dieser Metapher zum Ausdruck kommende Auffassung.
Er sagt nämlich vom Zeisig, er sei bis zu einem gewissen
Grade „leichtsinnig" zu nennen.

Wegen der großen Leichtigkeit, mit der sich der Zeisig
fangen läßt, gilt er dem Franzosen als Symbol der Einfalt,
spielt also im Franz. dieselbe Rolle, wie im Deutschen der
ihm so nah verwandte Gimpel, und zwar liegt die Entstehung dieser Metapher klar vor Augen, indem *serin* als
Adjektiv zunächst „leicht zu fangen" bedeutet. Der Gebrauch des Wortes für einen einfältigen Menschen beruht
somit auf Metonymie. (Die Folge [das Überlistetwerden]
wird für die Ursache [Dummheit] gesetzt.) Da der Zeisig
leicht abzurichten ist und sogar Melodien nachpfeifen lernt,
so wird im Franz. ein von *serin* abgeleitetes *seriner* für das
Abrichten von Vögeln im allgemeinen gebraucht: *seriner un
oiseau* heißt wörtlich „einen Vogel zum Zeisig machen" oder
„ihn wie einen Zeisig behandeln", d. h. zum Nachpfeifen
abrichten. Dann wird das Wort infolge von Erweiterung
des Bedeutungsumfanges im Sinne von „jemd. etwas ein-

trichtern" gebraucht, und da die Abrichtung rein mechanisch
geschieht, nämlich durch fortwährendes Vorpfeifen einer und
derselben Melodie, so nimmt das Wort metonymisch die
Bedeutung von „jemd. etwas beständig vorleiern" an. Dementsprechend bezeichnet *serinette* sowohl das mechanische Ein-
trichtern wie auch das Instrument dazu, die Vogelorgel.

Der Sperling.

Deutsch S p e r l i n g *) beruht auf mhd. *sperlinc*, das eine
diminutive Ableitung aus mhd. *spar*, ahd. *sparo* ist. Hiermit
ist verwandt engl. *sparrow* aus altengl. *spearwa.* Dasselbe
Wort ist erhalten in deutsch S p e r b e r aus mhd. *sperwære*,
sparwœre, d. i. wörtlich „Sperlingsaar". Der zweite Bestandteil des Wortes ist *ari* = Aar. Man vgl. damit die engl.
Bezeichnung für „Sperber", *sparrow-hark*, altengl. *spearhafoc*
„Sperlingshabicht". Neben Sperling ist S p a t z gebräuchlich,
was die Koseform zu mhd. *spar* ist.

Was die romanischen Sprachen betrifft, so ist lat. *passer*
erhalten in ital. *passera, passero*, sowie in den davon gebildeten
Diminutiva *passerotto, passerino*, ferner im frz. Dim. *passereau*
sowie in span. *pájaro*, das infolge Bedeutungsgeneralisierung den Vogel im allgemeinen bezeichnet. (Vgl. die umgekehrte Bedeutungsentwicklung [Verengung] in ital. span.
oca, frz. *oie* „Gans" aus *avica* „Vögelchen".) Bezüglich des
Span. sei noch bemerkt, daß Tolhausen in seinem Wörterbuch
bei *pájaro* „Vogel" auch noch die ursprüngliche Bedeutung
„Sperling" angibt, während das Wörterbuch der Akademie
von dieser zweiten Bedeutung nichts weiß. Auf jeden Fall
ist das Bewußtsein der ursprünglichen Bedeutung noch nicht
ganz geschwunden, da *pájaro* vorzugsweise auf kleinere Vögel
angewendet wird. Übrigens hat auch im Rumänischen *pásere*

---

*) Nach Winteler, Naturlaute und Sprache, pag. 14, schallnachahmend
(vom Warnungsrufe *terr, ter, ter*, wofür man auch *sper* setzen könne).
Wenn jedoch Winteler in dem deutschen Dialektnamen D i e b eine volksetymologische Umdeutung eines Rufnamens sieht, so scheint mir dies zu
weit gegangen, heißt doch der Haussperling in einigen Gegenden Portugals
pardal ladro (*ladro* = Dieb).

die allgemeine Bedeutung von „Vogel" angenommen. Der
gewöhnliche Name des Sperlings im Franz. ist *moineau*, ein
semasiologisch interessantes Wort. Als Etymon hierfür wird
ein von *musca* „Fliege" abgeleitetes, supponiertes *muscio* angenommen. Das Wort würde also offenbar soviel bedeuten
als „kleiner Vogel". (Oder sollte damit ursprünglich der
„Fliegenfänger" bezeichnet worden sein?) Wenigstens hat
mouchon im Hennegauschen die Bedeutung „kleiner Vogel",
moisson hingegen heißt im Normannischen mit Bedeutungsverengung „Sperling", was ein interessantes Gegenstück zu span.
pájaro bildet. Frz. *moineau* beruht auf dem Dim. von *moisson*,
moisnel, wobei das Wort jedenfalls volksetymologisch von *moineau*
(Dim. von *moine*) „Mönchlein" beeinflußt wurde. Tertium comparationis ist hierbei wohl die Farbe. (Die Mönchskutte ist braun.)
Ein Analogon hierzu bietet der portug. Name des Sperlings,
pardal (von *pardo* „braun"), der übrigens auch im Span. neben
gorrión gebraucht wird. Man vgl. im Deutschen die Bezeichnung
„Mönch" für das Schwarzblättchen sowie die Benennungen
des dem Sperling so nah verwandten Gimpels im Ital.
(*monachino*) und im Span. (*frailecillo*). Einen zweiten Namen
für den Spatzen besitzt das Frz. in *pierrot,* dem Dim. von
Pierre „Peter". In den meisten Wörterbüchern wird das Wort
im Zusammenhange mit *pierrot* „Hanswurst" angeführt, gleichsam als wäre es eine bildliche Verwendung letzteren Wortes.
Nach unserer Auffassung ist es jedoch davon zu trennen
und direkt von dem Taufnamen *Pierre* abzuleiten, wie überhaupt die Benennung von Tieren nach Personennamen eine
ganz gewöhnliche Erscheinung ist. So leitet man span.
perro „Hund" von lat. *Petrus* ab und wahrscheinlich ist dies
Wort auch das Etymon von *perroquet* „Papagei". (Vgl. span.
perico, bezw. *Perico* „Papagei" und „Peterchen".) Man denke
ferner an den Petersvogel (die Sturmschwalbe) und den Peters-
fisch (ital. *pesce San Pietro*). Überdies findet sich in der
Gegend von Lübeck für den Sperling der Name D a k k p e t e r
„Dachpeter". (Vgl. Korrespondenzblatt für niederdeutsche
Sprachforschung 1892, XVI, pag. 83 und Glöde, Der Sperlings-
name, in Zeitschrift für den deutschen Unterricht, 1894,
pag. 267 f.) wo auch andere niederdeutsche Sperlingsnamen
besprochen werden.) Eine dritte, landschaftlich beschränkte

Bezeichnung des Sperlings im Franz. ist *guilleri*, was zunächst das Gezwitscher des Sperlings und dann metonymisch den Sperling selbst bezeichnet. Dabei ist es gewiß nicht notwendig, Entlehnung aus schwedisch *qvittra* „zwitschern" anzunehmen, sondern man kann das Wort als direkte Schallnachahmung auffassen. Von *guilleri* „Spatz" ist jedenfalls das Adjektiv *guilleret* „lebhaft, ausgelassen" abzuleiten (fehlt bei Körting), wenigstens stimmt seine Bedeutung ganz zum Wesen des Spatzen. Ein Analogon hierzu bietet *friquet*, die Bezeichnung des Feldsperlings, aus altfrz. *frique* „munter, lebhaft" (verwandt mit deutsch „frech").*) Die gebräuchlichste Bezeichnung für den Sperling im Span. ist das etymologisch noch nicht aufgeklärte *gorrión*. Daneben wird *pardal* gebraucht (s. oben). Es wäre demnach der Spatz der „braune Vogel". Benennung von Vögeln nach der Farbe ihres Gefieders kommt auch sonst vor. (Vgl. deutsch „Grünling", engl. *blackbird* „schwarzer Vogel" für „Amsel".)

Wegen seiner Häufigkeit — er ist wohl überhaupt der verbreitetste und numerisch am stärksten vertretene Vogel in Europa — erscheint der Sperling in gewissen Metaphern und metaphorischen Redensarten als Vertreter der ganzen Vogelklasse überhaupt, welche Funktion — wenn man so sagen darf — er mit der gleichfalls sehr häufigen Krähe teilt. Ein Analogon hierzu bietet die Bedeutungsentwicklung von *passer* im Span. und Rumänischen, in welchen Sprachen, wie bereits erwähnt, das Wort heute die Bedeutung „Vogel" hat. Auch im Frz. wird *moineau* volkstümlich auf kleine Vögel im allgemeinen angewendet. (Vgl. Rolland, Faune pop., II, pag. 156, Anmerkung.) Die im folgenden zu besprechenden Metaphern kennzeichnen sich eben dadurch, daß sie sich auf Eigenschaften beziehen, die der Sperling mit anderen Vögeln teilt und die daher für ihn nicht charakteristisch sind. Von Metaphern, die sich auf das Äußere des Sperlings beziehen, sind zunächst anzuführen die S p a t z e n (schwäbisch: S p ä t z l e) als Benennung einer Mehlspeise (ein Mittelding zwischen Nudeln und Klößen). Im Wasser eingekocht, heißen sie W a s s e r -

---

*) Vgl. die Redensart *être gai comme un pierrot*, lustig sein wie ein Spatz.

spatzen. Das tertium comparationis ist ganz allgemein die Gestalt. (Vgl. ital. *toppini* als Bezeichnung von kleinen Klößen, deutsch „Mäuschen" für eine Mehlspeise.) Hierher gehört ferner **Spatzenwaden** als scherzhafte Bezeichnung dünner Waden. (Vgl. frz. *pattes de coq* „Hahnenwaden".) Als Vertreter der ganzen Vogelklasse erscheint der Spatz auch in der franz. Redensart *manger comme un moineau*, essen wie ein Spatz, d. h. wenig essen. (Vgl. deutsch „essen wie ein Vögelchen", franz. *appétit d'oiseau* „Vogelappetit", ital. *mangiare quant' un canarino*, essen wie ein Kanarienvogel.) Ganz dieselbe Rolle spielt der Spatz in der frz. Redensart *coucher à l'hôtel des trois moineaux*, im Hôtel der 3 Spatzen übernachten, d. h. im Freien schlafen. Hierher zu ziehen ist ferner die spezifisch deutsche Redensart **Sperlinge unter dem Hute haben**, d. h. ungern grüßen, gleichsam als fürchte man, durch das Lüften des Hutes den Sperlingen Gelegenheit zu geben zu entkommen. Daß schon bei den Römern der Spatz der Vogel κατ' ἐξοχήν war, ergibt sich aus dem Gebrauch von *passercula* (Dim. von *passer*) im Sinne unseres „Vögelchen" als Liebkosungswort für ein junges Mädchen. Hierin zeigt sich übrigens eine sehr optimistische Auffassung vom Wesen des Spatzen im Gegensatz zu den modernen Sprachen, die an diesem Vogel nur Mängel entdecken. Auffallend ist der Ausdruck **einsamer Spatz** als Bezeichnung eines einsam lebenden Menschen, denn er steht im direkten Widerspruch zur Wirklichkeit, da die Spatzen im Gegenteil äußerst gesellige Vögel sind und immer in Schwärmen vorkommen. Der Sachverhalt ist nämlich der, daß **einsamer Spatz** ursprünglich eine volkstümliche Bezeichnung der tatsächlich in einsamen Gegenden vorkommenden Blauamsel ist. (Vgl. „Rohrspatz" für „Rohrdrossel".) Dem Laien allerdings ist der Ursprung der Redensart nicht bewußt und er denkt dabei natürlicherweise an den Sperling. Analog wird im Ital. und Span. die Blauamsel mit *passera solitaria*, bzw. *pájaro solitario* bezeichnet. Für das Spanische ist diese Benennung, die übrigens wie im Deutschen auch metaphorisch gebraucht wird, besonders lehrreich, da sie in *pájaro* den Übergang von der Bedeutung „Sperling" zu der von „Vogel" deutlich erkennen läßt. Im Franz. ist gleichfalls ein *oiseau solitaire* belegt bei Sachs findet sich jedoch hierbei die Bemerkung, daß es einen jetzt nicht mehr bekannten Vogel bezeichnet. Die Blauamsel heißt im Frz. *merle de montagne.*

Wegen seiner stark erotischen Veranlagung ist der Spatz in den meisten Sprachen das Symbol der Geilheit. Naumann sagt von dem Sperling, es sei kein Vogel bekannt, der ihm an Ausdauer in der Ausübung physischer Liebe zuvorkomme. Er ist sozusagen der Don Juan unter den Vögeln. Daher war er der Venus geheiligt, die ihren Wagen von Sperlingen ziehen ließ. Bei den alten Autoren finden sich Stellen, in denen ausdrücklich diese Eigenschaft des Sperlings betont wird. So spricht z. B. Cicero irgendwo von der *voluptas, quae passeribus nota est omnibus.* Dementsprechend sagt man im Deutschen von einem in erotischer Beziehung sehr leistungsfähigen Menschen: E r k a n n w i e e i n S p a t z, im Ital.: *È più lussurioso che le passere,* im Span. und Franz.: *Es más ardiente que un gorrión,* bzw. *il est plus chaud qu'un moineau,* er ist hitziger als ein Spatz. Hierher könnte man auch die engl. Slangredensart ziehen *to go out sparrow-catching,* auf den Sperlingfang ausgehen, wenn man es nicht vorzieht, hierin ein Analogon des deutschen „Gimpelfangs" zu erblicken.

Das unstete Wesen des Spatzen, der trotz seiner verhältnismäßig plumpen Gestalt*) eine große Beweglichkeit verrät, hat ihn in den Ruf des Leichtsinns gebracht. Da Leichtsinn auf Mangel an Überlegung beruht, so wird S p a t z e n k o p f im Deutschen zur Bezeichnung eines unüberlegt oder töricht handelnden Menschen gebraucht. (Vgl. frz. *tête de linotte* „Hänflingskopf".) Analog sagt der Italiener von einem solchen Menschen: *Ha cervello quanto un passero,* er hat nicht mehr Hirn als ein Spatz. Hierauf beruht die auf den ersten Blick befremdende Bedeutung „Fehler, Schnitzer", die das Wort unter Umständen annehmen kann. Die Bedeutungsentwicklung ist jedenfalls metonymisch vor sich gegangen. (Spatz — Handlungsweise eines Spatzen. Ursache für Wirkung.) Allerdings stellt sich hierbei die Sprache in Gegensatz zur Naturgeschichte, die uns den Spatzen als einen äußerst

---

*) Auf den großen plumpen Schnabel des Sperlings bezieht sich engl. *sparrow-mouthed* „spatzenmäulig" für „großmäulig".

intelligenten und mit einem merkwürdigen Gedächtnis begabten Vogel schildert. (Vgl. jedoch ital. *più furbo d'una
passera*, schlauer als ein Spatz.) Allein die Sprache macht
das Volk und dieses kümmert sich — was wir im Laufe
unserer Untersuchung schon oft zu konstatieren Gelegenheit
hatten — wenig um die Ergebnisse wissenschaftlicher Beobachtung, sondern urteilt nur nach dem äußeren, oberflächlichen Eindruck. Scheinbar gehört auch hierher die ital.
Redenart: *Nella sua testa c'è andato covare un passero*, in seinem
Kopf hat sich ein Sperling eingenistet, d. h. er ist geistig
nicht ganz normal. In Wirklichkeit ist *passero* hier in ganz
anderem Sinne gebraucht. Der Sperling erscheint hier nämlich
als Symbol der hin- und herschwirrenden Gedanken. (Vgl.
frz. *avoir des moineaux dans la tête, avoir une hirondelle dans le
soliveau*, deutsch: einen Vogel haben.) Hierher zu ziehen ist
ferner die Redensart *cacciar le passere*, die Sperlinge, d. h. die
lästigen Gedanken verjagen.

Der Spatz gilt aber nicht bloß als Symbol harmlosen
Leichtsinns, er wird auch als Sinnbild der Liederlichkeit verwendet, wozu seine erotische Unersättlichkeit nicht wenig
beitragen mag. Dementsprechend nennt der Spanier einen
Schlupfwinkel für liederliches Volk *gorrionera*, was wörtlich
einen Ort bedeutet, wo viele Spatzen hausen. So sagt auch
der Franzose zu einem Individuum, das sich in moralischer
Beziehung eine starke Blöße gegeben hat, ironisch: *Tu es
un joli moineau*, Du bist ein netter Spatz. (Vgl. ital.: *Tu
sei un bel merlo*.) Neben seinen sonstigen schlechten Eigenschaften hat der Spatz noch eine sehr unangenehme, dabei aber kräftige Stimme, die er mit großer Unermüdlichkeit erschallen läßt. Es ist sehr begreiflich, daß das unharmonische, jeder Melodie entbehrende Gezwitscher des
Spatzen den Eindruck des Schimpfens machen konnte. Dies,
verbunden mit der in Vergleich zu anderen Vögeln großen
Kühnheit des Sperlings, erklärt zur Genüge die Metaphern,
in denen dieser Vogel als Bild der Frechheit erscheint. So sagt
man im Deutschen von einem dreisten Menschen geradezu:
Er ist frech wie ein Spatz, und mit Bezug auf das fortwährend Gezwitscher des Vogels gebraucht man Spatzenzunge im Sinne von „Lästermaul". Hingegen bezieht sich

die im Deutschen sehr gebräuchliche Redensart s c h i m p f e n
w i e e i n R o h r s p a t z nicht auf unseren Sperling, sondern
auf die zur Gattung der Schilfsänger gehörige Rohrdrossel,
die vom Volke auch R o h r s p e r l i n g genannt wird und eine
unangenehm knarrende, entfernt an das Froschgequak er-
innernde Stimme besitzt. Die Spatzenfrechheit wird auch im
Franz., wo man den Sperling gern *gamin de Paris*,*) Pariser
Straßenjunge, nennt, metaphorisch verwendet, wie erhellt aus
der Redensart *être hardi comme un pierrot*, dreist sein wie ein
Spatz. Hierher zu ziehen ist ferner ital. *passeraio* „Sperlings-
gezwitscher", welches Wort metaphorisch auf das Durchein-
anderreden vieler Leute angewendet wird. Wenn man im
Deutschen sagen will, daß ein Geheimnis in aller Munde ist,
so bedient man sich häufig der Redensart d i e S p a t z e n
p f e i f e n ' s a u f d e n D ä c h e r n, wobei das Gezwitscher der
Spatzen mit dem böswilligen Geklatsch der Leute ver-
glichen wird. (Vgl. im Normannischen *pierrotter* von *pierrot*
„Sperling" = *bavarder* „schwatzen".)

Der Spatz repräsentiert keinen großen Wert, da er weder
als Zimmervogel gehalten noch auch kulinarisch verwendet
wird (außer in Italien, wo alle Vögel gegessen werden).
Deswegen wird er, namentlich im Französischen, zum Ausdruck des Wertlosen, Unbedeutenden verwendet, so z. B. in
der Redensart *appelez-vous cela des moineaux?* nennen Sie das
Sperlinge? d. h. Ist denn das nichts? (Vgl. ital. *O che son
mosche?* sind denn das Fliegen?) Demgemäß sagt der Franzose
von einem, der sein Geld auf Kleinigkeiten vergeudet: *Il
tire sa poudre aux moineaux*, er verschießt sein Pulver auf
Sperlinge. Hingegen bedeutet die deutsche Redensart m i t
K a n o n e n n a c h S p e r l i n g e n s c h i e ß e n: zur Wider-
legung leicht zu bekämpfender Behauptungen das ganze
Rüstzeug der Logik ins Feld führen. Desgleichen erscheint
der Sperling als Bild des Wertlosen in dem deutschen Sprich-
wort: E i n S p e r l i n g i n d e r H a n d i s t b e s s e r a l s e i n e
T a u b e a u f d e m D a c h e, wofür man auch sagt: B e s s e r
e i n S p e r l i n g i n d e r H a n d a l s e i n K r a n i c h, d e r

---

*) Im Deutschen bezeichnet man den Sperling als den „Gassenjungen
unter den Vögeln".

fliegt über Land. Ebenso wird im Franz. dem Sperling der Kranich gegenübergestellt in dem Sprichwort: *Un moineau dans la main vaut mieux qu'une grue qui vole*, während im Engl. der Fasan an Stelle des Kranichs tritt: *A sparrow in the hand is worth a pheasant flying by*. (Vgl. ital. *Meglio è fringuello in mano che tordo in frasca*; span. *Más vale pájaro in mano que buitre* (Geier) *volando*, wo *pájaro* die ursprüngliche Bedeutung von „Sperling" bewahrt hat.) Schließlich sei noch aus dem Engl. *sparrow-grass* „Spatzengras" als volkstümliche Bezeichnung des Spargels erwähnt. Es ist dies jedoch nur scheinbar eine vom Spatzen hergenommene Metapher, in Wirklichkeit ist das Wort nichts anderes als eine scherzhafte auf Volksetymologie beruhende Verballhornung von *asparagus* „Spargel".

Die Wachtel.*)

Deutsch Wachtel beruht auf mhd. *wahtel*, ahd. *wahtala*, *quahtela*,**) worauf die romanischen Bezeichnungen: ital. *quaglia*, frz. *caille*, altfrz. *quaille*, zurückzuführen sind. Letzteres ist wiederum das Etymon zu engl. *quail*. Der lateinische Name der Wachtel, *coturnix*, ist erhalten in ital. *coturnice*, *cotornice* (seltener gebraucht als *quaglia*), und in span. *codorniz*.

Die Wachtel liefert unserer Betrachtung nur spärliches Material. Auf das Äußere des Vogels, und zwar auf seine Wohlbeleibtheit, bezieht sich im Ital. und Frz. die Redensart *essere grasso come una quaglia*, bzw. *être gras comme une caille*, fett sein wie eine Wachtel.

Wenn im Deutschen der Name des Vogels für „Ohrfeige" verwendet wird, so beruht diese Metapher auf derselben Art von Bedeutungswandel wie der Ausdruck Schwalbe (siehe pag. 137), womit dieselbe körperliche Züchtigung bezeichnet wird. Von dieser Metapher ist ein Verbum gebildet, nämlich

---

*) Vgl. was Lorentz in seiner Abhandlung „Kulturgeschichtliche Beiträge zur Tierkunde des Altertums" (Jahresbericht des königl. Gymnasiums zu Wurzen) 1903/04 über die Wachtel sagt.

**) Onomatopoetisch nach dem Ruf des Vogels. (Vgl. Winteler, Naturlaute und Sprache, pag. 17.)

w a c h t e l n , das durch Erweiterung des Begriffsumfangs zur
Bedeutung „züchtigen" gelangte.

Mit Bezug auf die Unersättlichkeit der Wachtel in der
Befriedigung des Geschlechtstriebes nennt der Franzose ein
Weib, das seine Verliebtheit in unzweideutiger Weise zu erkennen gibt, *caille coiffée*, verliebte Wachtel, oder er sagt wohl
auch von ihr: *Elle est chaude comme une caille*, sie ist hitzig
wie eine Wachtel.*) Hierauf beruht der Gebrauch von engl.
quail (daneben *callet*) für eine Dirne (jetzt wenig mehr gebräuchlich). Ebenso kann *quail* auf eine alte Jungfer angewendet werden, insofern sie nicht darauf verzichtet hat,
einen Mann zu finden. (Namen von Vögeln aus dem Hühner-
geschlechte werden überhaupt sehr häufig zur verächtlichen
Bezeichnung von weiblichen Wesen gebraucht. Vgl. deutsch
Gans, Schnepfe, frz. *oie, dinde, grue* usw.)

Während die Sprache häufig Namen von Tieren, die von
der Naturgeschichte als intelligent geschildert werden, als
Symbole geistiger Beschränktheit verwertet, gebraucht sie
merkwürdigerweise den Namen der intellektuell minder begabten Wachtel zur Bezeichnung eines schlauen Menschen,
so wenigstens im Ital.: *Essere una quaglia sopraffina* bedeutet
soviel als „sehr schlau sein". Semasiologisch interessant ist
der Gebrauch des Wortes „Wachtel" für den zum Wachtelfang abgerichteten Hund (allerdings mit Geschlechtswandel:
D e r W a c h t e l). Es läßt sich diese auf Metonymie beruhende
Begriffsentwicklung vergleichen mit dem in ital. *cuculo*
(Kuckuck-Vogelnetz) zutage tretenden Bedeutungswandel.
(Die zum Fangen eines Tieres dienende Vorrichtung mit
dem Namen dieses Tieres bezeichnet.) Allerdings wäre es
denkbar, daß „Wachtel" für „Wachtelhund" eine einfache
Kürzung ist.**) (Vgl. Nyrop, Leben der Wörter, pag. 174, wo
für diese sprachliche Erscheinung eine Reihe von Beispielen
aus dem Dänischen angeführt wird.)

Zum Wachtelfang bedient man sich auch einer Lockpfeife,

---

*) Im Patois von Valenciennes ist *carcaillon* „Wachtel" Bezeichnung
des Penis.

**) Vgl. „Dachs" für „Dachshund".

die den schnarrenden Ruf*) des Weibchens genau nachahmt,
daher im Engl. im Volksmunde *quail-pipe* „Wachtelpfeife" soviel als „Weiberzunge" bedeutet, wobei das tertium comparationis der schnarrende Ton ist.

Der Kranich.

Deutsch **K r a n i c h** beruht auf mhd. *kranech*, ahd. *chranuh*,
chranih. Neben Kranich kommt eine kürzere Form **K r a h n**
vor, die im Nhd. nur metaphorisch gebraucht wird und zurückgeht auf mhd. *krane*, altniederdeutsch *krano*. Die altengl.
Form ist *cran*, woraus neuengl. *crane* „Krahn" und „Kranich".
Das Wort ist noch erhalten in **K r a m m e t s v o g e l**, mhd.
kranewitvogel. *Kranewit* ist im Mhd. die Bezeichnung des
Wacholders (heute noch im bayrisch-österreichischen Dialekte in der Form „Kronaweta" gebräuchlich).**) Der zweite
Bestandteil des Wortes ist ahd. *wito* „Holz" (vgl. engl. *wood*).
Kranewit bedeutet demnach „Kranichsholz". (Vgl. engl. *crane-
berry, cranberry* „Moosbeere".)
Die romanischen Benennungen des Kranichs gehen sämtlich auf lat. *grus*,***) bzw. *gruicula, gruiculus* zurück, das mit
griechisch γέρανος und ahd. *chreia* stammverwandt ist. Sie
lauten: ital. *grue, gru*, span. *gru, grua, grulla, grullo*, frz. *grue*.
Was beim Kranich am ersten auffällt, ist sein ungemein
langer Hals, daher engl. *crane-necked* „kranich = langhalsig",
dem frz. *cou de grue*, ital. *collo del gru* „Kranichhals" als
Bezeichnung eines langen Halses entsprechen. Auf diesem
physischen Merkmale beruht die allen Sprachen gemeinsame
Bezeichnung einer allbekannten Hebevorrichtung mit dem
Namen dieses Vogels. Dieselbe besteht aus einer Säule und
einem an oder mit dieser drehbaren, meist schräg aufwärts
gerichteten Balken, von welchem eine zum Tragen bestimmte
Kette herabhängt. Dieser Balken ist es nun, der mit dem

---

*) Auf diesen Ruf bezieht sich frz. *caillette* „Schwätzerin", wovon
cailletage „Geschwätz".
**) Analog wird der Krammetsvogel in Istrien *gineprone* genannt
(von *ginepro* = *juniperus* „Wacholder").
***) Onomatopoetisch nach dem Rufe des Vogels (kruuh).

12*

ausgestreckten Halse des Kranichs oder vielmehr mit der von
Hals und Schnabel gebildeten Linie verglichen wird. Dies
ersieht man ganz deutlich aus der für den Balken üblichen
Bezeichnung „Schnabel". Im Deutschen wird als Benennung
der ganzen Maschine die kürzere Form „Kran" verwendet,
die heute nur mehr in dieser übertragenen Bedeutung
gebraucht wird. (Dialektisch auch „Kranich".) Im Engl.,
Ital., Franz. und schon im Altgriechischen werden Vogel und
Maschine mit demselben Worte bezeichnet. Im Span. hingegen sind wie im Deutschen Doppelformen vorhanden, von
denen die eine, *grua*, auf die Hebevorrichtung, die andere,
grulla (aus lat. *gruicula*, Dim. von *grus*), heute nur mehr auf
den Vogel angewendet wird. Das Portug. besitzt sogar drei
Scheideformen: *grou*, *grua*, *grulha*. *Grou* bezeichnet den Vogel,
grua den Kran, *grulha* wird mit Bezugnahme auf das fortwährend Piepen der jungen Kraniche im Sinne von „Schwätzer"
gebraucht: davon *grulhar* „lärmen, schwätzen" und *grul-
hada* „Lärm". Hierher gehört noch frz. *grue* als ehemalige
Bezeichnung eines als militärisches Strafinstrument dienenden
Halseisens (*mettre qn. à la grue*).

Auf die Eigenheit des Kranichs, beim Fliegen seinen
Hals lang auszustrecken, beziehen sich die engl. Redensart
to crane one's neck, den Hals vorstrecken, und *to crane at a
thing* als Terminus der Hetzjagd. Damit bezeichnet man
nämlich das vorsichtige und ängstliche Ausspähen des Reiters
nach kommenden Hindernissen und allgemein überhaupt ein
Innehalten, Zögern. Der Vergleich ist treffend, da die Kraniche
äußerst vorsichtige Vögel sind und auf ihren Wanderungen
durch die geringste Gefahr beunruhigt werden. Man bezeichnet daher im Engl. mit *craner* einen allzuängstlichen
Menschen, dessen Vorsicht an Furchtsamkeit grenzt. Absolut
gebraucht erscheint *to crane* in der Wendung *to crane down*
„sich niederbeugen".

Auch vom Schnabel des Kranichs sind einige Metaphern hergenommen. So gebraucht man im Lat., Span. und
Franz. den Namen des Vogels metonymisch für einen im
Altertum bei Belagerungen verwendeten Sturmhaken (häufiger
allerdings nach dem Schnabel des Raben benannt). Hierher
gehört ferner *crane's-bill* „Kranichschnabel" als chirurgischer

Terminus für eine lange Zange. (Vgl. frz. *bec-de-corbin*, deutsch „Rabenschnabel".)

Wie alle Stelzenvögel sind die Kraniche gewandte Läufer und bewegen sich mit derselben Sicherheit auf der Erde wie in der Luft. Auf den mit langgestrecktem Halse daherstolzierenden Kranich, der stets den Eindruck macht, als verfolge er unentwegt ein bestimmtes Ziel, bezieht sich die engl. Redensart *to crane at the girls*, den Mädchen nachlaufen. (Vgl. „nachsteigen" in der deutschen Studentensprache.)

Da die Kraniche wie die Störche oft stundenlang regungslos verharren, wobei sie manchmal nur auf einem Beine stehen (vgl. provenz. *pata* „Bein" = Kranich), so sagt man im Franz. von jemand, der lange Zeit an einer Stelle wartend verweilt: *Il fait le pied de grue*, er macht das Kranichbein, oder nur: *Il fait la grue*, er macht den Kranich.*) Hiermit mag es zusammenhängen, wenn im Pariser Argot *grue* auf eine gewisse Art von Dämchen angewendet wird, die auf offener Straße oder in Cafés auf zahlfähige Klienten passen.

Mit Bezug auf die schlanke Gestalt des Vogels nennt man in einigen Gegenden Englands einen mageren Menschen *crane-gutted* „kranichbäuchig", während man im Franz. ein großes, linkisches Frauenzimmer gern mit *grue* bezeichnet, da in der unsymmetrischen Gestalt des Vogels tatsächlich etwas Unbeholfenes liegt. (Vgl. *chameau*.)

Schließlich wird *grue* häufig auf ein beschränktes weibliches Wesen angewendet und entspricht als Schimpfwort unserer „dummen Gans". (Vgl. frz. *dinde*.) Auch adjektivisch wird *grue* in diesem Sinne gebraucht. Von *grue* abgeleitet ist *gruerie* „Dummheit". Hiermit geschieht dem guten Kranich allerdings bitteres Unrecht, denn dieser Vogel gehört nach dem übereinstimmenden Zeugnis aller Ornithologen zu den klügsten Tieren. Übrigens steht der Kranich nicht bloß im Franz. in solch üblem Ruf, sondern er wird auch im Span. gelegentlich als Sinnbild geistiger Beschränktheit verwendet. So ist in der span. Literatur *Pero Grullo* „Peter Kranich", ein Seitenstück zum frz. *Prud'homme*, der Typus des borniterten

---

*) Über das Spiel *pied de grue*, das so heißt, weil die Hauptperson auf einem Beine stehen muß, vgl. Rolland, Faune pop., II, pag. 370.

Philisters, der sich in hohlen Phrasen und lächerlichen
Gemeinplätzen (*perogrulladas*) gefällt. Demnach steht es
außer Zweifel, daß das ital. Adjektiv *grullo* „dumm, albern"
identisch ist mit span. *grullo* „Kranich" und somit auf lat.
gruiculus beruht und nicht auf einem supponierten *corrotulus*
„zusammengerollt", wie Pascal (Studi di fil. rom. VII, 94) will.

Im Altertum hatte man trotz der sonst höchst un-
klaren naturhistorischen Begriffe eine richtigere Vorstellung
von dem wahren Wesen des Kranichs. Man denke nur an
die Kraniche des Ibykus und an die Rolle, die diese Vögel
als elbische Tiere in der germanischen Mythologie spielten.
Als kluges oder wenigstens vorsichtiges Tier erscheint der
Kranich in dem span. Sprichworte: *Dos á uno, tornarme he
grullo*, wörtlich: Zwei gegen einen, ich werde mich in einen
Kranich verwandeln, d. h. davonfliegen, womit gesagt wird,
daß es ein Gebot der Klugheit ist, dem Stärkeren zu weichen.
Tatsächlich ist es äußerst schwer, diese Vögel, die an Vorsicht das Größtmögliche leisten, zu fangen.

Auf den geselligen Charakter der Kraniche, die ihre
Wanderungen stets in großen Schwärmen unternehmen, bezieht sich span. *grullada* als Bezeichnung einer größeren Gesellschaft, die freundschaftlich zusammengeht. Auch wird das
Wort auf einen Trupp *alguaciles* angewendet, der nachts die
Runde macht. Hierher zu ziehen ist ferner das span. Sprichwort: *Grulla trasera pasa á la delantera*, d. h. der im Zuge
letzte Kranich wird mit der Zeit der erste sein, was unserem
deutschen „Eile mit Weile" entspricht.

Im Mittelalter wurde der Kranich, dessen Fleisch auf
keiner fürstlichen Tafel fehlen durfte, eifrig gejagt, und zwar
wie sein Verwandter, der Reiher, mittelst Falken. Den zu
dieser Jagd abgerichteten Falken nannte man span. *halcón
grullero* oder auch nur *grullero*, frz. *faucon gruyer* „Kranichs-
falke". Da in der Regel die Forstmeister mit der Falken-
beize betraut waren, so nannte man sie nach ihrer Beschäftigung *gruyers*, während der Forstlehnherr frz. *seigneur gruyer*,
span. *señor grullero* hieß. Hiermit wird die von Diez aufge-
stellte Etymologie, nach welcher frz. *gruyer* auf mhd. *gruo*
„grün, Wiese" zurückgehen soll, von selbst hinfällig.

Schließlich sei noch erwähnt, daß in einigen Gegenden

Englands infolge von Bedeutungsgeneralisierung dem Kranich verwandte Vögel, wie Reiher und Störche, mit *crane* bezeichnet werden. So heißt z. B. die bei uns unter dem Namen „Storchschnabel" bekannte Pflanze engl. *crane's-bill* „Kranichschnabel".

Die Schnepfe.*)

Der Name dieses Vogels ist semasiologisch insofern interessant, als alle Sprachen ihn nach demselben Merkmal, nämlich seinem langen Schnabel, benennen. Was zunächst deutsch Schnepfe betrifft, so geht das Wort zurück auf mhd. *snepfe*, ahd. *snepfa* und ist verwandt mit „Schnabel". In der Form *sgneppa* ist es in ital. Dialekte eingedrungen. Verwandt mit dem deutschen Worte ist engl. *snipe* aus mittelengl. *snipe*. Ebenso beruhen die gebräuchlichsten romanischen Bezeichnungen dieses Tieres (ital. *beccaccia*, span. *becaza, becada*, frz. *bécasse*) auf lat. *beccus* „Schnabel". (Vgl. ital. *becco*, frz. *bec*.) Hierbei ist nicht zu übersehen, daß das Suffix *aceus* dem Worte eine pejorative Nuance verleiht. (Vgl. ital. *omaccio, donnaccia* usw.) Es ist demnach *beccaccia* „der Vogel mit dem häßlichen Schnabel", wie ja tatsächlich die unverhältnismäßige Länge des Schnabels der Schnepfe ein häßliches Aussehen verleiht. Hierher gehört auch span. *pitorra*, ein Synonym von *becaza*, wenn man den dem Worte zugrunde liegenden Stamm *pit* identifizieren darf mit dem Stamme *pic*, der ursprünglich den Schall bezeichnet, den das Hacken gewisser Vögel mit dem Schnabel hervorbringt, dann aber durch Übertragung der Gehörsempfindung auf andere Sinnessphären die Bedeutung des Stechens und Spitzseins annimmt. (Vgl. lat. *picus* „Specht", *pica* „Elster"; ital. *picco*, frz. *pic* „Bergspitze"; span. *pico* „Schnabel"; ital. *piccare*, span. *picar*, frz. *piquer* „stechen".) Daneben gibt es allerdings noch einige andere Namen für die Schnepfe, wie z. B. engl. *wood-cock* „Waldhahn". (Das Tier benannt nach seinem Aufenthaltsort.) Im Ital. heißt eine Schnepfenart (*gallinago maior*) *coccolone* (*croccolone*) mit Bezug auf ihren geduckten Gang (*coccolarsi* „sich ducken"). Im Span.

---

*) In Niederösterreich d e r Schnepf.

wird der Vogel wegen seiner (mehr scheinbaren als wirklichen)
Dummheit *perniz chocha* „dummes Rebhuhn" oder mit Weglassung des Substantivs einfach *chocha* genannt. Ein anderer
span. Name der Schnepfe ist *gallina ciega* „blindes Huhn". Der
Umstand, daß der Vogel seine Nahrung durch Tasten findet,
verleitet das Volk zu dem Glauben, er sei blind. (Vgl.
Rolland, Faune pop., II, pag. 355, 8.) Endlich ist noch
eine ital. Bezeichnung für die Schnepfe anzuführen, nämlich
das landschaftlich beschränkte, auf ein dunkles lat. *acceia* zurückgehende *acceggia*, dem span. *arcea* entspricht.

Die metaphorische Verwendung des Wortes, das eigentlich selbst eine sehr durchsichtige Metapher ist, steht im
innigsten Zusammenhange mit seiner Etymologie. Wenn einerseits die Schnepfe das „geschnabelte Tier" genannt wird, so
werden andererseits spitze Ausladungen von Objekten gern
mit dem Namen der Schnepfe bezeichnet. So wendet man
z. B. im Deutschen den Ausdruck S n e p p e (niederdeutsche
Nebenform zu „Schnepfe") auf den spitz zulaufenden Teil
einer weiblichen Kopfbedeckung oder einer Kleidertaille *) an;
in gewissen Gegenden wird die Schnauze einer Kanne mit
S n e p p e bezeichnet. Im Engl. gebraucht man von spitz-
schnauzigen Hunden gern den Ausdruck *snipe-nosed* „schnepfen-
nasig". Hierher zu ziehen ist auch der engl. Slangausdruck
snipe als Spitzname eines Advokaten. Was hat aber der
Advokat mit dem Schnabel der Schnepfe gemein? Nur auf
Umwegen läßt sich dieser anscheinend rätselhaften Metapher
beikommen. Der Ausdruck *snipe* wird zunächst auf eine
lange Rechnung angewendet, wobei das tertium comparationis die Länge ist. Man kann sich sehr gut vorstellen, daß
jemand, der Vergleiche aus dem Tierreiche liebt (z. B. ein
Jäger), bei dem Anblick einer langen Rechnung ausruft:
„Die ist ja lang wie ein Schnepfenschnabel!" (Vgl. die
frz. Redensart *avoir le nez long comme une bécasse.*) Da die
Advokaten wegen ihrer langen Rechnungen — man denke
an gewisse endlose Prozesse — berüchtigt sind, so wird dieser
Ausdruck hauptsächlich mit Bezug auf Advokatenrechnungen

---

*) Nach Heeger, Tiere im pfälz. Volksmunde, 2. Teil, pag. 12, heißt
eine Mütze mit Schild S c h n e p p e n k a p p e.

gebraucht. (Bedeutungsspezialisierung.) Von „Advokaten-rechnung" zu „Advokat" ist nur mehr ein Schritt. Es findet hier nämlich eine ganz einfache und regelrechte Metonymie statt, indem die Bezeichnung für das Hervorgebrachte auf den Hervorbringer übergeht. Hierher gehört ferner das ital. Sprichwort: *No sempre si riconosce l'acceggia al becco lungo*, nicht immer erkennt man die Schnepfe am langen Schnabel, d. h. nicht immer macht das Kleid den Mann. Deutsch heißt es umgekehrt: Man erkennt den Vogel an seinen Federn.

Wie so viele andere Vögel wird auch die Schnepfe als Symbol der Dummheit verwendet. Wenngleich dieser Vogel sich nicht durch besondere Intelligenz auszeichnet, so ist er doch immerhin besser als sein Ruf und er verdankt diesen wohl seinem überlangen Schnabel, der ihm ein albernes Aussehen gibt. So wird *bécasse* im Franz. zur Bezeichnung eines törichten Frauenzimmers gebraucht und analog wird im Engl. *woodcock* (seltener *snipe*) auf geistig beschränkte Individuen angewendet. Weil man die Schnepfe für ein dummes Tier hält, so wird angenommen, daß man ihrer leicht habhaft werden kann.*) Wenigstens kommt dies zum Ausdruck in der frz. hyperbolischen Redensart *tendre le sac aux bécasses*, den Schnepfen den Sack hinhalten, d. h. jemanden anführen. Daß auf eine so kindlich-naive Weise sich auch der dümmste Vogel nicht fangen läßt, ist selbstverständlich. Auf den Schnepfenfang bezieht sich ferner die Redensart *brider la bécasse*, die Schnepfe zäumen, zügeln, d. h. einen überlisten. In ähnlicher Weise bezeichnet Shakespeare hinterlistige Nachstellungen als *springes to catch woodcocks*, Schlingen, um Schnepfen zu fangen.**)

Wie im Engl. die Wachtel, im Franz. der Kranich, so ist im Deutschen, namentlich in studentischen Kreisen, die Schnepfe das Symbol der galanten Dame. Das tertium comparationis ist hierbei die Art der Bewegung; die Schnepfe hat einen

---

*) Auf dem Umstand, daß die Schnepfe erst auffliegt, wenn der Jäger in ihrer unmittelbaren Nähe ist, beruht der frz. Vergleich *sourd comme une bécasse*, taub wie eine Schnepfe. (Vgl. Rolland, Faune pop., II, pag. 355, 10.)

**) Im Ital. bedeutet *pigliar l'acceggia*, die Schnepfe fangen, „sehr lange auf jemd. warten müssen". Diese Redensart spielt auf die Unberechenbarkeit der Schnepfe an, da der Jäger weder Ort noch Zeit des Durchzugs dieses Vogels sicher vorausbestimmen kann.

wackelnden Gang, womit wohl das Sichwiegen in den Hüften verglichen werden soll, das man bei dieser Art von Weibern beobachten kann. Mit dieser Metapher hängt auch die Redensart **auf den Strich gehen** zusammen, womit man das allabendliche Auf- und Abpatrouillieren dieser Geschöpfe in gewissen Straßen bezeichnet. (Vgl. was Naumann in seiner „Naturgeschichte der Vögel", IX, pag. 167ff., über den Schnepfenstrich sagt.)

Schließlich ist aus der älteren deutschen Studentensprache noch der Gebrauch des Wortes „Schnepfe" für gemünztes Geld anzuführen. Hierbei ist das tertium comparationis das Fortfliegen; es erscheint hiermit die Schnepfe als Vertreter der ganzen Vogelklasse, wie man auch für goldene Münzen den Ausdruck „goldene Vögel" gebraucht und z. B. sagt: „Das Geld hat Flügel" oder „es fliegt nur so". (Vgl. span. *mosca* „Fliege" in der Bedeutung „gemünztes Geld".)

Der Strauß.

Wie die Namen der meisten exotischen Tiere, gehen auch die Benennungen des Straußes auf das Griechische, bzw. Lateinische zurück. So beruht ital. *struzzo* auf lat. *struthio* aus griech. στρουϑίων, span. *avestruz* und frz. *autruche* ist jedoch *avis struthio* „Vogel Strauß". Engl. *ostrich* ist aus altfrz. *ostriche* hervorgegangen, welches Wort das altengl., direkt auf *struthio* beruhende *strýta* verdrängt hat. Dieselbe Herkunft wie *strýta* scheint ahd., mhd. *strûz* aufzuweisen, worauf nhd. **Strauß** beruht. Allerdings wäre es möglich, daß *strûz* Entlehnung aus dem Ital. (*struzzo*) ist. Meist setzt man dem Worte verdeutlichend „Vogel" voraus. Es entspricht demnach unser **Vogel Strauß** genau span. *avestruz*, frz. *autruche*. (Vgl. deutsch „Kameltier".) Zu erwähnen ist noch die im Engl. vorkommende Bezeichnung „Kamelvogel" (*camel bird*), die wohl auf einer gewissen Ähnlichkeit beider Tiere (Hals und Beine) und vielleicht auch auf der gemeinsamen Heimat beruht. Übrigens ist *struthio camelus* die wissenschaftliche Bezeichnung des Vogels.

Neben dem Papagei ist der Strauß unter den exotischen

Vögeln der einzige, der für die Phraseologie der modernen
Sprachen einige Bedeutung hat. Die Ausnahmsstellung, die
der Strauß infolge seiner abnormen Gestalt und seiner merkwürdigen Lebensweise unter den Vögeln einnimmt, macht es
begreiflich, daß er die Aufmerksamkeit der abendländischen
Völker frühzeitig auf sich zog. Besonders auffallen mußte er
durch seine große Gestalt — ist er doch der größte Vogel
überhaupt. Hierauf beruht das span. Sprichwort: *Ea, sus, y
traga el avestruz*, wohlan, verschlucke nur den Vogel Strauß.
So sagt man nämlich zu jemand, der die kleinsten Fehler
des Nächsten bemerkt, selbst aber viel größere begeht. (Vgl.
die Redensart: „Mücken seigen und Kamele verschlucken“,
die sich im Deutschen, Engl. und Franz. findet.) Auf die
Gestalt des Straußes bezieht sich auch frz. *autruche* als Bezeichnung eines lang aufgeschossenen Menschen mit der Nebenvorstellung geistiger Beschränktheit, wobei auf die bekannte,
von der Naturgeschichte bestätigte Dummheit des Vogels angespielt wird.*)

Der Strauß hat wohl unter allen Tieren den stärksten
Magen; es scheint überhaupt für ihn nichts Unverdauliches
zu geben. Steine und Eisenstücke verschlucken ist ihm eine
Kleinigkeit. Darauf beruht die Bezeichnung S t r a u ß e n -
m a g e n für einen äußerst kräftigen Magen, wobei man allerdings ebensosehr an die Quantität als an die Qualität der
Nahrung denkt. Dieselbe Metapher findet sich im Ital. (*stomaco
di struzzo*) und im Franz. (*estomac d'autruche*).

Die Schildkröte.

Im Deutschen verdankt die Schildkröte ihren Namen dem
eigentümlichen Panzer, der wie ein Schild den Rumpf des
Tieres einschließt. Darauf ist auch zurückzuführen die Benennung der Schildkröte im Lateinischen. *Testudo* kommt von
testa „Scherbe, Schale“ und lebt in ital. *testudine, testuggine*

---

*) Der Ausdruck V o g e l - S t r a u ß - P o l i t i k, den man auf jemd. an-
wendet, der meint, er werde nicht gesehen, weil er niemand sieht, beruht
auf der vermeintlichen Eigenheit dieses Vogels, bei einer Verfolgung den
Kopf in den Sand zu stecken.

fort. Daneben kommt *botta scudellaia* vor, was wörtlich dem deutschen „Schildkröte" entspricht.*) (*botta* = Kröte, *scudo* = Schild.) Gebräuchlicher ist *tartaruga*, das mit span. *tortuga*, frz. *tortue* auf ein supponiertes lat. *tortuca* aus *tortus* „gekrümmt, gewunden" zurückgeht. Es ist demnach die Schildkröte das „gekrümmte Tier", wohl mit Bezug auf den gewölbten Rückenschild. Desselben Ursprungs sind engl. *turtle* und *tortoise*. Noch nicht erklärt ist span. *galápago*.

Die auffallende Erscheinung der Schildkröte, ihre bizarre, von der anderer Tiere völlig abweichende Gestaltung, mußten entschieden auf die Phantasie des Volkes wirken und tatsächlich gibt es eine Reihe von Metaphern, die sich auf die Gestalt der Schildkröte, d. h. auf die gewölbte Form ihres Rückenpanzers beziehen. So bezeichneten die Römer mit *testudo* das hölzerne, bei Belagerungsarbeiten errichtete Schutzdach, wie auch das Schilddach, das die Soldaten aus den über den Köpfen zusammengefügten Schilden bildeten. Analog nennt der Engländer die Überdachung eines Dampfers am Bug *turtle-back* „Schildkrötenrücken", während der Franzose ein Fährschiff mit dachförmigem Deck geradezu mit *tortue* bezeichnet. Ferner wurde der Name der Schildkröte im Lateinischen in poetischer Diktion auf gewölbte Saiteninstrumente, wie z. B. die Lyra, angewendet und auch ital. *testuggine* findet sich bei einigen Dichtern so gebraucht. Ebenso gehört hierher span. *galápago* als Bezeichnung eines leichten Sattels ohne jegliche Erhöhung. Dasselbe Wort bezeichnet verschiedene Gerätschaften, die zur Aufnahme anderer Objekte bestimmt und daher hohl und gewölbt sind, wie z. B. die bei der Ziegelfabrikation verwendete Form oder die eiserne Presse der Büchsenmacher, die zum Festhalten der Gewehrläufe dient, wenn dieselben gereinigt werden, u. a. m.

In allen Sprachen ist die Schildkröte, die sich nur äußerst langsam fortbewegt, Symbol der Langsamkeit und Trägheit. Er ist langsam wie eine Schildkröte (häufiger: Schnecke) sagt man im Deutschen von einem in seinen Bewegungen allzu bedachtsamen Menschen, während der Engländer in diesem Sinne den Ausdruck *turtle-footed* „schildkröten-

---

*) Vgl. im galizischen Dialekt *sapo concho* (*sapo* = Kröte, *concha* = Schild).

füßig" gebraucht. Analog sagt der Italiener von einer langsam gehenden Person: *Cammina come una tartaruga*, er geht
wie eine Schildkröte, und ebenso der Franzose: *Il marche à
pas de tortue*. Der Spanier geht noch weiter, er schließt
nämlich von der langsam schleichenden Bewegung auf heim-
tückische Gesinnung und bezeichnet mit *galápago* einen boshaften, hinterhältigen Menschen. (Vgl. deutsch „Schleicher".)
Die Metapher erfährt noch eine Steigerung in der Redensart:
Tiene más conchas que un galápago, er hat mehr Schalen —
damit sind die Hornplatten des Rückenschildes gemeint — als
eine Schildkröte.

Auf der Eigentümlichkeit der Schildkröte, monatelang
jegliche Nahrung entbehren zu können, beruht im Franz. die
volkstümliche Redensart *faire la tortue*, die Schildkröte spielen,
d. h. fasten.

Alles in allem ist die Schildkröte ein häßliches Tier und
der Pariser Arbeiter will seiner Frau daher gewiß kein Kom-
pliment machen, wenn er sie „meine Schildkröte" (*ma tortue*)
nennt. Ein Analogon hierzu bietet portug. *tartaruga* als
Schimpfwort für ein altes, häßliches Weib.

Semasiologisch interessant ist im Deutschen die Bezeichnung der hornartigen Materie des Panzers als S c h i l d -
p a t t. Es bedeutet dieses Wort ursprünglich nichts anderes
als „Schildkröte", denn S c h i l d p a d (vgl. nld. *padde*, engl.
paddock) ist die niederdeutsche Bezeichnung der Schildkröte.
S c h i l d k r o t (Kröte = dial. *krot*) wird gleichfalls in diesem
Sinne gebraucht und schließlich bietet auch ital. *tartaruga*, das
„Schildkröte" und „Schildpatt" bedeutet, ein Analogon hierzu.
Es liegt in allen diesen Fällen eine einfache Metonymie vor,
indem das Ganze für den Teil gesetzt wird.

Die Eidechse.

Das deutsche Wort E i d e c h s e (mhd. *ǫgedëhse*, ahd. *ǫgidëhsa*)
hat den Sprachforschern viel Kopfzerbrechen gemacht. Von
den vielen Deutungen, die man zur Erklärung des Wortes
versucht hat, kann keine befriedigen. Interessant sind die
dialektischen Umgestaltungen des Wortes, wie tirol. *hegedex*,
egerex, schlesisch *heidox*, *edox* usw., die unverkennbar An-

lehnung an „Hecke" zeigen, semasiologisch also jenen Tiernamen zuzuzählen sind, die das Tier nach seinem Aufenthaltsorte bezeichnen. Mit dem deutschen Worte verwandt ist altengl. *ápĕsce*, das ein neuengl. *ask, asker* ergab, dessen Gebrauch
jedoch landschaftlich beschränkt ist. Die in der Naturgeschichte
für die Ordnung der Saurier übliche Bezeichnung E c h s e n ist
eine junge Bildung und beruht auf willkürlicher Worttrennung.
Nach ihren vier Beinchen ist die Eidechse im Dänischen
(*firebeen*) und Schwedischen (*fyrfota*) benannt, wozu sich in
fränkisch - hennebergisch *fircheb*ĕ ein Analogon findet. Im
amerikanischen Engl. wird für eine gewisse Art von Eidechsen
swift gebraucht, was von Hause ein Adjektiv ist und „flink,
hurtig" bedeutet. Beiläufig sei bemerkt, daß auch Vögel, die
sich durch schnellen Flug auszeichnen, wie z. B. die Mauerschwalbe, ferner eine Taubenart so bezeichnet werden. Dem
engl. *swift* entspricht die wissenschaftliche Bezeichnung der
grauen Eidechse, *lacerta agilis* „flinke Eidechse".

Die romanischen Benennungen dieses Tieres gehen auf
lat. *lacerta*, bzw. *lacertus* zurück: ital. *lacertola*, häufiger *lucertola*, Dim. eines älteren, nicht mehr gebräuchlichen *lucerta*,
(aus *lacerta* wohl durch volksetymologische Einmischung von
luce „Licht" entstanden), span. *lagarto*,*) frz. *lézard* (altfrz. auch
laissarde). Semasiologisch interessant ist, daß im Portugiesi-
schen *lagarto* „Eidechse", *lagarta* aber „Raupe" bedeutet. Im
Ital. ist für die Smaragdeidechse die Bezeichnung *ramarro*
üblich (wahrscheinlich von *rame* „Kupfer" — Benennung des
Tieres nach der Farbe; vgl. schweizerisch K u p f e r s c h l ä n g e l i
als Name der Smaragdeidechse).

Bei der Eidechse fällt in linguistischer Beziehung zunächst
auf, daß sie in den Sprachen des Südens eine bedeutend
wichtigere Rolle spielt als in denen des Nordens, was seinen
Grund darin hat, daß die Eidechsen als licht- und wärme-
liebende Tiere häufiger in südlichen als in nördlichen Ländern
vorkommen.

Was die Verwendung der Eidechse in der Metaphorologie
betrifft, so bezieht sich auf die schlanke Gestalt des Tieres
frz. *lézarde* als Bezeichnung eines Risses in der Mauer; davon

---

*) Daraus entstellt span. *aligador*, portug. *alligator*, der Name des
amerikanischen Krokodils.

ist verbal gebildet *se lézarder* „rissig werden". Bei der Bildung dieser Metapher mag der Umstand mitgewirkt haben, daß die Eidechsen sehr gern an Mauern herumklettern. Wenn man im Ital. in volkstümlicher Sprache von einem magern Menschen sagt: *Pare che mangi le lucertole*, er sieht aus, als esse er Eidechsen, so beruht diese Redensart auf der naiven Vorstellung, daß man durch den Genuß des Fleisches magerer Tiere selbst mager werden könne. (Vgl. *secco come una lucertola*, mager wie eine Eidechse.) Ital. *lacerto*, span. *lagarto* „großer Armmuskel" gehören streng genommen nicht hierher, da sie auf ein gleichbedeutendes lat. *lacertus* zurückgehen. Allerdings steht es außer Zweifel, daß lat. *lacertus* „Oberarmmuskel" nur eine Metapher von *lacertus* „Eidechse" ist. (Vgl. *musculus* „Mäuschen" als Benennung des Muskels im allgemeinen.) Hingegen ist ital. *lucertolo* „Keulenstück" — wohl hergenommen von einer minder schlanken Eidechsenart — eine diminutive Bildung von *lucerta* und als Scheideform zu *lucertola* aufzufassen. Auf die grüne Färbung der Smaragdeidechse bezieht sich im Ital. der Vergleich *verde come un ramarro*, grün wie eine Eidechse (von der Gesichtsfarbe). Hingegen schwebt dem Spanier eine buntgefärbte Eidechsenart vor, wenn er *lagartado* im Sinne von „buntscheckig" gebraucht. Das lebhafte Auge der Eidechse hat gleichfalls metaphorische Verwendung erfahren. *Ha l'occhio di ramarro*, sie hat ein Eidechsenauge, sagt man von einem Mädchen, das ein ausdrucksvolles Auge hat. Auch sonst wird die Eidechse zu Vergleichen mit jungen Mädchen herangezogen. So nennt man im Ital. mit Bezug auf die außerordentliche Behendigkeit der Eidechse ein flinkes Mädchen *lucertolina* oder *lucertoletta*, während der Spanier noch origineller sagt: *Está hecha de rabos de lagarto*, sie ist aus lauter Eidechsenschwänzchen zusammengesetzt (fehlt in den mir zugänglichen Wörterbüchern). Tatsächlich ist es der lange Schwanz, der der Eidechse zur Erhaltung des Gleichgewichts dient und ihr eine so große Behendigkeit verleiht. Desgleichen nennt man im Ital. den Zugordner bei einer Prozession *ramarro*, weil er durch das fortwährende Hin- und Herlaufen die Vorstellung einer Eidechse erweckt. Hierher gehört ferner frz. *Lézarde*, der Name eines kleinen Flüßchens

in der Normandie, wobei das tertium comparationis speziell
die schlängelnde Bewegung ist.

Da die Eidechsen eine besondere Vorliebe für altes Ge-
mäuer haben, nennt man im Span. ein altes, verfallenes Schloß
gern *lagartera* „Eidechsenhöhle" und analog sagt der Franzose
von einem einsam lebenden Menschen: *Il vit comme un lézard*,
er lebt wie eine Eidechse.

Mit Bezug auf das Wärmebedürfnis des Tierchens, das
sich an sonnigen Plätzen am wohlsten fühlt — im Altertum
war die Eidechse dem Sonnengott geheiligt — gebraucht man
im Deutschen die Redensart s i c h   s o n n e n   w i e   e i n e   E i-
d e c h s e, ital. *star al sole come le lucertole*, frz. *se chauffer au
soleil comme un lézard.**) (Vgl. Rolland, Faune pop., III, pag. 10.)
Im Franz. ist auch der Vergleich *paresseux comme un lézard*,
träge wie eine Eidechse, üblich.

Wenn man bedenkt, daß die Eidechse infolge ihrer voll-
kommenen Wehrlosigkeit ihren Feinden, zu denen namentlich
die Schlangen gehören, schutzlos preisgegeben ist und daß sie
ferner in nördlichen Ländern von der Kälte viel zu leiden
hat, so begreift man, daß sie dem Menschen als ein bedauerns-
wertes Geschöpf erscheint, was auch im Franz. zum Ausdruck
kommt, indem *pauvre lézard* „arme Eidechse" im Sinne von
„armer Kerl" gebraucht wird. Von dem engl. Sprichwort:
It's better to be head of a lizard than tail of a lion und seinem
ital. Analogon: *È meglio esser capo di lucertola che coda di leone*,
worin die schwache Eidechse in Gegensatz zu dem mächtigen
König der Tiere gebraucht wird, war bereits beim Löwen,
pag. 24, die Rede.

Wenn der Italiener einen habgierigen Menschen *bocca di
ramarro* „Eidechsenmaul" nennt, so denkt er dabei jedenfalls
an die Eigentümlichkeit der Eidechse, ihre Beute im Sprunge
zu erhaschen, was den Eindruck großer Gier macht. Da das
Tier das einmal Gefaßte nicht mehr losläßt, wird *ramarro* auch

---

*) In Burgund gebraucht man in diesem Sinne *lézarder*, *prendre un
bain de lézard*, ein Eidechsenbad nehmen. — Da die Sonne die Eidechsen
aus ihren Verstecken hervorlockt (vgl. schweiz. *sunneheggi* für „Eidechse"),
sagt man im Ital. mit Bezug auf die Freiheitsgelüste junger Leute: *Le
lucertole cominciano a sentir il sole*, die Eidechsen fangen an, die Sonne
zu spüren.

auf einen eigensinnigen Menschen angewendet (*bocca di ramarro che piglia e non lascia andare*).*)

Die verhältnismäßig hochentwickelte Intelligenz der Eidechse rechtfertigt den Gebrauch von span. *lagarto* für einen schlauen Menschen. (Vgl. portug. *lagarteiro* „verschmitzt".) Im span. Rotwelsch wird das Wort auf einen geriebenen Dieb angewendet, der öfter die Kleider wechselt, um unerkannt zu bleiben. Man hat darin eine Anspielung auf die mehrmalige Häutung der Eidechse zu sehen. Ebenso sagt der Pariser von einem, der seinen Anzug alle Augenblicke versetzt: *Il fait le lézard*, er macht's wie die Eidechse, was auch heißen kann: Er bummelt, mit Beziehung auf das unstete Umherwandern der Eidechse.

Schließlich bedarf noch die ital. Redensart *aver la lucertola da due code*, die Eidechse mit den zwei Schwänzen, d. h. Glück haben, einer Erklärung. In gewissen Gegenden Italiens schreibt das Volk der doppelgeschwänzten Eidechse prophetische Gaben zu, wie überhaupt schon der Besitz eines Eidechsenschwänzchens als glückbringend gilt. (Vgl. Rolland, Faune pop., III, pag. 12.)

Schlange, Natter.

Deutsch Schlange beruht auf mhd. *slange*, ahd. *slango* und ist Ablautsbildung zu schlingen, mhd. *slingen*, ahd. *slingan*, das die Bedeutung von „schleichen" hatte. Englisch heißt die Schlange *snake*, das auf altengl. *snaka* zurückgeht (von einer deutschen Wurzel *snak*, erhalten in ahd. *snahhan* „kriechen"). Deutsch Natter kommt von mhd. *nâter, nâtere*, ahd. *nâtara*, dem altengl. *næddre* entspricht, das in neuengl. *adder* das anlautende *n* verloren hat. (Vgl. ostdeutsch Otter als Bezeichnung der Natter.)

Die romanischen Benennungen der Schlange gehen auf lat. *serpens* (part. praes. von *serpere* „kriechen") zurück: ital. *serpe, serpente*, span. *sierpe, serpiente*, frz. *serpent*, das auch ins

---

*) Im Franz. des 16. Jahrhunderts war *langue de lézard* „Eidechsenzunge" im Sinne von „böse Zunge" gebräuchlich. (Vgl. Rolland, Faune pop., III, pag. 10.)

Engl. (*serpent*) eindrang.   Auf das Diminutiv von *serpens*,
serpenticula, führt Parodi span. *sabandija* „Geschmeiß, Gewürm"
zurück.

Als Bezeichnung giftiger Schlangen ist in den romanischen
Sprachen lat. *vipera* üblich, das im Ital. *vipera*, im Span. *vibora*,
im Franz. *vipère* (gelehrtes Wort) ergab.   Deutsch V i p e r ,
engl. *viper* sind Lehnwörter.   Lat. *colubra*, die Bezeichnung
einer kleinen ungiftigen Schlangenart, lebt fort in span *culebra*,
frz. *couleuvre*.   Im Schriftital. existiert dieses Wort nicht, wohl
aber findet es sich in ital. Dialekten, wie sard. *colora*, sizil.
culovria beweisen.   Ein von *colubra* gebildetes *colubrinus* ist
das Etymon von ital. *colubrina*, span. *culebrina*, frz. *couleuvrine*,
engl. *culverin* „Feldschlange".

Lat. *aspis* „Natter" ist erhalten in ital. *aspide*, span. *áspid*,
áspide, frz. *aspic* und in engl. *asp* oder *aspic* (bei Körting nur
als ital.-dialektisch fortlebend angegeben).

Semasiologisch interessant ist, daß lat. *bestia* „Tier" neben
der ursprünglichen Bedeutung, die es in ital.-span. *bestia*, frz.
bête bewahrt hat, auch derivata mit der Bedeutung „Schlange"
aufweist: ital. *biscia*, altfrz. *bisse*, span. *bicha* „Schlange in der
Heraldik", *bicho* „Wurm, Gezücht".

Schließlich ist noch ital. *lucia* „giftige Schlange, Natter"
anzuführen, wohl identisch mit dem in Italien sehr gebräuchlichen Taufnamen *Lucia*.   Wenn man bedenkt, daß
die Schlange häufig als Symbol des Weibes verwendet wird,
so darf es nicht befremden, daß ihr ein weiblicher Name beigelegt wird. (Vgl. altgermanische Frauennamen wie G e r -
l i n d , S i g l i n d , A l f l i n d , deren zweiter Bestandteil *lind*
„Schlange" ist.)

Die große Bedeutung, die die Schlange für die Metaphorologie hat, erklärt sich aus dem kollektiven Charakter
des Wortes.   Zahlreich sind die Metaphern, die sich auf das
Äußere der Schlange beziehen.   Gibt es doch eine Unzahl
von Objekten, die mit dem langgestreckten, walzenförmigen
Körper der Schlange größere oder geringere Ähnlichkeit
aufweisen.   Allen Kultursprachen gemeinsam war ehedem
die Bezeichnung „Schlange" (deutsch F e l d s c h l a n g e , daneben N a t t e r) für ein Geschütz mit langem Rohr, wobei
letzteres Veranlassung zur Metapher wurde.   Die Nebenvor-

stellung des Gefährlichen — man denke an den feuerspeienden Drachen — mag dabei mitgewirkt haben. (Englisch hieß die Feldschlange *culverin*, *serpent* oder *aspic*, ital. *colubrina*, *serpente*, span. *culebrina*, *serpentina*, frz. *couleuvrine*, portug. hingegen *lagartixa* „Mauereidechse".) Wenn der Italiener sagt: *Le cose lunghe diventan serpi*, die langen, d. h. langwierigen Dinge werden zu Schlangen, so verknüpft er hierbei die Vorstellung der Länge mit der der Gefährlichkeit. Er will damit sagen, daß es gefährlich ist, gewisse Dinge, wie z. B. die Heilung einer Krankheit, hinauszuschieben.

Von der sich windenden Schlange hergenommen ist die Bezeichnung einer Art Rakete mit schlängelnder Bewegung im Engl. (*serpent*), Ital. (*serpentello* = Dim. von *serpente*) und Franz. (*serpenteau*). Ebenso war im älteren Deutsch hierfür die Bezeichnung „Schlange" üblich, jetzt gebraucht man in diesem Sinne den Ausdruck „Schwärmer". Auf demselben Bilde beruht das im älteren Englisch für lange Perückenlocken gebräuchliche *snakes*, wie auch deutsche Dichter dunkle Locken b r a u n e S c h l a n g e n nennen. Überhaupt bezeichnet man im Deutschen eine gewundene Linie als S c h l a n g e n l i n i e, der im Engl. *serpentine line*, im Ital. *linea serpeggiante*, span. *linea serpentina*, frz. *ligne serpentine* entsprechen. Auch wurde manchmal im älteren Deutsch für Schlangenlinie kurzweg „Schlange" gebraucht. So sagt z. B. Wieland von einem Flüßchen, e s z i e h e s i c h i n l a n g e n S c h l a n g e n h i n u n t e r. Analog spricht man von S c h l a n g e n w e g, S c h l a n g e n g a n g, S c h l a n g e n w i n d u n g. Hierher gehört ferner engl.-amerik. *snake-fence* oder *serpent-fence* „Schlangenzaun", für eine sich schlängelnde Einfriedigung gebraucht. Treffend ist die frz. Bezeichnung *serpent* für die Geldkatze,*) denn diese ist ein langer Geldbeutel, der wie ein Gurt um den Leib geschnallt wird. (Vgl. im span. Rotwelsch *culebra* = Gürtel.) Wenn der Italiener den Sitz hinter dem Kutscherbock *serpe* nennt, so vergleicht er nicht den Sitz selbst mit einer Schlange, sondern die gewundenen Eisenstangen, die ihn tragen. (Metonymie: Teil

---

*) Diese Bezeichnung beruht auf einer Metonymie, da die Geldkatze meistens aus Katzenfell gefertigt ist.

fürs Ganze.) So wurde auch im älteren Span. ein eiserner
Jagdspieß wegen seiner gewundenen Gestalt *serpentina* ge-
genannt. Hierher zu ziehen ist ferner span. *culebrilla* (Dim.
von *culebra*), die Bezeichnung der Flechte, einer Hautkrank-
heit, die sich im Auftreten von gewundenen Linien auf der
Haut äußert. Ohne weiteres einleuchtend ist im Ital. der
Gebrauch von *lucia* „Natter" für einen Tanz mit schlangenähnlichen Bewegungen. Von einer Tänzerin, die diesen ausführt, sagt man: *Fa la lucia*, sie macht die Natter. (Vgl. den
Ausdruck „Serpentintänzerin".) Beiläufig sei hier erwähnt,
daß man im Ital. von einem Kinde, das schläfrig wird, sagt:
Ha la lucia, es hat die Natter, welche Redensart wohl darauf
beruht, daß die Schlangen nach eingenommener Mahlzeit vom
Schlafe befallen werden. Ein Seitenstück zur Serpentintänzerin
ist der S c h l a n g e n m e n s c h, d. i. ein Akrobat, der mit seinem
Körper höchst komplizierte, schlangenähnliche Windungen und
Drehungen ausführt (ital. *uomo serpente*, frz. *homme serpent*).
Mehr auf die Länge der Schlange als auf die Art ihrer Be-
wegung spielt an die im franz. Schülerargot gebräuchliche
Redensart *faire un serpent*, eine Schlange machen, d. h. im
Gänsemarsch gehen. Wenn im span. Rotwelsch der Dietrich
mit *sierpe* bezeichnet wird, so liegt hier nicht ein Vergleich
mit der Gestalt der Schlange vor, sondern diese Metapher
bezieht sich vielmehr auf die außerordentliche Geschmeidigkeit
des Reptils, mit der es in Löcher und Erdspalten eindringt.
        Auf das geistige Gebiet übertragen, wird die sich windende
Schlange zum Sinnbild des Ärgers. So wenigstens im Engl.,
wo *it gives him a snake* (wörtl.: es gibt ihm eine Schlange)
soviel bedeutet als „es ärgert ihn". (Vgl. deutsch: es wurmt
ihn.) Der quälende Gedanke ist gleichsam eine Schlange, die
der Mensch in seinem Innern trägt und die ihm durch ihre
Windungen Unbehagen oder gar Schmerz verursacht.
        In allen Kultursprachen existieren verbale und adjek-
tivische Weiterbildungen von „Schlange". Was die ersteren
anlangt, so ist zunächst aus dem Deutschen zu verzeichnen
s c h l ä n g e l n, das jetzt im eigentlichen Sinne nur reflexiv
gebraucht wird, im 18. Jahrhundert aber allgemein intransitiv
verwendet wurde. (Z. B. heißt es bei Voß: Ein Drache fuhr
s c h l ä n g e l n d empor.) Im Engl. wird *snake* in vulgärer Sprache

verbal gebraucht, (im Am.-Englisch jedoch allgemein), besonders mit Bezug auf fließende Gewässer: *A river snakes along*,
ein Fluß schlängelt sich dahin. In transitiver Verwendung
hat *to snake along* oder *to snake out* die Bedeutung „mit einer
Kette winden, holen" und dann verallgemeinert „herausziehen".
Neben *to snake* kommt — allerdings selten — *to serpent*
vor, u. zw. intransitiv und transitiv gebraucht. Im Ital. ist
von *serpe serpeggiare* gebildet, im Span. von *serpiente serpentear*
und von *culebra* synonym *culebrear*, wovon dann wieder das
Verbalsubstantiv *culebréo* abgeleitet ist. Daneben ist umschreibend *hacer culebra* gebräuchlich. Im Frz. schließlich
liegt ein von *serpent* gebildetes *serpenter* vor. Adjektivische
Ableitungen sind aus allen Sprachen mit Ausnahme des
Deutschen zu verzeichnen. So im Engl. *snaky, serpentine*;
daneben wird *serpent* adjektivisch gebraucht, davon abgeleitet *serpentry* „Schlangenwindung". Im Ital. ist *serpentino*
in der Bedeutung „ineinander verschlungen" nicht mehr gebräuchlich, wohl aber werden *serpentino* im Span. und *serpentin*
im Franz. in der Bedeutung „sich schlängelnd" gebraucht.

Auf der Färbung der Haut gewisser Schlangen beruht
die Bezeichnung Serpentinstein (ital. *pietra serpentina*,
span. *serpentin, serpentina*, frz. *serpentin*, engl. *serpentine*) für
eine marmorähnliche Gesteinart, die durch mehr oder minder
dunkle Adern und Flecken charakterisiert ist und so an die
Zeichnung gewisser Schlangen erinnert.*)

Vom Zischen der Schlange hergenommen ist ital. *bisciolo*
(von *biscia*), das auf Personen angewendet wird, die beim
Sprechen mit der Zunge anstoßen, sowie portug. *bichanar* (von
bicho), das „zischeln, flüstern" bedeutet. Nach einem im Mittelalter allgemein verbreiteten Volksglauben galt die Natter
für taub. Allerdings war diese Taubheit eine freiwillige,
da die Sage zu berichten weiß, daß die Natter, um den
lockenden Tönen des Bezauberers zu widerstehen, sich das
eine Ohr mit Schlamm füllt, während sie in das andere
ihren Schwanz steckt. Diese Tierlegende geht auf die
heil. Schrift zurück, denn schon in den Psalmen heißt es von
den ungerechten Richtern: „Sie haben Gift, gleich der tauben

---

*) Nach Plinius heißt der Stein so, weil er den Schlangenbiß heilt.

Natter, die ihr Ohr verstopft und nicht hört auf die Stimme des zauberkundigen Beschwörers." Auch von den Kirchenvätern wurde diese Tiersage häufig symbolisch verwertet. (Vgl. Kolloff, Die sagenhafte und symbolische Tiergeschichte des Mittelalters in Raumers hist. Taschenbuch, 1867.) Noch zu Shakespeares Zeiten glaubte man an die Taubheit der Natter, wie hervorgeht aus verschiedenen Stellen seiner Dramen, so z. B. in Heinrich VI. (A. 3, Sz. 2). *What art thou like the adder waxen deaf?* was, bist du wie die Natter taub geworden? So auch in Troilus und Cressida (A. 2, Sz. 2) *pleasure and revenge have ears more deaf than adders*, Vergnügen und Rachsucht haben Ohren tauber als die Nattern. — Diese „Tierfabel" mag dem Umstande, daß bei den Schlangen der Gehörgang nicht unterscheidbar ist, ihre Entstehung verdanken. Übrigens ist nach der Ansicht einiger Naturhistoriker der Gehörsinn bei den Schlangen tatsächlich wenig entwickelt.

Aus der deutschen Studentensprache wäre der Ausdruck S c h l a n g e n f r a ß anzuführen, der mit Bezug auf den Nahrungserwerb der Schlangen — nähren sie sich doch zum größten Teil von Eidechsen und Fröschen — ein ekelerregendes Gericht bezeichnet. Auf die feste Haut der Schlange bezieht sich der ital. Vergleich *aver la pelle più dura d'un serpente*, eine härtere Haut haben als eine Schlange.

Die Schlange, die bereits in der Symbolik der Alten eine bedeutende Rolle spielte, ist bei den modernen Völkern das Sinnbild der Falschheit, Tücke und Bosheit. Der instinktive Abscheu des Menschen vor allem kriechenden Getier wird noch gesteigert durch die Giftigkeit mancher Schlangen, deren Biß den sofortigen Tod zur Folge haben kann. Durch die christliche Symbolik, die den Satan als Verführer in der Gestalt der Schlange erscheinen läßt, erfuhr diese Auffassung eine Bekräftigung. Daher die auffallende Übereinstimmung der modernen Kultursprachen in der metaphorischen Verwertung dieses Tiernamens. Im Altertum war indes das Verhältnis des Menschen zur Schlange kein durchaus feindseliges. Wenn die Schlangen auch einerseits die unzertrennlichen Attribute der Eumeniden, der Göttinnen der Rache und des Neides, waren, so galten sie doch andererseits als Sinnbilder der

Klugheit und Heilkunst. Daß sie auch den Germanen nicht durchweg antipathisch waren, erhellt aus der Verwendung von *lind* „Schlange" zur Bildung weiblicher Eigennamen, worauf schon pag. 194 hingewiesen wurde. Bei einigen Völkern wurde ihnen sogar göttliche Verehrung zu teil, wie es heute noch bei den Indiern Schlangenanbeter gibt.

Freilich ist in letzter Linie das Motiv dieses Kultus die ungemessene Furcht, die die Schlange dem Menschen einflößt. Im Mittelalter verlieh die Phantasie des Volkes der Schlange Flügel und schuf so die Gestalt des Drachen, der in der mittelalterlichen Sagenwelt — besonders als Wächter gefangener Prinzessinnen — eine hervorragende Rolle spielt. Es steht wohl außer Zweifel, daß die Metaphern, in denen die Schlange als häßliches Tier erscheint, sich nicht auf die Schlange schlechthin, sondern auf den Drachen beziehen, der der Sage nach mit allen Attributen abschreckender Häßlichkeit ausgestattet ist. So entspricht dem deutschen „Drachen" als Bezeichnung eines häßlichen Weibes ital. *serpente*, span. *sierpe*, wogegen „Drache" in den romanischen Sprachen und im Engl. nur für ein böses, zänkisches Weib gebraucht wird, welche Bedeutung das Wort auch im Deutschen haben kann. (Vgl. die scherzhafte Bezeichnung „Hausdrache".)

Am zahlreichsten sind unter den auf die Schlange bezüglichen Metaphern jene, in denen sie als Symbol der Falschheit und Bosheit erscheint. Daß diese Auffassung zum großen Teil auf der biblischen Versuchungsgeschichte beruht, wurde bereits gesagt. In der Kirchensprache ist „Schlange" und namentlich „alte Schlange" geradezu ein Synonym von „Teufel". Aus der Bibel rührt auch die Redensart her d e r N a t t e r d e n K o p f z e r t r e t e n, d. h. einen gefährlichen Gegner unschädlich machen. (Gott prophezeit Eva, einer ihrer Nachkommen werde der Natter den Kopf zertreten, d. h. Christus werde Satan vernichten.) Ein falsches Herz nennt man im Deutschen häufig ein S c h l a n g e n h e r z und eine verleumderische Zunge eine S c h l a n g e n z u n g e. Letztere Metapher findet sich in allen übrigen Kultursprachen: engl. *viperous* (*viperish*) *tongue*, ital. *lingua serpentina*, *lingua di vipera*, span. *lengua serpentina* (*viperina*), frz. *langue de vipère*, *langue d'aspic*. Im ähnlichen Sinne gebraucht man im Deut-

schen kollektiv Schlangenbrut, Schlangengezücht,
bzw. Natternbrut, Natterngezücht, im Franz. *race de
vipère, engeance de vipère.* Ebenso wendet man auf eine falsche,
verleumderische Person schlechtweg den Ausdruck Schlange,
bzw. Natter an, u. zw. nicht bloß im Deutschen, sondern auch
in allen übrigen Kultursprachen. Einen falschen Freund nennt
der Engländer *a snake in the grass,* eine Schlange im Gras,
was an das lateinische Sprichwort: *Latet anguis sub herbis,* im
Grase ist die Schlange verborgen, erinnert, das den Kontrast
zwischen dem äußeren Schein und dem wirklichen Wesen versinnbildlicht. Auch in den modernen Kultursprachen findet sich
dieses Sprichwort. So im Deutschen: Da ist eine Schlange
unter dem Laube versteckt, im Engl.: *Look before you
leap, for snakes among sweet flowers do creep.* sieh' zu, bevor
du springst, denn zwischen lieblichen Blumen kriechen
Schlangen, im Ital.: *Ne' fiori cova la serpe,* unter den Blumen
liegt die Schlange verborgen, im Franz.: *Le serpent est caché
sous les fleurs* (wie ital.).

In einigen Sprachen erscheint die Schlange als Symbol
unedlen Zornes, welcher der Ausfluß gehässiger Gesinnung
ist und darauf ausgeht, den Gegner tödlich zu verletzen.
Tatsächlich ist das Auffahren und Zischen der gereizten
Schlange ein treffendes Bild des Jähzornigen. Im Ital. sagt
man von einem solchen: *Pare una vipera,* er gleicht einer
Natter. Ferner gebraucht man die Redensart *rivoltarsi a uno
come una vipera,* gegen jemd. wie eine Viper losfahren. Denselben Sinn hat das von *vipera* gebildete *inviperire.* Ebenso
wird im Span. *sierpe* auf einen zornmütigen Menschen angewendet
und im Franz. sagt man von einem, der seinen Zorn verbeißt: *Il
avale des couleuvres,* er verschluckt Nattern. Zorn und Haß sind
nahverwandte Begriffe und es darf nicht wundernehmen, daß
die Schlange im Engl. auch Symbol des Hasses ist. *Adder-
hate* „Natternhaß" bezeichnet den höchsten Grad des Hasses.
Dementsprechend bedeutet *adder-like* „haßerfüllt, rachsüchtig".

Motiv des Hasses ist sehr häufig der Neid, wie auch nach
christlicher Vorstellung die Feindschaft des Satans gegen die
ersten Menschen auf dem Gefühle des Neides beruht, den ihre
Glückseligkeit ihm einflößt. Daher die Schlange auch den
Neid versinnbildet, wie z. B. hervorgeht aus engl. *snake-proof,*

das wörtlich „gegen Schlangengift gefeit" und übertragen soviel als „gefeit gegen Neid" bedeutet. Im Deutschen und Franz. spricht man in poetischer Diktion von den S c h l a n g e n d e s N e i d e s (*les serpents de l'envie*).

Da die Schlange an und für sich das Prinzip des Bösen verkörpert, so kehrt sie sich selbst gegen den, der ihr Gutes erwiesen hat, sie ist daher Symbol des Undankes, wie hervorgeht aus der Redensart e i n e S c h l a n g e a m B u s e n n ä h r e n, d. h. einen Undankbaren mit Wohltaten überhäufen. Der Ursprung dieser Redensart ist in einer Fabel Äsops zu suchen, wo von einem Bauer die Rede ist, der auf der Straße eine halb erfrorene Schlange erblickt und sie mitleidig an seinem Busen erwärmt. Ins Leben zurückgerufen, lohnt die Schlange ihrem Wohltäter, indem sie ihm einen Biß versetzt, der ihn ums Leben bringt. Übrigens findet sich obige Redensart schon im Lateinischen: *viperam sub ala nutricare*. Von den modernen Kultursprachen ist sie außer dem Deutschen noch geläufig dem Engl.: *to cherish a serpent in one's bosom*, dem Ital.: *allevarsi una serpe in seno*, dem Franz.: *nourrir une vipère dans son sein* oder mit unmittelbarem Anschluß an die Fabel: *réchauffer un serpent dans son sein*, eine Schlange an seinem Busen erwärmen.

Fassen wir das Gesagte zusammen, so ergibt sich, daß die Schlange als Sinnbild des bösen Prinzips verwendet wird zur Symbolisierung aller jener Leidenschaften, in denen ein feindliches Verhältnis zum Mitmenschen und somit das Bestreben, diesem zu schaden, zum Ausdruck gelangt.

Daneben gibt es aber eine Reihe von Metaphern und metaphorischen Redensarten, in denen die Schlange schlechtweg als d a s g e f ä h r l i c h e T i e r erscheint und somit eine ähnliche Rolle spielt wie Löwe, Wolf, Bär u. dgl. Raubtiere. So sagt der Engländer von einem, der mutwillig eine Gefahr heraufbeschwört: *He wakes snakes*, er weckt Schlangen auf. Viel Phantasie verrät die Redensart *to have snakes in one's boots*, Schlangen in seinen Stiefeln haben, d. h. sehr aufgeregt sein. Daß einer, der plötzlich in seiner Fußbekleidung eine Schlange verspürt, in große Aufregung gerät, ist begreiflich. (Metonymie: Ursache für Wirkung.) Analog sagt man im Span. von einem, der unversehens in eine gefährliche

Lage gerät: *Una culebra se le lia*, eine Natter ringelt sich um
ihn. Auf den gefährlichen Charakter der Schlange spielt auch
an das deutsche Sprichwort: Den einmal die Schlange
beißt, der fürchtet sich vor jedem gewundenen
Seil. Genau so heißt es im Engl.: *He that has been bitten
by a serpent is afraid of a rope.* Ein Analogon findet sich im
Ital.: *Chi dalla serpe è punto ha paura delle lucertole*, wer von
der Schlange gebissen ist, fürchtet sich vor den Eidechsen,
d. h. wer sich in eine große Gefahr begeben hat, wird so
vorsichtig, daß er auch die kleinste Gefahr scheut — oder
besser gesagt — selbst dort Gefahren sieht, wo keine sind.
(Vgl. frz. *Chat échaudé craint l'eau froide.*) Obiges Sprichwort
findet sich noch in anderer Form: *Al tempo delle serpi le
lucertole fanno paura*, zur Schlangenzeit fürchtet man sich vor
den Eidechsen.

Auf dem Volksglauben, daß alle Schlangen giftig seien,
beruht das ital. Sprichwort: *Ogni serpe ha il suo veleno*, jede
Schlange hat ihr Gift, wozu sich im Franz. ein Analogon
findet: *Il n'y a si petit serpent qui ne porte son venin*, es gibt
keine noch so kleine Schlange, die nicht ihr Gift hätte, d. h.:
Auch dem Sanftmütigsten geht die Geduld einmal aus. Auf die
Tatsache, daß früher Schlangengift zu Heilzwecken verwendet
wurde, spielt an das ital. Sprichwort: *La biscia morde il ciar-
latano*, die Schlange beißt den Quacksalber, was von einem
Geschäftsmann gesagt wird, der, anstatt etwas zu verdienen,
auch noch Schaden an der Sache hat.

Speziell von der Wassernatter, die vorzüglich schwimmt
und sich von Fischen nährt, ist die ital. Redensart hergenommen *metter la serpe fra l'anguille*, die Schlange zwischen
die Aale setzen, wofür man deutsch sagt „den Wolf unter die
Schafe hetzen". (Vgl. die ital. Redensart *mettere le pecore in
guardia al lupo*.) Hierher zu ziehen ist ferner span. *culebrazo*,
womit das plötzliche Inschreckenversetzen einer Person bezeichnet wird. Ursprünglich ist damit der durch den Anblick
oder den Biß einer Schlange verursachte Schrecken gemeint,
dann aber wird das Wort infolge Bedeutungserweiterung auf
jede Art plötzlichen Schreckens angewendet.

Während die Schlange in all diesen Metaphern und
Redensarten dem Menschen gegenüber als angreifender und

siegreicher Feind erscheint, spielt sie in der ital. Redensart *andarci come la serpe all' incanto*, irgendwohin gehen wie die Schlange zur Bezauberung (d. h. nicht ohne Argwohn und Widerwillen) die Rolle des Opfers. Damit wird angespielt auf den in Unteritalien von den sog. *incantatori*[*]) betriebenen Schlangenfang. (Die Schlangen werden durch die lockenden Töne eines Musikinstruments in eine Art Extase versetzt und lassen sich in diesem Zustand leicht fangen.)

Schließlich muß noch jener Metaphern gedacht werden, in denen die Schlange als Symbol der Klugheit erscheint, welche Auffassung eine gewisse Sympathie für das Tier durchblicken läßt. Aber auch hierin trifft die Sprache, wie so oft, nicht das Richtige, da die Schlangen nach dem Urteil der Tierbiologen nicht bloß „stumpfsinnig", sondern auch „stumpfgeistig" sind. Der biblische Spruch: „Seid klug wie die Schlangen und ohne Falsch wie die Tauben" beruht also keineswegs auf getreuer Naturbeobachtung, wenigstens was die erste Hälfte des Diktums betrifft. Übrigens galt die Schlange auch bei den Griechen und Römern als kluges Tier. Die auf die vermeintliche Klugheit der Schlangen Bezug nehmenden Metaphern sind jedenfalls unmittelbar auf obigen Spruch zurückzuführen. Dem Deutschen s c h l a n g e n k l u g enspricht engl. *snaky* und im Span. gebraucht man das Augmentativ von *culebra, culebrón*, für einen besonders klugen Menschen. Auch sagt man von einem solchen: *Sabe más que las culebras*, er weiß mehr als die Schlangen. Ein Gegenstück zu *culebrón* ist das österreichische S c h l a n g e r l, namentlich als liebkosender Ausdruck schalkhaften Kindern gegenüber gebraucht und dem schriftdeutschen „Schelm" entsprechend. Hierher zu ziehen ist noch ital. *occhio serpentino* „Schlangenauge" für „kluges Auge".

Eine hervorragende Rolle spielt die Schlange in Märchen und Sage, was wohl zurückzuführen ist auf ihre Bedeutung in der altgermanischen Mythologie. (Vgl. engl. *snake-story* „Schlangengeschichte" für „fabelhafte Geschichte".) In vielen deutschen Gauen glaubt man an Hausschlangen oder Unken, die Goldkrönchen auf dem Haupte tragen, die Kinder be-

---

[*]) Im Franz. wird *endormeur de couleuvres* „Schlangenbezauberer" auch im Sinne von „Schmeichler" gebraucht.

schützen und mit diesen sogar aus einem Napfe Milch trinken. Es macht sich hierbei bezüglich des Wesens der Schlange eine durchaus optimistische Auffassung geltend, die im Widerspruch steht mit der sonstigen metaphorischen Verwertung der Schlange. In das Gebiet des Märchens gehört auch die riesenhafte Seeschlange, von der phantasievolle Seefahrer ab und zu zu berichten wissen.*) Hierauf beruht die metaphorische Verwendung von Seeschlange, engl. *sea-snake*, frz. *serpent de mer* für eine lügenhafte Zeitungsnachricht.

Ganz vereinzelt steht der originelle Gebrauch von ital. *biscia* in der adv. Redensart *a biscia* „in Menge". Diese Metapher bezieht sich auf die Eigenheit der Vipern und Kreuzottern, dutzendweise in einem Knäuel zusammengerollt, den Winterschlaf zu halten. Bei dem außerordentlichen Schlangenreichtum Italiens ist es nicht zu verwundern, daß die Schlange im Italienischen eine viel ausgiebigere metaphorische Verwendung erfuhr als in anderen Sprachen.

Wenn der Pariser in seinem Argot ein schwangeres Weib *couleuvre* „Natter" nennt, so schwebt ihm hierbei jedenfalls die Ringelnatter vor, die ihre Beute lebend verzehrt und diese ganz wieder ausspeit, wenn sie in Schrecken versetzt wird.

Der Frosch.

Deutsch **Frosch** beruht auf mhd. *vrosch*, ahd. *frosk*. Im Altengl. wurde *frosk* durch Metathese zu *forsc*, neuengl.-dialektisch lautet es wie im Ahd. *frosk*, schriftsprachlich *frog*. Lat. *rana* ist erhalten in ital.-span. *rana*, frz.-dialektisch *raine*. Auf ein supponiertes Dem. *ranuculus* gehen zurück ital. *ranocchio* (häufiger als *rana*), altfrz. *renouille*, neufrz. *grenouille*. (Das *g* erklärt sich durch Angleichung an *graisset* „Laubfrosch", von lat. *crassus* „dick".)**) Hingegen ist das belegte Dim. *ranunculus* erhalten in ital. *ranunculo* „Hahnenfuß". (Vgl. frz. *grenouillette* „Hahnenfuß", *grenouillet* „Froschbiß".) Diese Benennung be-

---

*) Die längste Seeschlange erreicht nach Brehm eine Länge von zwei Metern.

**) Im Altfranz. heißt der Laubfrosch mit Anspielung auf die Farbe *verdier* (*vert* = grün).

ruht auf dem Vorkommen der Pflanze in sumpfigem Terrain, das die Domäne der Frösche ist.

Was zunächst die auf das Äußere des Frosches bezüglichen Metaphern betrifft, so ist im Deutschen von den hervorstehenden Augen des Frosches hergenommen die Metapher F r o s c h a u g e n, die sich auch im Franz. findet (*avoir les yeux comme la grenouille;* vgl. span. *ojos de sapo* „Krötenaugen"). — Mit Anspielung auf die kugeligen Schallblasen des Frosches, die beim Schreien anschwellen, nennt man im Deutschen einen eingebildeten Menschen einen a u f g e b l a s e n e n F r o s c h. (Vgl. ital. *gonfio come un ranocchio.*) Es ist dies eine Reminiszenz an die auch von Lafontaine behandelte Phaedrusfabel vom Frosch, der groß werden wollte wie ein Ochs und sich solange aufblähte, bis er barst. Übrigens sagt schon Petronius von einem Großtuer: *Inflat se tamquam rana,* er bläht sich auf wie ein Frosch. (Vgl. Borchardt-Wustmann, Sprichwörtliche Redensarten, pag. 31.) — Auf die nackte Haut des Frosches bezieht sich die span. Redensart: *Cuando la rana tenga pelos,* (etwas wird geschehen), wenn der Frosch Haare haben wird, d. h. nie und nimmer.*) (Vgl. engl. *to be full of money as a toad of feathers;* frz. *être fourni d'argent comme le crapaud de plumes.*) Gleichfalls im negativen Sinne bezieht sich auf das Äußere des Frosches die deutsche Redensart: E r k a n n n i c h t s d a f ü r, d a ß d i e F r ö s c h e k e i n e S c h w ä n z e h a b e n, die im Sinne von „Er hat das Pulver nicht erfunden" gebraucht wird und sich genau so im Franz. findet: *Il n'est pas cause que les grenouilles n'ont pas de queue.* Nach Rozan (Les animaux dans les proverbes, II, pag. 289) beruht diese merkwürdige Redensart darauf, daß das Schwinden des Schwanzes beim Frosche vom Volk als eine Art Wunder betrachtet wird. — Mit Bezug auf die Froscharten, die der Zähne ermangeln — andere haben Hakenzähne — gebraucht der Italiener das Sprichwort: *Il ranocchio non morde, perchè non ha denti,* der Frosch beißt nicht, weil er keine Zähne hat, d. h. mancher tut nur deshalb nichts Böses, weil ihm die Macht dazu fehlt. — Auf der Ähnlichkeit mit der Gestalt

---

*) Dafür sagt man auch: *Cuando la rana crie,* wenn der Frosch säugen wird.

eines Frosches beruht im Engl. die Bezeichnung *frog* für den
Schnurverschluß eines Mantels, bestehend aus einem mit Posa-
menten besetzten großen Knopf und einer Schlinge. Im Plural
wird das Wort mit Bedeutungserweiterung für die Verschnürungen der Rockbrust überhaupt gebraucht. (Daher
to frog = mit Schnüren besetzen.) Hierher gehört auch
der franz. Argotausdruck *grenouille* als Bezeichnung einer
Vereinskasse. Diese auf den ersten Blick rätselhaft scheinende
Metapher wird sofort verständlich, wenn man sich daran erinnert, daß in Frankreich für Kinder Sparbüchsen in Frosch-
gestalt üblich sind. Geht der Kassierer mit der Vereinskasse
durch, so sagt der Franzose logischerweise: *Il a fait sauter la
grenouille,* er hat den Frosch springen lassen, oder wohl auch:
Il a mangé la grenouille, er hat den Frosch gegessen. (Vgl.
Rozan, Les animaux dans les proverbes, II, pag. 287 ff.) Was
übrigens die Redensart *faire sauter la grenouille* betrifft, so
wäre man beinahe geneigt, sie in Zusammenhang zu bringen
mit der im Verbrecherargot üblichen Verwendung von *crapaud*
„Kröte" im Sinne von „Vorlegeschloß", zumal auch in süd-
slavischen Dialekten das Vorlegeschloß mit *žabica* „Fröschchen"
bezeichnet wird. (Tertium comp.: das Aufspringen.) Auf
soliderer Basis ruht jedoch zweifelsohne die erste Erklärung.
— Schließlich wird im Franz. nach der gesprenkelten Färbung
des Frosches eine Art ähnlich gefärbter Apfel *reinette* „Fröschchen" genannt. (Dim. von dial. *raine* „Frosch", angeglichen
an *reine* „Königin".) Darauf beruht auch die im Argot übliche
Bezeichnung *grenouilles* für „Sommersprossen".

Daß der Frosch als häßliches Tier gilt, geht hervor aus
dem frz. Sprichwort: *Il n'y a pas de grenouille qui ne trouve*
pas son crapaud, es gibt keinen Frosch, der nicht seine Kröte
fände, d. h. es gibt kein Weib, das so häßlich wäre, daß es
nicht einen noch häßlicheren Mann fände, der froh ist, wenn
es ihn erhört.

Charakteristisch für den Frosch ist die Art der Fortbewegung, die in einem ruckweisen Springen besteht. Daher
wird der Frosch in Westfalen geradezu *höpper* „Hüpfer"*) ge-

---

*) Über die plattdeutschen Froschnamen *höpper, padde, pogge, lork,*
ütsche, quäk usw. vgl. Schwartz, Die volkstüml. Namen für Kröte, Frosch

nannt. Vom Hüpfen des Frosches hergenommen ist ferner die Bezeichnung Froschspringen (vgl. engl. *leap-frog* „Springfrosch") für ein Hüpfen in gebückter Stellung. Analog wird im Waadtland das sonst franz. *saut-de-mouton* „Bocksprung" genannte Kinderspiel mit *jeu de la grenouille* „Froschspiel" bezeichnet. (Vgl. Rolland, Faune pop., III, pag. 73, 17.) Wenn im Deutschen und Engl. in der Pyrotechnik ein mit Pulver gefülltes Papier, das angezündet umherspringt, Frosch, bzw. *frog*, genannt wird, so ist das tertium comparationis gleichfalls das Hüpfen. Der Franzose gebraucht hierfür analogerweise *grenouillère* „Froschquappe". Ebenso beruht auf dem Vergleich mit der stoßweisen Fortbewegung des Frosches die im engl. Cant gebräuchliche Bezeichnung *frog's-march* „Froschmarsch" für die Beförderung eines widerspenstigen Arrestanten. Ähnlich sagt man im Ital. von einer Person mit hüpfender Gangart: *Va a salti come i ranocchi*, sie geht sprungweise wie die Frösche. (Vgl. deutsch hüpfen wie der Frosch im Mondschein.) Die im frz. Argot übliche Bezeichnung *grenouille* für „Fehler" dürfte sich ebenfalls auf das Springen des Frosches beziehen. Fehler beruhen meist auf Gedankensprüngen. (Vgl. Redensarten wie „etwas überspringen", „eine sprunghafte Darstellung".) Die ital. Redensart *aver delle rane nella testa* für „nicht ganz normal sein" gehört ebenfalls hierher. Die wirren Gedanken werden mit umherspringenden Fröschen verglichen. (Vgl. engl.-franz. „Ratten im Kopfe haben".) Auch viele Insektennamen werden so gebraucht.

Vom Froschgequake hergenommen ist die Redensart einen Frosch in der Kehle haben, d. h. heiser sein, wozu sich im amerikanischen Engl. ein Analogon findet: *to have a frog in the throat*. Davon ist abgeleitet *froggy* „heiser". Analog sagt der Italiener von einem, dem der Magen knurrt: *Pare che abbia una rana nel corpo*, er scheint einen Frosch im Leib zu haben. Wenn in der deutschen Soldatensprache der falsche Ton des Hornisten „Frosch" genannt wird (vgl. frz. *couac* = quak), so beruht diese Bezeichnung auf Metonymie, indem der Name des Tieres für dessen lautliche Betätigung ge-

---

und Regenwurm in Norddeutschland nach ihren landschaftl. Gruppierungen in Zeitschrift des Vereins f. Volkskunde, V, pag. 246 ff.

setzt wird. (Vgl. im amerikanischen Engl. *tiger* für „Tiger-
gebrüll".) Schließlich wird im Pariser Argot ein geschwätziges
Weib häufig als *grenouille* bezeichnet. (Über *grenouille* =
Dirne siehe pag. 210)

Die besprochenen Metaphern und Redensarten beziehen
sich auf den Frosch im allgemeinen; doch hat der Wasser-
frosch speziell der Sprache einige Redensarten und Metaphern
geliefert. So nennt der englische Matrose die Holländer *frog-
landers* „Froschländer" mit Anspielung auf die morastige Beschaffenheit ihres Landes. Wo viel Moräste sind, gibt's viel
Frösche.*) Hierher gehört ferner das ital. Sprichwort: *Rana
di palude sempre salva*, solange der Frosch im Teiche bleibt,
ist er sicher, d. h. wer Gefahren scheut, der bleibe zu Hause.
Daß der Sumpf die Heimat des Frosches ist, besagt auch das
deutsche Sprichwort: Setz' einen Frosch auf gold'nen
Stuhl, er hüpft doch wieder in den Pfuhl. Hierzu
bieten das Engl. und Ital. Analoga: *The frog cannot out of
her bog*, der Frosch kann nicht aus seinem Sumpf. — *Non è
possibile cavare il ranocchio dal pantano*, es ist nicht möglich,
den Frosch aus dem Sumpf herauszukriegen. Als Wassertier
$\varkappa\alpha\tau'$ $\dot{\epsilon}\xi o\chi\dot{\eta}\nu$ erscheint der Frosch im franz. Argot. Wenn
jemand zu viel Wasser trinkt, ruft man ihm warnend zu: *Tu
attraperas des grenouilles*, du wirst Frösche (im Magen) bekommen, und läßt sich im Unterleibe eines begeisterten Wasser-
trinkers ein verdächtiges Glucksen vernehmen, so sagt man
von ihm: *Il a des grenouilles dans le ventre*, er hat Frösche im
Bauch. Demgemäß nennt der Franzose das Wasser scherzweise *sirop de grenouilles* „Froschsyrup". (Vgl. deutsch „Gänse-
wein".) Einen Wassertrinker nennt er *grenouillard*. (Vgl.
boire comme une grenouille,**) trinken wie ein Frosch, d. h. zu
viel Wasser trinken.) *Grenouillard* wird ebenfalls auf einen
Liebhaber von Flußbädern angewendet, wie denn auch für
eine Badeanstalt der Ausdruck *grenouillère* gebraucht wird.

---

*) Vgl. im Franz. die scherzhaften Beuennungen des Frosches:
rossignol des marais „Sumpfnachtigall", *rossignol de Hollande* „holländische
Nachtigall".

**) Auch *grenouiller*; Rolland, Faune pop., III, 66, 3, zitiert ferner
faire le métier de grenouille, das Froschgeschäft betreiben. Diese Redensart
wendet man auf Zechbrüder an, die trinken und schwatzen wie die Frösche.

Da die Frösche wie alle Lurche kaltes Blut haben und sich daher kalt anfühlen, gebraucht man im Deutschen den Vergleich k a l t w i e e i n F r o s c h.

Auf die kulinarische Verwendbarkeit des Frosches — Froschkeulen gelten als Leckerbissen — bezieht sich der Spottname *frog-eater* „Froschfresser", den die Engländer, die keine Froschliebhaber zu sein scheinen, den Franzosen beigelegt haben. Bekanntlich werden die Spitznamen der einzelnen· Völker gern von ihren Lieblingsspeisen entlehnt. (Vgl. Jack Pudding, Pickelhering, Jean Potage, Maccaroni, Hans Wurst.) Hiermit ist nicht zu verwechseln der alte Spottname *frogs* (franz. *Jean Grenouille*), mit dem seinerzeit die Franzosen und speziell die Pariser mit Bezug auf die drei Frösche oder Kröten im alten Wappen der Stadt Paris benannt wurden. (Vgl. Brewer, Dict. of Phrase and Fable, pag. 320.) Daß die Frösche auf dieselbe Weise wie die Fische, nämlich mit einem Köder, gefangen werden, erhellt aus der ital. Redensart *pigliar alcuno al boccone come la rana*, jemd. wie den Frosch mit dem Köder fangen, d. h. jemd. durch Versprechungen und Geschenke berücken.

Der Frosch ist infolge seiner vollständigen Wehrlosigkeit ein sehr furchtsames Tier und gerät bei dem geringsten Anzeichen von Gefahr in größten Schrecken; daher ist er das Symbol zunächst der Feigheit und dann der moralischen oder sozialen Minderwertigkeit überhaupt. So sagt z. B. schon Petronius von einem Mann, der aus niederem Stande zu hohem Ansehen gelangte: *Qui fuit rana, nunc est rex*, der ein Frosch war, ist jetzt König. Auch der Spanier meint von einem, dessen Tüchtigkeit man unterschätzt: *No es rana*, er ist kein Frosch, d. h. es steckt mehr hinter ihm als man glaubt. Im Deutschen sagt man zu jemd., der bei einem Unternehmen, das Mut oder mindestens Energie erfordert, nicht mittun will: S e i d o c h k e i n F r o s c h! Ähnlich drückt der Wiener „Strizzi" seinen Gegnern seine Geringschätzung aus, indem er ihnen herausfordernd zuruft: „D a m ü s s e n L e u t' k o m m e n, a b e r k e i n e F r ö s c h'". Analog bezeichnet der deutsche Universitätsstudent im Gefühl seiner Vollwertigkeit den armen Pennäler als „Frosch". Als Symbol der Schwäche und Ohnmacht wird der Frosch zum mächtigen Adler in Gegen-

satz gebracht im ital. Sprichwort: *L'aquile non fanno guerra
ai ranocchi,**) die Adler führen nicht Krieg mit den Fröschen,
d. h. der Starke hält es unter seiner Würde, den Schwachen
zu bekämpfen. Im selben Sinne sagt man im Ital.: *Il leone
non piglia mosche,* der Löwe (deutsch: Adler) fängt keine Fliegen.
Im Franz. erscheint *grenouille* als verächtliche Bezeichnung
für intellektuell oder moralisch niedrigstehende weibliche Wesen.
Namentlich wird das Wort auf Kokotten angewendet, wozu
das altgriechische φϱύνη „Kröte" als Hetärenname ein interessantes Analogon bietet. Treffend nennt der Pariser die von
solchen Damen besuchten Kaffeehäuser *aquariums.*

Die Kröte.

Deutsch K r ö t e beruht auf ahd., mhd. *krota,* welche Form
sich in oberdeutschen Dialekten als K r o t erhalten hat. Das
Englische besitzt zwei Ausdrücke für „Kröte": *toad* aus altengl. *tádie* und *paddock* aus altnordisch *padda,* wovon niederdeutsch P a d d e.**) Was die romanischen Sprachen betrifft,
so ist auffallend, daß lat. *bufo* in keiner derselben weiterlebt,
und daß sie überhaupt keine gemeinsame Bezeichnung für das
Tier besitzen. Ital. *rospo* führt man auf ein von *ruspare*
„kratzen" gebildetes hypothetisches *rūspidus* „rauh, kratzig"
zurück. Somit wäre *rospo* „das Tier mit der rauhen Haut".
(Vgl. frz. *peau de crapaud* „Krötenhaut" = *peau rugueuse* „raube
Haut".) Dazu stimmt die Ableitung des span. *escuerzo* „Kröte"
von suppon. lat. *excorticare* „abrinden, abschälen", aus *cortex*
„Rinde". Das häufiger gebrauchte span. *sapo* ist baskischen
Ursprungs. Im Ital. kommt neben *rospo* *botta* vor, das man
mit *botta* „Stoß, Hieb, Stich" zusammengestellt und demgemäß von germ. *bŏtan* „schlagen, stoßen" abgeleitet hat. Es
wäre demnach die Kröte „das stechende, bzw. beißende Tier"
und tatsächlich gilt im Volksglauben die Kröte als giftiges

---

*) Umgekehrt heißt es: *I granchi vogliono mordere le balene,* die
Krebse wollen die Walfische beißen.

**) Bezüglich der niederdeutschen Krötennamen, die vielfach mit den
Benennungen des Frosches identisch sind, vgl. pag. 206, Anm.

Tier, vor deren Biß man sich hüten müsse.*) Frz. *crapaud*
führt man auf altengl. *creópan* „kriechen" zurück.

Die Kröte ist in allen Kultursprachen das Symbol der
abscheu- und ekelerregenden Häßlichkeit. Die warzige Haut,
der schwerfällige Gang, namentlich aber der widerliche Geruch,
den das Tier in gereiztem Zustand verbreitet, sind hinreichende
Gründe für diese Auffassung.**) Daß, wie schon oben erwähnt,
die Kröte im Volke für giftig gilt, erhellt ganz deutlich aus
dem span. Sprichwort: *Antaño me mordió el sapo, y hogaño me
se inchó el papo*, wörtl.: Voriges Jahr biß mich die Kröte und
heuer schwoll mir der Kropf an. (Dies Sprichwort wird angewendet auf einen, der zeitlich weit auseinanderliegende Er-
eignisse in kausalen Zusammenhang zu bringen sucht.) Hierzu
stimmt im Engl. die Bezeichnung einer gewissen Art von
Giftschwämmen als *toadstool* „Krötenstuhl".

Als plumpes, schwerfälliges Tier erscheint die Kröte zunächst in den romanischen Sprachen. So sagt der Italiener
von einer dicken Person: *Pare una botta*, der Spanier ebenso:
Parece un sapo, sie gleicht einer Kröte. Mit Bezug auf die
charakteristische, halb hüpfende, halb humpelnde Fortbe-
wegungsart der Kröte***) nennt der Italiener einen Tanz auf
den Fußspitzen und in hockender Stellung (vgl. niederdeutsch
hucksche = Kröte) *il ballo delle botte* „Krötentanz". (Vgl. deutsch
Froschspringen, engl. *leap-frog*, franz. *jeu de la grenouille*.) So
heißt es auch im Franz. von einem, der unbeholfen springt:
Il saute comme un crupaud, er springt wie eine Kröte, und
treffend bezeichnet der Londoner die sogenannten wandern-
den Anzeigen als *toads*. Vom Äußeren der Kröte ist ferner
hergenommen im Franz. der Gebrauch von *crapaud* für ein
kleines, niedriges Fauteuil, in dem eine lebhafte Phantasie
mit einigem guten Willen eine entfernte Ähnlichkeit mit

---

*) Im Pfälzischen hört man die Verwünschung: Dich soll aber
doch die Krott petzen (= zwicken). (Vgl. Heeger, Tiere im pfälz.
Volksmunde, 2. Teil, pag. 13.)

**) Eine gewisse gemütliche Anteilnahme an der hart bedrängten
Existenz der vielgeschmähten Kröte verrät die im Lothringischen übliche
Bezeichnung dieses Tieres: *paure* (= *pauvre*) *homme* „armer Mann". (Vgl.
Rolland, Faune pop., III, pag. 47.)

***) Vgl. im Pfälzischen krotteln für „kriechen".

14*

einer hockenden Kröte erkennen kann. Mit mehr Recht
vergleicht der Franzose eine aufgeschnittene, am Rost gebratene Taube mit einer Kröte (*pigeon à la crapaudine*). Mit
Bezug auf die breiten Füße der Kröte nennt der französische
Infanterist seine Epauletten *pattes de crapaud* „Krötenpfoten".
Auf eine andere physische Eigenheit der Kröte, die sie
allerdings mit allen Lurchen teilt, nämlich die feuchtkalte
Haut, bezieht sich der engl. Vergleich *as cold as a paddock,*
kalt wie eine Kröte (vgl. deutsch: kalt wie ein Frosch),
während auf die Nacktheit der Haut angespielt wird in
der engl. sprichwörtlichen Redensart *to be full of money*
as a toad of feathers. Ebenso sagt der Franzose *être chargé*
d'argent comme un crapaud de plumes, mit Geld beladen
sein wie eine Kröte mit Federn, d. h. keinen Kreuzer Geld
haben. Vom Äußeren der Kröte hergenommen ist auch im
Span. die Bezeichnung *ojos de sapo* „Krötenaugen" für her-
vorstehende Augen. (Vgl. deutsch „Froschaugen".) Auf die
Färbung der Augen, die eine glänzend orangerote Regenbogen-
haut haben, bezieht sich der frz. Argotausdruck *œil de crapaud*
„Krötenauge" für Goldstück. (Vgl. ital. *occhio di civetta*.) Wenn
im Deutschen (provinziell) „Kröte" selbst für „Geld" gesagt
wird, so hat man darin eine Metonymie (Ganzes für den Teil)
zu erblicken.

Die Häßlichkeit des Tieres sowie sein Verweilen an un-
reinen Orten erklären das franz. Schimpfwort *vilain crapaud,*
garstige Kröte, womit im Engl. *dirty toad*, schmutzige Kröte,
als Bezeichnung eines schmutzigen Weibes sowie das Adjektiv
toady in der Bedeutung „häßlich" zu vergleichen sind. Hierher gehört ferner frz. *crapaudière* „Schmutzloch". Keineswegs appetitanregend ist daher die engl. Bezeichnung *toad in*
a hole „Kröte in der Höhle" für eine Fleischpastete.

Die Kröte dient auch als Symbol moralischer Häßlichkeit. So nennt der Deutsche eine boshafte Person gern
eine **giftige Kröte** und gebraucht das Adj. **krötig** im
Sinne von „boshaft". Analog bezeichnet der Engländer einen
gemeinen Menschen mit *nasty toad*, ekelhafte Kröte, und
wendet auf einen, der seinen Zorn in giftigen Worten ausläßt,
die Redensart an: *He swells like a toad*, er schwillt an wie
eine Kröte. Der Franzose sagt mit Bezug auf die einsame,

menschenscheue Lebensweise des Tieres von einem knickerig und duckmäuserig lebenden Menschen: *Il fait crapaud*, er macht's wie die Kröte. Hierher gehört auch die im franz. Kasernenargot übliche Redensart *boire en crapaud*, nach Krötenart, d. h. allein trinken. Analog bezeichnet man im Ital. einen unumgänglichen Menschen mit *rospo*.

Im verächtlichen Sinne, manchmal ohne die Nebenbedeutung des Häßlichen, gebraucht man „Kröte" für Kinder und schwache Menschen, so namentlich im Deutschen. Im bayrisch - österreichischen Dialekt ist K r o t eines der beliebtesten Schimpfwörter,[*] im Ital. tituliert man kleine Kinder gern mit *rospetti* oder *rospacci* und auch der Pariser Lehrjunge muß sich die Bezeichnung *crapaud* gefallen lassen. Das Diminutiv von *crapaud, crapoussin*, wird gleichfalls auf kleine Kinder angewendet. (Vgl. pfälz. k r o t t i g = klein.) Auch der Spanier bezeichnet mit *escuerzo* einen feigen oder schwachen Menschen und der Engländer sagt von einem, der in großer Angst ist: *He is like a toad under the harrow*, er gleicht einer Kröte unter der Egge. Ebenso wird in einem ital. Sprichwort die Angst der Kröte vor der Egge metaphorisch . verwertet: *Senza ritorno, come disse la botta all' erpice*, ohne Wiederkehr, wie die Kröte zur Egge sagte. Dieses Diktum wendet man auf einen an, der von einer Person Abschied nimmt, die er nicht wiederzusehen wünscht.

Der unüberwindliche Ekel, den uns die Kröte einflößt, kommt zum Ausdruck in der frz. Redensart *avaler un crapaud*, eine Kröte verschlucken, das dem deutschen „in den sauren Apfel beißen" entspricht. (Vgl. das deutsche Sprichwort: W e r e i n e K r ö t e f r e s s e n w i l l , m u ß s i e n i c h t l a n g b e s e h e n .) Ebenso erscheint dem Engländer der Genuß von Kröten als der Gipfel des Ekelhaften und er wendet daher *toad - eater* „Krötenfresser" als härtesten Ausdruck für Schmarotzer und Schmeichler an. *To eat toads for a person*, jemd. zulieb Kröten fressen, entspricht unserem „Speichellecken". Davon *toady* „Speichellecker" und die Redensart *to toad oneself into favour*, sich bei jemd. einschmeicheln. Ein Analogon hierzu bietet die ital. Redensart *dar la zampa*

---

[*] Heeger, Tiere im pfälz. Volksmunde, 2. Teil, pag. 13, zitiert L a u s - krott und Arschkrott.

della botta, die Krötenpfote geben, d. h. sich bei jemd. in Gunst setzen.

Der Spanier vergleicht Schimpfreden, die jemand in großer Wut ausstößt, mit Kröten in der Redensart *echar sapos y culebras*, Kröten und Schlangen speien,[*] was auch „Unsinn sprechen" bedeuten kann. (Vgl. portug. *dizer sapos e saramantigas contra alg.*, Kröten und Salamander gegen jemd. sagen. Analog wird im Portug. *dizer cobras* [Nattern] *e lagartos* [Eidechsen] gebraucht.)

Eine eigentümliche, im Zusammenhange mit dem Vorhergehenden jedoch leicht verständliche Redensart liegt vor in span. *pisar sapos*, auf Kröten gehen, was man von einem sagt, der sich aus Furcht vor schlechtem Ausgange nicht in Unternehmungen einzulassen wagt, im besonderen aber auf solche Leute anwendet, die sich in der Frühe schwer von ihrem Bette trennen, gleichsam als fürchteten sie, beim Aufstehen auf eine Kröte zu treten. So pflegt man auch im Patois von Metz zu einem Spätaufsteher zu sagen: *Il n'y a aucun danger que tu marches sur les crapauds*, es ist keine Gefahr, daß du auf Kröten trittst. (Vgl. Rolland, Faune pop., III, pag. 48, 11.)

Von der stimmlichen Betätigung der Feuerkröte (frz. *crapaud sonnant*), die einen dem Gequak der Frösche ähnlichen Ruf erschallen läßt, hergenommen ist der frz. Argotausdruck *crapauder* „schreien".

Der Fisch im allgemeinen.

Deutsch F i s c h und engl. *fish*[**] gehen beide auf ahd., bzw. altengl. *fisc* zurück, das seinerseits wieder auf germ. *fiska-z* aus vorgerm. *pisko-s* beruht. Dieses ist verwandt mit lat. *piscis*, das im Ital. *pesce*, im Span. *pez* ergab, während frz. *poisson* aus dem Augmentativ *piscio* hervorging.

---

[*] Das Motiv des Krötenspeiens findet sich häufig in Märchen und Sagen. (Vgl. Sébillot, Le Folklore de France, III, pag. 296 f.)

[**] *Fish* in der Bedeutung „Spielmarke" ist nur volksetymologisch an den Namen des Tieres angeglichen, in Wirklichkeit ist es das frz. *fiche* = Spielmarke. (Vgl. Andresen, Über deutsche Volksetymologie, 5. Aufl., pag. 305.)

Von Metaphern, die sich auf das Äußere des Fisches beziehen, ist zunächst anzuführen ital. *pesce* als Bezeichnung
des Oberarmmuskels. Der Gebrauch von Tiernamen zur Benennung von Körperteilen, besonders Muskeln, ist in den
romanischen Sprachen nichts Unerhörtes. (Vgl. lat. *musculus*,
span. *lagarto*, frz. *souris*). — Der Eindruck dummen Glotzens,
den die Augen des Fisches machen (daher n e u g i e r i g   w i e
e i n   F i s c h), rechtfertigen den Gebrauch von engl. *fish-
eyes* „Fischaugen" für blöde, ausdruckslose Augen. Die frz.
Redensart: *Cela finit en queue de poisson*, das endigt in einen
Fischschwanz, die man namentlich auf ein Kunstwerk anwendet, dessen Ende dem verheißungsvollen Anfang nicht
entspricht, dürfte auf die märchenhaften Gestalten der Wasser-
nixen zurückzuführen sein, bei denen der berückend schöne
Oberleib in einen Fischschwanz endigt. (Vgl. die Geschichte
der schönen Melusine.) Eine andere Erklärung gibt Rozan,
Les animaux dans les proverbes, II, pag. 337 ff. — Da den
Fischen jede stimmliche Betätigung versagt ist, so ist der
Vergleich s t u m m   w i e   e i n   F i s c h, engl. *mute as a fish*, ital.
muto come un pesce, frz. *muet comme un poisson* ohne weiteres
klar. — Mit Bezug auf die geringe Intelligenz der Fische
sagt man im Deutschen von einem törichten Menschen, er sei
e i n f ä l t i g   w i e   e i n   F i s c h. (Vgl. im älteren Ital. *nuovo
pesce* und port. *peixote* für „Dummkopf" sowie im span. Schülerargot *pez* als Bezeichnung eines schlechten Schülers.) — Anspielend auf das kalte (naturhistorisch gesprochen: wechsel-
warme) Blut der Fische nennt man einen Phlegmatiker f i s c h -
b l ü t i g. (Vgl. engl. *cool fish*, kühler Fisch = kaltblütiger Mensch.)
  Daß das Wasser ausschließlich das Element des Fisches
ist, kommt in verschiedenen metaphorischen Wendungen zum
Ausdruck. So bezeichnet der Vergleich g e s u n d   w i e   e i n
F i s c h   i m   W a s s e r, ital. *sano come un pesce nell' acqua*, den
höchsten Grad physischen Wohlbefindens. Der Fisch fühlt
sich eben nur im Wasser wohl, da es seine Existenzbedingung
ist. Mit derselben Behendigkeit, mit der der Vogel die Luft
durchschneidet, schießt der Fisch im Wasser dahin. Daher
ital.: *svelto come un pesce*, flink wie ein Fisch. *Bagnato come
un pesce*, naß wie ein Fisch, erklärt sich von selbst. Auf das
Ethische übertragen, wird das Bild vom Fisch im Wasser

als Symbol psychischen Wohlbefindens angewendet. Wenn
z. B. Heine von Paris sagt, er fühle sich daselbst w i e d e r
F i s c h i m W a s s e r, so meint er damit, daß Paris für ihn
als Großstadtmenschen und Franzosenfreund alle die geistigen
Lebensbedingungen vereine, deren seine Seele bedurfte. Auch
den anderen Kultursprachen ist dieses Bild geläufig, allerdings
kommt es häufig negativ zum Ausdruck, indem von jemand,
der sich irgendwo nicht in seinem Element fühlt, gesagt wird,
er sei w i e d e r F i s c h a u ß e r d e m W a s s e r; so auch engl.:
to be like a fish out of the water, ital.: *essere come un pesce fuor*
dell'acqua. Hierzu positiv span.: *estár como el pez en el agua,*
frz.: *être comme le poisson dans l'eau.*

Auf den Fisch in seiner Eigenschaft als Wassertier be-
zieht sich ferner die Redensart s c h w i m m e n w i e e i n F i s c h,
die sich in allen Sprachen findet. Hierher gehört auch das
portug. Sprichwort: *Filho de peixe sabe nadar,* der Sohn eines
Fisches kann schwimmen, das dem Deutschen „Art läßt nicht
von Art" entspricht. Daß Fisch und Schwimmen zwei unzertrennliche Begriffe sind, kommt zum Ausdruck in der
ital. Redensart *insegnar nuotar ai pesci*, den Fischen das
Schwimmen beibringen, was von jemand gesagt wird, der seine
Weisheit an unrechter Stelle an den Mann bringen will. So
fordert auch der Wirt den Gast, dem er Fische vorgesetzt,
zum Trinken auf, indem er scherzend meint: D e r F i s c h
w i l l s c h w i m m e n. (Vgl. lat. *pisces natare oportet.*) Analog
sagt der Franzose wortspielend: *Poisson sans boisson est poison,*
Fisch ohne Getränke ist Gift, und der Italiener: *Su pesci,*
mesci, auf Fische mische (d. h. Wein mit Wasser).*) Hierher
gehört noch die ital. Redensart *andar a bastonar i pesci,* die
Fische prügeln gehen (von einem, der zur Galeerenstrafe
verurteilt wurde). Mit dem Prügeln der Fische ist das
Rudern gemeint. Ab und zu mag es geschehen, daß ein un-
vorsichtiger Fisch von einem Ruder einen Klaps bekommt.
Ein Seitenstück zur ital. Redensart bietet das Englische. Von
einem Seekranken, der den Inhalt seines empörten Magens
den Fluten übergibt, sagt der Engländer scherzend: *He feeds*
the fish, er füttert die Fische.

---

*) Die Italiener, wie alle Romanen, trinken bei den Mahlzeiten den
Wein nur mit Wasser.

Die große Bedeutung des Fisches für den Menschen kommt zum Ausdruck in den auf den Fischfang bezüglichen Metaphern. Millionen von Menschen nähren sich ausschließlich von Fischen und in dem Leben der Strandbewohner spielt der Fischfang und alles, was damit zusammenhängt, dieselbe Rolle wie für den Bewohner des Binnenlandes der Ackerbau oder die Viehzucht. Es ist daher nur natürlich, daß in allen Sprachen in Hülle und Fülle Metaphern vorhanden sind, die auf dem Fischfange beruhen. Ebenso ist es erklärlich, daß diese Tätigkeit mit einem eigenen Worte bezeichnet wird. So entspricht dem deutschen fischen engl. *to fish*, ital. *pescare*, span. *pescar*, frz. *pêcher*. Diese Verba haben in allen Sprachen analoge Bedeutungsentwicklungen erfahren. Zunächst ihrem Wortsinne nach nur für das Fangen von Fischen gebraucht, werden sie durch Begriffserweiterung auf andere Tiere oder Dinge und schließlich metaphorisch auf Gegenstände angewendet, die man durch List in seine Gewalt zu bekommen sucht. Das Verhältnis vom Fischer zum Fisch wird sogar auf Personen übertragen. So sagt man z. B. im Deutschen von dem bevorzugten Bewerber um die Gunst, bzw. Hand eines Mädchens, er habe sie einem anderen weggefischt. Mit dieser Redensart hängt zusammen die Bezeichnung Goldfisch für ein reiches Mädchen (mit Anspielung auf eine allbekannte Fischspezies). Mit Bezug einerseits auf sein Apostelamt, andererseits auf sein ehemaliges Gewerbe wird Petrus in der heil. Schrift Menschenfischer genannt.

Vielfach ist der Fisch Symbol des Gewinnes, so z. B. im span. Sprichwort: *Pescador que pesca un pez, pescador es*, ein Fischer, der auch nur einen Fisch fängt, ist immerhin ein Fischer, womit man jemand tröstet, der nur einen geringen Teil von dem Angestrebten erreicht. Auch im Franz. findet sich dieses Sprichwort: *Toujours pêche, qui en prend un.* Hingegen tadelt der Italiener den Untätigen mit dem Sprichwort: *Chi dorme non piglia pesci*, wer schläft, fängt keine Fische. Der praktische Sinn des Engländers verrät sich in dem Sprichwort: *All is fish that comes to net*, Alles ist Fisch, was ins Netz kommt, d. h. man kann aus allem Vorteil ziehen. Einen ähnlichen Sinn hat das span. Sprichwort: *Salga pez o salga rana, á la capacha*, beißt ein Fisch oder ein Frosch an, in den Korb damit. Häufig wird die Redensart im Sinne von „auf gut Glück" gebraucht. Auf dem Umstande, daß zuweilen zum Fangen größerer Fische kleinere als Köder benutzt werden, beruht die engl. Redensart *to venture a small fish to catch a great one*, die sich auch im Franz. findet: *donner un petit poisson pour en avoir un gros*, einen kleinen Fisch preisgeben, um einen großen zu fangen, d. h. einen kleinen Vorteil im Interesse eines größeren opfern. (Vgl. deutsch: mit der Wurst nach der Speckseite werfen.) Vom Fischfang mittels Reusen hergenommen ist der engl. Ausdruck *a pretty kettle of fish*, eine schöne Reuse von Fischen (*kettle* ist hier = *kiddle* „Reuse"), d. h. ein „schönes Durcheinander" mit Anspielung auf die in der Reuse durcheinanderwimmelnden Fische.

Ein Streben nach unlauterem Gewinn wird im Deutschen bezeichnet mit der Redensart im Trüben fischen, die sich auch in den anderen Kultursprachen findet: engl. *to fish in troubled water*, ital. *pescar nel torbido*, frz. *pêcher en eau trouble*. Borchardt-Wustmann, Sprichwörtl. Redensarten, pag. 150, erklärt: „Im Trüben fischen — s. v. w. heimlich seinen Vorteil suchen, eine allgemeine Verwirrung benutzen, um ungesehen, wie der Fischer, wenn das Wasser trübe ist, etwas zu gewinnen". Hierher gehört ferner die ital. Redensart *pescar per sè*, für sich fischen (d. h. die gefangenen Fische für sich behalten), was auf jemd. angewendet wird, der nur auf seinen eigenen Vorteil bedacht ist.

Im Ital. und Franz. wird „fischen" auch für ein geistiges Erlangen gebraucht, so z. B. in der oft gehörten Frage: *Dove hai pescato questa notizia? — Où as-tu pêché cette nouvelle?* Wo hast du diese Nachricht aufgefischt? Einem lästigen Frager antwortet man im Ital. nicht selten: *Vattel' a pesca* (dialektisch für *pescare*), geh dir's fischen! Ebenso sagt der Italiener von einer Rede, die ihm unverständlich ist: *In questo discorso non ci pesco nulla*, in dieser Rede fisch' ich nichts, und wenn er von jemand sagt: *Pesca a fondo*, er fischt bis zum Grund, so meint er, daß er eine Sache gründlich versteht. Von dem Gelehrten, der aus Büchern Notizen sammelt, heißt es, daß er in den Büchern fischt: *pesca nei libri*. Hierher gehört auch die engl. Redensart *to fish for compliments*, nach Lob haschen.

Nicht auf den ganzen Vorgang des Fischens, sondern nur auf einen Teil desselben, nämlich das Eintauchen der Angel oder des Netzes ins Wasser, bezieht sich der in der ital. Seemannssprache übliche Terminus *pescare*, der auf das Einsinken der Schiffe und anderer fester Körper ins Wasser angewendet wird.

Im Ital. wird häufig das Bild des unerfahrenen Fischers verwendet. So ist z. B. von dem Fischer, der die Fische nicht zu unterscheiden versteht, die Redensart hergenommen *non saper quello che uno si peschi*, nicht wissen, was einer fischt, d. h. nicht wissen, was man tut. Auf einem Vergleich mit dem Fischer, der die Tiefe des Gewässers, in dem er fischt, nicht genau kennt, beruht die Redensart *non saper in quant' acqua uno si peschi*, nicht wissen, in wieviel Wasser einer fischt, d. h. nicht wissen, in welchen Verhältnissen er sich befindet. (Vgl. die ital. Sprichwörter bei Sachs, Zusammenhang von Mensch und Tier in der Sprache. Neuphil. Zentralblatt 1903, pag. 356.)

Das Fischerhandwerk ist auf den Zufall angewiesen; sehr häufig muß der Fischer unverrichteter Dinge heimkehren, weswegen im Engl. *fisherman's luck*, Fischers Glück, s. v. w. „wenig Glück" bedeutet. Überhaupt ist im Engl. der Fisch häufig Symbol des Unsicheren, Unzuverlässigen. *This looks fishy*, das sieht „fischig" aus, sagt der Engländer von einer Sache, die ihm verdächtig scheint, und eine unglaubliche Geschichte nennt er *fish-story* „Fischgeschichte". (Vgl. den Gebrauch von portug. *caranguejola* „großer Seekrebs" für „unsicheres Unternehmen".) Damit könnte in Zusammenhang gebracht werden die in romanischen Ländern übliche Bezeichnung „Aprilfisch" für den Aprilscherz, ital. *pesce d'aprile*, frz. *poisson d'avril*. (Vgl. deutsch „in den April schicken".) Auch sagt der Italiener von einem, der sich ein Märchen hat aufbinden lassen: *Ha pigliato un bel pesce*, er hat einen schönen Fisch gefangen. Nach der gewöhnlichen Erklärung beruht jedoch die Bezeichnung „Aprilfisch" auf dem altromanischen Brauch, sich anfangs April gegenseitig mit einem der in diesem Monat häufigeren Fische zu beschenken.

Alle Sprachen verwenden das Bild des Köderns als Symbol des Überlistens. Der Unkluge, der auf trügerische Lockungen und Versprechungen hineinfällt, wird mit dem Fische verglichen, der auf den Köder anbeißt und so in sein Verderben geht. Daher wird in allen Sprachen „ködern" im Sinne von „überlisten" gebraucht. (Vgl. engl. *to bait, to lure*, ital. *adescare,* span. *cebar,* frz. *appâter, leurrer.*)

Demgemäß sagt man von einem, der sich anführen läßt, deutsch: **Er beißt an**, engl.: *He takes the bait*, ital.: *Abbocca all'amo* oder: *Va all'esca,* span.: *Cae en el anzuelo* oder: *Traga el anzuelo*, frz.: *Il mord à l'hameçon.* Hierher gehört auch das span. Sprichwort: *El pez que busca el anzuelo, busca su duelo,* der Fisch, der die Angel sucht, sucht seinen Schmerz, d. h. man soll sich durch den Schein nicht täuschen lassen. Speziell auf das Fischen mit der Angel bezieht sich das span. Sprichwort: *Pescador de caña más come que gana*, der Fischer, der mit der Angel fischt, ißt mehr als er erwirbt. Dieses Sprichwort ist gegen jene gerichtet, die aus Trägheit einen Beruf ausüben, der keine Mühe macht, aber geringen Nutzen bringt.

Auf der Bedeutung des Fisches als Genußmittel beruhen in allen Kultursprachen zahlreiche Metaphern und Redensarten. Das Fleisch der Fische wird häufig in Gegensatz gebracht zu dem warmblütiger Tiere; beim Volke gilt es überhaupt nicht für Fleisch, weswegen es heißt, man dürfe Freitag „wohl Fisch, aber nicht Fleisch essen". Hierauf bezieht sich die allen Kultursprachen geläufige Redensart **nicht Fisch, nicht Fleisch**, d. h. nichts Ordentliches sein. Engl. *to be neither fish nor flesh*, ital. *essere nè carne nè pesce*, span. *no ser uno carne ni pescado*, frz. *être ni chair ni poisson.* (Vgl. Borchardt-Wustmann, Sprichwörtl. Redensarten, pag. 149.) Auf dem Gegensatz von „Fisch" und „Fleisch" beruht auch die engl. Redensart *to make fish of one and flesh of another,* aus dem einen Fisch, aus dem andern Fleisch machen, d. h. die Leute ungleich behandeln, parteiisch sein. Als Fastenspeise erscheint der Fisch in dem engl. Sprichwort: *It's good fasting, when the table is covered with fish*, es ist gut fasten, wenn der Tisch mit Fischen besetzt ist, das dem deutschen „Neben dem Schiff ist gut schwimmen" entspricht. Speziell dem Deutschen eigentümlich ist die Bezeichnung **faule**

Fische für unwahrscheinliche Ausreden, die niemand annimmt, ebensowenig wie faule Fische. Der Ausdruck bezeichnet im weiteren Sinn verdächtige Handlungen, wie
überhaupt „Fäulnis" metaphorisch häufig auf moralische Verderbtheit oder Wertlosigkeit angewendet wird. Tatsächlich
ist „faul" in der Bedeutung „träge" nichts anderes als eine
Metapher von „faul = in stinkender Zersetzung begriffen".
Der in Verwesung übergegangene Fisch wird auch sprich-
wörtlich verwendet. So sagt man z. B. im Deutschen von
einem Gemeinwesen, das infolge der moralischen Verderbtheit
seiner Leiter seinem Ende entgegengeht: Der Fisch fängt
am Kopfe an zu stinken, d. h. die Verwesung beginnt
zunächst am Kopf. Ebenso heißt es ital.: *Il pesce puzza dal
capo* und schon lat.: *Piscis primum a capite foetet.* Allen Kultursprachen gemeinsam ist der Vergleich eines lästigen Gastes
mit einem faulenden Fisch. Dem deutschen Sprichwort: Ein
Gast ist wie ein Fisch, er bleibt nicht lange
frisch, entspricht im Engl.: *Fish and guests smell at three
days old,* Fische und Gäste riechen, wenn sie drei Tage alt
sind, im Ital.: *L'ospite è come il pesce, a capo di tre giorni
puzza,* im Span.: *El huésped y el pez á tres dias hiede,* im Franz.:
L'hôte et le poisson après trois jours puent. Von origineller
Drastik ist das engl. Sprichwort: *Daughters and dead fish are
no keeping wares,* Töchter und tote Fische sind keine Waren
zum Aufheben.

Der Fisch ist wegen der Gräten kein ganz ungefährliches
Nahrungsmittel, wenigstens erheischt sein Genuß große Vorsicht. Darauf bezieht sich das ital. Sprichwort: *Chi ha mangiato il pesce, sputi le lische,* wer den Fisch gegessen hat, spucke
die Gräten aus, d. h. wer einen Vorteil gehabt hat, möge trachten,
auch mit dem damit verbundenen Unangenehmen fertig zu
werden. Hierher gehört ferner das deutsche Sprichwort: Kein
Fisch ohne Gräte, kein Mensch ohne Mängel, das
sich analog im Ital. findet: *Non c'è pesce senza lisca.* — Bedroht
man in Österreich ein Kind mit Schlägen, so sagt man häufig
ironisch: Du kriegst Fische, aber ohne Gräten. Es
beruht diese Bezeichnung wohl auf dem Brauche, die Rute
ins Wasser zu tauchen, um die Schläge schmerzhafter zu
machen. (Metonymie: Ursache für Wirkung.)

Wenn im Engl. Brote und Fische als Symbol der Nahrung
überhaupt erscheinen, so ist darin eine biblische Reminiszenz
zu erblicken. So wird die Redensart *to withhold loaves and
fishes*, Brote und Fische zurückhalten, im Sinne des deutschen
„den Brotkorb höher hängen" gebraucht. Geradezu Sinnbild
des Gewinnes sind die „Brote und Fische" in der Redensart *to look after loaves and fishes*, nach Broten und Fischen
blicken, d. h. dem Gewinne nachlaufen. Da die Franzosen als
große Liebhaber von Saucen Fische gern mit solchen zube-
reiten, darf es nicht wundernehmen, daß die Fischsauce auch
im franz. Sprichwort eine gewisse Rolle spielt. Manchmal,
wenn der Fisch nicht mehr ganz frisch ist, dient die Brühe
dazu, den verdächtigen, das Alter des Fisches verratenden
Geschmack zu verbergen. Hierauf bezieht sich das Sprichwort:
La sauce fait manger le poisson, die Sauce macht den Fisch
genießbar, d. h. oft werden wertlose Dinge nur durch glück-
liche Beigaben annehmbar gemacht. Dasselbe, nur in anderer
Form, besagt das Sprichwort: *La sauce vaut mieux que le
poisson*, die Sauce ist mehr wert als der Fisch. (Vgl. span.
Más vale la salsa que los caracoles, die Sauce ist mehr wert
als die Schnecken.) Von einem, der nicht weiß, wie er sich
einer Beleidigung gegenüber verhalten soll, sagt der Franzose:
Il ne sait à quelle sauce manger le poisson, er weiß nicht, mit
welcher Sauce er den Fisch essen soll.

Auf die Tatsache, daß es auch unter den Fischen Raubtiere gibt, die mit Vorliebe ihre kleineren Genossen auffressen,
— man denke an den Hecht — bezieht sich das deutsche
Sprichwort: G r o ß e F i s c h e f r e s s e n d i e k l e i n e n, d. h.
der Stärkere unterdrückt den Schwächeren. Analog heißt es
im Ital.: *I pesci grossi mangiano i piccini* und im Franz.: *Les
gros poissons mangent les petits*. Auf die bekannte Fischlieb-
haberei der Katze spielt an das deutsche Sprichwort: D i e
K a t z e f r i ß t g e r n F i s c h e, w i l l a b e r n i c h t i n s
W a s s e r, das man auf jemand anwendet, der einem Ziele
zustrebt, aber nicht die zur Überwindung der im Wege
stehenden Hindernisse nötige Energie besitzt. Dieses Sprichwort findet sich auch in anderen Kultursprachen. So lautet
es z. B. im Engl.: *The cat doth love the fish, but she will not
wet her foot*, im Ital.: *La gatta vorrebbe mangiare pesci, ma non*

pescare,*) im Franz.: *Le chat aime le poisson, mais il n'aime pas à mouiller les pattes.*

Jedenfalls der Zunftsprache der Fischer, die ausschließlich auf Fischnahrung angewiesen sind,**) ist die engl. Redensart entlehnt *to send a person to fry some other fish*, wörtl.: jemd. andere Fische backen schicken, d. h. ihm den Laufpaß geben. So sagt man auch: *I have other fish to fry,* ich habe andere Fische zu backen, im Sinne von „ich habe andere Dinge zu tun". Hierher gehört ferner das engl. Sprichwort: *Don't boil your fish till they are hooked,* kocht eure Fische nicht, bevor sie geangelt sind, wozu sich im Deutschen und Ital. Analoga finden: Man soll nicht rufen: Holt Fische, ehe man sie hat. — *Non gridar pesci prima di averli presi.* Gebräuchlicher ist die allen Kultursprachen geläufige Variante: Man soll die Haut des Bären nicht verkaufen, bevor der Bär nicht erlegt ist. (Siehe bei „Bär" pag. 54.)

Die deutsche Bezeichnung Backfisch für ein halbwüchsiges Mädchen ist der Studentensprache entlehnt, die früher auch kurzweg „Fisch" dafür gebrauchte. (Vgl. Kluge, Deutsche Studentensprache, pag. 55.) Hierbei ist in wenig schmeichelhafter Weise die Dummheit das tertium comparationis. Allerdings liegt dieser Metapher gleichzeitig die Vorstellung des Köderns zugrunde, indem der Student den Mädchen in ähnlicher Weise nachstellt wie der Fischer den Fischen. Hingegen bezieht sich Backfisch wohl auf das Lockende, Appetitliche des Aussehens.***) (Vgl. portug. *peixão* „großer Fisch" als Bezeichnung einer hübschen Frau.) Daß das Wort „Fisch" auf Personen angewendet wird, dafür liefern uns auch andere Sprachen Beispiele. So wird namentlich im Engl. *fish* im Sinne unseres „Kauz" mit nuancierenden Adjektiven gebraucht. So sagt man *a strange, odd, cool, queer fish,* ein sonderbarer, seltsamer, kaltblütiger, kurioser Fisch.

---

*) Eine Variante lautet: *Non si può pigliar pesci senza immollarsi,* man kann keine Fische fangen, ohne sich naß zu machen.

**) Vgl. das franz. Sprichwort: *Veux-tu apprendre à fils de pêcheur à manger poisson?* Willst du den Sohn des Fischers Fische essen lehren?

***) Nach der landläufigen Erklärung bedeutet Backfisch s. v. w. „kleiner Fisch", da nur die größeren Fische gesotten, die kleineren aber gebackt werden.

Unserem „großen Tier" (= bedeutende Persönlichkeit) entspricht im Span. *pez gordo,* dicker Fisch. Ganz allgemein für „Mensch" wird im Ital. *pesce* gebraucht in der Frage *O che pesce sei?* was bist du denn für ein Fisch? womit man einen Unbekannten auffordert, sein Inkognito zu lüften. (Vgl. den analogen Gebrauch von „Vogel" in den verschiedenen Sprachen.) Obige Frage kann auch bedeuten: Was hast du denn für einen Streich gemacht? In diesem Falle hat *pesce* tadelnden Sinn und ist in dieselbe Reihe zu stellen mit Ausdrücken wie engl. *loose fish,* loser Fisch, deutsch: „sauberer Hecht", span. *buena pesca.* Letzteres Wort bedeutet eigentlich „Fischfang", dann metonymisch die Gesamtheit der gefangenen Fische. (Ein Analogon zu dieser Bedeutungsentwicklung findet sich in span. *venado* „Wild" aus lat. *venatus* „Jagd".) Mit *buena pesca* kann allerdings auch im Gegensatz zu der in den anderen Sprachen herrschenden Auffassung von den intellektuellen Fähigkeiten der Fische eine schlaue Person bezeichnet werden. — Semasiologisch interessant ist die Bedeutungsentwicklung von span. *pescado.* Dieses Wort, eigentlich das part. perf. von *pescar* „fischen", bedeutet zunächst „das Gefischte", dann „Fisch" und mit Bedeutungsverengung „Stockfisch". Es wird eben die häufigste Gattung der Fische nach der ganzen Klasse benannt. (Vgl. ital. span. *oca,* frz. *oie* „Gans" aus lat. *avica* „Vögelchen".) Im amerikanischen Engl. wird *fish* ebenfalls häufig auf den Stockfisch eingeschränkt. (Über den metaphorischen Gebrauch von *poisson* im Pariser Kokottenargot vgl. Villatte, Parisismen bei *„poisson".)*

Hering, Sardine.

Deutsch H ä r i n g oder H e r i n g beruht auf mhd. *haerinc,* ahd. *háring.* Die ahd., bzw. mhd. Nebenform *hering* ist wahrscheinlich durch *heri* „Heer" beeinflußt, u. zw. mit Bezug auf das scharenweise Vorkommen dieses Fisches. Im Altengl. lautet das Wort *hǽring,* woraus neuengl. *herring.* Die romanischen Sprachen haben alle das Wort dem Germanischen entlehnt: ital. *aringa,* span. *arenque,* frz. *hareng,* was ganz natürlich ist, da der Fisch nur in nordischen Gewässern vorkommt. Für den geräucherten Hering ist im Deutschen das Wort

Bücking und mit Anlehnung an Bückling „Verbeugung"
auch Bückling üblich. Das Wort geht zurück auf ein mhd.
bückinc, verwandt mit nld. *bokking*, das wahrscheinlich auf
nld. *bok* „Bock" zurückgeht. Der Fisch hieß nämlich wegen
seines unangenehmen Geruches auch *bockshârinc*. (Vgl. Kluge,
Etym. Wörterbuch d. deutschen Sprache unter „Bücking".)
Pickelhering als Bezeichnung der komischen Figur (ursprünglich nur in Holland) ist von den englischen Komödianten
am Anfang des 17. Jahrhunderts zu uns gebracht worden
(engl. *pickle-herring* = Pökelhering). Die Benennung des Spaß-
machers im Stegreifspiele nach dem Lieblingsgericht der betreffenden Nation ist eine allbekannte Erscheinung. (Vgl.
pag. 209.)

Sind die Bezeichnungen für den Hering germanischen
Ursprungs, so sind die Benennungen für die verwandte Sardine
romanischer Herkunft. Schon im Lateinischen gibt es ein
sarda oder *sardina*. Letzteres Wort ist dem Ital., Span.
und Franz. gemeinsam. Im Ital. hat sich auch *sarda* erhalten, wovon das Diminutiv *sardella* gebildet wurde. Daneben kommt im Ital. ein noch nicht aufgeklärtes *acciuga*
vor, dem im Span. *anchoa, anchova*, im Franz. *anchois*, im
Engl. *anchovy* entsprechen. Im Span. wird außerdem für
„Sardine" noch *boquerón* gebraucht, was das Augmentativ von
boquera „Öffnung" ist (mit Anspielung auf das große Maul
des Fisches).

Der Hering hat einen stark zusammengedrückten Leib,
weshalb er oft als Symbol der Magerkeit verwendet wird.
So nennt man im Deutschen und Franz. einen mageren Menschen
gern einen Hering, bzw. *hareng*, und im Engl. bedeutet
herring-gutted „heringsbäuchig" soviel als „dünnbäuchig".[*]
Mit Bezug auf die enganschließende Uniform nennt in
England das Volk den rotröckigen Infanteristen *red-herring*
„Rothering", wozu sich in dem franz. Argotausdruck *hareng
saur* „saurer Hering" als Bezeichnung für einen Gendarmen
ein Analogon findet. (Vgl. Sachs, Zusammenhang von Mensch
und Tier in der Sprache, Neuphil. Zentralblatt, 1904, pag. 35.)

---

[*] Im Pfälzischen wird Hering auch von einem mageren Stück Vieh
gebraucht. (Vgl. Heeger, Tiere im pfälz. Volksmunde, 2. T., pag. 14.)

Im Span. und Ital. tritt die Sardine an Stelle des Herings.
So nennt der Italiener ein hochaufgeschossenes, mageres
Mädchen *acciughina* „Sardinchen", sowie er auch ganz all-
gemein von einem mageren Menschen sagt: *È secco come un'*
acciuga, er ist dürr wie eine Sardine. Genau so heißt es im
Span.: *Parece una sardina*, er gleicht einer Sardine. Hierher
gehört ferner die Bezeichnung *sardine* für „Finger" im Pariser
Argot; so bedeutet z. B. *serrer les cinq sardines*, die fünf
Sardinen drücken, s. v. w. „die Hand drücken".

Von der silberglänzenden Farbe der Sardine hergenommen
ist die Bezeichnung der Verschnürungen an Uniformen mit
sardinetes im Span., *sardines* im Franz., indem damit offenbar
ursprünglich die Siberverschnürungen bezeichnet wurden.
Wenn die Sichelschneide im Franz. *sardine* genannt wird, so
ist das tertium comparationis gleichfalls die Farbe. Hingegen enthält die im Pariser Argot vorkommende Metapher
yeux bordés d'anchois, mit Sardellen beränderte Augen, für
Augen mit geröteten Lidern eine Anspielung auf das rötliche
Fleisch der marinierten Sardellen.

Der Umstand, daß die meisten Heringe während der
Laichzeit gefangen werden, macht den engl. Vergleich *dead*
as a shotten herring, tot wie ein Hering, der gelaicht hat,
ohne weiteres verständlich. Auf die Art der Versendung der
Heringe, bzw. Sardinen, die massenweise in Tonnen gepackt
werden, bezieht sich im Deutschen der Vergleich **gedrängt**
wie Heringe. Ebenso sagt der Franzose *serrés comme*
les harengs en caque (*caque* = Tonne). In den übrigen
Kultursprachen tritt an Stelle des Herings die Sardine. Engl.
packed as close as sardines, ital. *stare comme le sardelle, pigiati*
come le acciughe, span. *estár como sardinas en banasta*. Hierher
gehört ferner aus dem Span.: *La ultima sardina de la banasta*,
die letzte Sardine aus der Tonne, d. h. das Letzte einer Sache,
wenn alles andere aufgebraucht ist. Mit Bezug darauf, daß
den Sardinen vor der Einsalzung die Köpfe abgeschnitten
werden, bezeichnet der Italiener einen zerstreuten oder vergeßlichen Menschen als *senza capo come le acciughe*, kopflos
wie die Sardinen. Hingegen bezieht sich auf den geringen
Körperumfang der Sardine die ital. Redensart *aver cervello*
quant' un' acciuga nicht mehr Hirn haben als eine Sardine.

Vom Räuchern der Heringe hergenommen ist das engl. Sprichwort: *Let every herring hang by its own tail,* laßt jeden Hering an seinem eigenen Schwanze hängen, d. h. „jeder für sich". (Vgl. franz.: *Ils étaient pendus comme des harengs à une broche,* sie hingen wie Heringe an einem Spieß.) Auf eine andere Zubereitungsart, nämlich das Einpökeln, spielt an das franz. Sprichwort: *Le hareng sent toujours la caque,* der Hering riecht immer nach der Tonne. Man wendet dieses Sprichwort auf Parvenüs an, deren niedere Herkunft sich häufig in ihren plebejischen Manieren verrät.

Da Hering und Sardine infolge ihrer Häufigkeit nur geringen Wert haben, so erscheinen sie dann und wann als Symbole des Wertlosen. So sagt der Franzose von einem ärmlich lebenden Menschen: *Il vit d'un hareng,* er lebt von einem Hering, und das Sprichwort: *On vend au marché plus de harengs que de soles,* man verkauft am Markte mehr Heringe als Seezungen, will besagen, daß man gewöhnliche Dinge leichter an den Mann bringt als wertvolle. Von einem, der um eines größeren Gewinnes willen einen kleineren opfert, sagt der Italiener: *Butta sardelle, per prendere lucci,* er wirft Sardellen aus, um Hechte zu fangen. Dieselbe Redensart wendet der Spanier an, nur mit dem Unterschied, daß an Stelle des Hechtes die Forelle tritt: *con una sardina pescar una trucha.* (Vgl. engl. *to venture a small fish to catch a great one* und franz. *donner un petit poisson pour en avoir un gros.*) Wenn man im Ital. eine alte Scharteke mit *acciugaio* bezeichnet, so will man damit ausdrücken, daß sie nur mehr zum Einwickeln von *acciughe* (Sardinen) taugt. Auf moralische Minderwertigkeit, besonders Engherzigkeit und philisterhafte Gesinnung, bezieht sich im Deutschen H e r i n g s s e e l e, während a r m e r H e r i n g ein Ausdruck des Mitleids ist, der sich wohl auf die Verfolgungen gründet, denen der Hering ausgesetzt ist.

Gleichsam als wäre das Meer nur zur Züchtung von Heringen da, nennt es der Engländer scherzweise *herring-pond* „Heringteich".

Der Kabeljau.

Die Herkunft von deutsch **K a b e l j a u** ist ungewiß; soviel ist sicher, daß das Wort im 14. Jahrhundert aus dem Niederdeutschen in die deutsche Schriftsprache eindrang. Auch in den übrigen germanischen Sprachen und im Franz. (*cabillaud*) findet sich das Wort. Im Niederländischen wurde ursprüngliches *kabeljauw* durch Metathese zu *bakeljauw*, in welcher Form das Wort ins Ital. (*baccalà*) und Span. (*bacallao, bacalao*) eindrang. Daneben ist in den romanischen Sprachen noch eine andere Bezeichnung für den Kabeljau üblich, nämlich ital. *merluzzo*, span. *merluza*, frz. *merluche*, die nach Joret sämtlich auf lat. *merula* „Amsel" zurückzuführen sind. (Benennung von Fischen nach Vögeln ist nicht selten. Vgl. deutsch Seehahn, Seelerche, Meerrabe, Adlerfisch.) Im Franz. ist jedoch die gebräuchlichste Bezeichnung für den Stockfisch *morue*, dessen Herkunft noch nicht sichergestellt ist. Die Herleitung von lat. *mutulus* „Kragstein, Sparrenkopf" scheint wenig glaubwürdig. (Es sollten damit ursprünglich die klumpenartigen, eingesalzenen Eingeweide des Fisches bezeichnet werden.) Offenbar mit *cecina* (von lat. supp. *siccina* aus *siccus* „trocken") „getrocknetes Fleisch" hängt zusammen *cecial*, der span. Name des gedörrten Stockfisches. Im Deutschen und Engl. ist für den gepökelten Kabeljau die Bezeichnung **S t o c k f i s c h**, bzw. *stock-fish*, üblich, weil der Fisch an Stöcken zum Dörren aufgehängt wird. Anders erklärt das Wort, das auch in romanische Dialekte, z. B. ins Korsische (*stoccafissu*), eingedrungen ist, Rolland, Faune pop., III, pag. 116. Der geräucherte Stockfisch heißt im Deutschen auch **L a b e r d a n**, das sich im Engl. in der Form *haberdine* findet. Dieses Wort soll auf franz. *le Labourdain* beruhen, womit ein Teil des Baskenlandes bezeichnet wird. Über das Franz. wäre sodann das Wort ins Niederländische und von da ins Deutsche eingedrungen. Im Engl. ist der gebräuchlichste Name für den Kabeljau *codfish* oder kurzweg *cod*, das identisch ist mit *cod* „Hülse, Schale". (Vgl. den deutschen Fischnamen **S c h e l l f i s c h**, dessen hauptsächlichster Vertreter der Kabeljau ist.) Das Wort ist niederdeutschen Ursprungs und bedeutet eigentlich „Schalenfisch", mit Bezug auf das sich blätternde Fleisch.

Für die Metaphorologie ist der Kabeljau von keiner besonderen Bedeutung. Auf die ausgerandete Schwanzflosse bezieht sich im Franz. die Bezeichnung *habit à queue de morue* für einen Rock mit spitzen Schößen. (Vgl. deutsch „Schwalbenschwanz".) An den g e d ö r r t e n Stockfisch denkt der Italiener, wenn er einen mageren Menschen *baccalà* nennt. In demselben Sinne wird *bacalao* im Span. gebraucht, während man im Deutschen einen hölzernen, steifen Menschen mit „Stockfisch" bezeichnet, wobei der Stockfisch als Vertreter des ganzen intellektuell ziemlich niedrig stehenden Fischgeschlechts erscheint. (Vgl. deutsch d u m m w i e e i n S t o c k f i s c h; frz. *bête comme un hareng*.) Umgekehrt nennt man den Stockfisch in Toulouse *estoupido* „den Dummen". (Vgl. Rolland, Faune pop., III, pag. 117.) Dem Italiener ist der Stockfisch Symbol der Gleichgültigkeit und Unempfindlichkeit auf moralischem Gebiet; daher wird ein in religiösen Dingen gleichgültiger Mensch gern mit *baccalà* bezeichnet.

Der Stockfisch ist infolge seiner Häufigkeit einer der wohlfeilsten Fische, es macht ihm in dieser Beziehung nur der Hering Konkurrenz. Auf der Minderwertigkeit des Stockfisches beruht — mit Übertragung auf das ethische Gebiet — frz. *morue* als Bezeichnung eines liederlichen Weibes.

Die Wichtigkeit des Stockfisches für den Handel geht hervor aus dem Spitznamen *codfish aristocracy* „Stockfischadel", der im angloamerik. Slang der Geldaristokratie beigelegt wird. Es wird damit auf die durch den Handel mit Stockfischen erworbenen Reichtümer angespielt. Ein Beweis für die große Bedeutung des Stockfisches als Nahrungsmittel ist die Benennung des niederländischen Hanswursts mit dem Namen dieses Fisches (daneben auch Pikelhering, vgl. pag. 225) sowie die im Deutschen übliche scherzhafte Bezeichnung H e r i n g s b ä n d i g e r für einen Ladendiener in einem Eßwarengeschäft.

Der Aal.

Deutsch Aal beruht auf mhd., ahd. *âl*. Hiermit verwandt ist altengl. *âl*, wovon neuengl. *eel*. Die romanischen
Bezeichnungen des Aales: ital. *anguilla*, span. *anguila*, frz.
anguille gehen auf lat. *anguilla*, Dim. von *anguis* „Schlange",
zurück.*)

Von der schlangenartigen Gestalt des Aales hergenommen
ist span. *anguila de cabo* „Aal aus Strähnen" als Bezeichnung
der Peitsche für die Galeerensklaven, womit sich engl. *salt-eel*
„Pökelaal" als ehemalige Benennung des auf Schiffen zum
Prügeln dienenden Tauendes vergleichen läßt. Gleichfalls mit
Beziehung auf die Gestalt des Aales werden im Span. die Röhren
zur Speisung der Schiffspumpen *anguilas* genannt. Aus dem
Ital. ist anzuführen ein von *anguilla* abgeleitetes *anguillare*
als Bezeichnung eines langen, geradlinigen Weinspaliers. Hierherzuziehen ist ferner aus dem Deutschen der Gebrauch von
„Aal" für eine Falte in der Hose; auch frz. *anguille* wird
ähnlich gebraucht.

Zahlreich sind die Metaphern, die sich auf die glatte,
schlüpfrige Haut des Aales beziehen, wie überhaupt dieser
Fisch häufig als Symbol eines Menschen verwendet wird, der
sich allen Versuchen, ihn irgendwie festzuhalten, zu entziehen
versteht. (Vgl. Paul, Deutsches Wörterbuch unter „Aal".)
So sagten schon die Römer von einem schlauen Menschen, dem
schwer beizukommen war: *Anguilla est, elabitur* (Plautus), er
ist ein Aal, er entgleitet. Dieselbe Metapher findet sich in
den romanischen Sprachen: ital. *sguizzare di mano come un'
anguilla*, span. *escurrirse como un anguila*, frz. *échapper comme
une anguille*. Auch dem Deutschen ist die Redensart w i e
d e r A a l d e r H a n d e n t s c h l ü p f e n nicht fremd. Von
einem Menschen, dessen übertrieben höflichen Manieren die
innere Gesinnung nicht entspricht, sagt man im Deutschen, er
sei a a l g l a t t, er habe a a l g l a t t e M a n i e r e n. Am leichtesten

---

*) Umgekehrt wird in franz. und ital. Mundarten die Schlange, bzw.
Natter, nach dem Aal benannt: franz. *anguille de haies*, *anguille de buissons*
„Heckenaal", ital. *anguilla di siepe*. (Vgl. Rolland, Faune pop., III, pag. 22 f.)

entschlüpft der Aal, wenn man ihn beim Schwanze hält. Darauf bezieht sich das deutsche Sprichwort: Wer den Aal hält bei dem Schwanz, dem bleibt er weder halb noch ganz. Im Engl. findet sich ein ähnliches Sprichwort: *There is as much hold of a woman's word as there is of a wet eel by the tail*, es ist ebenso schwer, ein Weib beim Wort zu fassen wie einen nassen Aal beim Schwanz. Analog sagt der Franzose: *Qui prend l'anguille par la queue et la femme par la parole, peut dire qu'il ne tient rien.* Wer den Aal beim Schwanz und das Weib beim Worte faßt, kann sagen, daß er nichts in der Hand hat. Wörtlich stimmen hiermit überein die ital. und span. Analoga: *Chi piglia l'anguilla per la coda e la donna per la parola, può ben dir che non tien niente.* — *Quien prende el anguila por la cola y la muger por la palabra, bien puede decir que no tien nada.* Demgemäß bedeutet ital. *tener l'anguilla per la coda*, den Aal beim Schwanze halten, „eine schwierige Aufgabe auf sich haben". Wie der Deutsche von einem, der eine Sache verkehrt anfängt, sagt: Er zäumt das Roß beim Schweif auf, so gebraucht der Engländer in diesem Sinne die Redensart *to skin the eel by the tail*, den Aal beim Schwanze abschuppen. Genau so sagt der Franzose: *écorcher l'anguille par la queue.* (Vgl. Rolland, Faune pop., III, pag. 102.) Hierher gehört gleichfalls aus dem Franz. die sprichwörtliche Redensart *pour trop presser l'anguille on la perd*, wenn man den Aal zu sehr drückt, verliert man ihn, d. h. gerade wenn man sich am eifrigsten um etwas bemüht, verliert man es sehr häufig. Vereinzelt steht das franz. Sprichwort: *A bon pêcheur échappe anguille*, auch einem guten Fischer entschlüpft manchmal ein Aal, d. h. auch der Tüchtigste kann einmal fehlen.

Mit Bezug auf die außerordentliche Beweglichkeit des Aals sagt man im Ital. von einer Person, die an nervösen Zuckungen leidet: *Ha la voglia dell' anguilla.* Dementsprechend nennt der Italiener eine kleine, magere, bewegliche Frauensperson gern *anguilla*. Ebenso vergleicht der Franzose — mit Übertragung auf das moralische Gebiet — das Weib mit dem Aal in dem Sprichwort: *Femme se retourne mieux qu'anguille*, ein Weib dreht sich besser als ein Aal, d. h. das Weib weiß sich immer zu helfen. (Vgl. deutsch: sich wie ein

Aal krümmen.) Auch ein unserem „Plumpsackverstecken"
ähnliches Spiel bezeichnet der Franzose als *anguille*, indem
der zu versteckende Gegenstand mit dem Aal verglichen wird,
der sich mit Vorliebe in den Höhlen und Ritzen felsiger Ufer
verbirgt.

Das Fleisch des Aales ist ein beliebtes Nahrungsmittel,
Aalpastete ist sogar ein gesuchter Leckerbissen, weshalb
man im Franz. mit dem Ausruf *toujours du pâté d'anguille!*
immer Aalpastete! ausdrücken will, daß man selbst des Besten
mit der Zeit überdrüssig werden kann. Seiner kulinari-
schen Verwendbarkeit wegen wird dem Aale eifrig nachgestellt, u. zw. wird die Aalfischerei besonders in Italien
erfolgreich betrieben. Auf den Aalfang bezieht sich das
Sprichwort: *Come l'anguilla ha preso l'amo, bisogna che vada
dove è tirata*, sobald der Aal in den Haken gebissen hat, muß
er folgen, wohin man ihn zieht, d. h. wer A sagt, muß auch
B sagen. Da der Aalfang nicht nur gewerbsmäßig, sondern
auch als Sport betrieben wird, gelangt die Redensart *pigliar
anguille*, Aale fangen, durch Generalisierung zur Bedeutung
„sich vergnügen, bummeln, faulenzen".

Der Aal zeichnet sich durch besondere Zählebigkeit aus;
es ist daher keine Kleinigkeit, ihn umzubringen. Hierauf
bezieht sich die franz. Redensart *rompre l'anguille au genou*,
den Aal am Knie abbrechen, d. h. die schlechtesten Mittel
zur Erreichung eines Zieles anwenden. Während alle anderen
Fische zum Zwecke kulinarischer Verwendung abgeschuppt
werden müssen, löst sich die Haut des Aales beim Sieden von
selbst, worauf die deutsche Redensart beruht den Aal
schuppen, d. h. Schwieriges und Unnötiges versuchen.*)
Auffallend ist die engl. Redensart *to catch a blind eel*, einen
blinden Aal fangen, d. h. etwas Wertloses erwischen, als ob
die Genießbarkeit des Aales von seinem Sehvermögen abhinge.

Auf die Lebensweise des Flußaals, von dem behauptet
wird, daß er sich des Nachts auf nah gelegene Felder begebe,

---

*) Offenbar auf eine einst sehr bekannte Anekdote spielt an die frz.
Redensart: *Il est comme les anguilles de Melun qui crient avant qu'on les
écorche*, er macht's wie die Aale von Melun, die schreien, bevor man sie
abschuppt. Nach Rolland, Faune pop., III, pag. 103, waren die Aale von
Melun ehemals sehr berühmt.

bezieht sich das ital. Sprichwort: *L'anguilla che vuol mangiar insalata, bisogna che venga a terra,* wenn der Aal Salat fressen will, muß er ans Land kommen, was ungefähr dem deutschen „Ohne Fleiß kein Preis" entspricht.

Von dem Meeraal hingegen, der sich gern am Strande, u. zw. in Felsenritzen*) aufhält, hergenommen ist die franz. Redensart: *Il y a anguille sous roche,* es ist ein Aal unter dem Felsen, d. h. es steckt ein Betrug hinter einer Sache. Es spielt hier der harmlose Aal die Rolle der Schlange und für eine solche mag er von Unkundigen wegen seines schlangenähnlichen Körpers wohl auch gehalten werden. (Man denke an die Etymologie von lat. *anguilla* = Dim. von *anguis* „Schlange.) **) Auch das frz. Sprichwort: *Le serpent est caché sous les fleurs,* die Schlange ist unter den Blumen verborgen, hat eine dem oben zitierten Sprichwort ähnliche Bedeutung.

Hingegen wird der Aal als Symbol der Einfalt in Gegensatz gebracht zu der beim Volke für listig geltenden Schlange in der ital. Redensart *far la serpe tra le anguille,* zwischen den Aalen die Schlange spielen, d. h. ein Schlaukopf sein unter Einfältigen. Unter diesen Schlangen sind Wasserschlangen zu verstehen und die Dummheit der Aale besteht darin, daß sie ihren Feind nicht erkennen.

Die Schnecke.

Deutsch S c h n e c k e geht zurück auf mhd. *snëcke,* ahd. *snëcko.* Daneben gibt es im Mhd. eine Nebenform *snęgel,* die in hessisch S c h n e g e l weiterlebt. Hiermit ist verwandt altengl. *snæʒl,* wovon neuengl. *snail.* Für die nackte Landschnecke gebraucht der Engländer *snug-snail,* d. h. langsame Schnecke, und mit Weglassung des Substantivs auch einfach *snug,* das infolge Bedeutungsgeneralisierung auf jede Art von Schnecken angewendet werden kann.

---

*) Vgl. das ital. Sprichwort: *Non è si grossa anguilla che non abbia il suo buco,* es gibt keinen so großen Aal, der nicht sein Loch hätte, wofür man im Deutschen sagt: Jede Maus hat ihr Haus.

**) Vgl. die ital. Redensart; *Mi vorresti far credere che l'anguille sian serpi,* du möchtest mir weismachen, daß die Aale Schlangen seien, d. h. du möchtest mir ein X für ein U vormachen.

Was die romanischen Sprachen betrifft, so beruhen ital. *lumaca*, span. *limaza*, frz. *limace, limaçon, colimaçon*, auf lat. *limaceus* aus *limax* „Wegschnecke". Im Span. ist die Bezeichnung der Wegschnecke *babosa*, was eigentlich ein Adjektiv ist (von *baba* „Schleim, Geifer") und „schleimig" bedeutet. Die Gehäuseschnecke heißt im Span. *caracol*, welches Wort man als eine Zusammensetzung von *cara* „Gesicht" und *collum* „Hals" auffaßt. Das Wort würde also gleichsam „Hals über Kopf" bedeuten (mit Beziehung auf die gewundene Gestalt des Schneckengehäuses). Es existiert auch im Ital. (*caracollo*) und im Franz. (*caracol, caracole*) als Lehnwort, allerdings nur in übertragener Bedeutung (siehe pag. 235). Die altfranz. Form von *escargot* „Weinbergschnecke", *escargol*, deutet gleichfalls auf Entlehnung aus dem Spanischen. Durch Metathese ist aus lat. *cochlea* (von griech. κογχλίας) *clochea* und daraus ital. (supponiert) *chiocchia* entstanden, woraus diminutiv gebildet *chiocciola* „Weinbergschnecke".

Was die auf die Schnecke bezüglichen Metaphern betrifft, so beruht deren Mehrzahl nicht auf einem Vergleich mit der Schnecke selbst, sondern mit ihrem spiralförmigen Gehäuse. In allen Kultursprachen werden gewundene Gegenstände metonymisch nach der Schnecke benannt. (Vgl. griechisch κογχλίας „Schnecke" und „Schraube".) So hieß schon im Mhd. die Wendeltreppe „Schnecke" (jetzt Schneckentreppe) und analog nennt man einen gewundenen Gang Schneckengang. In den romanischen Sprachen finden wir für diesen Begriff dieselbe Bezeichnung: ital. *scala a chioccicola*, span. geradezu *caracol*, frz. *escalier en limaçon*. Ferner wird im Deutschen „Schnecke" für verschiedene Schraubenarten verwendet, wozu sich in ital. *chiocciola* „Schraubenmutter" ein Analogon findet. Der Gehörgang wird in allen Kultursprachen nach der Schnecke benannt: deutsch Schnecke, span. *caracol*, frz. *limaçon de l'oreille*. Im Ital. ist dafür das halbgelehrte *coclea*, eine Scheideform zu *chiocciola*, im Engl. das ganz gelehrte *cochlea* üblich. Auch die Spielfeder der Taschenuhr wird im Deutschen, Engl., Franz. und Span. „Schnecke" genannt. Im Ital. wird in familiärer Sprache metonymisch die ganze Uhr damit bezeichnet (*chiocciolina*, kleine, *chiocciolona*, große Taschenuhr). Weiter wird im Deutschen „Schnecke" auf eine gerollte Haar-

locke angewendet. In den übrigen Sprachen findet sich kein
Analogon. Doch scheint span. *caracol* in Andalusien dialektisch
in diesem Sinne gebraucht zu werden. Wenigstens finde ich
bei Valera, Pepita Jiménez, pag. 41, dieses Wort gesperrt
gedruckt und mit dem erklärenden Zusatz versehen: *rizos
sujetos con sendas horquillas* „mit mehreren Haarnadeln befestigte Locken". Aus dem Deutschen ist noch anzuführen
der Gebrauch von „Schnecke" für die Volute einer Säule
sowie landschaftlich für ein gewundenes Gebäck, wozu sich
in span. *caracolillo* (Dim. von *caracol*) „Hohlhippe" ein Analogon
findet. Schuchardt (Roman. Etymologien II, 23 ff.) leitet
auch romanisch *coca*, die Bezeichnung einer schneckenförmigen
Gebäcksart, von *cochlea* „Schneckengehäuse" ab. Auf *coca*
beruhen ital. *cuccagna*, span. *cucaña*, franz. *cocagne* „Schlaraffen-
land" sowie das deutsche K u c h e n. In der span. Sportsprache
wird metonymisch mit *caracol* das Herumtummeln des Pferdes
im Kreise bezeichnet. Auch sagt man von einem, der sich
in einer gewundenen Linie vorwärts bewegt: *Hace caracoles,*
er macht Schnecken. Das Span. besitzt selbst ein Verbum für
diesen Begriff, nämlich *caracolear,* wovon wieder das Verbalsubstantiv *caracoléo* gebildet ist. Dem entsprechen ital. *caracollo,* frz. *caracole, caracoler,* die sich sämtlich als Entlehnungen
aus dem Span. erweisen. Hierher gehört ferner aus dem Ital.
die Redensart *fare il chiocciolino,* das Schneckchen machen,
d. h. die Beine heraufziehen, wozu sich in franz. *se limaçonner*
(von *limaçon*) ein Analogon findet.

Auf die Schleimabsonderung der Schnecke (vgl. frz. *sale,
baveux, gluant comme une limace,* Rolland, Faune pop., III,
pag. 212) bezieht sich im Deutschen die Bezeichnung der
Vagina mit dem Namen dieses Tieres. (Tiernamen werden
nicht selten zur Benennung des weiblichen Geschlechtsteils
verwendet. Vgl. deutsch „Maus", ital. *monna,* frz. *chat.*) Als
Nebenvorstellung mag wohl die Ähnlichkeit der Mutterscheide
mit einem Schneckengehäuse mitwirken. Hiermit ist zweifellos
semasiologisch in Zusammenhang zu bringen die im Pariser
Argot für eine Soldatendirne übliche Bezeichnung *limace,* wozu
wir schon im lat. *limax* ein Analogon finden, das Plautus für
eine Dirne gemeinster Art gebrauchte. Da die Schnecke
den zurückgelegten Weg durch einen Schleimstreifen kenn-

zeichnet, sagt der Italiener von einem unordentlichen Menschen, der alles wüst umherliegen läßt: *Lascia lo strascico dietro a sè come le lumache*, er läßt eine Spur hinter sich wie die Schnecken; dies kann auch auf einen angewendet werden, der überall unangenehme Erinnerungen hinterläßt. Mit *limace de la litérature* „Literaturschnecke" bezeichnet Rivarol einen oberflächlichen Schriftsteller: *Il laisse partout une trace argentée, mais ce n'est que de l'écume*, er läßt überall eine silberne Spur zurück, aber es ist nichts als Schaum. (Vgl. Sachs, Zusammenhang von Mensch und Tier in der Sprache in Neuphil. Zentralblatt 1904, pag. 258.) Mit Bezug auf die weiße Farbe dieses Schleims wird im Ital. ein von *lumaca* gebildetes *allumacare* im Sinne von „weiß anstreichen" gebraucht.

An die gehäuselose Wegschnecke, die durch die wohlgerundete Form ihres Körpers den Eindruck behaglicher Körperfülle macht, wird jedenfalls gedacht, wenn man im Deutschen ein wohlgenährtes Kind ein f e t t e s S c h n e c k c h e n nennt. Auch an und für sich wird im Deutschen S c h n e c k - c h e n , im Franz. *limace*, als Liebkosungswort gebraucht.

Speziell auf die Gehäuseschnecke beziehen sich einige Metaphern. So ist im älteren Ital. *chiocciola* Bezeichnung für eine Art Überkleid, in das man sich ganz einwickelte. Hierzu finden sich Analoga im mexikanischen Span., wo *caracol* ein weites, aber kurzes Frauenhemd bezeichnet, sowie im Pariser Trödlerargot, in dem *limace* geradezu für „Hemd" gebraucht wird. Aus der franz. Soldatensprache ist hierher zu ziehen *escargot* als Bezeichnung eines Soldaten in seinem Zelte. Von einem häuslich lebenden Menschen sagt der Italiener mit Bezug auf die Fähigkeit der Schnecke, sich völlig in ihr Gehäuse zurückzuziehen: *È come la chiocciola*, er ist wie die Schnecke, und ähnlich drückt sich der Franzose aus, indem er sagt: *Il est retiré chez lui comme un limaçon dans sa coquille*, er lebt zurückgezogen wie eine Schnecke in ihrem Gehäuse. Kluges Nachgeben versinnbildet er mit dem Bilde der ins Gehäuse zurückkriechenden Schnecke: *Il rentre dans sa coquille*. (Vgl. Bergmann, Die sprachliche Anschauung und Ausdrucksweise der Franzosen, pag. 121.) Hingegen vergleicht er einen Streber, der sich über seinen Stand erhebt, mit der aus dem Gehäuse hervorkriechenden Schnecke: *C'est un limaçon qui sort de sa coquille.* Von einem Vagabunden, der seine ganze Habe bei sich trägt, sagt der Italiener: *Fa come le chiocciole che portano la casa dietro,* der Franzose: *Il est comme l'escargot qui porte sa maison,* er ist wie die Schnecke, die ihr Haus trägt. (Vgl. Rolland, Faune pop., III, pag. 195.) Auch wird *escargot* ohne weiteres für „Lump" gebraucht.

Auf der Hand liegt der Vergleich eines langsam gehenden Menschen mit der scheinbar sich nur mühsam fortschleppenden Schnecke. So nennt der Pariser den gemächlich einherschlendernden Schutzmann *escargot de trottoir* „Trottoirschnecke". Im Deutschen sagt man s c h l e i c h e n w i e e i n e S c h n e c k e und im Engl. *to proceed at a snail's pace* oder *to walk at a snail's trot,* analog im Ital. *andare come le lumache.* Die deutsche S c h n e c k e n p o s t findet sich auch im Engl. (*snail's post*). *Snail's gallop* „Schneckengalopp" wird ebenfalls ironisch gebraucht (vgl. franz. *adroit, leste comme un escargot,* gewandt, flink wie eine Schnecke) und *snail* in *to snail along,* wie eine Schnecke dahinschleichen, zeitwörtlich verwendet. (Hiermit läßt sich bayrisch s c h n e c k e n oder s c h n e c k e l n für „langsam gehen" vergleichen.) Als Verstärkung des Begriffs tritt es zu *slow* (*snail-slow* „schneckenlangsam"). Im Ital. wird das Augmentativ von *lumaca, lumacone,* im pejorativen Sinne gebraucht und entspricht unserem „Schleicher". (Vgl. Borchardt-Wustmann, Sprichwörtl. Redensarten unter „Schneckengang".)

Wie die Maus, der Spatz, die Fliege und andere kleine Tiere, so erscheint auch die Schnecke hier und da als Symbol des Wertlosen, Unbedeutenden. *No vale un caracol! No importa un caracol!* Das ist nicht eine Schnecke wert! ruft der Spanier aus, wenn er seiner Verachtung für irgend etwas Wertloses Ausdruck geben will. (Hingegen ist die häufig gehörte Verwünschung *caracoles* nichts anderes als ein Glimpfwort für das unanständige *carajo.*)*) Ähnlich dürfte dialektisch S c h n e c k e n zu erklären sein, womit man jemandes Forderung abschlägig beantwortet. Im Ital. dient *chiocciola* häufig zur pejorativen

---

*) Die engl. Beteuerung *'snails!* gehört nur scheinbar hierher, denn dieses *'snails* hat nichts mit *snail* „Schnecke" zu tun, sondern erklärt sich elliptisch aus *his* (*Christ's*) *nails,* bei Christi Kreuz Nägeln.

Nuancierung. So nennt man z. B. einen unbedeutenden Maler *pittore da chiocciola* „Schneckenmaler". (Vgl. *pittore di code di topo* „Mäuseschwanzmaler".)

Auf die völlige Harmlosigkeit der Schnecke spielt der Italiener an, wenn er von einem, der aus den unschuldigsten Dingen Schaden erleidet, sagt: *Sino le chiocciole lo cozzano*, sogar die Schnecken stoßen ihn.

Die Wespe.

Deutsch W e s p e beruht auf mhd. *wẹspe*, älter *wefse*, ahd. *wẹfsa*, älter *wafsa*. Im Altengl. lautet das Wort *wœfs, wœps*, wovon neuengl. *wasp*. Bezüglich der Metathese vgl. man österreich.-dialektisch W e p s e n für „Wespe". Die romanischen Benennungen der Wespe: ital. *vespa*, span. *avispa*, franz. *guêpe*, gehen sämtlich auf lat. *vespa* zurück.

Auf einem Vergleich mit dem tiefen Einschnitt, der Brust und Hinterleib der Wespe trennt und der ganzen Gestalt ein schlankes Aussehen gibt, beruht die Bezeichnung W e s p e n - t a i l l e für eine schlanke Taille. Der Ausdruck ist dem Franz. entlehnt (*taille de guêpe*), findet sich aber auch im Ital. (*vitina di vespa*) und im Engl. (*wasp-waisted, waspish*, mit dünner Taille).

Wegen ihres Stachels, mit dem sie empfindlich stechen kann, war die Wespe von jeher Symbol der Reizbarkeit, namentlich insofern diese sich in scharfer Replik äußert. (Vgl. portug. *responder como a bespa*, wie die Wespe antworten.) So wird „Wespe" in allen Kultursprachen auf einen reizbaren Menschen angewendet. Im Engl. ist von *wasp* ein Adjektiv *waspish* „reizbar" und von diesem wieder das Substantiv *waspishness* „Reizbarkeit" gebildet. Aber nicht bloß eine boshafte Person (vgl. frz. *taquin comme une guêpe*, Rolland, Faune pop., III, pag. 271), sondern auch ein boshafter Einfall wird im Engl. *wasp* genannt. (Vgl. „Wespen" als Titel eines satirischen Witzblattes.) Es liegt hier die in der Semasiologie so häufig auftretende Erscheinung der Übertragung eines Sinneseindrucks auf die innere Empfindung vor. Doch

kann im Engl. *wasp* für „Einfall" überhaupt gebraucht
werden. *He has his head full of wasps*, er hat den Kopf
voll Wespen, heißt „ihm steckt der Kopf voll Einfälle".
(Vgl. hiermit den Gebrauch von „Maus", „Vogel", „Mücke",
„Grille" im Deutschen, von *rat, hirondelle* im Franz. für denselben Begriff, wobei ganz allgemein das Unstete der Gedanken mit dem Hin- und Herschwirren dieser Tiere verglichen wird.)

Kann schon eine einzige Wespe sich sehr unangenehm
bemerkbar machen, so ist es geradezu gefährlich, ein ganzes
Wespennest aufzurühren. Daher ist das Wespennest in allen
Kultursprachen das Symbol der Gefahr, in die man sich entweder mutwillig oder von ungefähr begibt. So sagt man im
Deutschen von einem, der eine gefährliche Sache aufrührt oder
seine Gegner in Menge zum Angriff reizt: **Er sticht in ein
Wespennest.** Schon im Lateinischen findet sich dasselbe
Bild: *irritare crabrones* (bei Plautus), die Hornisse reizen (vgl.
frz. *il ne faut pas émouvoir les frelons, frelon* = supp. *fragilio*
aus *fragilis* „gebrechlich"). Übereinstimmend mit dem Deutschen
sagt der Italiener *stuzzicare un vespaio*, der Spanier *meterse
en un avispero*, der Franzose *tomber dans un guêpier*, in ein
Wespennest fallen, wobei allerdings die Nebenvorstellung des
absichtlichen Reizens fehlt. Treffend bezeichnet im engl. Cant
wasp ein venerisches Weib, wobei die beim Beischlaf statt-
findende Übertragung des Krankheitsstoffes mit dem Stiche
der Wespe, die ihren Stachel in der Wunde zurückläßt, verglichen wird. (Vgl. ital. *vespaio* = Furunkel.) Auf dem Vergleiche der zum Schlage ausholenden Hand mit der heran-
fliegenden Wespe und des erfolgten Schlages mit dem Stiche
des Insekts, beruht die im Deutschen landschaftlich vorkommende Bezeichnung „Wespe" für „Ohrfeige". (Vgl.
„Schwalbe", „Wachtel".) Hierher gehört auch span. *avispar*
„anspornen, antreiben" (mit Bezug auf Pferde), wobei die
durch die Sporen oder die Peitsche hervorgerufene Schmerz-
empfindung mit der durch den Wespenstich verursachten verglichen wird.

Anspielend auf die außerordentliche Beweglichkeit der
Wespe gebraucht man im Span. das Adjektiv *avispado* im
Sinne von „flink". Auf das Summen der Wespen bezieht sich

im Ital. der Vergleich *rumorosi come uno sciame di vespe,* lärmend wie ein Wespenschwarm.

Die Ameise.

Deutsch A m e i s e beruht auf mhd. *ameize,* ahd. *ameiza,* dem altengl. *œmette* entspricht, wovon neuengl. *emmet, ant.* Dialektische Formen sind im Deutschen in großer Menge vorhanden. Ihre Erklärung, die viel Schwierigkeiten bietet, findet man bei Kluge, Etym. Wörterbuch, pag. 12. (Vgl. ferner über die germanischen Namen der Ameise Transact. of the phil. Soc., 1858, pag. 94.) Im Engl. wird neben *emmet* und *ant* auch *mire* (aus altengl. *mýre*) und ein mit *piss* „pissen" zusammengesetztes *pissmire* gebraucht, wozu sich im niederdeutschen *séχ - amsen* (*seχen* = pissen) ein Analogon findet. (Diese Bezeichnungen beziehen sich auf die ätzende Flüssigkeit, die die Ameisen in gereiztem Zustande ausspritzen.) Die romanischen Benennungen der Ameise: ital. *formica,* span. *hormiga,* frz. *fourmi,* gehen sämtlich auf lat. *formica* zurück.

Was die metaphorische Verwertung der Ameise in den Kultursprachen betrifft, so wird sie zunächst im Ital. häufig als Symbol der Kleinheit verwendet. So bedeutet *scritto a formiche,* mit Ameisen geschrieben, s. v. w. außerordentlich klein geschrieben. *Cervello di formica* „Ameisenhirn" nennt der Italiener ein kleines Hirn und bezeichnet damit einen beschränkten Kopf. Dementsprechend heißt es von einem, der kleine Schritte macht: *Va a passi di formica,* er geht mit Ameisenschritten.*) Im Portug. wird ein von *formiga* gebildetes Adjektiv *formigueiro* im Sinne von „klein, unbedeutend" gebraucht. So wird ein Dieb, der nur Sachen von geringem Werte stiehlt, *ladrão formigueiro* „Ameisendieb" genannt. Ebenso sind *peccados formigueiros* „Ameisensünden" kleine Sünden. Desgleichen ist im Franz. die Ameise das Bild der Kleinheit, so z. B. in der Redensart *devenir plus petit qu'une*

---

*) Im Dialekt von Warwickshire gebraucht man die Wendung *on an ant's foot,* auf einem Ameisenfuß, im Sinne von: in einem Augenblick. (Vgl. Rolland, Faune pop., III pag. 275 f.)

fourmi devant qn., vor jemd. kleiner werden als eine Ameise.
(Vgl. Rolland, Faune pop., III, pag. 278.) Im Ital. ist die
Ameise auch Symbol der Schwäche: *aver forza quant' una
formica*, soviel Kraft haben wie eine Ameise, heißt „keine
Kraft haben". Hierher gehört ferner das deutsche Sprichwort:
Ameisen haben auch Galle, d. h. auch von einem anscheinend schwachen Wesen kann uns Gefahr drohen. Dasselbe Sprichwort findet sich im Span.: *Cada hormiga tiene su
ira* und im Franz.: *La fourmi a sa colère*. Im Ital. tritt an
Stelle der Ameise die Fliege: *Anche una mosca ha la sua
collera*.

Von dem Bilde der kreuz und quer durcheinanderlaufenden
Ameisen eines Ameisenhaufens hergenommen ist die Redensart wie Ameisen durcheinanderwimmeln, die man
auf eine bunt bewegte Volksmenge anwendet. In den
romanischen Sprachen sind die dem deutschen „Wimmeln"
entsprechenden Zeitwörter von *formica* abgeleitet: ital. *formi-
colare* (vgl. *esserci come le formiche*, in großer Menge vorhanden sein), span. *hormiguear*, frz. *fourmiller*. Davon sind
wieder gebildet die Verbalsubstantiva: ital. *formicolio*, span.
hormiguéo, frz. *fourmillement*. Diese Verba, bzw. Substantiva
bezeichnen fernerhin das Kribbeln, eben weil diese meistens
durch nervöse Erkrankungen hervorgerufene Sinnesempfindung
vergleichbar ist mit dem Hautreiz, der sich einstellt, wenn einem
Ameisen über die Haut laufen. Hierauf beruht gleichfalls
die franz. Redensart *avoir des fourmis (dans quelque partie du
corps)*, Ameisen haben (an irgend einer Stelle des Körpers),
d. h. ein Kribbeln verspüren. Im Span. wird *hormiguéo*
infolge Übertragung auf die innere Empfindung für „Auf-
geregtheit, innere Unruhe" gebraucht. Auf den hastigen Lauf
der Ameise bezieht sich im Ital. die Bezeichnung *polso formi-
colare* für einen unruhigen Puls, welche Metapher sich schon
im Lat. findet: *pulsus formicabilis*. Von den Ameisenzügen,
bei denen eine Ameise hinter der anderen einherläuft, hergenommen ist im Portug. die adverbiale Redensart *á formiga*
nach Ameisenart, d. h. im Gänsemarsch. Da diese Ameisen-
züge oft den Tritten unachtsamer oder böswilliger Wanderer
zum Opfer fallen, sagt der Spanier von einem zu Fuße Reisenden:
Camina matando hormigas, wörtl.: er reist, indem er Ameisen tötet.

Für den Ameisenhaufen besitzen die romanischen Sprachen
eine eigene, von *formica* abgeleitete Bezeichnung: ital. *formicaio*, span. *hormiguero*, frz. *fourmilier*, welche Wörter auch
die übertragene Bedeutung von „Menschenhaufen" haben. Im
selben Sinne wie *vespaio* wird *formicaio* gebraucht in der ital.
Redensart *stuzzicare il formicaio*, einen Ameisenhaufen auf-
stöbern, d. h. großes Unheil, arge Verwirrung anrichten. Zwar
haben die Ameisen keinen Stachel wie die Bienen, doch können
sie durch die sogenannte Ameisensäure, eine ätzende, stark
riechende Flüssigkeit, die sie aus einem Bläschen am Ende
des Hinterleibes ausspritzen, unangenehm werden.

Von der Behausung der Ameise, die sich selbst ein Loch
in die Erde gräbt, hergenommen ist das ital. Sprichwort: *Ogni
formica ama il suo buco*, jede Ameise liebt ihr Loch, d. h.
jeden zieht es nach seiner Heimat zurück. Auf die in
hohlen Bäumen nistende Ameise bezieht sich die ital. Redensart *fare la formica del sorbo*, die Ameise des Vogelbeer-
baumes spielen, häufig mit dem Zusatz *che non esce per bussare*,
die nicht herauskommt, wenn man auch klopft. Man sagt
dies von jemd., der den Einflüsterungen eines anderen nicht
nachgibt oder auf Beleidigungen nicht antwortet. Überhaupt erscheint die Ameise häufig als Symbol hartnäckiger
Ausdauer, was man wohl begreift, wenn man dem Treiben
dieser Tierchen zusieht, die mit unermüdlichem Fleiß stundenlang Material für ihren Bau herbeischleppen. (Vgl. das span.
Sprichwort: *Grano á grano bastece la hormiga su granero*, Korn
auf Korn füllt die Ameise ihren Speicher.) Sucht man die
Ameise auch von ihrem Ziele abzubringen, immer wieder
kehrt sie, sobald man sie unbehelligt läßt, zu demselben
zurück. Auf dieser lobenswerten Eigenschaft beruht die
Etymologie von e m s i g, das wohl von Ameise, bzw.
dialektisch E m s e kommt. Hierher gehört ferner die im
älteren Ital. vorkommende Redensart *aver la formicola d'una
cosa*, wörtl.: die Ameise nach etwas haben, d. h. hartnäckig
wie die Ameise nach etwas streben. Semasiologisch bemerkenswert ist, daß hier für die das Tier besonders charakteri-
sierende Eigenschaft der Name des Tieres selbst gesetzt wird.

Der Käfer im allgemeinen.

Für unsere Untersuchung kommt nur der Gesamtname
Käfer in Betracht, da die Namen der einzelnen Unterarten
für die Metaphorologie kein oder nur geringes Interesse bieten.
Was das deutsche Wort K ä f e r betrifft, so beruht es auf
mhd. *këver*, ahd. *këvar, chëvaro*, dem altengl. *ceafor* entspricht,
wovon neuengl. *chafer*. „Käfer" wird in Zusammenhang gebracht mit mhd. *kifen* „nagen" (heute noch bayrisch-öster-
reichisch „kiefeln"). Ein Analogon hierzu bietet die Etymologie von engl. *beetle* (einem Synonym von *chafer*), aus altengl.
bitola, das wahrscheinlich mit *bitan* „beißen" zusammenhängt.
Die romanischen Benennungen des Käfers gehen sämtlich auf
lat. *scarabaeus*, bzw. *scarafaius* zurück, das von der speziellen
Bedeutung „Mistkäfer" durch Generalisierung zu der allgemeinen von „Käfer" gelangte: ital. *scarafaggio*, span. *escarabajo*,
frz. *scarabée* (gelehrt), *escarbot* (volkstümlich).

Der Käfer gilt häufig als Symbol der Kleinheit, im
Deutschen mit der Nebenvorstellung der Niedlichkeit. So
nennt der Deutsche ein hübsches Mädchen einen n e t t e n
K ä f e r, während der Spanier eine weiß gekleidete, brünette
Frau mit *escarabajo en leche*, Käfer in der Milch, bezeichnet.
(Häufiger *mosca en leche*, Fliege in der Milch.) Von der
Farbe hergenommen ist ferner der ital. Vergleich *nero come
uno scarafaggio*, schwarz wie ein Käfer, oder genauer: Mistkäfer. Hier ist *scarafaggio* wie auch *escarabajo* in der oben
zitierten span. Metapher in der ursprünglichen Bedeutung aufzufassen, denn es sind nicht alle Käfer dunkelfarbig. Wenn
vielleicht auch nicht der Mistkäfer selbst, so doch eine minder
schön gefärbte Käferart ist mit *escarabajo* gemeint im folgenden
span. Sprichwort: *Dijo el escarabajo á sus hijos: Venid acá, mis
flores*, es sagte der Käfer zu seinen Söhnen: Kommt her, meine
Blumen, was dem deutschen „Jeder Mutter Kind ist schön"
entspricht. Im Span. wird *escarabajo* auch verächtlich im
Sinne unseres „Knirps" für einen kleinen Menschen gebraucht.
Hierher gehört gleichfalls das span. Sprichwort: *Hasta los
escarabajos tienen tos*, sogar die Käfer haben Husten, das man
auf Leute aus dem Volke (die „kleinen" Leute) anwendet, die
die zimperlichen Manieren der Vornehmen nachäffen. (Vgl.

16*

das portug. Sprichwort: *Já a formiga tem catarro*, die Ameise
hat auch schon Katarrh, womit das altkluge Benehmen von
Kindern getadelt wird.) Wegen seiner Kleinheit wird der
Käfer oft zertreten, worauf sich die engl. Bezeichnung *beetle-
crusher* „Käferzerquetscher" für einen großen, derben Soldaten-
schuh bezieht, welcher Ausdruck metonymisch auf den mit
einem solchen Schuh bekleideten Fuß und schließlich auf
die ganze Person angewendet werden kann. Das Pariser
Argot hat sich von *escarbot* „Käfer" ein Verbum *escarbouiller*
gebildet, das „zertreten" bedeutet. Da die meisten Käfer,
wenn sie in Bedrängnis geraten, sich sehr ungeschickt gebärden, ja oft blindlings in die Gefahr rennen, so nannte man
im älteren Engl. einen dummen Menschen gern *beetle*. (Vgl.
frz. *bête comme un hanneton*, dumm wie ein Maikäfer.) Auch
die Redensart *as blind as a beetle*, blind wie ein Käfer, mag
darauf beruhen.

Im Span. wurde von *escarabajo* ein Verbum *escarabajear*
gebildet, das zunächst mit Bezug auf das hastige Hin- und
Herlaufen der Käfer „krabbeln" und dann infolge Übertragung
auf die innere Empfindung „quälen, aufregen" bedeutet. (Vgl.
deutsch „wurmen".)*) Hierher gehört ferner *escarabajéo* „schlechte
Schrift, Gekritzel", sowie *escarabajear* „unleserlich schreiben".
(Gleichsam als liefe ein mit Tinte benetzter Käfer auf dem
Papiere hin- und her. Vgl. frz. *pattes de mouche* „Fliegenfüße".)

Mit Anspielung auf das Hin- und Herschwirren des Käfers
sagt man in einigen Gegenden Deutschlands von einem, der
schlechter Laune ist, er habe einen K ä f e r (nämlich im Kopf).
Analog bezeichnet der Franzose eine fixe Idee volkstümlich mit
hanneton „Maikäfer". Es wird gewissermaßen angenommen,
das Umhersummen eines Käfers im Kopfe sei Ursache des Unbehagens. Auch für „Rausch" wird „Käfer" gebraucht, wobei die
größere Lebhaftigkeit in Wort und Geste auf das beunruhigende
Treiben eines imaginären Käfers zurückgeführt wird. (Vgl. in
den versch. Sprachen den metaphorischen Gebrauch von „Grille",
„Raupe", „Vogel", „Schwalbe", „Sperling", „Maus", „Ratte".)

---

*) Im Deutschen findet sich ein Anologon in m a i k ä f e r n , das nach
Behaghel, Die deutsche Sprache, 3. Aufl., pag. 141, bedeutet „sich zur
Rede anschicken, wie der Maikäfer, der die Flügel zum Fluge hebt".

Der Schmetterling.

S c h m e t t e r l i n g, ursprünglich ein obersächsisches Dialektwort, ist erst im Laufe des 18. Jahrhunderts in die deutsche Schriftsprache eingedrungen. Die Ableitung des Wortes von S c h m e t t e n „Milchrahm" findet ihre Bekräftigung in den dialektischen Benennungen des Schmetterlings: S m a n t l e c k e r (Smant = Schmetten), M i l c h d i e b, M o l k e n d i e b, B u t t e r v o g e l, B u t t e r f l i e g e, wozu engl. *butterfly* aus alt-engl. *bútorfleoge* stimmt. Bezüglich dieser auffallenden Namen vgl. man, was Mannhardt, Germanische Mythen, pag. 54, darüber sagt: „Übertragung des alten Elbenglaubens auf die Hexen findet statt in der weitverbreiteten Meinung, daß diese den Kühen die Milch benehmen können oder Milch und Butter auf zauberische Weise entwenden, woher die Hexe wie der elbische Schmetterling (Buttervogel), der in der himmlischen Wolkenregion seine Heimat hat, Molkentöversche, Milchdieb, Milchzauberin heißt". Hierzu stimmt auch die in einigen Gegenden Schottlands für den Nachtschmetterling gebräuchliche Bezeichnung *witch* „Hexe". (Vgl. Rolland, Faune pop., III, pag. 315.)

Der mittelhochdeutsche Name des Schmetterlings war *vivalter* aus ahd. *vivaltra*, dann aber auch *zwîfalter*, wozu sich in Dialekten zahlreiche Varianten finden, von denen die wichtigsten bei Kluge, Etym. Wörterbuch, pag. 104, zusammengestellt sind. Aus *vivalter* wurde in neuester Zeit *falter* losgelöst, indem man darin eine Zusammensetzung von *vi* und *valter* sah.

Was die romanischen Sprachen betrifft, so zeigen sie keine durchgehende Übereinstimmung in der Bezeichnung des Schmetterlings. Auf lat. *papilio* gehen zurück veraltetes ital. *papiglione* (auch *parpaglione*) sowie franz. *papillon*. Scheideformen hierzu sind vorhanden in ital. *padiglione*, frz. *pavillon* „Zelt", wozu sich noch span. *pabellón* in derselben Bedeutung gesellt. Körting in seinem lat.-roman. Wörterbuch hält es für möglich, daß auch ital. *farfalla* eine Umgestaltung von *parpapl-* ist, indirekt also auf *papilio* zurückgeht. Allein, wie ist der fürs Ital. unerhörte Wandel von p zu f zu erklären?

Meyer-Lübke (Ital. Grammatik, pag. 143, § 250) nimmt für
farfalla ohne weiteres ein Etymon *farfalio* an (aus *papilio?*),
erklärt aber das Verhältnis der Endungen für unklar. Unter
solchen Umständen muß zugegeben werden, daß die Herleitung von *farfalla* aus *papilio* mehr als zweifelhaft ist.
Sollte in *farfalla* nicht ahd. *vivaltra* zu erblicken sein? Ist
doch auch umgekehrt das roman. *papilio* ins Germanische
eingedrungen, wie mittelniederländisch *pepel*, schweizerisch
pipolder, südwestfälisch *pipeldrn* zeigen.*) Die spanische Bezeichnung des Schmetterlings, *mariposa*, entbehrt nicht eines
gewissen poetischen Beigeschmacks. *Mariposa* ist nämlich s.
v. w. *Maria posa*, Maria, setze dich. Eine ähnliche Bildung
ist das portug. der Kindersprache entstammende *lousapousa*
(von *lousa* „Schiefertafel" und *pousar* „sich setzen"). Solche
trauliche Anreden, die das gemütliche Verhältnis des Menschen
zum Tiere trefflich charakterisieren, kommen auch sonst als
Tiernamen vor. (Vgl. franz.-dial. *vole-bébé* „fliege, Kind" für
„Schmetterling" und ital.-dial. *saltamartin* „spring, Martin"
für „Heuschrecke".) Analogien aus den germanischen Sprachen
hat Storm, Romania V, pag. 180, zusammengestellt. Als
spezielle Bezeichnung des Nachtfalters sind ital., span. *falena*,
frz. *phalène* aus griech. φάλαινα anzuführen. Eine auffallende
Übereinstimmung weisen dialektische Benennungen des Nacht-
schmetterlings in weit auseinanderliegenden Sprachgebieten
auf. So ist dem Engl. (*soul*), dem Franz. (*âme*), dem Griechischen (ψυχή) die Bezeichnung dieser Schmetterlingsart als
„Seele" gemeinsam.

In der Metaphorologie spielt der Schmetterling keine unbedeutende Rolle. Anspielend auf die zarte, schmächtige Gestalt nennt der Italiener eine magere Person *falena*. Dasselbe
tertium comparationis liegt zugrunde in engl. *butterfly* als
Bezeichnung einer leichten Flußbarke, wobei auch an die
Behendigkeit des Fluges gedacht wird. (Vgl. franz. *mouche*
„Fliege", *hirondelle* „Schwalbe" als Bezeichnung von Seine-
dampfern.) Auf einem Vergleich mit den ausgespannten

---

*) Schuchardt (briefl. Mitteilung) macht geltend, daß bei *farfalla* wie
bei allen Benennungen des Schmetterlings die Lautsymbolik eine gewisse
Rolle spielt.

Flügeln des Insekts beruht die bereits oben erwähnte Bezeichnung des Zeltes in den romanischen Sprachen mit dem Namen des Schmetterlings. Hierher gehört auch der Gebrauch von *butterfly* für „Anknöpfschlips" im amerik. Engl., wobei jedenfalls die beiden Zipfel die Vorstellung von Schmetterlingsflügeln erwecken. (Vgl. franz. *cravate papillon*.) Wenn ferner der Italiener einen Pfandschein oder Wechsel mit *farfalla* bezeichnet, so liegt neben der Metapher Bedeutungsverengung vor, indem nicht eigentlich der Wechsel, sondern das flatternde Blatt Papier als solches mit einem Schmetterling verglichen wird. Ein Analogon hierzu findet sich im Deutschen, wo „Buttervogel" zuweilen für „Rechnung" gebraucht wird. Nennt der Spanier ein in Öl schwimmendes Nachtlicht *mariposa*, so vergleicht er hierbei offenbar das unruhige Flackern des Lichtchens mit den Schwingungen von Schmetterlingsflügeln.

Auf den in Bewegung befindlichen Schmetterling bezieht sich ital. *falena* „Nachtschmetterling" in der Bedeutung „herumfliegende Asche", wobei an die meist aschgraue Färbung der Nachtfalter angespielt wird. Hingegen nennt der Engländer mit Bezug auf die farbenprächtigen Tagfalter einen bunt gekleideten Menschen im tadelnden Sinne *butterfly*. Einerseits auf Ironie, andererseits auf Euphemismus beruht die Bezeichnung des menschlichen Auswurfs als *falena* im Ital. Dieselbe Art von Bedeutungswandel macht den volkstümlichen Gebrauch von *farfallino* „kleiner Schmetterling" für „Laus" verständlich.

Es liegt nahe, den von einer Schönen zur anderen flatternden Jüngling mit dem Schmetterling zu vergleichen, der von Blume zu Blume gaukelt — Spanier und Franzosen gebrauchen hierfür ein einziges Wort (*mariposear*, *papillonner*) — und so ist auch der Schmetterling in allen Kultursprachen Symbol der Flatterhaftigkeit, besonders in erotischer Beziehung. Engl. wird *butterfly* adjektivisch im Sinne von „flatterhaft" gebraucht und dieselbe Bedeutung hat *butterfly-winged* (*wing* = Schwinge). Ebenso ist im Ital. *farfalla*, bzw. das Dim. *farfallino* Bezeichnung eines unbeständigen Menschen, während das Augmentativ *farfallone* speziell auf einen nicht ernst zu nehmenden Hofmacher angewendet wird. Hierher gehört auch die Bezeichnung *falena* „Nachtschmetterling" für

ein nachts umherstreifendes Mädchen (vgl. deutsch N a c h t -
f a l t e r) und als Synonym von *farfalla* für ein lebhaftes Kind.
Desgleichen ist der Schmetterling im Span. und Franz. Sinnbild der Unbeständigkeit. So wird im Franz. mit *papillonne,*
dem Fem. von *papillon,* die Unbeständigkeit in der Liebe
(namentlich bei Frauen) bezeichnet. Von den Verben *mariposear* und *papillonner* war bereits weiter oben die Rede.
Als ein Bild des mit der Gefahr spielenden Leichtsinns erscheint der die Flamme umtanzende Schmetterling in dem
ital. Sprichwort: *Tanto va il parpaglione intorno al lume, che
vi s'abbrucia,* so lange fliegt der Schmetterling ums Licht,
bis er sich daran verbrennt. Im Deutschen tritt die Mücke
an Stelle des Schmetterlings, im (älteren) Franz. die Fliege:
La mouche se brusle à la chandelle, die Fliege verbrennt sich
an der Kerze.

Auf dem Flattern des Schmetterlings beruht ferner im
Franz. der Vergleich von düsteren Gedanken mit schwarzen
Schmetterlingen (*papillons noirs*). Auch wird, allerdings ver-
einzelt, *papillon* für „Laune" schlechtweg gebraucht. (Vgl.
Rolland, Faune pop., III, pag. 315.) Hierher gehört gleichfalls
portug. *borbetar* „phantasieren" von *borbeta* „Schmetterling".
Insekten symbolisieren sehr häufig Gedanken oder Launen.
(Vgl. „Grille", „Käfer", „Raupe", „Spinne".)

Wegen seiner kurzen Lebensdauer sowie der Flüchtigkeit
seiner Erscheinung gilt der Schmetterling manchmal als Sinnbild der Nichtigkeit. So sagt der Italiener von einem, der
sich mit nichtigen Dingen abgibt: *Uccella alle farfalle,* er jagt
Schmetterlinge. Dasselbe Bild findet sich im Franz.: *courir
après les papillons,* den Schmetterlingen nachlaufen. Hierher
gehört auch das von *farfalla* gebildete Verbum *sfarfallare* in
der Bedeutung „nichtiges Zeug reden, aufschneiden, prahlen"
sowie *farfallone* „nichtiges Gerede, Prahlerei". Infolge
Generalisierung gelangt dies Wort zur Bedeutung „Unwahr-
heit" überhaupt und indem es seinen Begriffsumfang wieder
verengt, zu der von „Irrtum, Schnitzer" (unfreiwillige Un-
wahrheit).

Die Fliege.

Deutsch F l i e g e beruht auf mhd. *vliege*, ahd. *fliuga*, dem altengl. *fléoga* entspricht, wovon neuengl. *fly.* „Fliege" ist mit „fliegen" verwandt und bedeutet demnach „die Fliegerin". Die romanischen Bezeichnungen der Fliege: ital.-span. *mosca*, frz. *mouche*, gehen sämtlich auf lat. *musca* zurück.

Von allen Insekten ist die Fliege, die im Sommer besonders in südlichen Ländern zu einer wahren Hausplage wird, dem Menschen am vertrautesten, weshalb sie in der Metaphorologie eine hervorragende Rolle spielt. Wir müssen uns darauf beschränken, von den die Fliege betreffenden Metaphern die gebräuchlichsten anzuführen. Eine nicht geringe Anzahl derselben bezieht sich auf die äußere Erscheinung der Fliege. So wird im Deutschen, Ital. und Franz. ein kleines Kinnbärtchen „Fliege" genannt. Mit mehr Recht bezeichnen Italiener und Franzose ein Schönheitspflästerchen als *mosca*, bzw. *mouche*. Auch auf ein behaartes Muttermal oder eine Warze wendet der Italiener *mosca* an, während der Franzose das (gewöhnlich schwarze) Zentrum einer Schießscheibe (vgl. *faire mouche*, das Ziel treffen) sowie den Kotfleck auf dem Kleide mit der Fliege vergleicht.

Beruhen die genannten Fälle auf Vergleichen mit der im Zustand der Ruhe befindlichen Fliege, so gibt es auch solche Metaphern, die von der im Fluge begriffenen Fliege hergenommen sind, wie z. B. im Span. der Gebrauch von *mosca* für „Sprühfunke". Nach Parodi sind *moscella* „kleiner Funke" sowie die Verba *chamuscar, charamuscar* „sengen" gleichfalls von *musca* abzuleiten. Ebenso nennen Italiener und Spanier die Schneeflocken gern *mosche bianche*, bzw. *moscas blancas*, weiße Fliegen, der Franzose sagt *mouches d'hiver* „Winterfliegen" — ein interessantes Beispiel von volkstümlicher Naturbeseelung.

Ferner sind einige Metaphern zu verzeichnen, bei denen das tertium comparationis lediglich das Fliegen ist, wie im Engl. *fly* als Bezeichnung eines Einspänners. Der Kutscher heißt demnach *fly-driver* „Fliegentreiber". Nach Brewer (Dict. of Phrase and Fable, pag. 307) ist dieses *fly* jedoch eine Abkürzung von *fly-by-night* „fliege bei Nacht", womit zur Zeit der

Regentschaft eine Art Sänfte auf Rädern (*sedan-chair on wheels*) bezeichnet wurde. Die dem Personenverkehr dienenden Seinedampfer werden gleichfalls *mouches* genannt. Dieselbe Bezeichnung führt im Franz. ein kleines Rekognoszierungsschiff, wozu sich in span. *mosca* als Benennung eines kleinen Seeschiffes ein Analogon findet. Hierher gehört schließlich auch span. *mosca* in der Bedeutung „gemünztes Geld". Für „Geld ausgeben" sagt demnach der Spanier *soltar la mosca*, die Fliege loslassen. Daneben findet sich *aflojar la mosca*, worin die Metapher nicht mehr gefühlt wird, denn *aflojar* heißt „schlaff machen" und bezieht sich auf das Öffnen des mit einer Schnur verschließbaren Geldbeutels. Vgl. die deutsche Redensart: „das Geld fliegt nur so", sowie den Gebrauch von „Vogel", speziell „Schnepfe", für „Münze". Anspielend auf die Leichtigkeit, mit der sich die Fliege auf glatten Flächen bewegt, nennt der Italiener einen Seiltänzer *uomo mosca* „Fliegenmensch".

Auf die schwärzliche Färbung der Fliege bezieht sich im Ital. die Bezeichnung *mosca bianca* „weiße Fliege" für etwas Unerhörtes, Seltenes. (Vgl. im Deutschen „weißer Rabe", im Engl. *white crow*, im Franz. *merle blanc*.) Wie treffend und humorvoll gerade die volkstümlichen Metaphern sind, beweist die Bezeichnung *mosca en leche*, Fliege in der Milch, die der Spanier aus dem Volke auf ein weiß gekleidetes, brünettes Mädchen anwendet, dessen dunkler Teint sich unvorteilhaft von dem Weiß des Kleides abhebt. (Vgl. *escarabajo en leche*, pag. 243.) Dem Franz. (*une mouche dans du lait*) und dem Ital. (*una mosca cascata nel latte*) ist diese Metapher ebenfalls geläufig.

Mit Bezug auf das geringe Gewicht der Fliege sagt man im Deutschen von einem zartgebauten Mädchen: Sie ist leicht wie eine Fliege, ebenso ital.: *Pare una mosca*. Indem von der physischen Minderwertigkeit auf die moralische geschlossen wird, wendet man „Fliege" im Deutschen gelegentlich auf ein leichtfertiges Mädchen an.

Überhaupt wird dieses Insekt gern als Symbol der Wertlosigkeit gebraucht. Im Pariser Argot übernimmt *mouche* geradezu die Funktion eines Adjektivs mit der Bedeutung „schlecht, wertlos, schwächlich". Im Ital. sagt man von einem, der das Angestrebte nicht erreicht hat: *È rimasto colle mani piene di mosche*, ihm sind nur Fliegen in der Hand geblieben. Hierher gehören ferner die span. Sprichwörter: *Más vale una abeja que mil moscas*, eine Biene ist mehr wert als tausend Fliegen (auch schweizerisch), und *Aremos, dijo la mosca al buey*, pflügen wir, sagte die Fliege zum Ochsen, was auf einen angewendet wird, der sich in törichter Überschätzung seiner Kräfte einbildet, durch seine Mitwirkung irgend ein Unternehmen beträchtlich zu fördern, während er in Wirklichkeit infolge seiner Unzulänglichkeit vollständig entbehrlich ist. Im Franz. findet sich ein Analogon in der Redensart *faire la mouche du coche*, die Fliege auf dem Wagen spielen. Es ist dies eine Reminiszenz an die Lafontainesche Fabel von der Fliege, die sich einbildet, durch ihre Bemühungen ein bergan fahrendes Fuhrwerk ans Ziel gebracht zu haben. In ähnlicher Weise läßt der Engländer die auf dem Wagenrad sitzende Fliege (*the fly on the coach-wheel*) zum Kutscher sagen: Was für einen Staub wir machen! Hierher gehört auch aus dem älteren Franz. die Bezeichnung *disner de mouche* „Fliegenmahl" für eine ärmliche Mahlzeit. (Vgl. Rolland, Faune pop., III, pag. 309.) Analog sagt der Italiener von einem mageren Verdienst: *Non ci camperebbe una mosca*, es könnte nicht eine Fliege davon leben. Als Bild des Unbedeutenden, Nichtigen erscheint die Fliege gleichfalls in dem deutschen Sprichwort: A d l e r   f a n g e n   k e i n e   F l i e g e n, d. h. ein großer Geist gibt sich nicht mit Kleinigkeiten ab. Dasselbe Diktum findet sich auch in den anderen Kultursprachen. So im Engl., bzw. Schottischen: *Eagles catch nae flies*, im Ital.: *L'aquila non mangia mosche*, im Franz.: *L'aigle ne chasse point aux mouches*, im Lat.: *Aquila non captat muscas*. Als Symbol physischer Ohnmacht wird die Fliege dem Elefanten gegenübergestellt in der engl. Redensart *to change a fly into an elephant*, eine Fliege in einen Elefanten verwandeln, die sich übrigens auch im Ital., Franz. und schon im Lat. findet: *Fare d'una mosca un elefante, faire d'une mouche un éléfant, elephantem ex musca facere*. Im Deutschen tritt an Stelle der Fliege die Mücke, im Span. der Floh (*hacer de una pulga un elefante*). Im ähnlichen Sinne gebraucht der Engländer die Redensart *to crush a fly on a wheel*, eine Fliege mit einem Rade zerquetschen, d. h. einen schwachen Gegner mit wuchtigen Waffen bekämpfen. (Vgl. im Deutschen: mit Kanonen auf Sperlinge schießen.)

Mit Anspielung auf den unhörbaren Flug der Fliege sagt man im Ital., bzw. Franz. um eine große Stille zu charakterisieren: *Si sentirebbe volare una mosca*, *on entendrait voler une mouche*, man könnte eine Fliege fliegen hören. So ist zweifelsohne der ital. Ausruf *mosca!* „still"! identisch mit *mosca* „Fliege" und als Ellipse zu erklären. Der vollständige Satz würde etwa heißen: *Che non si senta una mosca!* nicht eine Fliege soll man hören!

Auf die kurze Lebensdauer der Fliege und ihre geringe Widerstandsfähigkeit gegen die Kälte bezieht sich die Redensart **fallen wie die Fliegen**, wozu sich in anderen Sprachen, z. B. im Ital., Analoga finden (*morire come le mosche*). Auch gebraucht der Italiener die Fliege geradezu als Symbol der heißen Jahreszeit, indem er für *comincia la state*, der Sommer beginnt — *la state è finita*, der Sommer ist um, häufig sagt: *Comincian le mosche — le mosche sono finite.* (Vgl. das deutsche Sprichwort: **Fliegen und Freunde kommen im Sommer.**) Mit Bezug auf die lähmende Wirkung, die die Kälte auf die Fliegen ausübt, sagt man im Deutschen, um einen hohen Grad von Mattigkeit zu bezeichnen, **matt sein wie eine Fliege** (zu ergänzen: im Winter).

Auf das massenweise Vorkommen der Fliegen, die namentlich in Räumen mit hoher Temperatur schwarmweise auftreten, bezieht sich der ital., bzw. frz. Vergleich *fitto come le mosche*, *dru comme mouches*, dicht wie Fliegen, wofür man im Deutschen „hageldicht" sagt.

Von der Beschaffenheit des Fliegenschmutzes, der schwarzen Tupfen gleicht, hergenommen ist ital. *moscato*, span. *mosqueado* „gesprenkelt, gefleckt" sowie franz. *moucheter* „sprenkeln".

Die Fliege, welcher Spezies sie auch immer angehören mag, ist dem Menschen stets lästig. Die Stubenfliege umschwärmt ihn, setzt sich ihm bald auf die Stirn, bald auf die Nase und ist durch nichts zu vertreiben. Die Schmeißfliege belästigt ihn mit ihrem eintönigen Gesumme, die Stechfliege schließlich saugt sogar sein Blut. Es ist daher natürlich, daß die Fliege in allen Sprachen Symbol der Zudringlichkeit ist und zur Versinnbildung alles dessen dient, was den Menschen ärgert und in Zorn bringt. Schon von den lateinischen Autoren (Cicero, Plautus) wurde *musca* als Bezeichnung eines neugierigen und zudringlichen Menschen gebraucht (vgl. griechisch μυῖα „Fliege" = Unverschämtheit, Keckheit) und diese Metapher hat sich in ital.-span. *mosca* fortgeerbt. Ganz besonders wird die Schmeißfliege (ital. *moscone*, span. *moscarda*, *moscardón*) in diesem Sinne verwendet. So werden z. B. im Ital. junge Leute, die ein Mädchen in zudringlicher Weise umschwärmen, *mosconi* genannt. Ähnlich bezeichnet Lafontaine in einer seiner Fabeln die zudringliche Höflingsschar als *mouches de cour* „Hoffliegen". Der Franzose gebraucht *mouche* sogar adjektivisch in der Bedeutung „lästig, unangenehm" und analog verwendet der Spanier *moscas!* als Interjektion, um sich über etwas Lästiges zu beklagen. Auf die Stechfliege bezieht sich anscheinend die in Frageform gekleidete Redensart: Welche Fliege sticht ihn? ebenso franz.: *Quelle mouche le pique?* die man auf jemd. anwendet, der ohne sichtlichen Grund in Zorn gerät. Möglicherweise ist das Stechen nicht wörtlich zu verstehen, sondern es ist damit wohl nur das unangenehme Gefühl des Kitzels gemeint, das die Berührung der klebrigen Fliegenfüße mit der Haut hervorbringt. Daher sagt man im Franz. von einem, den kleine Unannehmlichkeiten bereits aus dem seelischen Gleichgewicht zu bringen pflegen: *Il est tendre à la mouche*, er ist gegen die Fliege empfindlich. Im Engl. wird das Stechen der Fliege ganz allgemein zur Bezeichnung einer Laune, eines Gelüstes verwendet: *as the fly stings*, wie die Fliege sticht, d. h. wie es einem gerade einfällt. Wenn der Italiener von einem in Zorn geratenden Menschen sagt: *Gli salta la mosca*, die Fliege fällt ihn an, so haben wir neben der Metapher noch eine Metonymie, indem die Ursache (der Angriff der Fliege) für die Wirkung (das Wütendwerden) gesetzt wird. Analog sagt der Spanier von jemand., der schlecht gelaunt und infolgedessen sehr reizbar ist: *Está con mosca* oder *va con mosca*, er hat die Fliege, und ähnlich der Franzose: *La mouche lui monte à la tête*, die Fliege steigt ihm zu Kopf, *il prend la mouche*, er „kriegt" die Fliege (ebenso ital. *prendere la mosca*). Im Span. werden zwei von *mosca* gebildete Verba — *mosquear* und *amoscarse* — im Sinne von „wütend werden" gebraucht. Ebenso wird d'

innere Unruhe im Ital. und Span. gern mit *mosca* bezeichnet.
So sagt der Spanier, wenn ihn ein lästiger Gedanke beständig
quält: *Pica la mosca*, die Fliege sticht. Hierher zu ziehen
ist ferner das deutsche Sprichwort: Hungrige Fliegen
(„Mücken") stechen scharf, wozu sich im Engl. ein Analogon findet: *Hungry flies bite sore*. Auch das Verscheuchen
der Fliege wird im Ital. und Span. metaphorisch verwertet,
und zwar für das energische Abwehren lästiger Dinge. So
sagt der Italiener von einem, der nicht mit sich scherzen läßt:
Si leva la mosca dal naso, er duldet keine Fliege auf der
Nase,*) und der Spanier gebraucht die Redensart *sacudirse las
moscas*, sich die Fliegen abschütteln, im Sinne von „Feinde
gewaltsam aus dem Weg räumen". Speziell auf die Stechfliege, die besonders Pferden und Rindern sehr unangenehm
wird, bezieht sich das deutsche Sprichwort: Die Fliege
setzt sich immer auf ein mager Pferd, d. h. der
Arme muß mehr Haare lassen als der Reiche. Hierzu bieten
Analoga die übrigen Kultursprachen. So heißt es im Engl.:
Flies go to lean horses, im Ital.: *Ai cavalli magri vanno addosso
le mosche*, im Franz.: *Aux chevaux maigres vont les mouches*.
Nur der Spanier sagt abweichend: *El perro flaco todo es pulgas*,
der magere Hund ist ganz voll Flöhe. Von der Stechfliege
hergenommen ist auch die span. Redensart *mosquear las espaldas*
(*espalda* = Schulter) „peitschen", wobei die von den Peitschen-
schlägen hervorgebrachten Wunden mit den Fliegenstichen
in bezug auf die analoge Wirkung verglichen werden. Ähnlich
bezeichnet der Franzose die Geburtswehen, die sich in stechen-
den Schmerzen äußern, mit *mouches*. Hierher gehört ferner
das von *mosca* abgeleitete ital. *moscaio* „Fliegenschwarm", das
der metaphorischen Verwendung seines Etymons entsprechend
für eine lästige, unangenehme Sache gebraucht wird.

Im Gegensatz zu den bisher zitierten Metaphern und
metaphorischen Redensarten, in denen die Fliege durchweg
die Rolle eines lästigen, zudringlichen Tieres spielt, erscheint
sie als Bild der Harmlosigkeit in der deutschen sprichwört-

---

*) Hingegen bedeutet *non si lasciar posar le mosche addosso*, keine
Fliegen auf sich dulden, s. v. w. „keinen Augenblick ruhig, immer in Bewegung sein".

lichen Redensart: Die Fliege an der Wand ärgert ihn, d. h. er ereifert sich über jede unschuldige Kleinigkeit. (Vgl. franz.: *Il suffit d'une mouche pour l'amuser*, es genügt eine Fliege, um ihn zu unterhalten.) Im Grunde steht diese Redensart in keinem Widerspruche zu den oben zitierten, da die Fliege, solange sie an der Wand bleibt, niemand belästigt. Höchst drollig sagt der Pariser von einem Mädchen, das sich über alle Anstandsregeln hinwegsetzt: *Elle envoie des coups de pied aux mouches*, sie versetzt den Fliegen Fußtritte, wobei sie nolens volens ihre Beine hoch heben muß.

Auf die primitivste Methode der Fliegenvertilgung spielt an die deutsche sprichwörtliche Redensart zwei Fliegen mit einer Klappe schlagen, d. h. einen doppelten Zweck durch ein Mittel erreichen. Der Engländer gebraucht dieselbe Redensart: *to kill two flies with one flap*, der Franzose eine ähnliche: *abattre deux mouches d'un coup de savate*, zwei Fliegen mit einem Schuhklaps niederschlagen. (Vgl. das Kapitel „Vogel", pag. 104 f., ferner Borchardt-Wustmann, Sprichwörtl. Redensarten, pag. 152.)

Auf der durch große Kälte hervorgerufenen Erstarrung der Fliege beruht im Span. der Gebrauch von *mosca muerta* „tote Fliege" sowie von *moscón* für „Heuchler, Gleißner". Hiermit könnte man in Zusammenhang bringen den Gebrauch von *moscardón* und *mosca* für „Spion", da dieser sich auch verstellen muß, wenn man es nicht etwa vorzieht, das tertium comparationis in der Zudringlichkeit zu sehen, mit der Fliege wie Spion ihre Opfer verfolgen. Hierher scheint auf den ersten Blick auch frz. *mouchard* gehörig, das jedoch nur in der übertragenen Bedeutung „Spitzel" gebraucht wird. Nach Faß, Rom. Forschungen, III, pag. 485, ist *mouchard* nur volksetymologisch von *mouche* „Fliege" beeinflußt, in Wirklichkeit aber identisch mit *mouchard* „Schnüffler", das von *moucher* „schneuzen" (aus lat. *muccare*) abzuleiten ist. (Vgl. jedoch im Pariser Argot *mouche* = Polizei.) Hierher zu ziehen ist ferner aus dem Franz. die Bezeichnung *fine mouche*, feine Fliege, für ein gewandtes, listiges Mädchen, besonders aus den unteren Ständen. Rozan (Les animaux dans les proverbes, II, pag. 316 ff.) allerdings bezieht das *fin* auf die Geschicklichkeit, mit der die Fliege sich einerseits überall eindrängt, andererseits aller

Verfolgungen entgeht. (Vgl. ital. *egli v'è mosca,* er ist darin gewandt.)

In den meisten Kultursprachen ist das Fliegenschnappen Symbol des Müßiggangs. Das Bild ist jedenfalls hergenommen von dem müßig in der Sonne liegenden Haushund, der ab und zu nach einer Fliege schnappt. (Vgl. engl. *to catch flies* — davon subst. *fly-catcher,* ital. *pigliar mosche,* span. *papar moscas,* frz. *gober des mouches* „Fliegen schnappen, Fliegen fressen", was speziell unserem „Maulaffen feil halten" entspricht. In etwas weiterem Sinne wird im Span. *cazar moscas,* Fliegen jagen, gebraucht. Auf ein unfreiwilliges Fliegenschnappen spielt an das engl. Sprichwort: *A close mouth catches no flies,* ein geschlossener Mund fängt keine Fliegen, d. h. nur der Schwätzer ist der Gefahr des Fliegenschnappens ausgesetzt. Dieses Sprichwort findet sich auch in den romanischen Sprachen. So heißt es ital.: *In bocca chiusa non entrò mai mosca,* span.: *En boca cerrada no entra mosca,* franz.: *En bouche close n'entre mouche.**)

Auf einem Vergleich mit der Fliege, wobei das tertium comparationis das Fliegen ist, beruht der franz. Vogelname *moineau* „Sperling" = altfrz. *moisnel* aus *moisonel,* dem Dim. von *moisson* (heute noch im Normannischen gebraucht), das auf supponiertes *muscio* aus lat. *musca* „Fliege" zurückgeht. (Vgl. pag. 171.)

Auch der Sperber wurde im älteren Ital. nach der Fliege benannt (*moscardo, moschetto, moschetta*). Über die metaphorische Verwendung dieses Wortes siehe bei „Falke", pag. 112. Franz. *émouchet* „Sperbermännchen" ist ebenfalls von *mouche* gebildet.**)

Die Mücke.

Deutsch M ü c k e geht zurück auf ahd. *mucka,* das auch „Fliege" bedeutet, wie noch heute das Wort dialektisch in

---

*) Eine beträchtliche Anzahl von italienischen und französischen Sprichwörtern, die Fliege betreffend, findet man zusammengestellt bei Rolland, Faune pop., III, pag. 310. — Über ital. *mosca cieca* „blinde Kuh" vgl. Sachs, Zusammenhang von Mensch und Tier in der Sprache, in Neuphil. Zentralblatt 1904, pag. 357.

**) Möglicherweise sind diese Vögel nach der schwarzgesprenkelten Brust so benannt. (Vgl. ital. *moscato,* frz. *moucheté* „gesprenkelt", pag. 252.)

dieser Bedeutung gebraucht wird. Hiermit läßt sich span. *mosquito*, frz. *moucheron* vergleichen, welche Wörter zwar „Mücke" bedeuten, aber Diminutive von *mosca* „Fliege" sind. Mit „Mücke" verwandt ist engl. *midge*, das altengl. *myčǧ* lautet. Neben *midge* gebraucht der Engländer *gnat*, das auf altengl. *gnæt* beruht. In Norddeutschland wird für „Mücke" häufig Schnake gebraucht, das mhd. *snake*, ahd. *snako* lautet. Die romanischen Bezeichnungen der Mücke gehen teils auf lat. *culex* zurück, wie das seltene ital. *culice* und franz. *cousin* (aus *culicinus*, Dim. von *culex*), teils sind sie Diminutivbildungen von *musca* „Fliege", wie span. *mosquito*, frz. *moucheron*, teils sind sie schließlich onomatopoetische Bildungen wie ital. *zanzara*, span. *zénzalo* und *cínife*.

Die meisten Metaphern, die von der Mücke hergenommen sind, drehen sich entweder um die Winzigkeit oder die Blutgier dieses Insekts. Was zunächst die ersteren betrifft, so finden wir hauptsächlich in den germanischen Sprachen die Mücke als Symbol des Winzigkleinen und Unbedeutenden gebraucht. Im Deutschen wird eine schwächliche Person gern „Mücke" genannt. Eine ähnliche, mehr auf das moralische Gebiet hinüberspielende Bedeutung hat engl. *gnat* und dessen Dim. *gnatling*, während *midge* geradezu „Zwerg" bedeuten kann. Ein munteres Kind nennt der Engländer *midget* und in analoger Weise bezeichnet der Franzose einen kleinen Jungen als *moucheron*. Im Ital. nennt man eine schwache Stimme *vocino di zanzara* „Mückenstimmchen", wie auch *zanzara* selbst für eine kleine, schwächliche Person gebraucht wird. Hierher gehört ferner aus dem Deutschen der Vogelname Grasmücke, dem im Span. *mosquita* „Mückchen" entspricht.*) Sehr gebräuchlich ist im Deutschen die Redensart aus einer Mücke einen Elefanten machen, d. h. Unbedeutendes zu Bedeutendem aufbauschen wollen. In diesem Falle wird im Engl., Ital. und Franz. nicht die Mücke, sondern die Fliege als Symbol des Kleinen gebraucht. Während in diesen Redensarten die Mücke, bzw. Fliege zum Elefanten

---

*) Winteler, Naturlaute und Sprache, pag. 27 ff., führt in Unkenntnis dieser Analogie Grasmücke, bzw. ahd. *grasmucca* auf ein suppon. *gra-smacca* zurück und leitet dieses von der schallnachahmenden Stammsilbe *smack* (wovon auch „Schmätzer") ab.

in Gegensatz gebracht wird, erscheint in der aus der Bibel
stammenden Redensart M ü c k e n s e i g e n u n d K a m e l e
v e r s c h l u c k e n das Kamel als Symbol des Großen. (Nach
Matth. 23, 24 sagt Jesus zu den Schriftgelehrten und Phari-
säern: „Ihr verblendeten Leiter, die ihr Mücken seigt und
Kamele verschluckt".) Diese Redensart, die auf einen angewendet wird, der sich in törichter Weise mit Kleinigkeiten
abgibt und dabei die Hauptsache übersieht, findet sich auch
im Franz.: *rejeter le moucheron et avaler le chameau* sowie im
Engl.: *to strain at a gnat and to swallow a camel*, woher der
engl. Ausdruck *gnat-strainer* (deutsch M ü c k e n s e i g e r) stammt.
Daß auch der Kleine und Schwache unter Umständen zu
fürchten ist, besagt das deutsche Sprichwort: A u c h d i e
M ü c k e h a t i h r e M i l z, wobei originellerweise nicht die
Galle, sondern die Milz als das Organ betrachtet wird, von
dem die Zornesregung ausgeht. Ein Analogon findet sich im
Ital.: *La mosca ha la sua milza*. (Vgl. deutsch: Ameisen haben
auch Galle.)

Daß hauptsächlich in den romanischen Ländern die Mücke
als Symbol der Zudringlichkeit und des Schmarotzertums gebraucht wird, ist in den klimatischen Verhältnissen der betreffenden Länder begründet. *È noioso come una zanzara*, er
ist lästig wie eine Mücke, sagt der Italiener von einem zudringlichen Menschen. Übrigens findet sich schon im Lat.
culex in diesem Sinne. So nennt beispielsweise Plautus einen
lästigen alten Liebhaber *cana culex*, grauhaarige Mücke; ähnlich spricht man im Deutschen vom M ü c k e n s c h w a r m d e r
H ö f l i n g e. Das franz. *cousin* wird häufig in der Bedeutung
„Schmarotzer" gebraucht. So sagt der Franzose von einem,
der sich seiner schmarotzenden Freunde nicht erwehren kann:
Il est mangé des cousins, er wird von den Mücken aufgefressen.
Auch existiert im Franz. ein Verbum *cousiner* „schmarotzen".
Man könnte darin eine Anspielung auf das homonyme *cousin*
„Vetter" sehen, denn sehr häufig setzt sich die Schar der
Schmarotzer aus den nächsten Verwandten zusammen. In dem-
selben Sinne wird auch span. *cinife* gebraucht, obwohl die mir
zugänglichen span. Wörterbücher davon keine Notiz nehmen.
In dieser Bedeutung finde ich das Wort wenigstens bei Galdós
in seinem Romane E l a m i g o M a n s o gebraucht, in dem

der Held ein ihn beständig mit Geldforderungen quälendes Frauenzimmer wiederholt „*mi cínife*", meine Mücke, nennt.

Auf die Vorliebe der Mücken für alkoholische Getränke spielen an der franz. Ausdruck *chasse-cousin* „Mückenvertreiber" für einen sauren Wein sowie span. *mosquita* als Bezeichnung eines eifrigen Tabernenbesuchers.

Wie der Schmetterling wird auch die Mücke von der Flamme angelockt. Die das Licht umtanzende Mücke wird daher zum Bilde des Unbesonnenen, der leichtsinnig die Gefahr herausfordert: Die Mücke fliegt so lange ums Licht, bis sie sich versengt. Im Ital. tritt der Schmetterling, im Franz. die Fliege an Stelle der Mücke.

Der Floh.

Deutsch Floh beruht auf ahd. *floh*, mhd. *vlôch* (heute noch so im bayrisch-österr. Dialekt). Hiermit ist verwandt altengl. *fleah*, wovon neuengl. *flea*. Das Wort hängt mit „fliehen" zusammen. Seine ursprüngliche Bedeutung ist demnach „Flüchtiger". (Vgl. die deutsche Redensart springen wie ein Floh, sowie die Benennung *sauteuse*, *sauterelle* „Springerin" in vielen franz. Dialekten.) Die romanischen Bezeichnungen des Flohes: ital. *pulce*, span. *pulga*, franz. *puce* gehen sämtlich auf lat. *pulex* zurück.

Wegen seiner winzigen Gestalt erscheint der Floh häufig als Symbol der Kleinheit. So entspricht der deutschen Redensart „aus einer Mücke einen Elefanten machen" (vgl. pag. 257) im Ital. *fare d'una pulce un cavallo*, aus einem Floh ein Pferd machen (daneben auch: *fare d'una mosca un elefante*), im Span. *hacer de una pulga un camello*, aus einem Floh ein Kamel machen. Zum Elefanten wird der Floh in Gegensatz gebracht im ital. Sprichwort: *Il morso delle pulci no dà noia all' elefante*,[*]) der Biß der Flöhe läßt den Elefanten gleichgültig, d. h. ein Großer braucht die Beleidigungen der Kleinen nicht zu fürchten. Kleine Augen nennt der Italiener *occhi di pulce* „Flohaugen",

---

[*]) Daneben auch: *L'elefante non teme il morso della pulce*, der Elefant fürchtet den Biß des Flohes nicht.

wofür der Deutsche den Ausdruck „Schweinsäuglein" gebraucht. So sagt man im Ital. auch lobend von einem
Mädchen, das für feine Handarbeiten besonderes Geschick hat:
Ella sa fare gli occhi alle pulci, sie kann den Flöhen die Augen
machen. Bezug auf die Kleinheit des Flohes nimmt ferner
die deutsche Redensart d i e F l ö h e h u s t e n h ö r e n, die man
auf jemd. anwendet, der sich auf seine intellektuellen Fähigkeiten allzuviel einbildet, wobei, wie so oft, von der Schärfe
der Sinne auf die Schärfe des Verstandes geschlossen wird.
(Vgl. die Redensart „das Gras wachsen hören".) Nur dem
Ital. eigentümlich ist *color pulce* „flohfarben", d. i. dunkel-
braun. (Vgl. *la noire* „der Schwarze" als Bezeichnung des
Flohs in franz. Dialekten.)

Auf die Springgewandtheit des Flohs bezieht sich im
Deutschen die Redensart s p r i n g e n oder h ü p f e n w i e e i n
F l o h. (Vgl. portug. *em passinho de pulga*, im Flohschritt,
d. h. „hüpfend, tanzend".) Unserem „Katzensprung" entspricht
im Portug. der „Flohsprung" (*n'um salto de pulga* = in einem
Nu). Da dieses Insekt infolge seiner Virtuosität im Springen
seinen Verfolgern leicht entkommt,[*] verwendet man im Deutschen die Redensart F l ö h e h ü t e n im Sinne von „Unnützes,
Vergebliches tun". Näheres über die Geschichte dieser Redensart bringt Borchardt-Wustmann, Sprichwörtl. Redensarten,
pag. 154. Von einem, der die Zeit mit Albernheiten ver-
trödelt, sagt der Franzose: *Il mesure les sauts d'une puce*, er
mißt Flohsprünge. Auf der ungemeinen Beweglichkeit des
Flohs, durch die er sich wesentlich von seiner schwerfälligen
Vetterin, der Wanze, unterscheidet, beruht im Span. der Gebrauch von *pulga* in der Bedeutung „Kreisel". (Vgl. im Franz.
den Vergleich *dégourdi, éveillé comme une puce*, munter, lebhaft
wie ein Floh.) Desgleichen bezeichnet der Spanier eine lebhafte Person mit *pulguillas*, während der Deutsche den auf
der Landstraße dahinschießenden Radfahrer C h a u s s e e f l o h
nennt. Hierher zu ziehen wären schließlich auch ital. *pulcella*,

---

[*] Daher das deutsche Sprichwort: N i c h t s m i t H a s t a l s F l ö h e
f a n g e n, wozu sich Analoga im Engl., bzw. Schottischen (*Naething to be
done in haste but gripping fleas*) und im Franz. finden: *Il ne faut se
presser en rien, excepté pour attraper des puces.* (Vgl. Rolland, Faune pop.,
III, pag. 277 ff.)

franz. *pucelle* „junges Mädchen, Jungfrau", wenn man Försters
Vermutung, nach welcher diese Wörter als Diminutive von
puce „Floh" und nicht von lat. *puella* „Mädchen" aufzufassen
sind, Glauben schenken darf. Caix sieht sogar in ital. *spillon-
zora* „junge Frau" ein Derivatum von lat. *pulicellus* „kleiner
Floh".

Zahlreich sind die Metaphern, die sich auf das Schmarotzer-
tum des Flohs beziehen, der sich vom Blute der Menschen
und Tiere nährt und selbst bei größter Reinlichkeit nicht
ganz zu vermeiden ist, weshalb er im Palast des Reichen
ebenso angetroffen wird wie in der Hütte des Armen. Der
Biß des Flohes ist weder besonders schmerzhaft noch auch
gefährlich, weswegen der Engländer mit *flea-bite* „Flohbiß"
eine unbedeutende Verwundung zu bezeichnen pflegt. Auf
Metonymie (Ursache für Wirkung) beruht der im Ital. übliche
Ausdruck *pulce secca* „trockener Floh" für einen Kniff in
die Haut. Ebenso setzt der Franzose für „Flohstich" einfach
„Floh", indem er das heftige Hautjucken, welches die in
Taucherglocken Befindlichen befällt, *puces* nennt. Vom Flohstich hergenommen ist ferner die allen Kultursprachen gemeinsame Redensart j e m d. e i n e n F l o h i n s O h r s e t z e n, d. h.
jemd. eine beunruhigende Mitteilung machen. Engl.: *to put a
flea in a person's ear*, ital.: *mettere a qd. una pulce**) *nell' orec-
chio*, span.: *echar la pulga detrás de la oreja*, franz.: *mettre la
puce à l'oreille de qn.* und dementsprechend *avoir la puce à
l'oreille*. So sagt der Spanier von einem übertrieben lebhaften
Menschen: *Tiene pulgas*, er hat Flöhe, indem er hierbei an die
durch die Flohbisse verursachten wetzenden und kratzenden
Bewegungen denkt. Von einem, der sich eine energische Ab-
fuhr geholt hat, sagt der Engländer: *He was sent off with a flea
in the ear*, er wurde mit einem Floh im Ohre fortgeschickt,
d. h. er lief mit der Schnelligkeit etwa eines Hundes, dem
ein Floh ins Ohr gekrochen. Launig ist die franz. Redensart
charmer les puces, den Flöhen ein Vergnügen machen, d. h.
schwer betrunken sein. Die Folge der Volltrunkenheit ist
gewöhnlich ein tiefer Schlaf, während dessen die Flöhe sich
nach Herzenslust an dem Blute ihres Opfers vollsaugen können.

---

*) Auch *zanzara* „Mücke" oder *calabrone* „Horniß".

(Vgl. *donner à manger aux puces*, den Flöhen zu fressen geben,
für „schlafen".)*) Deutsch sagt man scherzhaft: Ange-
nehmen Flohbiß für „angenehme Ruhe". (Vgl. Heeger,
Tiere im pfälz. Volksmunde, 2. T., pag. 16.)

Daß die Flöhe durch ihre hartnäckigen Angriffe den
Menschen in Wut bringen können, geht hervor aus der span.
Redensart *tener malas pulgas*, böse Flöhe haben, d. h. leicht
gereizt werden, keinen Spaß verstehen. (Vgl. weiter oben *tener
pulgas*.) In ähnlichem Sinne sagt man auch von einem, der
sich nichts gefallen läßt: *No aguanta, no sufre pulgas*, er ver-
trägt keine Flöhe. Mit dem Blutsaugen der Flöhe vergleicht
der Pariser auch die widernatürlichen Liebkosungen perverser
Weiber, indem er diese als *puces travailleuses* bezeichnet.

Überhaupt erscheint der Floh, ähnlich der Fliege, als
Symbol des Lästigen, Zudringlichen, was dem Wesen des
Tieres vollkommen entspricht. So sagt der Italiener von
einem aufdringlichen Menschen: *È noioso quanto le pulci*, er
ist lästig wie die Flöhe, und der Pariser nennt den ihn be-
drängenden Gläubiger *une puce à l'oreille*, einen Floh im Ohr.
(Vgl. weiter oben die Redensart *mettre une puce à l'oreille de
qn.*) Wenn der Engländer sagt: *Let that flea stick on the wall*,
laß diesen Floh an der Wand, so meint er damit eine heikle
Geschichte, an der man nicht rühren soll. Aber nicht nur
der Mensch, auch Tiere haben unter Flöhen zu leiden. Auf
die Vorliebe dieser Insekten für Hunde bezieht sich das
deutsche Sprichwort: Wer mit Hunden zu Bette geht,
steht mit Flöhen wieder auf, d. h. wer sich in an-
rüchiger Gesellschaft bewegt, wird selbst nicht makellos bleiben.
Dies Sprichwort besitzt Analoga in den übrigen Kultursprachen.
Es lautet engl.: *He that lies down with dogs, will get up with
fleas*, ital.: *Chi si corica coi cani, si leva colle pulci*, span.: *Quien
con perros se echa, con pulgas se levanta*, franz.: *Qui se couche
avec des chiens, se lève avec des puces*.

Daß der Mensch so unangenehme Gäste, wie es Flöhe

---

*) Originell ist das franz. Sprichwort: *Il ne faut pas laisser de dormir
pour les puces*, der Flöhe wegen darf man das Schlafen nicht lassen, d. h.
die kleinen Unannehmlichkeiten des Lebens dürfen den Menschen nicht aus
seiner Ruhe bringen.

sind, loszuwerden sucht, ist begreiflich. Besonders das schöne Geschlecht, auf das es die Flöhe namentlich abgesehen haben, lebt auf beständigem Kriegsfuß mit diesen kampfeslustigen Tierchen. Die elementarste, allerdings nicht erfolgreichste Art, sich von Flöhen zu befreien, ist das Ausschütteln und Ausklopfen der von diesen Insekten bewohnten Kleidungsstücke. Hierauf beruht die span. Redensart *sacudirse las pulgas*, sich die Flöhe abschütteln, d. h. unleidlich, empfindlich sein. Auch sagt der Franzose von einem, der Prügel bekommen hat, man habe ihm die Flöhe abgeschüttelt, *on lui a secoué les puces*. Mit Bezug auf die Gewohnheit mancher Weiber, unmittelbar vor dem Schlafengehen eine Flohjagd abzuhalten, sagt der Franzose ironisch von einer viel beschäftigten Frauensperson: *Elle n'a même pas le temps de chercher ses puces*, sie hat nicht einmal zum Flohsuchen Zeit. Hierher gehört ferner das span. Sprichwort: *Cada uno tiene su modo de matar pulgas*, jeder hat seine eigene Manier, Flöhe umzubringen, d. h. jeder nach seiner Art. Daß aus der Art und Weise, wie der Mensch kleine, unbedeutende Verrichtungen des menschlichen Lebens erledigt, Schlüsse auf seinen Charakter gezogen werden, ist keine Seltenheit. (Eine Reihe origineller auf den Floh bezüglicher Sprichwörter findet man bei Rolland, Faune pop., III, pag. 258 ff.) Übrigens besitzen alle Kultursprachen für den Begriff „Flöhe fangen" ein eigenes Verbum. Deutsch: flöhen, engl.: *to flea*, ital.: *spulciare*,*) span.: *espulgar*, franz.: *épucer*. In den romanischen Sprachen werden die betreffenden Verba auch metaphorisch gebraucht im Sinne von „genau, nach allen Richtungen untersuchen".

Da Flöhe dort besonders gedeihen, wo viel Staub und Schmutz ist, bezeichnet der Italiener eine schmutzige Behausung als *pulciaio* „Flohnest". Hiermit läßt sich vergleichen im Pariser Argot *pucier* für „Bett".

---

*) Der Italiener sagt: *Vatti far spulciare*, laß dich flöhen, im Sinne des deutschen: Laß dich heimgeigen.

Die Grille.

Was die Benennung dieses Insekts anlangt, so ist sie in allen Kultursprachen mit Ausnahme des Englischen dieselbe: ital.-span. *grillo*, franz. mit dem Diminutivsuffix on *grillon*, deutsch G r i l l e. Das gemeinsame Etymon ist griechisch γρύλλος, das zunächst ins Lateinische (*gryllus*) und von da in die romanischen Sprachen eindrang. Diesen entlehnte es das Deutsche, das übrigens in H e i m c h e n einen eigenen Namen für dieses Insekt besitzt. „Heimchen" ist Diminutiv von gleichbedeutend H e i m e (pfälz. H e i m e l), das auf mhd. *heime*, ahd. *heimo* beruht und von „Heim" abgeleitet ist. Der Name spielt auf das Vorkommen der Grille in menschlichen Behausungen an. Dem ahd. *heimo* entspricht altengl. *hama*, das sich jedoch nicht erhalten hat. Im Neuengl. wurde es ersetzt durch *cricket* aus franz. *criquet*, das auf Schallnachahmung beruht.[*]) Noch deutlicher tritt der onomatopoetische Charakter hervor in frz. *cri-cri*, einer volkstümlichen Bezeichnung des Heimchens. Ein anderes Synonym von *grillon* ist *grésillon*, das Diez als Diminutiv von *grillon* auffaßt, das aber wahrscheinlich auf lat. *gracilis* „schlank" beruht und das Insekt nach seiner Gestalt benennen würde. Für die Baumgrille haben die romanischen Sprachen eine eigene Bezeichnung: ital. *cicala, cigala*, span. *cigarra, chicharra*, franz. *cigale*, die sämtlich auf lat. *cicada* beruhen.[**])

Die Sprache verdankt der Grille eine beträchtliche Anzahl von Metaphern. Von den auf das Äußere des Insekts bezüglichen Sprachbildern ist in erster Linie zu nennen span. *cigarro* „Zigarre", welches Wort in die übrigen Kultursprachen eindrang (ital. *sigaro*, franz. *cigarre*, engl. *sigar*). Tatsächlich hat ein Tabakröllchen sowohl in Bezug auf Gestalt als auch auf Farbe eine gewisse Ähnlichkeit mit der Cicade. (Vgl. Körting, Lat.-romanisches Wörterbuch, 2. Aufl., pag. 238, Art. 2161.) Hierher

---

[*]) Vgl. die bei Heeger, Tiere im pfälz. Volksmunde, 2. T., pag. 17, angeführten Dialektformen vorderpf. K r i k s e l, K r e k s e l, els. G r e c k e r, G r i c k e r l e, niederrh. *krechel*, ndl. *krekel*.

[**]) Besondere Erwähnungen verdient die im Loiret übliche Bezeichnung der Grille: *cheval du bon dieu* „Pferd des guten Gottes".

gehört ferner ital. *cicalino* (Dim. v. *cicala*) als Bezeichnung
einer Hohlhippe. Als Symbol der Kleinheit, meist mit dem
Nebenbegriff der Zartheit, erscheint die Grille namentlich im
Ital.: *È fine come un grillo*, sie ist schmächtig wie eine Grille,
sagt man von einer zart gebauten Person und *mangiare quanto
un grillo*, essen wie eine Grille, heißt „wenig essen". (Vgl.
deutsch „essen wie ein Vögelchen".) Von einem beschränkten
Menschen sagt der Italiener: *Ha cervello quanto un grillo*, er hat
nicht mehr Hirn als eine Grille, wofür es auch heißt: *Ha cervello
quanto un passerotto*. (Siehe bei „Sperling", pag. 174.) Ebenso
sagt der Ital. von einem Kleinmütigen: *Ha il cuore d'un grillo*,
er hat ein Grillenherz. Hiermit hängt der Gebrauch von
grillino als Kosewort für Kinder und Frauen zusammen.
Hierher gehört ferner franz. *criquet* als Bezeichnung eines ab-
gerackerten Pferdes oder einer schwächlichen Person, wobei
ein Bedeutungswandel in malam partem zu konstatieren
ist. Einen weiteren Schritt in dieser Begriffsentwicklung tut
das Wort, wenn es, wie in franz. *petit vin criquet*, schlechter
Landwein, geradezu als Synonym von *mauvais*, „schlecht"
gebraucht wird.

Mit Bezug auf das unermüdliche Gezirpe der Grille, das
ein Ausdruck der Fröhlichkeit zu sein scheint, sagt der Engländer von einem sangeslustigen Mädchen: *She is as merry
as a cricket*, sie ist heiter wie eine Grille.

Wie unter den Vögeln die Elster, so ist unter den Insekten die Grille Sinnbild der Geschwätzigkeit, wobei zu beachten ist, daß in den anzuführenden Metaphern das Grillengezirpe als etwas Lästiges erscheint, während in dem oben
zitierten engl. Vergleich die stimmliche Betätigung dieses
Insekts eine wohlwollende Beurteilung erfährt. So nennt der
Italiener einen lästigen Schwätzer gern *cicala*, welche Metapher
zahlreiche Sproßen getrieben hat, wie *cicalare* „schwätzen",
cicalata, cicalamento, cicaleccio, cicalio „Geschwätz", *cicalatore,
cicalino, cicalone* „Schwätzer". Auch der Spanier sagt von
einem redseligen Menschen: *Es una chichara, habla como una
chichara*, er ist eine Grille, er spricht wie eine Grille. Originell ist die gleichfalls hierher gehörige ital. Redensart *grattare
la pancia alla cicala*, der Grille den Bauch kratzen, was soviel
bedeutet wie „jemd. zum Reden bringen". Daß das Grillen-

gezirpe vom Ohr durchaus nicht als angenehme Musik empfunden wird, beweisen ferner ital. *cicalino* als Bezeichnung eines
verstimmten Klaviers sowie franz. *cigale*, das gelegentlich auf
Straßensängerinnen angewendet wird, die sich bekanntlich
nicht durch wohltönende Stimmen auszeichnen.

Da sich die Grille nur im Hochsommer hören läßt, erscheint sie manchmal geradezu wie die Fliege als Sinnbild
der heißen Jahreszeit, so z. B. bei dem lat. Dichter Juvenalis,
der *cicada* ohne weiteres für „Sommer" setzt.   Auch in
folgender ital. Bauernregel erscheint das Grillengezirpe als
Charakteristikum der Sommerhitze: *Quando canta la cicala di
settembre, non comprar grano per vendere*, wenn die Grille im
September zirpt, d. h. wenn es im September sehr warm ist,
dann soll man kein Getreide kaufen, um es wieder zu verkaufen. *Canta la chicharra*, es zirpt die Grille, sagt der
Spanier häufig, wenn er ausdrücken will, daß es sehr heiß ist,
und analog bedeutet *chicharrero* einen „sehr heißen Ort". In
Frankreich gilt die Grille als Symbol des provenzalischen
Südens, daher nennen sich die Félibres gelegentlich „*cigaliers*".

Wie andere Insekten (siehe „Mücke", „Käfer", „Schmetterling", „Spinne" usw.) werden auch die Grillen als Symbole
der im Kopf umherschwirrenden Gedanken gebraucht, namentlich wenn dieselben als Ausfluß melancholischer oder phan-
tastischer Naturanlage zu betrachten sind. So sagt man im
Deutschen von einem, der trübsinnigen oder wunderlichen
Gedanken nachhängt, e r f a n g e G r i l l e n. (Vgl. ital. *andare
alla caccia dei grilli.*) Denselben Sinn haben die Redensarten
s e i n e G r i l l e n f ü t t e r n oder s i c h m i t G r i l l e n p l a g e n.
Die Melancholie wird daher geradezu die G r i l l e n k r a n k-
h e i t genannt. Ebenso sagt der Italiener von einem launenhaften Menschen: *Ha il capo pieno di grilli (cicale)*, er hat den
Kopf voll Grillen, und analog der Franzose: *Il a des grillons
dans la tête.* (Vgl. Rolland, Faune pop., III, pag. 289.) *Ad
uno monta il grillo*, einem steigt die Grille in den Kopf, bedeutet s. v. w. er hat einen wunderlichen Einfall.*) Wer
einem Melancholiker die trüben Gedanken zu verscheuchen

---

*) Dagegen heißt *gli salta il grillo* (*saltare* == springen) „er gerät
in Zorn".

sucht, von dem heißt es, er **v e r t r e i b e d i e G r i l l e n**, wozu sich in der ital. Redensart *levare i grilli dal capo ad uno*, ein Analogon findet. Einen ähnlichen Sinn wie in den eben angeführten Redensarten hat *grillo*, bzw. *grilla* im Span. Wenn der Spanier nämlich die Wahrhaftigkeit einer Erzählung bezweifelt, so sagt er gern: *Esa es grilla*, das ist eine Grille, d. h. ein „Hirngespinst".

Daneben ist aber die Grille im Span. Symbol der Wertlosigkeit, wie erhellt aus der Redensart *andar a grillos* (nach Analogie von *andar a caballo*) auf Grillen reiten, d. h. sich mit unnützen Dingen beschäftigen. Auch sagt der Italiener von einer wertlosen Sache: *Non vale una cicala*, das ist keine Zikade wert.

Auf die Lebensweise der Grille, die sich unter der Erde Löcher gräbt, bezieht sich ital. *andar a sentir cantar i grilli*, dorthin gehen, wo man die Grillen singen hört, d. h. unter die Erde, sterben, sowie *non saper cavar un grillo* (auch *ragno* „Spinne") *da un buco*, nicht imstande sein, eine Grille aus ihrem Loch herauszukriegen, d. h. zu nichts taugen.

Schließlich sei noch erwähnt, daß im Ital. *grillo* ähnlich wie im Deutschen „Kuckuck" oder „Fuchs" als Glimpfwort für „Teufel" gebraucht wird. So bedeutet z. B. *trovala grillo!* find's, Grille! „das möge der Teufel erraten!"

Die Heuschrecke.

Da bei der Heuschrecke das Springen die hervorstechendste Eigentümlichkeit ist, begreift man, daß dies Insekt danach benannt wird, u. zw. zeigen hierin alle Kultursprachen eine auffallende Übereinstimmung. Das deutsche **H e u s c h r e c k e** bedeutet „Heuspringer", indem in diesem Worte die ursprüngliche Bedeutung von **s c h r e c k e n**", d. i. „springen" (nicht „schreien", wie Brehm angibt) sich erhalten hat. (Ahd. *hęwi-skrëkko*, mhd. *höu-schrëcke*.)*) Der deutschen Bezeichnung „**G r a s h ü p f e r**" entspricht altengl. *gærs-hoppa*, woraus neuengl. *grasshopper*. Auch nld. *sprinkhaan* „Springhahn" ist hierher zu ziehen. Eine Parallele zu den germanischen bieten die romanischen Benennungen,

---

*) Heeger, Tiere im pfälz. Volksmunde, 2. T., pag. 17, führt an **H e u h u p s e r**, **H a u s p r i n g** und **H a u p e r t** = **Hauper** (**Hauhupper**).

die gleichfalls die Heuschrecke als „Springerin" bezeichnen.
So heißt sie im Ital. *saltabecca* (*saltare* = springen, *beccare* =
beißen), im Span. *saltón, saltarén, saltamontes* (*monte* = Berg),
saltamatos (*mato* = Gebüsch), *saltacapas* (*capa* = Mantel), *salta-
perico*, wörtl.: „spring, Peterchen"! womit sich ital.-dialektisch
salta-martin „spring, Martin"! vergleichen läßt. Auch im Frz.
ist die gebräuchliche Bezeichnung für die Heuschrecke *sauterelle*
(*sauter* = springen). Da der Kopf der Heuschrecke eine gewisse Ähnlichkeit mit der Form eines Pferdekopfes hat, wird
das Insekt in einigen Sprachen nach dem Pferde benannt.
So ist im Deutschen neben „Heuschrecke" auch „Heupferd" *)
üblich und im Ital. und Span. wird das Diminutiv von *cavallo*,
bzw. *caballo* „Pferd" für „Heuschrecke" gebraucht: ital. *cavalletta*,
span. *caballeta*. **) Neben diesen Neubildungen hat sich in
einigen Kultursprachen lat. *locusta* erhalten, so in ital. *locusta*,
span. *langosta*, altfrz. *langouste* (neufrz. nur in der Bedeutung
„Seekrebs"), engl. *locust.* Da die Gestalt der Heuschrecke
einigermaßen an den Seekrebs erinnert, wird in einigen Sprachen
dieser nach jener benannt. (Siehe bei „Krebs", pag. 282.)

Über die metaphorische Verwendung der Heuschrecke
ist nicht viel zu sagen. Mit Bezug auf ihre Springgewandtheit sagt der Italiener von einem, der über seine Mitbewerber den Sieg davongetragen: *Ha fatto la cavalletta a tutti
i competitori*, er ist über alle Mitbewerber weggesprungen.
(Vgl. Wiese in seiner Besprechung von Heckers Ital. Um-
gangssprache, Literaturbl. f. germ. u. rom. Philologie, XIX,
pag. 303.) Die in manchen Gegenden massenhaft auftretenden
Wanderheuschrecken, die häufig auf Äckern und Wiesen große
Verheerungen anrichten, werden nicht selten als Symbol blinder
Zerstörungswut verwendet. So pflegt man z. B. im Deutschen
von den Hunnen zu sagen, sie seien wie ein H e u s c h r e c k e n -
s c h w a r m über Europa hereingefallen. (Vgl. ital. *calarono*

---

*) „Heupferd" als Schimpfwort für einen dummen Menschen hat wohl
nichts mit dem Insekt zu tun, sondern ist vielmehr eine scherzhafte Bildung
nach Analogie von „Heuochs" = heufressender Ochs.

**) Nach dem Bock, bzw. der Ziege wird die Heuschrecke in zahl-
reichen franz. Dialekten benannt. So heißt sie z. B. in der Haute-Auvergne
bouquet, in den Vogesen *boucha de fouau* „Heubock", in der Gegend der
Haute-Loire *chèvre*. (Vgl. Rolland, Faune pop., III, pag. 293 ff.)

come cavallette su quel paese.) Ähnlich vergleicht der Spanier die eine Speisekammer plündernden Kinder mit einem Heuschreckenschwarm, indem er sagt: *Los muchachos son langosta de las despensas.* Auf die Gewohnheit der Kinder, sich gegenseitig mit Heuschrecken zu necken, bezieht sich die ital. Redensart *fare una cavalletta a qd.*, wörtl.: jemd. eine Heuschrecke machen, d. h. ihm hinterrücks eine Heuschrecke aufsetzen, welche Redensart metaphorisch gebraucht wird im Sinne von: jemd. einen bösen Streich spielen, ihn begaunern. Semasiologisch interessant ist, daß im Span. „Heuschrecke" (*langosta*) geradezu für „Gauner" gebraucht wird. Hierher gehört auch der Gebrauch von *sauterelle* im Argot der Pariser Ladendiener für eine Kundin, die sich stundenlang die verschiedensten Waren vorlegen läßt, aber nichts kauft und so gewissermaßen den Verkäufer zum Besten hält. Auch ist *sauterelle* im Pariser Literatenargot die Bezeichnung einer Kokotte. Alle diese Metaphern beruhen auf dem Eindruck der Unbeständigkeit und Leichtfertigkeit, die die immer sprungbereite Heuschrecke hervorbringt.

Die Wanze.

Deutsch W a n z e taucht erst im 13. Jahrhundert auf und ist Kurzform zu älterem *wantlûs* „Wandlaus", das sich im Hessischen und Nordpfälz. erhalten hat. Ein Analogon findet sich im Dänischen, wo die Wanze *vaeggelus* (*vaeg* = Wand) heißt. Kluge zieht zur Vergleichung czechisch *stěnice* heran, das von *stěna* „Wand" gebildet ist. So wird auch in einigen Gegenden der romanischen Schweiz für „Wanze" *parianna* oder *pariola* aus lat. *paries* „Wand" gebraucht. Im Engl. heißt die Wanze *bug*, welches Wort Skeat für identisch hält mit dem landschaftlich gebrauchten *bug* „Kobold". Das tertium comparationis liegt wohl im Begriff des Quälens. Was die romanischen Sprachen betrifft, so gehen ital. *cimice*, span. *chinche* auf lat. *cimex* zurück, wogegen franz. *punaise* von *puer* „stinken" abzuleiten ist, wovon auch *putois* „Iltis" und *putain* „Hure". (Vgl. die franz. Redensart *puer comme une punaise*, stinken wie eine Wanze.)

Von den Metaphern, die sich auf das Äußere der Wanze
beziehen, ist vor allem anzuführen die Anwendung dieses
Tiernamens auf die Zwecke in den romanischen Sprachen.
Das tertium comparationis ist hierbei die flache Gestalt. Hierauf spielt der Franzose an, wenn er von einem, der einen
leeren Magen hat, sagt: *Il a le ventre plat comme une punaise*,
sein Bauch ist flach wie der einer Wanze. Dabei mag auch
an die Fähigkeit dieses Insekts, monatelang zu fasten, gedacht
werden. Auf das ethische Gebiet übertragen bedeutet *plat
comme un punaise* s. v. w. „erbärmlich, kriechend". Hingegen
bezeichnet der Engländer aus dem Volke mit *big bugs*, dicke
Wanzen, vornehme Leute die sich satt essen und daher ihren
Wänsten eine gewisse Fülle verleihen können. Von der
Färbung der Wanze hergenommen ist im Ital. die Bezeichnung
cimici für die rotbraunen Flecke auf den Blättern der Orangen-
und Zitronenbäume.

Der üble Geruch der Wanze erklärt die Anwendung dieses
Tiernamens auf das Stinktier im amerikanischen Spanisch
(*chinche*); auch liegt im Franz. eine allerdings selten gebrauchte
Weiterbildung von *punaise*, nämlich *punaisie* in der Bedeutung
„Gestank" vor. Hierher gehört ferner der semasiologisch be-
merkenswerte Gebrauch von franz. *punaise* für „Hure", wobei
neuerdings darauf hingewiesen werden möge, daß *putain* wie
punaise etymologisch dasselbe besagen. Ganz besonders ist
aus dem franz. Soldatenargot *punaise de caserne* „Kasernen-
wanze" für „Soldatenhure" anzuführen. Eine Hurenkneipe
heißt dementsprechend *punaisière*.

Mit Bezug auf die im Vergleich zu anderen verwandten
Insekten, z. B. dem Floh, auffallende Langsamkeit der Wanze
in den Bewegungen, pflegte man im Ital. des 16. Jahrhunderts
von einem trägen Menschen zu sagen: *È più poltrone d'una
cimice*, er ist fauler als eine Wanze.

Was die Wanze besonders verabscheuenswert macht, ist
ihre Vorliebe für Menschenblut, von dem sie sich nächtlicher-
weile nährt. Auf diese Eigentümlichkeit spielt der Irländer
an, wenn er die Engländer, seine Unterdrücker, *bugs* „Wanzen"
nennt. Aus dem gleichen Grunde bezeichnet der Pariser im
Argot ein böses Weib mit *punaise*. Da sich dieses Insekt nur
sehr schwer vertreiben läßt, wird es häufig als Symbol der

Zudringlichkeit verwendet. So sagt der Spanier von einem aufdringlichen Menschen: *Tiene sangre de chinche*, er hat Wanzenblut (daher *chinchoso* „zudringlich"), während der Deutsche eine solche Person kurzweg als „Wanze" bezeichnet (besonders von Zuschauern beim Kartenspiel gebraucht = Kiebitz). In ähnlichem Sinne wurde schon im Lat. *cimex* verwendet. Umgekehrt nennt der Portugiese die Wanze *persevejo* „Verfolger".

Da die Wanze hauptsächlich dort üppig gedeiht, wo die Gebote der Reinlichkeit außer acht gelassen werden, so nennt man im Deutschen eine unreinliche Wohnstätte Wanzennest, wozu sich in ital. *cimiciaio* und in franz. *trou de punaise* „Wanzenloch" Analoga finden. Auf die ungeheure Vermehrung der Wanzen, die dort, wo sie geduldet werden, ganze Kolonien bilden, nimmt Bezug die span. Redensart *caer como chinches*, wie Wanzen, d. h. haufenweise fallen. (Vgl. portug. *cahir como tordos*, wie Drosseln fallen, anspielend auf das plötzliche, massenweise Herabstürzen dieser Vögel.) Der Aufenthaltsort der Wanze wird schon durch die Etymologie des deutschen Wortes angedeutet. (Siehe pag. 269.) Sie hält sich tatsächlich mit Vorliebe in Mauerritzen auf, weswegen der Engländer den Tapezierer scherzweise *bug-destroyer* „Wanzenvernichter" nennt. Mit Bezug auf ihr Vorkommen in Schlafstätten bezeichnet man im Slang das Bett als *bug-walk* „Wanzenpromenade", im Pariser Argot analog als *punaisier*. (Vgl. *pucier* von *puce* „Floh" in derselben Bedeutung.) Hierher gehört ferner die span. Redensart: *No hay más chinches que la manta llena*, es sind nicht mehr Wanzen da als auf dem Leintuch Platz finden, d. h. es ist Überfluß an lästigen Dingen vorhanden. Daß das Bett ein Lieblingsaufenthalt der wärmeliebenden Wanze ist, geht auch hervor aus dem aus lauter assonierenden, bzw. reimenden Wörtern bestehenden engl. Vergleich *as snug as a bug in a rug*, so behaglich wie eine Wanze in einer Bettdecke, womit ein hoher Grad von Wohlbefinden bezeichnet wird.

Schließlich sei noch erwähnt, daß in einigen Gegenden Englands und Nordamerikas *bug* infolge Bedeutungsgeneralisierung für „Käfer" gebraucht wird. Aus dem Schriftengl. ist hier *may-bug* „Maiwanze" als die gebräuchlichste Bezeichnung des Maikäfers anzuführen.

Die Laus.

·Die Etymologie dieses Wortes bietet keine Schwierigkeiten. Es ist gemeingermanisch. Deutsch L a u s wie engl.
louse gehen auf ahd., bzw. altengl. *lūs* zurück. Eine dialektische Bezeichnung der Laus ist W i b e l, W u b e l, zum
Verb w i b e l n, w u b e l n, aus mhd. w i b e l e n „wimmeln".
(Vgl. Heeger, Tiere im pfälz. Volksmunde, 2. Teil, pag. 18.)
Die romanischen Benennungen der Laus: ital. *pidocchio,*
span. *piojo*, franz. *pou* (Dim. von *pes* „Fuß", bedeutet also
wörtlich „Füßchen"),*) sämtlich auf lat. *pediculus* zurückzuführen.

Die Lebensbedingungen dieses ekelhaften Insekts, dessen
Element der Schmutz ist (vgl. franz. *laid comme un pou,* garstig
wie eine Laus), erklären den metaphorischen Gebrauch des
Wortes in deutschen Zusammensetzungen wie L a u s b u b und
L a u s k e r l. Im Franz. findet sich ein Analogon hierzu in
morpion „Filzlaus" (aus *pion* = *pou* und *mordre* „beißen"), das
man im Argot ungezogenen Kindern gegenüber als Schimpfwort gebraucht. Die Läuse sind sehr häufig das Attribut der
untersten Volksschichten und ganz besonders der Bettler (vgl. die
deutsche Redensart e t w a s im G r i f f e h a b e n wie d e r
B e t t l e r die L a u s und das engl. Sprichwort: *A beggar pays*
a benefit with a louse, ein Bettler bezahlt eine Wohltat mit
einer Laus); daher ist es begreiflich, daß das Wort „Laus"
zur Bezeichnung des Schmutzigen und Gemeinen dient. (Vgl.
franz. *se laisser manger aux poux,* sich von den Läusen fressen
lassen, d. h. im Schmutze leben.) Damit hängt auch der Gebrauch von „Laus", bzw. „lausig" für „karg, spärlich" (vgl.
frz. *Champagne pouilleuse*) und, auf Personen angewendet, für
„knickerig, geizig" zusammen, eine Metapher, die allen hier
in Betracht kommenden Sprachen gemeinsam ist. Die Erklärung ist nicht schwer: der (mit Läusen behaftete) Bettler
ist gezwungen, mit dem mühsam erbettelten Almosen zu

---

*) Auf die Farbe bezieht sich die altfranz. Bezeichnung *grison* (von
gris „grau"), daneben kommt auch *puce de meusnier* „Müllerfloh" vor. (Vgl.
Rolland, Faune pop., III, pag. 352 f.)

knickern. Da man nun häufig ein knickeriges, geiziges
Wesen bei Individuen trifft, die mit den Attributen des
Schmutzes, den Läusen, behaftet sind, so wurden diese Tiere
ohne weiteres zum Symbol des Geizes. In dem engl. Vergleich
as mean as a louse, knickerig wie eine Laus, werden sie
selbst zu Trägern dieser Eigenschaft gemacht. (Die Richtig-
keit dieser Erklärung wird bestätigt durch den Gebrauch des
Wortes „schmutzig" für „geizig", den wir auch in den übrigen
Sprachen antreffen: ital.-span. *sordido*, franz. *sordide*, engl.
sordid.) Demnach nennt man im Deutschen einen filzigen
Menschen einen L a u s e r und l a u s e n bedeutet „filzig sein".
Im Engl. finden sich in gleicher Bedeutung *lousy* und *lousi-
ness*, im Ital. *pidocchioso* und *pidocchieria*. Im span. *piojeria*
zeigt sich deutlich der Entwicklungsgang der Metapher, da
das Wort neben „Knickerei" noch „Bettelvolk, Bettelherberge,
äußerste Armut" bedeutet. Im Franz. bezeichnet man mit *pou
affamé*, hungrige Laus, weniger einen geizigen als einen ge-
winnsüchtigen Menschen. Dafür hat das Adjektiv *poulleux*
dieselbe Bedeutung wie die Analoga der Schwestersprachen
und *poullier* bedeutet wie span. *piojeria* „Bettlerherberge".
     Die Winzigkeit der Laus erklärt das deutsch-studentische
n i c h t d i e L a u s für „gar nichts" sowie den Gebrauch von
pidocchio in ital. *carattere pidocchino*, womit eine sehr kleine
Schrift bezeichnet wird. Auch sagt man im Deutschen von einem
Geizigen: E r w ü r d e d i e L a u s s c h i n d e n um des Balges
w i l l e n, wozu sich in den übrigen Kultursprachen Analoga
finden. So heißt es im Engl.: *He'd skin a louse, and send the hide
to market*, er würde eine Laus schinden und den Balg auf den
Markt schicken, im Ital.: *Scorticherebbe il pidocchio per vendere
la pelle*, er würde die Laus schinden, um den Balg zu verkaufen, im Franz. ebenso: *Il écorcherait un pou pour en avoir
la peau*. (Vgl. die ital. Variante: *Scannerebbe una cimice per
beverne il sangue*, er würde eine Wanze schlachten, um ihr
Blut zu trinken.) Diese Redensart betrachtet Rolland, Faune
pop., III, pag. 254, als Ausgangspunkt für die oben angeführten
Metaphern, indem er auf deutsch K n i c k e r = L ä u s e -
k n i c k e r hinweist. Mir scheint jedoch die oben gegebene
Erklärung natürlicher zu sein. Möglicherweise haben zur
Bildung bewußter Redensart die Bedeutungsbeziehungen mit-

gewirkt, die zwischen den Begriffen „Geiz" und „Laus" bestehen.

Von pedantischen Leuten, die allzusehr auf Kleinigkeiten
herumreiten, sagt man im Deutschen: Sie k l a u b e n L ä u s e.
(Vgl. hiermit im Portug. den Gebrauch von *bichinho* „Läuschen"
für „Kleinigkeit" sowie das von *bicho* abgeleitete Adjektiv
bicheiro = kleinlich. Dem deutschen „Läuse klauben" entspricht im Franz. *éplucher des écrevisses*, Krebse ausklauben.)
Hierher gehört ferner die franz. Redensart *chercher des poux*
sur la tête de qn., auf jemds. Kopfe Läuse suchen, d. h. ihm
Kleinigkeiten vorwerfen. Davon wurde dann das Verbum *se*
pouiller „sich schelten" und von diesem wieder das Substantiv
les pouilles „Scheltworte" gebildet. Auch im Deutschen kann
l a u s e n in der Bedeutung „jemd. derb vornehmen" gebraucht
werden. Parvenüs, die sich aus kleinen Verhältnissen empor-
geschwungen haben und sich darauf etwas zugute tun, nennt
der Italiener treffend *pidocchi rivestiti*, neugekleidete Läuse,
der Spanier *piojos resucitados*, zu frischem Leben erweckte
Läuse.

Ohne Analogien in den übrigen Sprachen ist die Bezeichnung
eines zudringlichen Menschen als *piojo pegadizo* (*pegadizo* =
klebrig) im Span. eine treffende Metapher, da die Läuse, wenn sie
sich einmal festgenistet haben, sehr schwer wegzubringen sind.
(Vgl. das deutsche Sprichwort: W e n n d i e L a u s e i n m a l
i m P e l z i s t, s o i s t s i e s c h w e r w i e d e r h e r a u s z u-
b r i n g e n.) (Im ähnlichen Sinne wird „Wanze" im Deutschen
und Span. gebraucht.) Auf die Kleiderläuse, die sich in den
Nähten einnisten, bezieht sich die span. Redensart *estar como*
piojos en costura, gedrängt sein wie Läuse in der Naht (im
Deutschen „wie die Heringe"), sowie das ital. Sprichwort: *La*
roba va alla roba, e i pidocchi alle costure, das Gut geht zum
Gut und die Läuse zu den Nähten. Dieselbe Art von Läusen
ist gemeint in der deutschen Redensart j e m d. e i n e L a u s
i n d e n P e l z s e t z e n, wofür man häufiger und gewählter
sagt „jemd. einen Floh ins Ohr setzen", was bedeutet: in
jemd. Gedanken erwecken, die ihm keine Ruhe lassen. Derb,
aber treffend ist die Redensart: w i e d i e L a u s i m S c h o r f e
s i t z e n, d. h. in seinem Elemente sein, sich sehr behaglich
fühlen. Ähnlich sagt der Franzose von einem, der aus ge-

wissen, dem körperlichen oder moralischen Reinlichkeitssinne widersprechenden Neigungen kein Hehl macht: *Il se carre comme un pou sur une gale*, er brüstet sich wie die Laus im Schorfe. Ironisch hingegen ist gemeint die Redensart s i c h e r s e i n w i e e i n e L a u s z w i s c h e n z w e i N ä g e l n, frz. *être comme le pou entre deux ongles*, die auf einen angewendet wird, dem von zwei Seiten Gefahr droht.

Mehr für die metaphorische Verwendung des Wortes „Leber" als für die des Wortes „Laus" ist von Belang die deutsche Redensart j e m d. ist e i n e L a u s ü b e r d i e L e b e r g e l a u f e n, was von einem gesagt wird, der plötzlich in Zorn gerät. Um diese Redensart zu verstehen, muß man wissen, daß bei den Romanen allgemein, bei den Germanen zum Teil, die Leber als Sitz der Leidenschaften galt. So wird im Span. *hígado*, im Ital. *fegato* geradezu für „Mut" gebraucht, im franz. Rotwelsch bezeichnet man mit *foie blanc* „weiße Leber" einen feigen Menschen. Übrigens gibt man der Redensart — jedenfalls um das unappetitliche Wort „Laus" zu vermeiden — gern die Form einer Frage und fragt einen Zornmütigen: Was ist dir denn über die Leber gelaufen? Im Ital. sagt man von einem, der gleich zuschlägt, geradezu: *È un fegato*, er ist eine Leber.

Nicht ersichtlich ist, warum man (nach deutscher Auffassung) vom vielen Wassertrinken Läuse bekommen soll, wogegen das im selben Sinne gebrauchte franz. *attraper des grenouilles*, Frösche kriegen, ohne weiteres verständlich ist.

Die Spinne.

Deutsch S p i n n e, mhd. ebenso *spinne*, ahd. *spinna*, ist von dem Verbum „spinnen" abgeleitet, bedeutet also die „Spinnerin", während unser Sprachgefühl eher geneigt ist, „spinnen" als ein Derivatum von „Spinne" zu betrachten. Ebenso beruht engl. *spider*, mittelengl. *spither*, auf altengl. supponiertem *spinnére* aus *spinnan* = neuengl. *spin* „spinnen". Analoga hierzu finden sich im Ladinischen und in franz. Dialekten, in denen der Name der Spinne von *filare* „spinnen" abgeleitet wird. (Vgl. Rolland, Faune pop., III, pag. 236.) Die Benennungen des

Insekts in den romanischen Sprachen: ital. *aragna, ragno*, span.
araña, altfrz. *araigne*, gehen sämtlich auf lat. *aranea* zurück.
Im Neufranz. ist der semasiologisch merkwürdige Fall eingetreten, daß für „Spinne" anstatt *araigne araignée* ans lat.
araneata gebraucht wird, was ursprünglich „Spinnengewebe"
bedeutet. (Metonymie: Wirkung für Ursache.) Übrigens bedeutet schon im Lat. *aranea* „Spinne" und „Spinngewebe".
Für „Spinngewebe" sagt das Neufranz. umschreibend *toile
d'araignée* analog dem ital. *tela di ragno (ragnatelo, ragnatela)*
und dem span. *telaraña.*

Die Sprache konnte an der so auffallenden Erscheinung
der Spinne, die noch dazu sehr häufig ist, nicht achtlos vor-
übergehen. Tatsächlich liefert dieses Insekt der Sprache eine
stattliche Anzahl von Metaphern. Besonders charakteristisch
für die Spinne sind die acht langen, dünnen Beine, die ihr
ein unbeholfenes Aussehen verleihen. Hierauf beruht im Engl.
die Metapher *spider-shanked* „spinnenschenklig", d. h. dünn-
beinig. Analog vergleicht der Franzose lange, dürre Finger
mit Spinnenbeinen und nennt jene somit *pattes d'araignée.* Lange,
dünne Buchstaben werden gleichfalls so bezeichnet. Desgleichen finden sich in einigen Sprachen Metaphern, die sich
auf die Gesamterscheinung der Spinne beziehen, wobei immerhin die langen Beine das Hauptcharakteristikum bilden. So
fühlt sich der Engländer beim Anblick einer dreifüßigen Brat-
pfanne an die Spinne erinnert und dieselbe Vorstellung erweckt in ihm der hochrädrige Schlauchwagen der Feuerwehr;
er bezeichnet daher beide Objekte mit *spider*, wie auch der
Franzose für einen auf zwei hohen Rädern ruhenden Wagen
araignée gebraucht. Ebenso nennt der Spanier einen Arm-
kronleuchter *araña*, indem er die Arme des Leuchters mit
den Beinen der Spinne vergleicht. Ferner wird eine Krabbenart, die *maia squinado* der Zoologen, die sich durch besonders
lange Beine auszeichnet, M e e r s p i n n e genannt, u. zw. außer
im Deutschen, noch im Engl. (*sea-spider*) und im Span. (*araña
de mar*). Hierher gehört schließlich auch portug. *aranhiço*
„Spinnchen" als Bezeichnung einer mageren Person mit dünnen
Armen und Beinen.

Der unvorteilhafte Eindruck, den das Äußere der Spinne
auf den Menschen macht, wird zur Abscheu gesteigert durch

ihre Giftigkeit, die sich übrigens nur an kleineren Insekten als wirksam erweist. (Vgl. das deutsche Sprichwort: Die Spinne saugt Gift, die Biene Honig aus allen Blumen.) Dies erklärt die in einigen Gegenden Deutschlands beliebte Interjektion Pfui, Spinne! Im Deutschen und Franz. nennt man eine bösartige Person, namentlich weiblichen Geschlechts, „Spinne“, bzw. *araignée*, wobei die Giftigkeit das tertium comparationis bildet. (Vgl. das Kapitel „Schlange“.) Der Biß der Spinne ruft beim Menschen nur eine leichte, kaum merkliche Verletzung hervor. Hierauf beruht im Span. das von *araña* abgeleitete Verbum *arañar*, das soviel bedeutet wie „die Haut durch einen Ritz leicht verletzen“, somit unserem „kratzen“ entspricht. (Vgl. portug. *aranha* „Gewissensbisse“.) Von *arañar* ist wieder abgeleitet das Substantiv *araño* „leichte Verletzung, Kratzer“. Die Abneigung des Menschen gegen die Spinne kommt besonders kräftig zum Ausdruck in der deutschen Redensart jemd. wie eine Spinne hassen.

Auch in ethischer Beziehung stehen die Spinnen in keinem guten Ruf. Sie sind untereinander höchst unverträglich und bekämpfen sich gegenseitig aufs heftigste, worauf im Deutschen der superlative Ausdruck spinnefeind beruht. Auf das feindselige Verhältnis der Spinnen untereinander bezieht sich ferner ein span. Sprichwort in Dialogform, in dem die Zusammengehörigkeit von *araña* und *arañar* recht deutlich zum Ausdruck gelangt: *Araña, ¿quién te arañó? Otra araña como yo.* Spinne, wer hat dich gekratzt? — So eine Spinne wie ich. Daß hiermit die Unverträglichkeit unter Kameraden getadelt wird, ist ohne weiteres klar. Aus dem Deutschen ist ferner hierher zu ziehen das Sprichwort: Nur bei scharfem Hunger frißt eine Spinne die andere. Das Aggressive im Charakter der Spinne erklärt den Gebrauch von span. *arañero* (von *araña*) im Sinne von „wild, störrisch, unlenksam“ (Jagdterminus). Möglicherweise ist auch altfranz. *hargner* „zanken“ sowie neufrz. *hargneux* „zänkisch“ von *aranea*, bzw. *araneare, araneosus* abzuleiten. (Vgl. Rolland, Faune pop., III, pag. 238. Körting, Lat.-rom. Wörterbuch, unter *hargneux* verzeichnet die Diezsche Etymologie *hargner* = altndfränk. *harmjan*.)

Da die Spinne mit der in den Spinnwarzen enthaltenen
Flüssigkeit, die ihr zur Hervorbringung der Fäden dient, sehr
haushälterisch umgehen muß, so wird im Span. häufig eine
knickerige Person mit *araña* bezeichnet (davon *arañar* „zusammenscharren").

Im Volksaberglauben spielt die Spinne gleichfalls eine gewisse Rolle. Am Morgen verkündet sie Unheil, am Abend Glück.
Dies besagt im Deutschen folgender Spruch: S p i n n e a m
M o r g e n m a c h t K u m m e r u n d S o r g e n, S p i n n e a m
A b e n d e r q u i c k e n d u n d l a b e n d. Ähnlich heißt es im
Franz.: *Araignée de matin, chagrin; araignée de soir, espoir*,
Morgenspinne — Kummer, Abendspinne — Hoffnung. (Vgl.
Rolland, Faune pop., III, pag. 241.) Ohne Bezugnahme auf
eine besondere Eigenheit, sondern ganz allgemein in ihrer
Eigenschaft als Insekt wird die Spinne im Deutschen verwendet in der Redensart j e m d. e i n e S p i n n e, d. h. einen
beunruhigenden Gedanken i n d e n K o p f s e t z e n, womit sich
im Pariser Argot vergleichen läßt die Redensart *avoir une
araignée dans le plafond*, eine Spinne an der Zimmerdecke
haben, d. h. geistig nicht ganz normal sein. (Im Deutschen
gebraucht man s p i n n e n im selben Sinn.) In beiden Fällen
werden die wirren Gedanken mit dem unsteten Hin- und Herkrabbeln der Spinne verglichen. Von analogen Redensarten,
in denen an Stelle der Spinne ein anderes Insekt oder auch
ein Vogel tritt, war im Laufe dieser Abhandlung schon
öfters die Rede, ihre Wiederholung ist daher an dieser Stelle
überflüssig. Wohl aber muß die engl. Redensart *to have got
cobwebs in one's brain*, Spinnweben in seinem Hirn haben, erwähnt werden, da hier bezeichnenderweise das Spinngewebe
an Stelle der Spinne tritt, wie man im Deutschen in ähnlichem
Sinne von einem sagt, e r s t e c k e v o l l e r H i r n g e s p i n s t e.
(Genau unserem „Hirngespinst" entspricht im Engl. *cobwebbery*.)

Überhaupt spielt das Spinngewebe in der Metaphorologie
der modernen Sprachen keine minder bedeutende Rolle als die
Spinne selbst. Wenn im Ital. und Span. ein vereinzeltes,
weißes Wölkchen mit *ragnatelo, ragnatura*, bzw. *telaraña* bezeichnet wird, so liegt das tertium comparationis einerseits in
der Farbe, andererseits in der Form. Den Ausdruck *ragnature*
wendet der Italiener auch auf fadenscheinige Stellen eines

Kleiderstoffes an, indem er diese mit Spinnweben vergleicht. Von *ragno* liegt ferner eine verbale Weiterbildung *ragnare* vor, die in Übereinstimmung mit der metaphorischen Bedeutung von *ragnatelo* im Sinne von „sich umwölken" und „fadenscheinig werden" gebraucht wird. Hierher zu ziehen ist noch die span. Redensart *tener telarañas en los ojos*, Spinnweben in den Augen haben, d. h. etwas nur flüchtig, gleichsam durch ein Spinngewebe ansehen.

Das Spinngewebe ist äußerst zarter Struktur und daher leicht zerstörbar. (Vgl. ital. *leggero come un ragnatelo*, leicht wie ein Spinngewebe.) Daher sagt der Italiener von einem sich vergeblich Abmühenden: *Fa opera a tela di ragno* und der Franzose: *Il tisse des toiles d'araignée*, er arbeitet mit Spinngeweben. (Vgl. Rolland, Faune pop., III, pag. 328.) Im Engl. wird *cobweb* adjektivisch geradezu für „fein, zart" gebraucht. Von einem Geizigen sagt der Franzose: *Sa poche est pleine de toiles d'araignées*, seine Tasche ist voll Spinngewebe, d. h. er greift nicht gern in die Tasche (vgl. ital. im selben Sinne *avere il granchio in scarsella*, die Krabbe in der Tasche haben).

Infolge seiner leichten Zerstörbarkeit ist das Spinngewebe in einigen Sprachen Symbol des Wertlosen. So sagt der Italiener von einem, der an einem geringfügigen Hindernisse scheitert: *Inciampa nei ragnateli*, er stolpert über Spinnweben, und der Spanier meint von einer ungefährlichen Wunde: *Eso se cura con una telaraña*, das heilt man mit einem Spinngewebe. Tatsächlich herrscht unter dem Landvolke der Brauch, bei leichten Verletzungen Spinngewebe auf die Wunde zu legen. Im Franz. und Engl. wird das Wort in ähnlicher Weise metaphorisch verwertet.

Naheliegend ist der Vergleich des Spinngewebes mit einem Netz, um so mehr als es der Spinne zum Fangen von Insekten dient. Und in der Tat wird in allen Kultursprachen mit Ausnahme des Deutschen „Spinngewebe" im Sinne von „Netz" gebraucht. So zunächst engl. *cobweb*, das auch verbal verwendet wird — *to cobweb* bedeutet „mit einem feinen Netz bedecken". Im Ital. wird das Fem. von *ragno*, *ragna* (bei Dante auch „Spinne") zur Bezeichnung eines feinen Vogelnetzes gebraucht und ebenso wird in Katalonien und Valencia *araña* zunächst auf ein Amselnetz, dann auf das Wurfnetz

der Fischer angewendet. Dieser Gebrauch von *ragno*, bzw.
araña ist semasiologisch insofern interessant, als sich hier
Metonymie (Ursache für Wirkung) und Metapher paaren. (Vgl.
den entgegengesetzten Bedeutungswandel in frz. *araignée*.)
Auch wird das weiter oben bereits in anderer Bedeutung erwähnte *ragnare* im Sinne von „Vogelnetze stellen" gebraucht.
Als Metapher zweiten Grades ist zu bezeichnen der Gebrauch von ital. *ragna* im Sinne von „List". Ebenso erscheint
im Franz. die Redensart *tisser des toiles d'araignée*, Spinngewebe
weben, häufig in übertragener Bedeutung und entspricht dann
unserem „Fallstricke legen". Und in der Tat eignet sich das
Vorgehen der in ihrem Netze auf Beute lauernden Spinne vorzüglich zur Charakteristik hinterhältigen Handelns. So werden
in verschiedenen Sprachen Personen, deren mehr oder minder
anständiges Gewerbe es mit sich bringt, auf Kunden zu lauern,
mit der Spinne verglichen, namentlich wenn es in der Absicht
geschieht, dieselben auszubeuten. Hierher gehören engl. *spider*
als Bezeichnung eines Individuums, dessen Geschäft es ist,
Passanten in ein Spielhaus zu locken, ferner aus dem Pariser
Argot *araignée de bastringue* „Kneipenspinne" (jetzt häufiger
araignée de pissotière, *pissotière* = Pißwinkel) für eine Dirne,
die in Kneip- und Tanzlokalen ihre Galans sucht, wozu das
amerikanische Spanisch in *araña* „Freudenmädchen" ein Analogon bietet. Minder anrüchig ist die Bezeichnung *araignée*
de comptoir „Ladenspinne" für einen Schnittwarenhändler, der
am Eingang seines Ladens durch marktschreierisches An-
preisen seiner Waren die Kauflust der Passanten zu erregen
sucht. Ähnlich wird *araignée de trottoir* „Trottoirspinne" für
einen umherziehenden Spielwarenhändler (*camelot*) gebraucht.

Der Krebs.

Deutsch K r e b s, das ganz allgemein sowohl die im Süß-
wasser als auch im Meere lebenden Krustentiere bezeichnet,
beruht auf mhd. *krëbeze, krëbez*, ahd. *krëbaz, krëbiz*. Wie weiter
unten gezeigt werden wird, ist das Wort früh ins Romanische
eingedrungen. Auch das Lateinische unterscheidet nicht
zwischen Fluß- und Seekrebs, sondern bezeichnet beide mit

cancer. In übertragener Bedeutung wird das Wort gerade so wie das deutsche „Krebs" für gewisse bösartige Geschwüre gebraucht. Nach Sanders ist das tertium comparationis in den rings um das Geschwür stockenden Adern, die das Aussehen von Krebsfüßen darbieten, zu suchen. Schließlich bezeichnet man damit eines von den zwölf Zeichen des Tierkreises. — Die romanischen Sprachen unterscheiden genauer zwischen den verschiedenen Krebsarten. Was zunächst das Italienische betrifft, so hat in dieser Sprache *cancer* die Bedeutung „Flußkrebs" an *gambero* aus griech. κάμμαρος abgetreten. In den übrigen Bedeutungen hat es sich erhalten, aber immerhin mit lautlicher Differenzierung, indem *canchero* oder *cancro* als medizinischer und astronomischer Terminus, *granchio* (aus dem suppon. Diminutiv *cancriculus*) für die Meerspinne gebraucht wird. Schließlich hat man auch in *ganghero* „Haken, Türangel" *cancer* erblickt, wogegen weder lautlich noch begrifflich etwas einzuwenden ist. Die Metapher beruht auf einem Vergleich der gekrümmten Krebsenschere mit einem Haken. (Vgl. portug. *caramão* „Krabbe" und „Haken" für den Kronleuchter.) Im Span. liegt der umgekehrte Fall vor. Da lebt *cancriculus* als *cangrejo* nur in der Bedeutung „Flußkrebs" weiter, während mit *gámbaro* (auch *cámbaro* oder *cambarón*) eine Krabbenart bezeichnet wird. Daneben existiert als gelehrtes Wort *cáncer* in übertragener Bedeutung. Das Franz. hat drei Vertreter von lat. *cancer*: das volkstümliche *chancre* in der Bedeutung „Geschwür" und „Krebsschaden", das halbgelehrte *cancre*, die Bezeichnung einer Krabbenart, und schließlich das ganz gelehrte *cancer* als medizinischen terminus technicus. Für „Flußkrebs" hat das Franz. das ahd. *krêbiz* entlehnt, das in der neufranz. Form *écrevisse* lautet. Aus dem Altfranz. ist das deutsche Wort in der Form *crevice* in das Engl. eingedrungen, wo es durch volksetymologische Anlehnung an *fish* zu *crayfish*, *crawfish*, *crab-fish* *) wurde. Für den kurzschwänzigen „Seekrebs" gebraucht der Engländer *crab*, der Deutsche K r a b b e, ein Wort niederdeutschen Ursprungs, das mit „Krebs"

---

*) Gleichzeitig erinnern diese Wörter an *craw* „Kropf", *crawl* „krabbeln", *crab* „Krabbe". (Vgl. Andresen, Über deutsche Volksetymologie, 5. Aufl., pag. 52 f.)

stammverwandt ist und sich auch im Franz. (*crabe*) findet.
„Krebs" und „Krabbe" beruhen wahrscheinlich auf der Wurzel
von „krabbeln". Übrigens finden wir lat. *cancer* als gelehrtes
Wort auch im Engl. Daneben gibt es ein volkstümliches
canker, das „Geschwür" und „Krebsschaden" bedeutet. Ebenso ist *chancre* als medizinischer Terminus dem Franz. entlehnt.

Für eine gewisse größere Art von langschwänzigen See-
krebsen wird im Deutschen das Wort H u m m e r gebraucht,
das mit griech. *κάμμαρος* „Krebs" stammverwandt zu sein
scheint und das wir im franz. *homard* wieder erkennen. Der
Engländer gebraucht hierfür *lobster* aus altengl. *lopust*, das
dem romanischen *locusta* „Heuschrecke" nachgebildet ist und
in der Bedeutung „Hummer" auch in franz. *langouste*, span.
langosta fortlebt, welch letzteres Wort auch in der ursprünglichen Bedeutung von „Heuschrecke" gebraucht wird.
(Vgl. venez. *grillo de mare* „Meergrille" für „Hummer".) Eine
gewisse Ähnlichkeit in der Gestalt beider Tiere ist nicht
zu verkennen.

Für die Metaphorologie ist vor allem der Flußkrebs von
Interesse. Bei diesem Tiere fällt zweierlei auf: erstens das
Rückwärtss c h w i m m e n (nicht Rückwärtsg e h e n), sodann
die hellrote Farbe, die die Schale annimmt, wenn der Krebs
gesotten wird, welche Eigentümlichkeit er allerdings mit den
im Meere lebenden Krustentieren teilt. Hierauf beruhen die
meisten der auf den Flußkrebs bezüglichen Metaphern.

Was nun zunächst das vermeintliche Rückwärtsgehen anlangt, so wird im Deutschen die Redensart d e n K r e b s g a n g
g e h e n besonders in moralischer Hinsicht gebraucht, z. B.
von einem faulen Schüler, der einst bessere Leistungen aufzuweisen hatte. Auch bezeichnen die Buchhändler solche
Bücher, die sie unverkauft an den Verleger zurückschicken
müssen, treffend als „Krebse", während der Franzose hierfür
weniger leicht verständlich den Ausdruck *ours* „Bär" gebraucht. (Siehe pag. 55.) Ebenso sagt der Italiener *fare*
(*andare*) *come il gambero, fare il viaggio del gambero*, es machen
(gehen) wie der Krebs, die Krebsreise machen, der Franzose
aller comme une écrevisse, der Spanier *andar como un cangrejo*
oder ironisch *adelantar como un cangrejo*, Fortschritte machen

wie ein Krebs. Der Portugiese sagt für *andar de caranguejo*, wie ein Krebs gehen, auch mit einem eigenen Verbum *caranguejar*. Im selben Sinne gebraucht der Angloamerikaner *to crawfish it*, was dann weiterhin „einer Sache untreu werden, sich aus der Klemme ziehen" bedeuten kann. Ferner bezeichnet man im amerik. Englisch mit *crawfish* einen politischen Überläufer, welcher Bedeutungswandel wohl so zu erklären ist, daß das Rückwärtsgehen für jede Art des Verrats, somit auch für den Übertritt zu einer anderen Partei gebraucht wird, gerade so wie der Soldat die Sache des Vaterlandes verrät, indem er entweder vor dem Feinde flieht oder zu ihm übergeht. Nach Analogie von „rücklings" sagt man im Deutschen auch k r e b s l i n g s gehen, ja geradezu k r e b s e n, welches Verbum jedoch häufiger die Bedeutung von „Krebse fangen", dann mit Begriffserweiterung die von „fangen" überhaupt hat.*) (Vgl. „fischen".) Schließlich wird „krebsen" im Sinne von „krabbeln" gebraucht. Mit Angleichung an letzteres Verbum heißt es auch k r e b s e l n. Im Pariser Argot sagt man von einem Faselhans: *Il a une écrevisse dans la tourte*, er hat einen Krebs im Schädel, und will damit ausdrücken, daß es mit seinen geistigen Fähigkeiten bergab geht. Allerdings könnte man diese Metapher auch zu jenen stellen, die auf einem Vergleich der wirren Gedanken mit dem Umherschwirren von Insekten im Kopfe beruhen. Hier würden also die konfusen Gedanken mit dem Herumkrabbeln des Krebses verglichen werden oder es könnte das Herumkrabbeln als Ursache der Gedankenverwirrung gedacht werden.

Von der roten Farbe des gesottenen Krebses hergenommen ist der Vergleich r o t w i e e i n K r e b s, den man namentlich auf einen anwendet, dem das Blut infolge irgend einer Gemütsbewegung zu Kopfe steigt. Genau so heißt es im Ital. *rosso come un gambero*, im Franz. *rouge comme une écrevisse*. Von einem Errötenden sagt der Pariser: *Il fait cuire son homard*, er siedet seinen Hummer. Ferner bezeichnet das franz. Argot verschiedene, ganz oder teilweise rot ge-

---

*) Vgl. das deutsche Sprichwort: I s t e s n i c h t g e f i s c h t, s o i s t e s d o c h g e k r e b s t, d. h. ist es auch wenig, was man erreicht hat, so ist es immerhin besser als nichts.

kleidete Personen mit *homards*, so z. B. einen Bedienten in
roter Livree, sodann den rothosigen Infanteristen, der von den
Kavalleristen *écrevisse de rempart* „Wallkrebs" genannt wird
(vgl. engl. *boiled lobster* „gesottener Hummer" gleichfalls für
den Infanteristen wegen des roten Rockes), schließlich auch
den Spahi wegen des roten Burnus. Ebenso wird im franz.
Rotwelsch der Kardinal wegen seines roten Mantels *écrevisse*
genannt. Analog bezeichnet ihn der Newyorker Slang als
lobster „Hummer". Umgekehrt nennt Viktor Hugo den Hummer
cardinal de la mer. (Vgl. Sachs, Zusammenhang zwischen
Mensch und Tier in der Sprache, Neuphil. Zentralbl. 1904,
pag. 36.) Ebenfalls gehört hierher aus dem span. Argot *cangrejo* als Bezeichnung eines rot angestrichenen Pferdebahn-
wagens.

Die Metaphern, die der Krebs sonst der Sprache geliefert
hat, sind nicht zahlreich. Im Deutsch des 15. Jahrhunderts
bezeichnete man den Brustharnisch als „Krebs", u. zw. wegen
der Ähnlichkeit mit der Schale dieses Krustentieres. Die
langen Scheren des Krebses,*) die sich an das vorderste Bein-
paar anschließen, erklären die metaphorische Bedeutung von
ital. *gamberone* (Augmentativ von *gambero*) „langbeiniger
Mensch" (wohl ein Wortspiel mit *gamba* „Bein"). Ein Analogon
findet sich im engl. Slang, das für die Füße geradezu *crabs*
gebraucht. Auf der Wehrhaftigkeit des Krebses, der gleichsam
mit Schutz- und Trutzwaffen ausgerüstet ist, scheint der
Gebrauch von Krebs für „tüchtiger Kerl" im älteren Deutsch
(z. B. bei Goethe: d a s i s t e i n e a n d e r e A r t v o n K r e b s e n) zu
beruhen. Hoferer, Zeitschr. f. d. deutschen Unterricht, VIII,
pag. 850, führt diese Redensart auf folgendes holländ. Sprichwort zurück: *Dat is eene andere soort van kreeften, zei de boer,
en hij brogt kikvorschen ter markt,* das ist eine andere Art von
Krebsen, sagte der Bauer, und er brachte Frösche zu Markt.

Von den Wörtern, die die Krabben bezeichnen, bietet
hauptsächlich das ital. *granchio* phraseologisches Interesse.
Sehr gebräuchlich ist die Redensart *pigliar un granchio* (auch
gambero oder *pesce*) eine Krabbe fangen, d. h. einen Schnitzer
machen. Verständlich wird der Sinn dieser Redensart erst

---

*) Vgl. frz.-dialektisch *tailleur* „Schneider" = Hummer.

durch den Zusatz *in secco* „im Trockenen". *Granchio in secco* bedeutet auch die Quetschung eines Fingers, wobei an den Krebs gedacht wird, der das Glied mit den Scheren packt. Ferner sagt der Italiener von einem Geizigen: *Ha il granchio in scarsella*, er hat die Krabbe in der Tasche, gleichsam als fürchte er, von dem Tier gezwickt zu werden, wenn er in die Tasche griffe. Ebenso kommt im Deutschen die Redensart vor **einen Krebs im Beutel haben**, allerdings landschaftlich beschränkt. Der Franzose wendet das Wort *cancre* auf den Geizigen selbst an (Metonymie), gerade so wie der Spanier mit *mona* „Affe" ebensowohl die Trunkenheit als den Trunkenen selbst bezeichnet. Es wäre noch eine andere Erklärung denkbar. Darf man annehmen, daß die Eigentümlichkeit der Krabben, Nahrungsvorräte im Sande zu vergraben, dem Volke bekannt ist, so würde das Tier selbst als Symbol des Geizes gebraucht werden, wie tatsächlich span. *cáncer* eine tadelnde Bezeichnung für Geiz oder Selbstsucht ist (Metonymie). Auch einen faulen Schüler nennt der Franzose *cancre*, welche Metapher durch die Redensart *aller comme une écrevisse* erklärt wird. Merkwürdig ist nur, daß in diesem Falle *cancre* für *écrevisse* eintritt. Aus dem Deutschen ist hier anzuführen der metaphorische Gebrauch von „Krabbe" für ein kleines Kind, das noch auf allen Vieren auf dem Boden „herumkrabbelt". (Vgl. engl. *shrimp* „Garneele" in derselben Bedeutung.)

Von ital. *granchio* gibt es einige Weiterbildungen, so das Verbum *grancire* „anpacken" (wie der Krebs mit den Scheren), sodann *sgranchirsi* (veraltet *sgranchiarsi*) „sich recken, sich dehnen", ferner *aggranchiarsi*, *aggranchirsi* von den Gliedern gebraucht, die vor Kälte steif und krumm werden wie die Krebsscheren, daher *granchio* „Krampf". Mit Bezug auf die eigentümliche Gangart der Krabben, die sich nicht geradeaus, sondern von der Seite fortbewegen, sagt man im Ital. von einem Betrunkenen: *Cammina per traverso come i granchi*, er geht schief wie die Krabben. Auf diese komische Eigenheit der Krabben bezieht sich offenbar die Redensart *esser più lunatico dei granchi*, launenhafter, wunderlicher sein als die Krabben. Von der Lebensweise der Landkrabben, die sich vorzugsweise in Löchern aufhalten, ist hergenommen die ital. Redensart *cavare il granchio dalla buca*, die Krabbe aus dem

Loch herauskriegen, d. i. jemd. aus seinem Versteck hervor-
holen. (Vgl. das ital. Sprichwort: *Dov' è la buca, è il granchio,*
wo das Loch ist, ist die Krabbe.) Auch sagt der Italiener
im Sinne des deutschen „für jemd. die Kastanien aus dem
Feuer holen" *levare il granchio della buca colla mano d'altri,* die
Krabbe mit der Hand eines anderen aus dem Loche holen.
(Vgl. *cavar la castagna colla zampa del gatto.*)

In semasiologischer Hinsicht bemerkenswert ist ital.
canchero, das zunächst „Krebsgeschwür" bedeutet, dann seine
Bedeutung zu „Krankheit, Siechtum" erweitert und endlich
eine von Krankheit befallene Person bezeichnet. Die Krankheit kann auch moralischer Natur sein und so kommt schließlich *canchero* zur Bedeutung „böswilliger Mensch". Dasselbe
Wort wendet man auf Gegenstände an, die mit irgend einem
Fehler behaftet sind, z. B. auf Maschinen, die den Dienst
versagen. (Vgl. deutsch **Krebsschaden**.)

Daß in dem ital. Fluche: *Ti mangi il canchero!* oder *ti
venga il canchero!* die Krebskrankheit gemeint ist, unterliegt
wohl keinem Zweifel.

Der Wurm.

Deutsch **Wurm** (ebenso mhd. und ahd.) ist urverwandt
mit lat. *vermis.* Bezüglich des ahd. Wortes ist jedoch zu bemerken, daß es überhaupt jedes kriechende Tier, also auch
Schlange und Drache bezeichnet. Gotisch *waúrms* und altengl. *wurm* (wovon neuengl. *worm*) bedeuten ausschließlich
„Schlange". Diese Bedeutung hat sich noch erhalten in
Lindwurm, welches Wort eigentlich eine Tautologie ist,
da ahd. *lind* = Schlange ist, „Wurm" also in diesem
Falle nur zur Verdeutlichung des ersten, nicht mehr ver-
standenen Wortes hinzugetreten ist. (Vgl. Maultier, Damhirsch, Windhund usw.) Im Mhd. bezeichnete man sogar ein
Säugetier, nämlich den Maulwurf, mit Anspielung auf sein
unterirdisches Dasein als *moltwurm* „Erdwurm". (Siehe bei
„Maulwurf" pag. 13.) Die romanischen Bezeichnungen des
Wurmes: ital. *verme,* span. *verme,* franz. *ver,* gehen sämtlich auf
lat. *vermis* zurück. Ebenso hat sich das Diminutiv von *vermis,*

vermiculus, in den romanischen Sprachen erhalten, u. zw. in ital. *vermiglio*, franz. *vermeil*, span. *bermejo* „hochrot“. Der auffallende Bedeutungswandel von „Würmchen“ zu „hochrot“ findet seine Erklärung in der Bedeutungsverengung des Wortes, das speziell auf den Scharlachwurm angewendet wurde und dann metonymisch die Farbe desselben bezeichnete. Eine Weiterbildung dieses Wortes finden wir in der Benennung des Zinnobers in den modernen Kultursprachen (ital. *vermiglione*, span. *bermellón*, franz. *vermeillon*, engl. *vermilion*). — Auf ein suppon. lat. *verminem* geht zurück ital. *vermine*, dessen Plural *vermini* die populäre Bezeichnung der Eingeweidewürmer ist, ferner franz. *vermine*, das kollektive Bedeutung hat und wörtlich unserem „Gewürm“ *) entspricht. Doch bezeichnet das Wort infolge Bedeutungserweiterung jede Art von Ungeziefer. Aus dem Franz. ist *vermine* in derselben Bedeutung ins Englische eingedrungen (*vermin*). Im Span. ist das entsprechende Wort *bicho*, das man vom lat. Adj. *bestius* (von *bestia* „Tier“) ableitet. Baist bestreitet diese Ableitung (Grundriß der rom. Philologie, 2. Aufl., pag. 901), ohne jedoch eine andere Etymologie aufzustellen. Auch *sabandija*, in dem Parodi lat. *serpenticula* (Dim. von *serpens* „Schlange“) erblickt, wird in dem kollektiven Sinne von „Ungeziefer, Gewürm“ angewendet. Der Italiener gebraucht häufig *baco* (aus *bombaco* von lat. *bombax* durch Aphärese entstanden), welches Wort ursprünglich nur den Seidenwurm bezeichnet, für den Wurm überhaupt.

Wie die meisten Tiernamen kollektiver Natur (vgl. Vogel, Fisch, Schlange) spielt auch der Wurm in der Metaphorologie eine wichtige Rolle. — Was beim Wurm zunächst auffällt, ist die Art der Fortbewegung, die er mit der Schlange gemein hat, daher die auf den Wurm bezüglichen Metaphern sich häufig mit den die Schlange betreffenden berühren. So gebraucht z. B. der Engländer für „sich schlängeln, sich krümmen“ neben *to snake along* (*snake* = Schlange) *to worm* oder *to worm one's way along*. Ebenso sagt der Angloamerikaner für *snake-fence* „Zickzackzaun“ auch *worm-fence*. Von

---

*) Luther gebraucht **Geschwürm**, was eine Kontamination von „Gewürm“ und „Geschwür“ ist. (Vgl. Scheil, Die Tierwelt in Luthers Bildersprache, pag. 26.)

den sich windenden Bewegungen des Wurmes ist ferner hergenommen engl. *worm-screw* „Wurmschraube" als Bezeichnung
des Schraubenziehers. Aus dem Ital. ist anzuführen der Gebrauch von *verme* für die Windungen des Schneckenhauses.
Auf eine Mehrheit von Würmern bezieht sich span. *gusanear*
„wimmeln", ein Synonym von *hormiguear* (von *hormiga*
„Ameise"), sowie portug. *bicharia* „Gewimmel". Auffallend
ist im Ital. die Bezeichnung *polso vermicolante* für einen rasch
gehenden Puls, da die Bewegungen des Wurmes langsam
sind. Übrigens gebraucht der Italiener daneben passender
polso formicolante (formica = Ameise).

Von Metaphern, die sich auf die Gestalt des Wurmes beziehen, ist nur anzuführen ital. *vermicelli* „Würmchen", womit
die Fadennudeln, eine in Italien sehr beliebte Suppenspeise,
bezeichnet werden. Der Franzose hat mit der Sache auch
den Namen adoptiert (*vermicelle*). Ebenso nennt der Spanier
eine Art von Nudeln *bermelletas*. Zu bemerken ist ferner, daß
das Volk, das zwischen den einzelnen Tierklassen nicht genau
unterscheidet, häufig Insekten als Würmer bezeichnet. (Vgl.
portug. *bicho* „Wurm" und „Laus"). Im Bayrischen wird
die Raupe G r a s w u r m (ahd. *grasawurm*) oder K r a u t -
w u r m genannt, im Schwäbischen kurzweg „Wurm". In
der Mundart von Cornwall heißt die Küchenschabe *black-
worm* „schwarzer Wurm". Analog wird neben „Seidenraupe"
S e i d e n w u r m gebraucht, u. zw. nicht bloß im Deutschen,
sondern auch im Engl. (*silk-worm*), im Span. (*gusano de seda*)
und im Franz. (*ver à soie*). Das Leuchtkäferchen muß sich
eine ähnliche Degradierung gefallen lassen. Im Deutschen
wird es häufig G l ü h w ü r m c h e n genannt, ebenso im Engl.
(*glow-worm*), im Span. *gusano de luz*, im Franz. *ver luisant*.
Auch auf Säugetiere wird das Wort „Wurm" angewendet. So
bezeichnet man im Portug. einen jungen Kater mit *bichano*
(von *bicho* „Wurm") und *bicho* selbst gebraucht man für wilde
Tiere. (*Casa dos bichos* = Menagerie.) Von mhd. *moltwurm*
war schon pag. 286 die Rede.

Daß im menschlichen Körper vorhandene Würmer die
Ursache von Krankheitserscheinungen sein können, ist eine
von der Medizin erwiesene Tatsache. (Man denke an die
Eingeweidewürmer der Kinder, den Bandwurm usw.) In

früheren Zeiten jedoch, wo man sich ein Krankheitssymptom ohne greifbare Ursache nicht denken konnte, führte man die verschiedensten Krankheiten auf das Vorhandensein eines Wurmes in irgend einem Organe des menschlichen Körpers zurück. So sprach man von einem Fingerwurm, einem Hautwurm, einem Knochenwurm, einem Ohrwurm,*) einem Haarwurm, einem Tollwurm, den man für den Erreger der Wutkrankheit hielt. Auch an einen Herzwurm glaubte man und machte ihn für das Herzklopfen und andere Arten von Herzstörungen verantwortlich. Hierzu stimmt auffallend der Gebrauch von span. *gusanera* (von *gusano* „Wurm") „empfindliche Stelle im Herzen", welches Wort man figürlich verwendet in der Redensart *le dió en la gusanera*, man traf seine empfindliche Stelle, den wunden Punkt. Auf einem ähnlichen Volksglauben beruht der noch heute im Deutschen und Engl. übliche Gebrauch von „Wurm" für „Marotte, fixe Idee". (Davon im älteren Deutsch wurmisieren, herumwurmisieren, wurmeln im Sinne von „grübeln".) Man dachte sich eben wieder einen im Gehirne lebenden Wurm als Ursache von Geistesstörungen. Analog sagte man im älteren Italienisch von einem hochgradig verliebten Menschen: *Ha il verme*, er hat den Wurm. Überhaupt wird im Ital. der Wurm häufig als die causa movens verschiedener Betätigungen des menschlichen Geistes betrachtet. So spricht man von einem *baco del poeta, baco del critico, baco del politico* und bezeichnet hiermit — meistens ironisch — verschiedene Geistesrichtungen. Ganz allgemein bedeutet *aver i bachi*, die Würmer haben, „unruhig, unstet, schlechter Laune sein". Die einfachste Erklärung der Redensart ist die, daß hier mit „*bachi*" die Eingeweidewürmer gemeint sind, diè den damit Behafteten begreiflicherweise in eine nervöse, krankhafte Stimmung versetzen. Hiermit läßt sich vergleichen das bei Lessing im Sinne von „verdrießlich" gebrauchte Adjektiv würmisch.

Auch von der Existenz eines Hungerwurms war man überzeugt. Eine Spur von diesem Aberglauben findet sich

---

*) Der Glaube an einen Ohrwurm, der Schlafenden in die Ohren kriecht (daher: geschmeidig wie ein Ohrwurm), ist heute noch verbreitet. (Vgl. die portug. Redensart *matar o bicho do ouvido a alg.*, jemd. den Ohrwurm töten = ihm die Ohren vollschreien.)

noch im Pariser Argot, u. zw. in der heute nur mehr scherzhaft gebrauchten Redensart *tuer le ver*, den Wurm töten, d. h.
das durch Nüchternheit hervorgerufene Gefühl des Unbehagens
im Magen mit einem Gläschen Schnaps vertreiben. (Vgl.
portug. *matar o bicho*.)

Daß man von der operativen Entfernung des Wurms als
Krankheitserreger Heilung erhoffte, ist klar. Solche Wurm-
operationen mögen früher wohl öfters vorgenommen worden
sein. Dies gibt uns den Schlüssel zur Erklärung der bizarren
Redensart j e m d. d i e W ü r m e r a u s d e r N a s e z i e h e n im
Sinne von „jemd. ein Geheimnis entlocken". Ebenso heißt es
span.: *sacar el gusano de la nariz á alg.*, frz.: *tirer à qn. les vers
du nez*, engl. schon etwas abgeblaßt: *to worm a secret out of a
person*. Hingegen sagt der Italiener abweichend und minder
verständlich *tirar le passere* (auch *maccheroni*) *dal naso di qd.*,
jemd. die Sperlinge, bzw. Maccaroni aus der Nase ziehen.
Wenn man jemand. ein Geheimnis entlocken will, so muß man
dabei ebenso vorsichtig und behutsam zu Werke gehen wie
bei einer schwierigen chirurgischen Operation. Goethe, der
bei uns die Redensart in Schwung gebracht hat, ist sich ihres
Ursprungs voll bewußt, wie sich ergibt aus einer Stelle des
Faust, wo er (in der Szene in Auerbachs Keller) Frosch
mit Bezug auf die anwesenden Studenten sagen läßt:

> Laßt mich nur gehen! Bei einem vollen Glase
> Zieh' ich, wie einen Kinderzahn,
> Den Burschen leicht die Würmer aus der Nase.

(Vgl. Borchardt-Wustmann, Sprichwörtl. Redensarten, pag. 501.)

In innigem Zusammenhang mit den oben besprochenen
Metaphern, in denen dem Wurm eine pathologische Bedeutung
zugeschrieben wird, steht die Verwendung dieses Tieres als
Bild für langsam und unsichtbar zerstörende Einflüsse physischer und psychischer Natur. Allerdings muß der arme Wurm
auch hier wieder vieles auf seine Rechnung nehmen, was nicht
er, sondern andere verschulden. So ist der H o l z w u r m (engl.
wood-worm, frz. *ver du bois*), der grimmige Feind des Holzes,
der so recht die Zerstörungswut versinnbildet, seinem
Namen zu trotz kein Wurm, sondern ein Käfer. Das Ital.
und Span. bezeichnen den Holzwurm allerdings mit einem
eigenen Worte (*tarlo*, bzw. *carcoma*), wovon *tarlado*, bzw. *car-*

comido „wurmstichig" vom Holze. (Vgl. das ital. Sprichwort: *Ogni legno ha il suo tarlo* und das deutsche Analogon: Jedes Holz hat seinen Wurm.) Ebensowenig ist die Obstmade, diese Plage der Obstgärten, ein Wurm, sondern die Raupe eines Schmetterlings, des sog. Apfelwicklers. Gleichwohl wendet man das Wort wurmstichig (engl. *worm-bitten*, *worm-eaten, worm-holed, wormed*, frz. *véreux, vermoulu*) auf Holz wie auf Früchte an. Desgleichen sagt der Italiener von wurmstichigen Früchten *bacato* (von *baco*), der Spanier *agusanado* (von *gusano*), wie überhaupt im Ital. und Span. zwischen Wurm und Made nicht unterschieden wird. Für *vermoulu* gebraucht der Franzose auch umschreibend *piqué de vers*, und wenn er von einer Sache sagt: *Cela n'est pas piqué de vers* (daneben: *Cela n'est pas piqué de mouches, de hannetons, hanneton* = Maikäfer), das ist nicht wurmstichig, so meint er damit, daß sie ganz vorzüglich sei. Denselben Sinn hat die ital. Redensart: *Questo non ha i bachi*, das hat keine Würmer. Hierher gehört ferner der Gebrauch von *baco* für „Irrtum, schädliches Grundprinzip". So heißt *scoprire il baco in una dottrina*, den Wurm in einer Lehre entdecken s. v. w. „das Schädliche einer Lehre aufweisen".

Für den von den Motten angerichteten Schaden werden ebenfalls die Würmer verantwortlich gemacht, so wenigstens in der dem Pariser Argot angehörigen Redensart *avoir des vers dans son manchon*, Würmer in seinem Muffe haben, d. h. kahle Stellen auf seinem Kopfe bekommen. Ebenso nennt der Franzose die Raupe der Rebenmotte *ver coquin*, den „bösen Wurm", womit auch der Drehwurm der Schafe bezeichnet wird. In übertragener Bedeutung wird *ver coquin* im Sinne von „*marotte*" gebraucht, so in dem Sprichwort: *Chacun a son ver coquin*, wofür man auch sagt: *Chacun a sa marotte.* (Vgl. deutsch: Jeder hat seinen Wurm.)

Häufig wird das Bild des nagenden Wurmes auf psychische Vorgänge, namentlich solche, die auf das Gesamtseelenleben eine zerstörende Wirkung ausüben, angewendet. So spricht man z. B. in allen Kultursprachen von einem Gewissenswurm (engl. *worm of conscience*, ital. *verme della coscienza, tarlo del rimorso*, span. *gusano de la conciencia*, frz. *ver rongeur*). Das Deutsche kennt außerdem einen Wurm des Neides

und des Hasses. Analog spricht der Italiener von einem
baco dell' invidia, dell' astio. Metonymisch wird *baco* (oder auch
tarlo) geradezu für „Haß" gebraucht in der Redensart *aver
un baco (tarlo) con qd.*, gegen jemd. einen Wurm haben, d. h.
Haß gegen ihn fühlen. Ebenso wird das Gefühl des Ärgers
im Deutschen mit einem nagenden Wurm verglichen. Wenn
einen etwas ärgert, so sagt man: Es wurmt mich. (Vgl.
frz. *asticoter* „ärgern, schikanieren" und *asticoteur* „ärgerlicher Mensch" von *asticot* „Regenwurm" sowie span. *escarabajear* „ärgern" von *escarabajo* „Käfer".) Interessant ist es,
die syntaktische Entwicklung dieser Redensart zu verfolgen.
Im 18. Jahrhundert wurde „wurmen" intransitiv gebraucht,
z. B. heißt es bei Schiller: „das wurmte beim alten Karl".
Derselbe Autor gebraucht das Verbum auch mit dem Dativ,
z. B.: „und so wurmt es mir oft, daß ich nicht tugendhaft bin".
Doch taucht bereits im 18. Jahrhundert die heute gebräuchliche Konstruktion mit dem Akkusativ auf. Heine gebraucht,
wohl mit scherzhafter Tendenz, ein diminutives würmeln,
u. zw. ohne abhängigen Kasus. (Vgl. Paul, Deutsches Wörterbuch, pag. 558.) Im Engl. hat *to worm* im übertragenen Sinne
die Bedeutung „heimlich wirken, wurmen, nagen". Von einem
Streitsüchtigen sagt der Engländer: *He has a worm in his
tongue*, er hat einen Wurm in seiner Zunge, gleichsam als
würde diese von einem nagenden Wurm in Bewegung gesetzt.
Auf Volksetymologie beruht der Gebrauch von *wormwood*
(wörtl.: Wurmholz) in der Redensart: *It is gall and wormwood
to him*. Das altengl. *wermod* „Wermut" wurde vom Volke zu
wormwood umgedeutet. Mit Bezug darauf, daß die Würmer
im Grabe den menschlichen Leichnam als willkommene Beute
betrachten, werden sie häufig als Symbol des Grabes, bzw.
des Todes gebraucht, so z. B. in dem franz. Sprichwort: *Ce
qu'on apprend au bers dure jusqu'aux vers*, was man in der
Wiege lernt, dauert bis zu den Würmern, d. h. bis zum Grabe.

Die vollständige Wehrlosigkeit des Wurmes, den jedes
Kind zertreten kann, sowie die scheinbar mühevolle Art seiner
Fortbewegung lassen ihn als Symbol ohnmächtiger Schwäche
erscheinen. So nennt man im Deutschen ein hilfloses Kind
gern einen armen Wurm, früher sächlich ein armes
Wurm, welche Metapher man auch auf Erwachsene, nament-

. lich weiblichen Geschlechts, anwendete. Analog nennt der Portugiese den Menschen mit Anspielung auf seine Ohnmacht den Naturgewalten gegenüber *bicho-careta*, d. h. Wurm mit menschlicher Maske. Im Franz. wird speziell der Regenwurm (*ver de terre* „Erdwurm") in diesem Sinne verwendet. So sagt man *pauvre comme un ver de terre*, arm wie ein Regenwurm. Dem entspricht im Ital. der Vergleich *nudo e bruco come un verme*, arm und nackt wie ein Wurm. Als Bild der Hilflosigkeit und Schwäche erscheint der Wurm ferner in dem deutschen Sprichwort: Kein Wurm so klein, er krümmet sich, d. h. der ärmste, unbedeutendste Mensch fühlt eine Kränkung ebenso schmerzlich wie jeder andere. (Vgl. im Deutschen sich krümmen wie ein Wurm.) Dieses Sprichwort findet sich auch im Engl.: *Tread on a worm, and it will turn*, tritt auf einen Wurm und er wird sich krümmen, und im Franz.: *Il n'y a point de si petit ver qui ne se recoquille pas, quand on marche dessus*, es gibt keinen noch so kleinen Wurm, der sich nicht krümmte, wenn man darauf tritt. (Vgl. die deutsche Redensart jemd. wie einen Wurm zertreten, frz. *écraser qn. comme un ver*.) Hierher gehört auch die franz. Redensart *devenir petit comme un ver devant qn.*, vor jemd. klein werden wie ein Wurm, d. h. von jemd. aufs äußerste gedemütigt werden. (Vgl. ital. *essere un verme dinanzi a qd.*)

Die Bezeichnung „Wurm" gilt jedoch nicht bloß als Ausdruck des Mitleids, sehr häufig bedient sich auch die Verachtung dieses Wortes. Im Deutschen und Engl. bezeichnet man mit „Wurm", bzw. *worm* (auch *earth-worm* „Regenwurm") einen gemeinen, niedrig handelnden oder denkenden Menschen und *to worm oneself into the favour of a person* heißt „sich auf niedrige Weise in die Gunst jemds. einschmeicheln". Eine analoge Bedeutung hat das Adjektiv *wormy*. Der Londoner Policeman empfindet den Spitznamen *worm* als bittere Kränkung und der französische *collégien* nennt seinen Kameraden, wenn er ihn recht ärgern will, *verminard* oder *vermineux*.

Was das Spanische betrifft, so wird *bicho*, das kollektiv „Gewürm, Ungeziefer, Geschmeiß" bedeutet, auf einen ungestalteten Menschen angewendet. Ein häßliches Gesicht bezeichnet man dementsprechend als *cara de bicho* „Wurmgesicht" und in der Tat hat der Wurm nichts in seinem Äußeren, was für ihn einnehmen könnte, wie überhaupt der Mensch einen instinktiven Abscheu hat vor allem kriechenden Getier. Indem von der physischen auf die moralische Häßlichkeit geschlossen wird, wendet man *mal bicho* „böser Wurm" auf einen boshaften Menschen an. Ein Synonym von *bicho* ist *sabandija*, das eine ähnliche metaphorische Verwendung erfahren hat wie *bicho*, indem man damit einen kleinen, häßlichen Menschen bezeichnet. *Sabandija palaciego* „Palastwurm" war ehedem die Bezeichnung des Hofnarren. Nur auf dem Begriff der Kleinheit, ohne die Nebenvorstellung der Häßlichkeit, beruhen portug. *bicho de cozinha* „Küchenwurm" für „Küchenjunge" und *bicho das cavalhariças* „Stallwurm" für „Stalljunge". Hierher gehört auch *bicha* als Liebkosungswort für Katzen und kleine Hunde. Hingegen bezeichnet *bichaço* (Augment. von *bicho*) einen in irgend einer Weise hervorragenden Menschen, entspricht also ungefähr unserem „großen Tier".

Wenn der Teufel im deutschen Höllenwurm genannt wird, so ist hier „Wurm" wohl in der älteren Bedeutung von „Schlange" aufzufassen. Hingegen haben Ausdrücke wie Kellerwurm für einen Kellerbewohner und Bücherwurm für einen Stubengelehrten keinen beleidigenden Sinn, sondern es sind lediglich scherzhafte Bildungen.

Berichtigungen.

Seite 21 Zeile 13 von oben, statt 1903 zu lesen 1904.
„ 50 „ 5 von unten, statt ein Fallklotz zu lesen einen Fallklotz.
„ 66 „ 1 von unten (1. Anm.), statt Taune zu lesen Faune.
„ 100 „ 14 u. f. von oben, statt Letzterer Metapher begegnen wir auch im Engl. zu lesen Dem deutschen Galgenvogel entspricht im Engl.:
„ 141 „ 1 von oben, statt *aspetto* zu lesen *aspetta*.
„ 143 „ 4 von unten, statt *hraefn* zu lesen *hrœfn*.
„ 144 „ 1 von unten (Anmerkung), statt *latte* zu lesen *late*.
„ 170 „ 11 von oben, statt *sparwœre* zu lesen *sparwære*.
„ 229 „ 4 von unten, statt Pikelhering zu lesen Pickelhering.
„ 229 „ 4 von unten ist die Klammer hinter 225 zu streichen und an den Schluß des Satzes zu stellen.